Mechthild Goeman

Das Schicksal der Lebenslänglichen

Das Schicksal der Lebenslänglichen

Erhebungen zur Lebenssituation
und zur Sozialprognose
von begnadigten Langzeitgefangenen

von
Mechthild Goeman

1977

W DE G

Walter de Gruyter · Berlin · New York

Dr. rer. nat. Mechthild Goeman, Dipl.-Psych.,
wissenschaftliche Assistentin an der
Universitäts-Nervenklinik in Köln

CIP-Kurztitelaufnahme der Deutschen Bibliothek

Goeman, Mechthild
Das Schicksal der Lebenslänglichen: Erhebungen zur Lebenssituation u. zur Sozialprognose von begnadigten Langzeitgefangenen. – 1. Aufl. – Berlin, New York: de Gruyter, 1977.
ISBN 3-11-007113-4

Printed in Germany
Satz und Druck: Saladruck, 1000 Berlin 36
Bindearbeiten: Berliner Buchbinderei Wübben & Co., 1000 Berlin 42

Inhalt

Vorwort

Die „lebenslange Freiheitsstrafe" ist zu einem hochaktuellen Problem der öffentlichen Diskussion geworden. Erstmals in der deutschen Rechtsgeschichte hat ein Richter die Bestrafung eines Mörders, für den er nach dem geltenden Gesetz nur die lebenslange Freiheitsstrafe hätte verhängen können, ausgesetzt und dem Bundesverfassungsgericht die Frage der Verfassungsmäßigkeit des „Mord-Paragraphen" vorgelegt. Zahlreiche rechtliche Probleme sind in diesem Zusammenhang zu diskutieren. Von psychologischer Relevanz ist vor allem die Frage, ob die Verurteilung zu einer auf Lebenszeit festgesetzten Freiheitsstrafe, also die unbefristete Unterbringung in einer Justizvollzugsanstalt, als ein modifiziertes Todesurteil angesehen werden muß und ob diese Form der „Behandlung" sich auf den Menschen persönlichkeitszerstörend oder auf andere Weise als psychologisch unzumutbar auswirkt. In der Literatur wird immer häufiger und immer nachdrücklicher geltend gemacht, daß die Auswirkungen der Haft auf die „Lebenslänglichen" – wie sie oft in einer Kurzfassung genannt werden – mindestens nach 10 oder 15 Jahren derart ungünstig seien, daß allein darin ein Grund gesehen werden müsse, unter humanitären Gesichtspunkten ein Begnadigungsrecht einzuführen, durch das den schädlichen Folgen vorgebeugt werden könne. Diese und viele andere Aspekte sind – selbst dann, wenn der Gesetzgeber nur für wenige Täter und nicht für jeden Mörder die lebenslange Freiheitsstrafe für erforderlich halten sollte – sicher ernsthaft zu diskutieren. Zu einer solchen Diskussion liefern die vorliegenden Erhebungen einen wichtigen Beitrag.

Die Verfasserin, wissenschaftliche Assistentin an der Universitäts-Nervenklinik Köln, hat sich der zeitraubenden Mühe unterzogen, eine möglichst große Zahl von früheren Häftlingen zu erfassen und aufzusuchen, die nach der Verurteilung zu einer lebenslangen „Zuchthausstrafe" – wie es bei all diesen Probanden zunächst noch hieß – mindestens zwanzig Jahre ihrer Haft verbüßt hatten und dann nach der Begnadigung wieder in das freie Leben eingetreten sind. Der Erfolg der Wiedereingliederung ist hier nicht nur in summarischen Zusammenstellungen, sondern in ausführlich wiedergegebenen Einzelerhebungen illustriert.

Es gibt im deutschen – und soweit überschaubar im ausländischen – Schrifttum keine vergleichbare Arbeit. Das Ergebnis ist insofern ein bedeutender wissenschaftlicher Beitrag, als es eine Fülle von Vorurteilen ausräumt oder korrigiert, indem es lebensnahe Erfahrung auswertet und nicht von Denkmodellen und Fragebogen gefilterte Befunde liefert, die dann in Statistiken eingekleidet und mit Signifikanzen verklausuliert vorgelegt werden.

Vorwort

Die hier zusammengestellten Erhebungen lassen den etwas erschreckenden Gedanken aufkommen, es könne sich um ein „Plädoyer für die lebenslange Freiheitsstrafe" handeln. Das wäre ein großes Mißverständnis. Der Ausgangspunkt der Untersuchung ist keinesfalls auch nur vage von einer solchen Zielvorstellung bestimmt gewesen. Deshalb bereichert diese Arbeit unsere wissenschaftliche Erfahrung auch insofern, als sie die Erkenntnis bekräftigt, daß ein „Forscher", der vorurteilslose Untersuchungen anstellt, gelegentlich Ergebnisse findet, die außerordentlich überraschend sind und die unmittelbar Anlaß zu der Befürchtung geben, daß sie von Ideologen oder von Politikern mißbraucht oder mißverstanden werden könnten.

Sowohl der Betreuer und Inaugurator dieser Arbeit als auch die Verfasserin selbst können nur hoffen, daß die Ergebnisse in der Diskussion über Strafrechts- oder Strafvollzugsfragen ihren angemessenen Stellenwert erhalten und nicht als ausschlaggebendes Argument für rechtliche Entscheidungen verwertet werden. In der Auseinandersetzung derer, die für oder gegen die Demontage des Strafrechts kämpfen, sollte das Ergebnis allenfalls als eine von vielen Hintergrundinformationen Beachtung finden.

In einer Hinsicht vermag das Ergebnis dieser Arbeit einen wichtigen psychologischen Beitrag zu liefern. Die erfreulichen Wiedereingliederungserfolge sind geeignet, das von der Fama überschattete Bild der Lebenslänglichen entscheidend aufzubessern. Viele begnadigte Häftlinge haben es als empörend empfunden, wenn sie im journalistischen Blätterwald – wie auch in der ihnen nicht zugänglichen Fachliteratur – oft als lebensuntüchtige Seelenkrüppel hingestellt worden sind. Zu der ganz unqualifizierten Meinung, daß sie als „Mörder" gefährlich und als „Zuchthäusler" ehrlos seien, kam auch noch die Behauptung, sie seien als „Lebenslängliche" für die Eingliederung in die Gesellschaft völlig untauglich. Dem kann nunmehr entschieden widersprochen werden. Das bleibt wohl auch ein löbliches Verdienst dieser Arbeit.

Köln, im Sommer 1976 — Paul H. Bresser

A. EINLEITUNG

1. Ausgangspunkt der Untersuchung

Die Verfasserin dieser Arbeit hat seit der Konstituierung eines „Freien Gutachtergremiums", das der Chef der Staatskanzlei des Landes Nordrhein-Westfalen im Jahre 1972 zur Begutachtung von Häftlingen mit einer lebenslangen Freiheitsstrafe berufen hat, als freie Mitarbeiterin an allen Untersuchungen und den daran anschließenden Besprechungen mitgewirkt. Ständige Mitglieder dieses Gremiums sind: Prof. Dr. Dr. *P. H. Bresser,* Leiter der Abteilung für Gerichtliche Psychologie und Psychiatrie am Gerichtsmedizinischen Institut der Universität Köln, Leitender Medizinaldirektor Dr. *B. Goette,* Leiter der Psychiatrischen Beobachtungsabteilung für Strafgefangene an der Justizvollzugsanstalt in Köln, und Ministerialrat Dr. *J. Hofer* in der Gesundheitsabteilung des Arbeits- und Sozialministeriums des Landes Nordrhein-Westfalen, zugleich Vorsitzender des Gerichtsärztlichen Ausschusses bei der Landesregierung in Düsseldorf.

Diesem Gremium werden regelmäßig diejenigen Langzeithäftlinge zur Begutachtung vorgestellt, die eine lebenslange Strafe verbüßen und etwa 19 oder mehr Jahre in der Haft sind. In den meisten Fällen liegen Gnadengesuche der Häftlinge oder ihrer Angehörigen vor. Aber auch wenn bis zu diesem Zeitpunkt kein Gnadengesuch gestellt worden ist, wird von Amts wegen die Frage der Begnadigungsvoraussetzungen geprüft. Die Gutachter haben sich in einer gemeinsam auszuarbeitenden Stellungnahme darüber zu äußern, ob nach einer in Aussicht genommenen Begnadigung

> „der Verurteilte in der Freiheit keine schwerwiegenden Straftaten, insbesondere keine Gewalttaten mehr begehen und sich im allgemeinen sozial-adäquat verhalten wird".

Mit dieser Stellungnahme werden dann durch die Sachbearbeiter im Justizministerium dem Ministerpräsidenten des Landes entsprechende Begnadigungsvorschläge unterbreitet. Die Zahl der bisher untersuchten und begutachteten „Lebenslänglichen" beträgt inzwischen 90 Probanden.

Im Rahmen dieser Begutachtungen hat sich von Anfang an die brennende Frage aufgedrängt, auf welche klar bestimmbaren Kriterien sich das Urteil über die Sozialprognose bei dieser Personengruppe stützen kann. Insbesondere wurde kritisch ermittelt, welche Gesichtspunkte bei den meist schon sehr zahlreich vorliegenden Gnadenempfehlungen und Voruntersuchungen zur Grundlage der Urteilsbildung gemacht worden sind und ob sich etwa Richtlinien für die Begutachtung hieraus herleiten lassen. Das konnte zunächst nur von Fall zu Fall geprüft und in die Aussage zur Prognose einbezogen werden. Der wissenschaftlichen Bearbeitung wäre hier ein umfangreiches Material zugänglich, das aber noch der Auswertung harrt. Viel wichtiger erschien vorweg die Frage: Welche Erfahrungen liegen über die Erfolge oder Mißerfolge der Wiedereingliederung früher begnadigter Langzeitgefangener vor und welche Folgerungen lassen sich daraus für die Sozialprognose herleiten? Können Persönlichkeitsvariable oder Besonderheiten der Sozialbezüge ermittelt werden, aus denen sich die Beurteilung der Sozialbewährung einigermaßen verläßlich begründen läßt? Solange solche Erkenntnisse nicht vorliegen, kann eine Prognose nur durch ein allgemeines psychologisch-psychiatrisches Erfahrungsurteil gestützt werden, zumal in der Literatur bisher keine systematischen Nachuntersuchungen mitgeteilt worden sind.

Das hat den Anstoß dazu gegeben, eine möglichst große Gruppe von inzwischen begnadigten Häftlingen zu erfassen, in jedem Einzelfall den Weg ihrer Wiedereingliederung zu verfolgen und einen Vergleich anzustellen zwischen dem, was vorausgesagt wurde, und dem, was tatsächlich eingetreten ist. Nur so schien eine empirische Überprüfung der Urteilsbildung möglich. Diese Arbeit kann lediglich einen Anfang für weitere Untersuchungen darstellen. Die Ergebnisse der Erhebung sollen zunächst überwiegend kasuistisch dargestellt werden. Zum methodischen Vorgehen erscheinen im übrigen aus den gewonnenen Erfahrungen grundsätzliche Folgerungen ableitbar, die dargelegt werden.

2. Die lebenslange Freiheitsstrafe

In der Bundesrepublik Deutschland stellt die lebenslange Freiheitsstrafe nach Abschaffung der Todesstrafe durch Art. 102 des Grundgesetzes vom 23. 5. 1949 die härteste strafrechtliche Sanktion dar. Sie wird in erster Linie – und zwar zwingend – für den Tatbestand des Mordes, aber auch für andere besonders schwere Delikte, insbesondere soweit sie zum Tod eines Menschen führen, verhängt.

In Frage kommt das Urteil „Lebenslänglich" – in der Reihenfolge der Gesetzesbestimmungen:
wegen Vorbereitung eines Angriffskrieges (§ 80 StGB),
wegen Hochverrats (§ 81),
wegen Landesverrats (§ 94),
wegen friedensgefährdender Beziehungen (§ 100),
außer wegen Mordes (§ 211) auch wegen Totschlags „in besonders schweren Fällen" (§ 212),
wegen Völkermordes (§ 220 a),
wegen Giftbeibringung mit Todesfolge (§ 229),
wegen erpresserischen Menschenraubes (§ 239 a),
wegen Geiselnahme (§ 239 b),
wegen Raubes mit Todesfolge (§ 251),

wegen besonders schwerer Brandstiftung, wenn dabei leichtfertig ein Menschenleben aufs Spiel gesetzt wird (§ 307),
wegen Herbeiführung einer Explosion durch Kernenergie (§ 310 b),
wegen Mißbrauchs ionisierender Strahlen (§ 311 a),
wegen Herbeiführung einer lebensgefährdenden Überschwemmung (§ 312),
wegen räuberischen Angriffs auf einen Kraftfahrer (§ 316 a),
wegen Angriffs auf den Luftverkehr mit Herbeiführung des Todes eines Menschen (§ 316 c) und wegen gemeingefährlicher Vergiftung von Brunnen, Wasserbehältern und anderen Gegenständen, soweit dies zum Tode eines Menschen führt (§ 324).

Unter den auf Lebenszeit Inhaftierten finden sich – soweit wir dies bei den inzwischen Begnadigten oder Begutachteten übersehen – nahezu nur „Mörder". Das mag darin begründet sein, daß es in diesen Fällen keine Urteilsalternative gibt, während in allen anderen Fällen der Strafrahmen relativ selten bis an die Höchstgrenze ausgeschöpft wird. Zudem kommt den übrigen Delikten, bei denen eine Lebenszeitstrafe möglich wäre, zahlenmäßig eine sehr geringe Bedeutung zu. Von den genannten Straftatbeständen sind außerdem eine Reihe erst durch die jüngste Strafrechtsreformgesetzgebung, zuletzt mit Wirkung vom 1. 1. 1975, mit einem entsprechenden Strafrahmen in das Gesetz aufgenommen worden. Nach den Angaben des Statistischen Jahrbuches der Bundesrepublik Deutschland (Wiesbaden 1975) sind in den Jahren von 1962 bis 1972 in der Bundesrepublik durchschnittlich etwa 60 Rechtsbrecher während eines Jahres zu einer lebenslangen Freiheitsstrafe verurteilt worden.

In letzter Zeit sind immer häufiger Stimmen laut geworden, die sich für eine Abschaffung der lebenslangen Freiheitsstrafe aussprechen (*G. Arzt* (1971); *G. Bemmann* (1967); *E. Schmidhäuser* (1970); *O. Triffterer* und *H. Bietz* (1974)). Andere Autoren plädieren für ihre Reform (*H. Einsele, J. Feige, H. Müller-Dietz* (1972)). Wenn hierfür verfassungsrechtliche oder rechtsdogmatische Gründe geltend gemacht werden oder geltend gemacht werden müssen, liegen sie außerhalb der psychologischen Beurteilung. Ob – wie *O. Triffterer* und *H. Bietz* es zum Ausdruck bringen – „humanitäre Gesichtspunkte" gegen die lebenslange Freiheitsstrafe sprechen, mag eine grundsätzliche Frage sein. Soweit hierbei aber auf gesicherte psychologische Erfahrung Bezug genommen wird, bleibt die Annahme, daß die langfristige Haft – nach den Worten der genannten Autoren – zu

„Lebensuntauglichkeit, Unschuldssophisterei, präsenilem Begnadigungswahn und häufig zur Verblödung führt" (1970, S. 15),

oder

„daß nach 10jähriger Freiheitsstrafe die Verurteilten allmählich ‚verholzen' und unfähig werden, überhaupt je wieder in die Freiheit entlassen zu werden",

woran nach *J. Baumann* (1968, S. 319) „heute kein Zweifel mehr" besteht, zunächst nicht mehr als eine durch die Literatur sich fortschleppende Behauptung, die der Überprüfung bedarf. Die vorliegende Arbeit soll hierzu einen Beitrag liefern. Wenn es nämlich rechtliche Gründe gibt, die lebenslange Freiheitsstrafe jedenfalls für bestimmte Delikte beizubehalten, dann wäre es bedenklich, wenn in der Diskussion vermeintlich gesicherte psychologische Feststellungen als Hilfs- (oder gar als Haupt-)Argumente geltend gemacht werden, die der Überprüfung nicht standhalten. Schon die ersten Einzelfalluntersuchungen haben Zweifel an der Annahme einer haftbedingten Lebensuntauglichkeit aufkommen lassen, so daß die Erfassung eines größeren Untersuchungsgutes zur empirisch gesicherten Klarstellung angebracht erschien.

Es gibt insbesondere psychoanalytisch orientierte Autoren, die aus ihrem methodischen Denkansatz Einwände gegen die Strafe überhaupt, insbesondere aber gegen die „aussichtlose" Lebenszeitstrafe geltend machen. Es läßt sich schwer gegen eine „Deutung" argumentieren, wonach jede Strafe nichts anderes darstellen soll als eine Befriedigung der

> „Aggressionstriebe der Gesetzestreuen, weil sie selbst Aggression ist, gemeinsame Aggression der Gesellschaft gegen die Kriminellen",

wie *H. Ostermeyer* (1975, S. 68) es formuliert hat. Unsere Erhebungen sehen von solchen Überlegungen, Deutungen und von allen Argumenten „für und wider" das Strafen ab. Wir nehmen das Faktum der verbüßten Freiheitsstrafe als Ausgangspunkt, um diejenigen Probanden zu erfassen und ihre Wiedereingliederung zu verfolgen, die einer solchen Freiheitsbeschränkung mit all ihren körperlichen und seelischen Belastungen unterworfen gewesen sind, um daraus ein Bild zu gewinnen, wie die Auswirkungen dieser Strafmaßnahme sich darstellen. Ob sich danach für zukünftige Gesetzesentscheidungen Folgerungen ergeben, steht hier völlig außerhalb der Diskussion. Keinesfalls soll – wenn im Vorgriff auf die teilweise geradezu überraschend günstigen Ergebnisse hier schon etwas gesagt werden darf – mit dieser Arbeit gleichsam eine Empfehlung der lebenslangen Freiheitsstrafe ausgesprochen werden, obwohl sie in zahlreichen Fällen einen unverkennbar sozialisierenden oder resozialisierenden Effekt hatte. Ob diese Strafart abgeschafft oder beibehalten werden soll, ist eine vorwiegend unter rechtlichen und kriminalpolitischen Aspekten zu prüfende Frage.

3. Das Begnadigungsverfahren

Eine auf Lebenszeit verhängte Freiheitsstrafe kann nur auf Grund einer Gnadenentscheidung in eine zeitlich begrenzte Strafe umgewandelt und dann der Strafrest zur Bewährung ausgesetzt werden. Das Recht, einen solchen Gnadenakt vorzunehmen, obliegt auch heute noch dem Landesherrn.

„Die Gnade gehört seit dem 17. Jahrhundert unbestritten zu den Majestätsrechten des Souveräns. Deutlich wird ihre Konzeption als landesherrliches Regal, etwa bei *Petrus Theodoricus* (gestorben 1640), mit dem nach *Schaffstein* die eigenständige Behandlung des Gnadenrechts beginnt" *(H. Rüping,* 1975, S. 31).

Unsere partikularistische Staatsform bringt es mit sich, daß das Gnadenrecht in erster Linie den Ministerpräsidenten der Bundesländer zusteht. Die Verfahrensweise regeln die Gnadenordnungen der einzelnen Bundesländer. Für das Land Nordrhein-Westfalen gilt die „AWdJMv 15. 2. 1965 (4253-III A 3) betr. das Verfahren in Gnadensachen (GnO NRW), JMBl NRW 65 Nr. 12, S. 133" (zitiert nach *R. Drews,* 1971, S. 421). Die Zuständigkeit für den Gnadenakt kann von den Ministerpräsidenten – wie es in einzelnen Bundesländern praktiziert wird – auch delegiert werden.

Bei dieser Gnadenentscheidung handelt es sich nicht um einen Rechtsakt, auf den der Häftling etwa unter bestimmten Umständen einen Anspruch hätte. Der Gnadenausspruch oder auch die Ablehnung eines Gnadengesuches werden als „justizfreier" Akt gewertet. Die Begnadigung

„ist ein Erweis staatlichen Wohlwollens und ... im ordentlichen Rechtsweg nicht anfechtbar ..., denn wer berufen ist, Gnade vor Recht ergehen zu lassen, handelt nicht unter der Herrschaft des Rechtes .... Der justizfreie Hoheitsakt stellt einen Eingriff in eine bestimmte rechtskräftige Entscheidung strafrechtlichen Inhaltes dar und bezieht sich immer auf einen bestimmten Einzelfall" (*R. Drews,* a. a. O., S. 4 f.).

Ganz anders sind die Gnadenentscheidungen zu werten, die weitgehend anonym, etwa in Form einer Amnestie oder als rein politische Aktionen, erfolgen.

Gelegentlich wird außerhalb der Rechtslehre das Wesen der Gnade darin gesehen, daß sie in nicht näher bestimmbarer Weise einen weisen oder gerechten Ausgleich zwischen Sühne einerseits und Verdienst andererseits schaffen solle. Aber welche persönliche Leistung kann im Rahmen „irdischer" oder sozialer Maßstäbe eine schwere Tatschuld abtragen? Gnade kann daher nicht als ein Akt ausgleichender Gerechtigkeit gelten. Da es sich um Einzelfallentscheidungen handelt, steht Gnade auch dem Prinzip der Gleichbehandlung entgegen. Dennoch müssen Gnadenentscheidungen bei Lebenslänglichen dem allgemeingültigen Gedanken dienen, daß

„jedem Lebenslänglichen die Hoffnung auf eine spätere Entlassung erhalten bleiben"

soll, wie *E. W. Hanack* (1974, S. 72) es formuliert hat. Unter diesem Gesichtspunkt läßt sich der Leitgedanke vertreten, daß bei Festlegung einer Mindest- oder auch einer Höchstdauer des Vollzuges einer lebenslangen Freiheitsstrafe lediglich die Häftlinge ausgenommen werden, bei denen weiterhin ein sozial schädliches Verhalten zu erwarten ist. In solchen Fällen kann die Rechtssicherheit des Staates den unter Umständen unbefristeten Vollzug der Freiheitsstrafe notwendig erscheinen lassen.

Keinesfalls soll der Ausspruch einer Begnadigung ein früher ergangenes Urteil korrigieren. Die Interpretation dessen, was Gnade sein soll und sein kann, läßt eine Vielzahl von strafrechtsdogmatischen Aspekten zu. In letzter Zeit sind mehr und mehr Bedenken gegen die Sonderstellung der Gnade und Forderungen nach einem „Gnadenrecht" – nach altem Sprachgebrauch ein Widerspruch in sich – erhoben worden.

„Die Gnade ist zu einer Rechtsinstitution geworden und verdient daher das Postulat Gnade eben nicht mehr ... Sie wird zu einem Recht und eben deshalb zu einem Unrecht. Man glaubt, der Gerechtigkeit durch eine Rechtssicherheit und eine Gleichbehandlung aller am nächsten zu kommen und ist ihr doch so fern ... Die Gnade im eigentlichen Sinne gibt es nicht mehr. Es gibt nur ein recht schwieriges, kompliziertes und in vielen verschiedenen Gesetzen festgelegtes Gnadenrecht" (*T. Burger,* 1967, S. 191).

Aber wie auch immer Gnadenentscheidungen zustande kommen und verstanden werden, sie allein schaffen die Möglichkeit,

„die lebenslange Freiheitsstrafe in ihrer Dauer in erträglichen, mit dem Prinzip der Humanität zu vereinbarenden Grenzen zu halten" (*H. H. Jescheck,* 1972, S. 678).

Zur Vorbereitung der Gnadenentscheidung werden Stellungnahmen der verschiedensten Institutionen eingeholt; zunächst ein Führungsbericht des Leiters der Justizvollzugsanstalt, in der der Verurteilte seine Strafe verbüßt, und ein im Vollzug erstattetes psychologisch-psychiatrisches Gutachten zur Frage der Sozialprognose, sodann die Stellungnahme des zuständigen Gerichts, der Staatsanwaltschaft und eines Vertreters der Rechtsanwälte. Liegen diese Beurteilungen vor, erstellt die Gnadenstelle einen umfassenden Bericht, der dem Justizminister zur Weiterleitung an den Ministerpräsidenten vorgelegt wird. Danach ist bis zum Jahre 1972 die Gnadenentscheidung getroffen worden. Nunmehr soll zusätzlich

„nach dem Ergebnis einer wissenschaftlich qualifizierten medizinischen Untersuchung"

ein Urteil darüber abgegeben werden, ob

„der Verurteilte in der Freiheit keine schwerwiegenden Straftaten, insbesondere keine Gewalttaten mehr begehen und sich im allgemeinen sozialadäquat verhalten wird",

wie es wörtlich in dem Anschreiben des Justizministers zum Gutachtenauftrag heißt. Ein wesentlicher Baustein bei der Gnadenentscheidung des Ministerpräsidenten ist also die Sozialprognose bei jedem einzelnen zu begnadigenden Häftling.

Die Gnadenentscheidung, die maßgebend von einer sozialprognostischen Beurteilung abhängig gemacht wird, nähert sich in ihren Voraussetzungen der Aufhebung oder Nichtaufhebung anderer strafrechtlicher Maßnahmen, die ebenfalls unter sozialprognostischen Gesichtspunkten ausgesetzt werden können. Praktisch ist zwischen der Fragestellung des § 67 d Abs. 2 StGB (entsprechend § 42 f StGB a. F.) und der im Gnadenverfahren zu beantwortenden Frage kein Unterschied. In § 67 d Abs. 2 StGB heißt es, ob

„verantwortet werden kann zu erproben, ob der Untergebrachte außerhalb des Maßregelvollzugs keine rechtswidrigen Taten mehr begehen wird".

Davon weicht die Formulierung,

„ob erwartet werden kann, daß der Verurteilte in der Freiheit keine schwerwiegenden Straftaten, insbesondere Gewalttaten begehen und sich im allgemeinen sozialadäquat verhalten wird",

nicht entscheidend ab, auch wenn in der Formulierung das Gewicht mehr auf die schwerwiegenden Straftaten gelegt wird.

Wie jede Rechtsentscheidung soll auch der Beschluß über die Beendigung einer im Gesetz nicht befristeten „Unterbringung" auf überprüfbare Voraussetzungen gestützt werden. Der Einblick in die Praxis lehrt jedoch, daß gesicherte Kriterien für die Sozialprognose nirgendwo bekannt sind und daher die Forderung der Überprüfbarkeit nur bedingt erfüllt werden kann. So sind auch alle vor der Einsetzung des „Freien Gutachtergremiums" ausgesprochenen Begnadigungsempfehlungen von psychologischer Seite oder aus der Sicht der Vollzugsbehörde in erster Linie auf allgemeine Gesichtspunkte wie die „Führung im Vollzug", den Grad der Anpassung und den Umfang der erhalten gebliebenen oder neu aufgebauten Beziehungen „nach draußen" gestützt.

Diese in einer synoptischen Schau erfaßten Anhaltspunkte wurden bei der weiteren Entscheidung in der Regel dem durch die Dauer des Strafvollzugs getilgten (oder noch nicht getilgten) Sühnebedürfnis gegenübergestellt. Damit kommt ein wertender Gesichtspunkt hinzu, der selbstverständlich bei der isolierten Beurteilung der Sozialprognose außer Betracht bleiben muß. Für die „Lebenslänglichen" wird heute – jedenfalls im Bundesland Nordrhein-Westfalen – nach dem Ablauf von etwa 20 Jahren das Maß der erforderlichen Sühne für die schwere Tat als erfüllt angesehen, so daß die Gnadenentscheidung zu diesem Zeitpunkt praktisch nur noch von dem sozialprognostischen Urteil abhängt.

4. Die Sozialprognose

Die wissenschaftlichen Bemühungen zur Absicherung einer Sozial-, Kriminal- und Legalprognose haben ihren Niederschlag in einem sehr umfangreichen Schrifttum gefunden. Eine zusammenfassende und kritische Übersicht hat zuletzt *H. Leferenz* im Handbuch der forensischen Psychiatrie (1972) gegeben. Im vorliegenden Zusammenhang muß auf eine weitere Auseinandersetzung mit den verschiedenen Methoden verzichtet werden. Die Punkteverfahren und die Prognosetabellen liefern im wesentlichen statistische Ergebnisse, sind aber kaum auf den Einzelfall verbindlich anzuwenden. Jedenfalls ist der Nachweis ihrer praktischen Brauchbarkeit bisher nicht erbracht worden. *D. Höbbel* (1968) konnte die Bedenken gegen statistisch gewonnene Prognosetabellen vor allem bei jugendlichen Rechtsbrechern eindrucksvoll belegen. So haben wir auch in den von uns gesichteten Akten und Gutachten nicht in einem einzigen Fall Prognosetabellen angewandt gefunden. In der Praxis geht es immer, wenn wir es mit *H. Leferenz* (1972, S. 1366) formulieren, um eine „empirische Individualprognose", die mehr im Sinne einer „struktursynthetischen Betrachtung" (*W. Munkwitz*, 1967, S. 173) oder mehr unter dem Gesichtspunkt der „pädagogischen Formbarkeit" (*H. Leferenz*, 1972, S. 1372) erarbeitet werden kann. Auf viele andere Aspekte sei hier nicht eingegangen. Wichtig erscheint nur der Umstand, daß selbst bei der Anwendung von „Punkteverfahren", von denen eine relativ hohe „Objektivität" erwartet wird, die persönliche Erfahrung desjenigen, der die „Schlechtpunkte" auswertet, von großer Bedeutung ist. So hat *H. Leferenz* schon im Jahre 1956 (S. 237) festgestellt: „Nicht das Punkteverfahren, sondern *Frey* selbst ist es, der gute Prognosen stellt." Aber auch bei Abschätzung der „pädagogischen Formbarkeit" im Sinne von *Leferenz* kann ohne eine große vergleichende Erfahrung des einzelnen Untersuchers nicht geurteilt werden. So bleibt sogar das Bemühen um eine „struktursynthetische Betrachtung" oder um die Erfassung von prognostisch relevanten Persönlichkeitsmerkmalen bei der kritischen Sichtung unseres Materials und unserer Ergebnisse ebenfalls recht problematisch. Es ist eben nicht ausschlaggebend zu wissen, wie ein Mensch ist, wenn für ihn eine Prognose gestellt werden soll, sondern entscheidend ist allein die Frage, wie er sich in seiner Eigenart bisher sozial eingeordnet hat und wie sich seine sozialen Bezüge darstellen. Was *H. Göppinger* in seiner „Kriminologie" (1973, S. 225) über die „Einheit: Der Täter in seinen sozialen Bezügen" ausgeführt hat, glauben wir für unsere Belange dahingehend abwandeln zu dürfen, daß wir vom „Häftling in seinen sozialen Bezügen" sprechen. Dabei geht es immer auch um seine „Lebensbewältigungstechniken" (*H. G. Mey*, 1965, S. 12) und ganz speziell um die Form und den Grad der sozialen Anpassung. Die Beurteilung gewinnt damit jene Dimension, die auch *S. W. Engel* (1968, S. 160) in seinem „Prognostischen Quartett" angesprochen hat, wenn er neben dem körperlichen und dem psychischen Befund den „sozialen Befund" berücksichtigt und den Grad der sozialen Auffälligkeit mit oder ohne Delinquenz differenzierend erläutert. Sein vierter Gesichtspunkt, die Übersicht über den „Verlauf", ist selbstverständlich ein entscheidender Zusatzfaktor, denn es geht nicht ausschließlich um die „sozialen Bezüge" zu dem jeweils gegenwärtigen Zeitpunkt, sondern um die Entwicklung, gleichsam um die „Biographie der sozialen Bezüge". In einer synthetischen, strukturellen oder ganzheitlichen Erfassung hat die Beurteilung des Probanden unter dem Gesichtspunkt zu erfolgen, wie er sich im Laufe der Lebensentwicklung als soziales Wesen dargestellt hat. Der Tat kommt dabei nur dann ein besonderer Stellenwert zu, wenn sie sich in eine Kette vergleichbarer Verhaltensentgleisungen einfügt.

Während der Beobachtungszeit in einer langfristigen Haft werden die Möglichkeiten oder auch die Probleme der sozialen Anpassung des einzelnen Probanden gleichsam wie in einer Testsituation deutlich, so daß die psychologischen Relationen der biographischen Entwicklung vor der Haft zur psychosozialen Entwicklung in der Haft einen relativ aufschlußreichen Einblick in die sozialen Anpassungsvoraussetzungen vermitteln.

Welche Kriterien aber speziell bei der prognostischen Beurteilung der Langzeitgefangenen anwendbar sind, ist bisher nicht eingehender erforscht und lediglich in einem ersten Versuch von *P. H. Bresser* (1974) mitgeteilt worden.

5. Stand der empirischen Forschung

Erhebungen über das Schicksal von Lebenslänglichen haben sich seit Jahrzehnten fast ausschließlich auf den Verlauf während der Haft erstreckt. Besonders umfangreiche Informationen von Strafanstaltsleitern des In- und des Auslandes hat der Jurist *M. Liepmann* (1912) beigezogen. Er wird in der Literatur auch heute noch am häufigsten zitiert. Das gilt vor allem für seine Darstellung der drei Stadien des Haftverlaufs. *P. A. Albrecht* nennt dies den „Dreiphasenzyklus" (1973, S. 205), dem eine Regelhaftigkeit zugesprochen wird. Obwohl eine solche Verlaufsgesetzlichkeit von vielen Autoren in dieser Form nicht bestätigt werden konnte, wird sie doch in zahlreichen Übersichtsarbeiten als gegeben unterstellt. Die unbefangene Lektüre der Arbeit von *Liepmann,* die er damals als „Gutachten" für den Juristentag abgefaßt hatte, läßt erkennen, daß die Annahme einer Regelhaftigkeit eine sehr fragwürdige Hypothese darstellt. *Liepmann* schreibt selbst:

> „Wir werden uns nicht wundern, daß die Wirkung einer solchen Strafe („lebenslänglich") auf die mannigfach gearteten Individuen auch durchaus verschieden ausfällt" (a. a. O., S. 178).

Zahlreiche der von *Liepmann* zitierten Berichte machen deutlich, daß zumindest die pessimistisch geschilderte dritte Phase: „Nach 20 Jahren tritt regelmäßig das trübste, dritte Stadium ein" (ebenda), eben nicht regelmäßig beobachtet wird. So erwähnt er eine „Lebenslängliche", die in der Strafanstalt als „Vertrauensperson" tätig war, „deren Fehlen nach ihrem Tode schmerzlich empfunden wurde". Auch in den von *Liepmann* wiedergegebenen Berichten kommt wiederholt zum Ausdruck: Die Lebenslänglichen

„sind die besten Elemente des Strafvollzugs" ... „bis auf ganz wenige Ausnahmen ist die Führung der Lebenslänglichen tadellos. Sie bilden zum großen Teil Stützen der Verwaltung" (ebenda).

Wenn es wahrscheinlich doch in Einzelfällen zu einem Eintritt in das „trübste, dritte Stadium" gekommen ist, dann muß auch berücksichtigt werden, daß damals (Anfang dieses Jahrhunderts) die Strafe „gnadenlos" verbüßt werden mußte und daher wirklich bis zum Lebensende und unter Umständen über 40 Jahre dauerte. Diese effektive Hoffnungslosigkeit mag entsprechende seelische Auswirkungen gehabt haben. Jedenfalls führten alle späteren Untersuchungen, die nicht nur die ältere Literatur, sondern auch eigene Erfahrungen auswerten, zu der Erkenntnis, daß der „dritten Phase" nur eine ganz untergeordnete Bedeutung zukommt. So schreibt beispielsweise *J. Feige:* „Die sehr pessimistische Darstellung der dritten Phase ist wohl aus heutigen Erfahrungen so nicht zu verallgemeinern" (1972, S. 3). Selbst *A. Ohm* (1959), der die „Haltungsstile Lebenslänglicher" untersucht hat, bezieht sich bei der Erörterung der dritten Phase mehr auf die Aussagen von *M. Liepmann* als auf seine eigenen Feststellungen. So hat auch *H. Többen,* der 70 Lebenslängliche untersuchen konnte, schon geschrieben, daß es

„jedenfalls nicht wenige sind, bei denen nach etwa (nota bene!, Ref.) 30jähriger Strafe die Gesinnung und der ganze Mensch sich im Sinne einer völligen Besserung geändert haben" (1912/13, S. 462).

Außerdem sind von psychiatrischer Seite größere Erhebungen über „Seelenstörungen" bei Langzeitgefangenen angestellt worden. Hier ist insbesondere *E. Rüdin* mit seiner Münchener Habilitationsschrift aus dem Jahre 1909 zu nennen. *Rüdin,* der sich allerdings auf ein klinisch ausgewähltes Untersuchungsgut stützt, hat unter 47 psychopathischen, epileptischen und geisteskranken Lebenslänglichen allein 21 mit einer Schizophrenie (Dementia praecox) gefunden, so daß sich die Frage ergibt, ob bei der Verurteilung die Kriterien der Zurechnungsfähigkeit umsichtig genug angewandt worden sind. Seiner kriminalbiologischen Optik entsprechend weist *Rüdin* auf die Anlageschwäche und eine Minderwertigkeit des zentralen Nervensystems bei diesen „geisteskrank gewordenen Lebenslangen" besonders hin. *Rüdin* hat die psychotischen Entwicklungen des Unschulds-, des Begnadigungs- und des Entlassungswahns als typische Verlaufsformen dargestellt. Seine Begriffe von der Unschuldssophisterei und den präsenilen Verblödungszuständen werden heute noch von einzelnen Autoren (z. B.: *O. Triffterer,* a. a. O.) als geradezu zwangsläufige Endzustände betrachtet, obwohl längst erkennbar geworden ist, daß es diese Bilder nur noch extrem selten gibt.

Bei der Untersuchung einer Gruppe von 70 Mördern ist *H. Többen* (a. a. O.) – überraschenderweise – zu der Feststellung gekommen, daß in dieser Gruppe „bei weitem der größte Teil vorübergehend oder dauernd geisteskrank wurde" (a. a. O., S. 467). Auch hier muß eine besondere Auslese oder aber eine sehr extensive Auslegung des Begriffs „geisteskrank" unterstellt werden, die eine Verallgemeinerung des Ergebnisses dieser Arbeit nicht gestatten. Eine kritische Erörterung dieser Ergebnisse, die angebracht erscheint, kann hier nicht erfolgen. Jedenfalls ist schon in der fast gleichzeitig erschienenen und vor allem in der späteren Literatur eine solche Häufigkeit von „Geisteskrankheit" nicht berichtet worden. *Th. Viernstein* (1914) hat unter „40 lebenslangen Gefangenen" eines Zuchthauses nur noch neun mit dem Zeichen einer „Geistesstörung" gefunden und *Lumpp* (1913) konnte bei seinen Erhebungen an 50 Lebenslänglichen in einem Beobachtungszeitraum von 47 Jahren nur sechs „unheilbar Geisteskranke" registrieren (zitiert nach *W. Ullrich*, 1965, S. 260).

Die Untersuchungen von *J. Grünberger* und *W. Sluga*, die bei langfristig Inhaftierten ein „Funktionelles Psychosyndrom" ergeben haben, wurden ausschließlich an Häftlingen durchgeführt, die „dem normalen Strafvollzug nicht angepaßt werden konnten" (1968, S. 963). Es handelt sich um solche mit „psychopathischen Syndromen", bei denen Befunde erhoben wurden, die den organischen Defektzuständen ähnlich erschienen. Dieses Kollektiv ist jedoch nicht mit der Gruppe der Lebenslänglichen vergleichbar, und die Ergebnisse lassen sich nicht verallgemeinern.

Diese und viele andere Einzelarbeiten beziehen sich auf die seelische Entwicklung der Lebenslänglichen oder anderer Langzeitgefangener *in* der Haft. Ein erster Versuch, die Weiterentwicklung *nach* der Haft zu verfolgen, ist von *P. A. Albrecht* (a. a. O., S. 198) unternommen worden, der jedoch erst eine vorläufige Mitteilung vorgelegt hat. Er kommt darin zu dem Ergebnis, daß „die Eingliederung im Arbeitsprozeß in beachtenswerter Weise" (a. a. O., S. 205) gelingt, was ja einen entscheidenden Teil der Resozialisierung ausmacht. *Albrecht* wertet dies allerdings lediglich als das

> „Ergebnis der ritualistisch eingeschliffenen Arbeitsmoral, die den ‚Lebenslänglichen' schon im Vollzug auszeichnet" (ebenda).

Als Soziologe bringt er zudem den Rollenaspekt ins Spiel und formuliert weiter – wobei er sich bemerkenswerterweise nicht auf seine eigenen Erfahrungen, sondern auf ein Zitat des Rechtswissenschaftlers *O. Triffterer*, also eines Nicht-Empirikers, stützt –, daß den Lebenslänglichen keine Chancen eingeräumt werden, als

„‘vollwertige’ Mitglieder in die Gesellschaft zurückzukehren und sich dort bewähren zu können" (ebenda).

Albrecht schreibt weiter:

„Andererseits liegt die Unfähigkeit zur Neuorientierung aber in der eingeschliffenen Unflexibilität, die es dem Begnadigten häufig nicht einmal ermöglicht, sich als Partner zwischenmenschlicher Beziehungen zu verstehen" (ebenda).

Auch diese verallgemeinernden Feststellungen lassen nach unseren bisherigen Erkenntnissen unmittelbar Zweifel an der Überzeugungskraft der *Albrechtschen* Aussage aufkommen, so daß wir uns in unserem Anliegen, die tatsächlichen Gegebenheiten weiter aufzuklären, besonders bestärkt fühlen. Dasselbe gilt für die Meinung *Albrechts,* daß bei den Begnadigten nach der Entlassung eine „latente Gefährlichkeit" vorliege, die sich ergeben soll aus

„sozial- und emotionalrelevanten Grundstörungen, ... die im Verlauf des Strafvollzuges nicht korrigierend behandelt wurden, sondern sich vielmehr potenziert haben" (a. a. O., S. 206).

Den Nachweis dieser Grundstörungen hat er in seinen Ausführungen bisher nicht erbracht. Da für solche „Grundstörungen" nach der Verbüßung einer langfristigen Haft auch sonst in der neueren Literatur keine Anhaltspunkte vorliegen, scheint zunächst auch diese Frage noch offen zu sein.

B. EIGENE UNTERSUCHUNGEN

1. Übersicht über die Probandengruppen

Eine erste eingehendere Beschäftigung mit Langzeitgefangenen, insbesondere mit „Lebenslänglichen", erfolgte im Rahmen der sozialprognostischen Begutachtungen durch das „Freie Gutachtergremium". Die Untersuchungen wurden zunächst im Rahmen einer mehrtägigen Beobachtung in der psychiatrischen Abteilung der Justizvollzugs-Anstalt Köln durchgeführt. Alle Probanden befanden sich seit etwa 20 Jahren in Haft. Einzelne, die im Zuge der früheren Begnadigungen zurückgestellt worden waren, hatten bis zu 25 Haftjahren hinter sich. Von den bisher untersuchten Häftlingen, deren Zahl inzwischen über 90 beträgt, wurden die ersten 66 (Stichtag 31. 10. 1974) in die systematische Untersuchung einbezogen. Aus dieser Gruppe waren beim Abschluß der Erhebungen erst 24 mindestens 4 Monate in Freiheit entlassen. Die längste Bewährungskontrolle betrug 1 Jahr und 11 Monate.

Da es bei dieser Arbeit im wesentlichen um eine Überprüfung des Verlaufs der Wiedereingliederung nach der Haftentlassung gehen sollte, wurden durch Vermittlung des Justizministeriums alle nach 1967 in Nordrhein-Westfalen auf Grund einer Begnadigung Entlassenen erfaßt. Die Begnadigung war in einem Falle schon im Jahre 1964, in drei Fällen 1966 ausgesprochen worden. Über die vorher Begnadigten lagen keine vollständigen Unterlagen vor. Seit dem Jahre 1967 waren es insgesamt 46 Begnadigte, die vor der Einsetzung des Gutachtergremiums entlassen worden sind und bei der Nachuntersuchung im Jahre 1974 schon bis zu 7 Jahre in Freiheit waren. Es soll über die in Freiheit entlassenen Begnadigten (Probandengruppe B: N = 70 (24 + 46)) getrennt berichtet werden. Dabei wird vernachlässigt, daß ein Teil der Probanden (24) der Gruppe B auch in der Gruppe H erscheint.

Zunächst wird im folgenden eine allgemeine Übersicht über die angestellten Erhebungen und über die Zusammensetzung der beiden Gruppen gegeben.

Bei der *Probandengruppe H* wurde regelmäßig ein eingehendes Studium der Straf-, der Gnaden- und der Gefangenenpersonalakten vorgenommen. Teilweise vor und teilweise nach dem Aktenstudium erfolgte eine sehr ausführliche Exploration (offenes Interview). Außer gelegentlich durchgeführten Einzeltests wurde bei 55 von ihnen ein Persönlichkeitsfragebogen (FPI = Freiburger-Persönlichkeits-Inventar) angewandt. Die übrigen elf Probanden konnten sich nicht entschließen, den Fragebogen auszufüllen. Schließlich wurde die Beurteilung durch das Gutachtergremium, an deren Erarbeitung in der Diskussion immer teilgenommen werden konnte, ausgewertet.

Bei der *Probandengruppe B* wurden – soweit zugänglich, d. h. mit wenigen Ausnahmen (9) – die Gnadenakten und in der Mehrzahl der Fälle auch die Strafakten eingesehen. Explorationen mit den Begnadigten fanden in 33 Fällen statt, und zwar immer nur dann, wenn der Bewährungshelfer ein solches Gespräch im Einvernehmen mit den Probanden vermittelte. In allen anderen Fällen haben die Bewährungshelfer entweder persönlich in ausführlichen Gesprächen (25 Fälle), in wiederholten fernmündlichen Berichten oder in längeren Schreiben Auskunft erteilt (7 Fälle). Lediglich in 5 Fällen konnten sich die Bewährungshelfer nicht zur Auskunftserteilung bereit finden oder erhielten von ihren Probanden hierzu keine Einwilligung. In diesen Fällen konnten die Informationen nur auf Grund der Gnadenakten zusammengestellt werden. Psychologische Testverfahren sind bei dieser Gruppe in keinem Fall angewandt worden.

Zur Frage der Anwendbarkeit und der Brauchbarkeit von Tests haben sich im Rahmen unserer Untersuchung im wesentlichen zwei Gründe ergeben, nicht auf ihrer regelmäßigen Durchführung zu bestehen. Insgesamt war bei den Probanden die Skepsis gegenüber solchen Verfahren ganz besonders groß. Die Häftlinge, die vor der Entlassung standen, zeigten noch in einem relativ hohen Prozentsatz die Bereitschaft zur Ausfüllung eines Fragebogens, aber die Begnadigten waren hierzu schwer zu motivieren, und so ist, um die Erhebungen in einer zwanglosen und vertrauensvollen Offenheit zu ermöglichen, auf ihre Anwendung bei den Begnadigten gänzlich verzichtet worden. Ein weiterer Grund, der uns darin bestärkte, auf den Testuntersuchungen nicht allzu nachdrücklich zu bestehen, ergab sich aus der kritischen Auswertung der in den Akten teilweise sehr umfangreich niedergelegten Testbefunde, die während der Haft von Anstaltspsychologen oder von psychiatrischen Gutachtern erhoben worden waren. Für die sozialprognostischen Fragen haben sie niemals einen relevanten Aufschluß geliefert. Die Neigung zu erwartungskonformer Antwortgestaltung war in den meisten Fällen auffallend stark. Außerdem ließen sich über die in der langen Beobachtungszeit zutage getretenen Züge der Persönlichkeit hinaus keine zusätzlichen Hinweise gewinnen. Insbesondere ist bei den in den Akten vorliegenden Untersuchungsergebnissen – abgesehen von einem gelegentlich evidenten „Anpassungssyndrom" – kein einheitliches oder auch nur häufig aufgetretenes Zustandsbild etwa im Sinne einer „sozialen Verkrüppelung" mit den Zeichen der Konzentrationsunfähigkeit, der Gedächtnisschwäche, des phantastischen Illusionismus, des unausgeglichenen Gefühlslebens sowie einer Abnahme der Entschlußfähigkeit und der Willenskraft zu ermitteln gewesen, wie dies *R. Sieverts* (1929, S. 173) meint. Die vorgefundenen Unterlagen würden sich einer eingehenderen Analyse anbieten, um die von uns ermittelten allgemeinen Ergebnisse durch detaillierte Feststellungen abzusichern.

Nach eingehendem Abwägen ist einer überwiegend kasuistischen Darstellung unserer Untersuchungsergebnisse der Vorzug gegeben worden, weil die individuellen Besonderheiten der einzelnen Verläufe, die unterschiedlichen Schwierigkeiten und die praktisch bedeutsamen Gesichtspunkte auf diese Weise besser zur Geltung gebracht werden konnten als durch die summarische, statistisch zusammenfassende Darstellung. Tabellarische Übersichten sind lediglich für wenige Daten in den Text aufgenommen worden.

Obwohl das Schwergewicht der Untersuchung auf dem Resozialisierungsverlauf liegen soll, wird die Probandengruppe H aus mehreren Gründen mitberücksichtigt. Zunächst soll die Ausgangssituation der Begnadigten vergegenwärtigt werden, bevor sie den Schritt in die Freiheit tun. Außerdem soll verdeutlicht werden, daß einzelne Häftlinge bisher nicht zur Begnadigung empfohlen werden konnten, also auch für die Bewährungskontrolle zunächst ausfallen. Zudem geben Einzelverläufe Aufschluß darüber, daß auch nach langjähriger Haft noch entscheidende Wandlungen und Besserungen des Sozialverhaltens eintreten können, die dazu beitragen, vorher begründet erscheinende Bedenken gegen die Begnadigung auszuräumen. Vor allem ist eine nähere Betrachtung über den Verlauf und über die Entwicklung der sozialen Bezüge in der Haft von größter Bedeutung für die sozialprognostische Beurteilung. Einzelne Sonderentwicklungen, die oft als Präzedenzfälle für die „verholzende" oder „abstumpfende" Wirkung der Haft angeführt werden, können aus der Sicht eines solchen Überblicks in das rechte Licht gerückt werden. Auf diese Weise wird das Schicksal der „Lebenslänglichen" und ihre psychologische Situation im fortgeschrittenen Stadium der Haft mit den sehr unterschiedlichen individuellen Konstellationen anschaulicher dargestellt.

2. Probandengruppe H

Bei den im Zusammenhang mit ihrer Begutachtung untersuchten Häftlingen handelt es sich um 53 Männer und 13 Frauen im Alter von 39 bis 85 Jahren, die während ihres 10- bis 14tägigen Aufenthaltes in der Psychiatrischen Beobachtungsabteilung der Justizvollzugsanstalt Köln untersucht wurden. 51 (76 %) von ihnen waren 20 und mehr Jahre in Haft, zwei Frauen schon 26 Jahre. Lediglich eine Frau, die ihre Tat im Heranwachsendenalter begangen hatte, und ein Mann, dessen Verurteilung 8 Jahre nach der Tat erfolgte, waren bei der Untersuchung erst 17 Jahre inhaftiert. 24 der begutachteten 66 Häftlinge konnten als inzwischen Begnadigte in die Probandengruppe B aufgenommen und ihr Weg in ein Leben in Freiheit verfolgt werden.

Das Lebensalter zur Zeit der Tat, die die lebenslange Strafe mit sich brachte, ist in Tabelle 1 dargestellt; Tabelle 2 gibt eine Übersicht des Berufsstandes der Häftlinge vor der Tat.

Während der Haft gingen fast alle Häftlinge einer geregelten Tätigkeit nach und 38 hatten zugleich eine oder mehrere Freizeitbeschäftigungen, die sie zum Teil auch zur Weiterbildung nutzten.

Tabelle 1: Tatzeitalter der zu lebenslanger Haft Verurteilten (N = 66)

Alter	Geschlecht		insgesamt
	Männer	Frauen	
unter 21 J.	2	1	3
21 bis 25 J.	23	1	24
26 bis 30 J.	12	4	16
31 bis 35 J.	4	5	9
36 bis 40 J.	4	2	6
41 bis 45 J.	5	–	5
über 45 Jahre	3	–	3

Tabelle 2: Berufsstand der Häftlinge vor ihrer Tat (N = 66)

Berufsstand	Geschlecht Männer	Frauen	insgesamt
Arbeitslose	11	1	12
Ungelernte und Hilfsarbeiter	22	2	24
Facharbeiter	11	1	12
Beamte und Angestellte	1	1	2
Selbständige	5	1	6
Hausfrauen	–	7	7
ohne Berufsangaben	3	–	3

Bei den begangenen Tötungsdelikten handelte es sich in 34 Fällen um Aggressionsdelikte (vorwiegend Raubtaten) und in 32 Fällen um Konfliktkonstellationen, bei denen die Opfer zum persönlichen Umfeld gehörten.

Von den 66 Tätern waren 29 vor der Inhaftierung nicht vorbestraft. Vier Häftlinge hatten eine, 33 hatten mehrere Vorstrafen.

In der Haftzeit war bei 40 (59,1 %) Probanden der Familienkontakt mit sehr unterschiedlicher Intensität noch erhalten. Bei 23 (34,7 %) der Probanden war dieser Kontakt zerbrochen, sie fanden jedoch andere Gesprächs- oder Briefpartner. Nur drei der untersuchten Häftlinge hatten überhaupt keinen brieflichen oder Besuchs-Kontakt.

Zum Untersuchungszeitpunkt war nur ein Proband jünger als 40 Jahre, 30 (45,1 %) standen im Alter von 40 bis 50 Jahren, 24 (35,9 %) im Alter von 51 bis 60 Jahren, während 11 (16,7 %) noch älter waren.

Bei der Beurteilung durch das „Freie Gutachtergremium" wurde die Sozialprognose in Abwägung mit den schon vorliegenden Urteilen oder Empfehlungen im wesentlichen unter synoptischer Betrachtung von vier Gesichtspunkten abgegeben:

1. die soziale Entwicklung bis zur Tat,
2. die Tat und ihre psychologischen Umstände,
3. die soziale Anpassung oder Bewährung während der Haft und
4. das Persönlichkeitsbild während der Untersuchung.

Das im einzelnen differenzierende Prognoseurteil kann für diese Probandengruppe etwa in der folgenden Weise eingeteilt werden:

1. uneingeschränkt günstig,
2. eingeschränkt günstig,
3. mit Vorbehalten,
4. ungünstig.

Die geltend gemachten Einschränkungen oder Vorbehalte bezogen sich entweder auf persönliche Eigenarten und Mängel oder mehr auf gewichtige soziale und situative Schwierigkeiten. Die Zuordnungen zu den genannten Prognosegruppen sind in Tabelle 3 zusammengefaßt.

Tabelle 3: Sozialprognosen von insgesamt 66 begutachteten Häftlingen

Prognoseurteil	Geschlecht		insgesamt
	Männer	Frauen	
uneingeschränkt günstig	28	8	36
eingeschränkt günstig	7	4	11
mit Vorbehalten	5	–	5
ungünstig	12	1	13
nicht beurteilbar	1	–	1

Bei einem 85 Jahre alten Mann konnte wegen einer schweren Erkrankung zur Zeit der Begutachtung keine differenzierende Stellungnahme mehr abgegeben werden.

Die speziellen Erfahrungen über den Verlauf und die Auswirkungen der langfristigen Inhaftierung sollen in einem späteren Zusammenhang erläutert werden. Von den erhobenen Befunden sei hier schon das Ergebnis einer Fragebogenuntersuchung mitgeteilt, mit der ermittelt werden sollte, ob sich ein haftspezifisches Persönlichkeitsprofil erfassen läßt oder ob andere relevante Befunde bei dieser Gruppe der langfristig Inhaftierten festgestellt werden können.

Zu diesem Zwecke wurde das Freiburger-Persönlichkeits-Inventar (FPI) angewandt. Es handelt sich bei dem Persönlichkeitsfragebogen um eine standardisierte Methode, mit der in erster Linie eine Selbstdarstellung des Probanden ermittelt wird, indem er 212 ichbezogene Aussagen alternativ durch Ankreuzen zu bejahen oder zu verneinen hat. Nach neun Standardskalen und drei Zusatzskalen werden die Antworten gruppiert und ausgezählt. Das Befinden und verschiedene Einstellungs- oder Erlebnisbereiche werden eingeteilt unter den Oberbegriffen: Nervosität, Aggressivität, Depressivität, Erregbarkeit, Geselligkeit, Gelassenheit, Dominanzstreben, Gehemmtheit, Offenheit sowie den Zusatzaspekten: Extraversion, Emotionalität (stabil – labil) und Maskulinität.

Der Test wurde den Probanden ausdrücklich mit dem Hinweis geboten, daß er für die Begutachtung nicht herangezogen werde, sondern ausschließlich dem Ziele diene, zu ermitteln, wie sich ein Mensch nach so langer Strafverbüßung selbst sehe und einschätze. Von den 66 Probanden konnten sich nur 55 (45 Männer und 10 Frauen) entschließen, den Fragebogen auszufüllen, so daß den folgenden Aussagen lediglich $^5/_6$ der Probandengruppe H zugrunde liegen.

Die Testdaten der verbleibenden 55 Probanden sowie folgende aus den Akten und Gutachten gewonnenen anamnestischen Daten

Alter
Geschlecht
Beruf vor der Tat
Familienstand vor der Tat
Tatalter
Zahl der Vorstrafen
Deliktsarten
Haftdauer
Beschäftigung während der Haft
Familienkontakt während der Haft
Prognostische Beurteilung

wurden im Rechenzentrum der Universität Köln auf der Rechenanlage System CYBER 76 verarbeitet. Dabei bedienten wir uns bei allen Auswertungen des Datenanalysesystems SPSS (Statistical Package for Social Sciences).

Neben den Häufigkeitsverteilungen der Daten wurden Rangkorrelationen nach *C. E. Spearman* zwischen den Variablen berechnet. Diese führten nur vereinzelt zu signifikanten Korrelationskoeffizienten und sind deshalb nicht in einer tabellarischen Übersicht wiedergegeben worden.

Das Durchschnittsalter der mittels des Freiburger-Persönlichkeits-Inventars untersuchten Probanden betrug 50,5 Jahre, die durchschnittliche Haftdauer 21,5 Jahre. In keiner der 9 Standardskalen oder der 3 Zusatzskalen des FPI konnte eine für diese Probandengruppe charakteristische Ausprägung gefunden werden. Die errechneten Mittelwerte (Mediane) lagen zwischen den Stanine-Werten 4 und 6, die den Normbereich umgreifen. Auch in der Skala 9 (Offenheit) zeigte sich keine Tendenz zur Polarisierung entweder in Richtung auf vermehrte Verschlossenheit bei der Bearbeitung der Feststellungen oder in Richtung auf eine Neigung zur Überzeichnung der Selbstdarstellung in „positiver" und sozial erwünschter Form.

Zwischen den einzelnen FPI-Skalen und anamnestischen Daten konnte kein statistisch gesicherter korrelativer Zusammenhang aufgezeigt werden. Es fand sich lediglich innerhalb der Angaben zur Vorgeschichte der ohnehin naheliegende Zusammenhang zwischen hoher Vorstrafenbelastung und unbeständiger Berufsanamnese ($r_\rho = .41$) sowie sozialem Status und der Zahl der Rechtsbrüche ($r_\rho = .46$). Bezogen auf die sozialprognostischen Beurteilungen, die nicht aus einer Punkteberechnung abgeleitet worden sind, stellte sich ein Zusammenhang zwischen ungünstigem Urteil und ungünstiger beruflicher Anamnese (r_ρ = .49) sowie einer hohen Vorstrafenbelastung (r_ρ = .40) dar. Die Einzelfallanalyse zeigte demgegenüber aber auch, daß eine Reihe von Probanden im Laufe der Haft zur beruflichen Stabilität und zur sozialen Anpassung gefunden hat und daher trotz der ungünstigen Frühentwicklung sozialprognostisch günstig beurteilt werden konnte. Die günstigen Beurteilungen stehen also in besonders hohem Maße in einem Zusammenhang mit der Arbeitsintensität und dem Freizeiteinsatz während der Haft.

Die Kurztabellierung mit anschließendem CHI-QUADRAT-Test und der Berechnung des Kontingenzkoeffizienten CC wurde angewandt, um mehrdimensionale Abhängigkeiten zu untersuchen. Dabei ergab sich hinsichtlich des Merkmals „Offenheit" ein aufschlußreicher Unterschied zwischen der Gruppe der schwerer Vorbestraften und der nicht oder nur gering Vorbestraften, die eine Konflikttat begangen hatten (CC = .62, $p < 0{,}01$). Solche Häftlinge, die mehrere Vorstrafen aufwiesen, waren in der Testsituation offenbar eher geneigt, offen und selbstkritisch Stellung zu nehmen als andere. Dabei läßt sich als psychologischer Hintergrund am ehesten die Annahme vertreten, daß die ohnehin mit Rechtsbrüchen stärker belasteten Probanden nicht mehr so sehr auf eine günstige Selbstdarstellung bedacht sind wie die sonst „Unbescholtenen". Ebenfalls bei den Konflikttätern ergab sich bezüglich der FPI-Zusatzskala „Emotionalität" – im Sinne der emotionalen Ausgewogenheit – und einem prognostisch günstigen Urteil ein gesicherter Zusammenhang (CC = .81, $p < 0{,}01$), der darauf hindeutet, daß der Eindruck einer inneren Stabilisierung eine positive Beurteilung begünstigt.

Alle übrigen errechneten *Spearmanschen* Korrelationen und die Kontingenzkoeffizienten konnten statistisch nicht gesichert werden.

Die Auswertung der Untersuchungsbefunde läßt erkennen, daß die prognostische Beurteilung im Rahmen der Begutachtung, die unabhängig von diesen Feststellungen und ihnen vorauslaufend erfolgte, überwiegend auf die folgenden vier Kriterien gestützt worden ist:

1. die soziale, insbesondere die berufliche Anamnese,
2. die dissozialen Verhaltensmerkmale, insbesondere die Zahl der Vorstrafen,
3. die soziale Anpassung und Einsatzbereitschaft während der Haft,
4. das Persönlichkeitsbild, insbesondere die gesamtseelische Ausgewogenheit.

3. Probandengruppe B

Die Verlaufsbeobachtungen an Begnadigten betreffen 51 Männer und 19 Frauen. Von ihnen waren in der Zeit zwischen 1946 und 1949 insgesamt

13 Männer und 5 Frauen noch zum Tode verurteilt und dann zu einer lebenslangen Freiheitsstrafe begnadigt worden. Die Dauer der verbüßten Strafe betrug bei den Männern und bei den Frauen durchschnittlich 22 Jahre. Dabei ist jeweils die Zeit von der Verurteilung bis zur Entlassung berechnet worden. Mit *P. A. Albrecht* gehen wir davon aus, daß durch diese Berechnung die am besten vergleichbaren Werte gefunden werden. Bei der Bestimmung der absoluten Freiheitsentziehung ist für die hier bearbeiteten Fälle in der Regel eine knapp einjährige Untersuchungshaft zu berücksichtigen. Andere Probanden sind während einer vorausgehenden Strafverbüßung verurteilt worden. Ein Mann (Fall 48) hat sich sogar zu einer anstehenden Strafverbüßung freiwillig gemeldet, um womöglich nicht als Täter für die Tötungshandlung ermittelt zu werden. Dieser und andere gerieten während einer Strafhaft in Tatverdacht, so daß sich die gesamte Freiheitsentziehung auf diese Weise noch verlängerte.

Bei einem im Heranwachsendenalter verurteilten Täter betrug die Strafhaft nur 12 Jahre (Fall 30), und bei einem Ehepaar, für das schon bei der Verurteilung auf den Gnadenweg verwiesen worden war, erfolgte die Begnadigung nach knapp 13 Jahren (Fälle 13 und 14). Ein zur Tatzeit 65jähriger Mann (Fall 19) wurde nach 14 Jahren Strafhaft nach Vollendung des 80. Lebensjahres entlassen. Die Strafdauer der einzelnen Probanden ist in der folgenden Tabelle 4 dargestellt:

Tabelle 4: Dauer der Strafhaft der 70 begnadigten Probanden in Jahren

Dauer der Strafhaft Jahre	Zahl der Probanden
12	3
13	–
14	1
15	–
16	–
17	1
18	3
19	2
20	8
21	11
22	12
23	13
24	6
25	7
26	3

Für 2 der Begnadigten wurde der Gnadenerweis – die Umwandlung der lebenslangen Strafe in eine zeitlich begrenzte Haft – bereits im Jahre 1964 ausgesprochen. Bis zum Jahre 1968 wurden weitere 5 Probanden begnadigt. Danach stieg die Zahl der Begnadigungen im Jahr deutlich an. In Tabelle 5 sind die entsprechenden Häufigkeitsverhältnisse dargestellt.

Tabelle 5: Häufigkeitsverteilung der Begnadigungen in den Jahren 1964 bis 1973 der 70 untersuchten Probanden

Jahr	N
1964	2
1965	–
1966	3
1967	2
1968	7
1969	8
1970	9
1971	14
1972	10
1973	15

Die bei der Begnadigung festgesetzte Zeitstrafe wurde in der Regel so bemessen, daß ein Strafrest von nicht mehr als höchstens fünf Jahren blieb. Aus diesem Grunde wurde die lebenslange Strafe in 5 Fällen in eine Strafe bis zu 20 Jahren, in 7 Fällen in eine Strafe zwischen 20 und 24 Jahren umgewandelt und bei 58 Probanden (83 %) eine Strafe von 25 bis zu 30 Jahren festgesetzt.

Bis zur endgültigen Entlassung verstrichen im Durchschnitt zwei Jahre. Ein Proband ist erst vier Jahre später entlassen worden (Fall 23), ein weiterer kam drei Jahre nach der Begnadigung in Freiheit (Fall 4). Während zur Zeit mit dem Gnadenerweis gleichzeitig nicht nur die Umwandlung in eine befristete Zeitstrafe erfolgt, sondern auch der Termin zur Aussetzung der dann noch verbleibenden Reststrafe festgelegt wird, sind früher zwischen diesen beiden Gnadenschritten oft Zeiträume bis zu zwei Jahren verstrichen.

Vor der Entlassung sind vor allem die jüngeren Probanden und solche, die keinen familiären Rückhalt oder schon einen bestimmten Arbeitsplatz in Aussicht hatten, durch den sogenannten „offenen Vollzug" gegangen. Dort wurden sie an einem Arbeitsplatz außerhalb der Anstalt eingesetzt und konnten sich an die Verhältnisse des vielfältig gewandelten Lebens im Straßenverkehr, in den Kaufhäusern und im Umgang mit anderen gewöhnen. Von den 70 Probanden waren 24 Männer (47 %) aber wesentlich weniger Frauen (4 = 21 %) übergangsweise im offenen Vollzug.

Tabelle 6 stellt die Häufigkeit der Entlassungen – bezogen auf die Probandengruppe B (N = 70) – im Beobachtungszeitraum von 1967 bis 1974 dar.

Tabelle 6: Verteilung der Entlassungen aus der Strafhaft von N = 70 Probanden zwischen 1967 und 1974

Jahr	N
1967	2
1968	5
1969	5
1970	10
1971	9
1972	18
1973	15
1974	6

Bei den Erhebungen und den persönlichen Begegnungen, die alle in die zweite Hälfte des Jahres 1974 fielen, waren von den Probanden die meisten weit über ein Jahr in Freiheit. Die kürzeste Verlaufsstrecke der Wiedereingliederung betrug vier Monate, die längste sieben Jahre.

Um den sozialen Status der Probanden nach der Haft mit dem vor der Haft vergleichen zu können, seien zunächst noch einige allgemeine Angaben über die Probandengruppe vorausgeschickt. Das Lebensalter zur Zeit der Tat, die die lebenslange Strafe mit sich brachte, ist in Tabelle 7 dargestellt.

Tabelle 7: Tatzeitalter der Begnadigten (N = 70)

Alter	Geschlecht Männer	Frauen	insgesamt
unter 21 J.	6	1	7
21 bis 25 J.	17	4	21
26 bis 30 J.	8	6	14
31 bis 35 J.	7	2	9
36 bis 40 J.	7	4	11
41 bis 45 J.	5	1	6
46 bis 50 J.	–	1	1
über 50 J.	1	–	1

Auf den Umstand, daß die Männer gegenüber den Frauen in etwas jüngerem Alter die als Mord spezifizierten Tötungsdelikte begehen, sei nicht weiter eingegangen.

Es handelt sich bei den Probanden um 38 (21 Männer und 17 Frauen), die eine Konflikttat (gegenüber Ehemännern, Geliebten oder Kindern) begingen, und um 32 (30 Männer und 2 Frauen), die ein Aggressionsdelikt (vorwiegend Raub- oder Verschleierungstaten) verübten. Wie bei der Probandengruppe H ergibt sich für diese beiden Tattypen etwa ein gleichgroßer Anteil. Dabei ist die relativ hohe Zahl der Frauen unter den Konflikttätern besonders deutlich. Von den Konflikttätern waren nur sieben Männer und zwei Frauen vorbestraft, bei den Aggressionstätern 22 Männer und beide Frauen.

In Tabelle 8 ist das Lebensalter der 70 untersuchten Probanden beim Wiedereintritt in das freie Leben zusammengefaßt.

Tabelle 8: Altersverteilung der Begnadigten zum Zeitpunkt der Haftentlassung (N = 70)

Alter	Geschlecht Männer	 Frauen	insgesamt
35 bis 40 J.	3	2	5
41 bis 45 J.	14	1	15
46 bis 50 J.	10	2	12
51 bis 55 J.	5	5	10
56 bis 60 J.	8	7	15
61 bis 65 J.	7	1	8
über 65 J.	4	1	5

Tabelle 9 gibt einen Überblick zur beruflichen Situation der Begnadigten vor der Haft.

Tabelle 9: Berufsstand der Begnadigten vor ihrer Tat (N = 70)

Berufsstand	Geschlecht Männer	 Frauen	insgesamt
Arbeitslose	18	1	19
Ungelernte und Hilfsarbeiter	12	3	15
Facharbeiter	18	3	21
Beamte und Angestellte	1	1	2
Selbständige	2	–	2
Hausfrauen	–	11	11

Die berufliche und somit auch die soziale Stellung hat sich für zahlreiche der Probanden nach der Entlassung aus der langen Strafhaft wesentlich gebessert. In Tabelle 10 wird der berufliche Status der Begnadigten zum Zeitpunkt unserer Erhebung im Jahre 1974 dargestellt.

Tabelle 10: Berufsstand der Begnadigten zum Zeitpunkt der Erhebung im Jahre 1974 (N = 70)

Berufstand	Geschlecht Männer	Frauen	insgesamt
Arbeitslose	–	–	–
Ungelernte und Hilfsarbeiter	11	8	19
Facharbeiter	21	3	24
Beamte und Angestellte	7	3	10
Selbständige	4	–	4
Hausfrauen	–	2	2
Rentner und Sozialhilfeempfänger	8	3	11

Ohne Beschäftigung oder von Rente und Unterstützung abhängig waren nur die aus Alters- oder Gesundheitsgründen Arbeitsunfähigen.

Der Familienstand zur Tatzeit läßt sich aus Tabelle 11 ersehen.

Tabelle 11: Familienstand der Begnadigten zur Zeit ihrer Tat (N = 70)

Familienstand	Geschlecht Männer	Frauen	insgesamt
ledig	21	2	23
verlobt	1	–	1
verheiratet	25	15	40
geschieden	4	2	6

Tabelle 12: Familienstand der Begnadigten zum Zeitpunkt der Erhebung im Jahre 1974 (N = 70)

Familienstand	Geschlecht Männer	Frauen	insgesamt
ledig	8	2	10
verlobt oder in eheähnlicher Gemeinschaft	12	1	13
verheiratet	16	3	19
geschieden	10	4	14
verwitwet	5	9	14

Zum Zeitpunkt der Erhebungen waren inzwischen 14 Männer und 5 Frauen geschieden, 8 Männer und 10 Frauen verwitwet (dies überwiegend infolge ihrer Tat), dann aber doch teilweise wiederverheiratet. Dabei ist zu erwähnen, daß ein Mann (Fall 38), der vorher ledig war, nach der Haft eine Ehefrau fand, die aber nach vier Jahren verstarb. Eine über die Haft fortbestehende Ehe wurde erst nach der Begnadigung des Ehemannes geschieden.

Tabelle 12 stellt die veränderten Familienstandsverhältnisse dar.

Von den jetzt verheirateten 16 Männern leben 4 noch in ihrer früheren Ehe, 3 sind wiederverheiratet mit der geschiedenen ersten Frau, 6 sind neu in erster und 3 neu in zweiter Ehe verheiratet. Von den 3 verheirateten Frauen lebt eine wieder in ihrer alten Ehe, 2 sind in einer zweiten Ehe neu verheiratet. Keiner der Begnadigten hat bis zum Erhebungszeitpunkt schwere Rechtsbrüche oder gar Gewalttaten begangen. Lediglich einer hat vorübergehend unrechtmäßig Arbeitslosenunterstützung bezogen und vier haben sich ein Verkehrsdelikt zuschulden kommen lassen. Zu einem Widerruf der auf Bewährung ausgesetzten Reststrafe bestand bei keinem der Probanden ein Anlaß.

Alle weiteren Einzelheiten mögen den Fallschilderungen entnommen werden, die deshalb relativ ausführlich in einem späteren Abschnitt wiedergegeben werden, weil nur die Betrachtung des Einzelfalls ein rechtes Bild von den tatsächlichen Verhältnissen liefert. Die jeweils unterschiedlichen Bedingungen der Wiedereingliederung und die Besonderheiten des Verlaufs würden sonst zu wenig zur Geltung kommen. Vor allem könnte es mißverstanden werden, wenn lediglich sehr pauschal von den insgesamt problemlosen Verläufen berichtet würde, ohne dies ausführlicher darzustellen und auch Einschränkungen in angemessener Weise geltend zu machen.

Wir waren bei dieser Probandengruppe auf eine persönliche Begegnung deshalb besonders bedacht, weil nur so in einer anschaulichen und unmittelbar überprüfbaren Weise Einblick in die äußere Lebenssituation, aber auch in die innere Befindlichkeit des Probanden gewonnen werden konnte. Durch das persönliche Gespräch wurden auch Vorbehalte der Probanden sowie ein bei der Beantwortung von schriftlichen Anfragen oft auftauchendes Mißtrauen abgebaut und sogar eine ausgesprochen offene Aussprachebereitschaft geweckt. Wir glauben mit *J. F. Short* jr. und *F. I. Nye* (1968, S. 67) – in Übereinstimmung mit weiteren dort zitierten Autoren – annehmen zu dürfen, daß „die Beschränkung auf freiwillig Befragte" keine wesentliche Verfälschung der Ergebnisse liefert. Zudem sprechen die getroffenen Feststellungen allein durch zahlreiche markante äußere Daten für sich. Die Gespräche sind alle von der Verfasserin persönlich geführt worden. Ein Teil der Besuche fand mit Herrn Professor Dr. Dr. *P. H. Bresser* gemeinsam statt.

4. Dokumentation

Da es das Ziel dieser Arbeit sein soll, zunächst einmal das sehr umfangreiche Material aus den geführten Gesprächen, den beigezogenen Akten und Gutachten zusammenzustellen und unter verschiedenen Gesichtspunkten zu ordnen, um über Wiedereingliederungsverlauf und Sozialbewährung einige empirisch begründete Aussagen zu machen, werden alle 70 Fälle der Probandengruppe B im Anhang dieser Arbeit sehr ausführlich dargestellt.

Um die vom Justizministerium mit besonderem Nachdruck ergangene Auflage zu erfüllen, daß möglichst keinerlei Anknüpfungspunkte für eine Identifikation der Begnadigten geliefert werden, sind keine Namen – auch nicht in ihren Anfangsbuchstaben – wiedergegeben. Ortsbezeichnungen werden ebenfalls nicht genannt. Die Fälle werden in alphabetischer Reihenfolge mit einem willkürlichen Vornamen bezeichnet. Die Aufstellung zum Identitätsnachweis wird mit dieser Arbeit beim Justizministerium des Landes Nordrhein-Westfalen hinterlegt.

Nach der Angabe des Geburtsjahrganges werden der Zeitpunkt der Verurteilung und die zur Last gelegte Tat mitgeteilt. Die der Haft vorausgegangene Lebensentwicklung und die familiären Verhältnisse werden kurz geschildert. Es folgen die Umstände, die zur Tat führten. Gestützt auf die Beurteilung durch die Anstaltsleiter wird das Verhalten in der Haft wiedergegeben. Gutachtliche Stellungnahmen insbesondere von Anstaltspsychologen, soweit sie den Unterlagen zu entnehmen waren, werden berücksichtigt. Den Angaben über das Datum der Begnadigung und der Entlassung aus der Haft folgt eine möglichst genaue Schilderung des Weges der Wiedereingliederung, der sichtbar gewordenen Schwierigkeiten, der günstigen oder ungünstigen Schicksalsfaktoren und abschließend eine Charakterisierung der Gesprächssituation im Rahmen der Nachuntersuchung.

Bei jedem der dargestellten Fälle wird abschließend insbesondere auf die folgenden Fragen eingegangen:

1. Wohin hat der langfristige Freiheitsentzug den Menschen geführt?
2. Liefert die Verlaufsbeobachtung Anhaltspunkte für womöglich irreversible Persönlichkeitsveränderungen, die die soziale Anpassung erschweren?
3. Welche Schwierigkeiten sind bei der Wiedereingliederung in das freie Leben aufgetaucht?
   a) Solche, die als rein organisatorisch oder durch die Umwelt verursacht anzusehen sind.
   b) Solche, bei denen abzuwägen ist, ob sie mehr aus einer persönlichen Eigenart erwachsen, die auch vor der Haft erkennbar war, oder ob sie sich aus psychischen Haftfolgen herleiten lassen.

C. ERGEBNISSE DER UNTERSUCHUNG

1. Verlauf und Wirkungen der langfristigen Strafe

a) Stadien oder Phasen des Haftverlaufs

Wenn in der Literatur bei den Langzeitgefangenen der Haftverlauf in Stadien oder Phasen eingeteilt wird, dann nehmen die Autoren in der Regel Bezug auf die Darlegungen von *M. Liepmann* (1912), der von den schon erläuterten drei Stadien gesprochen hat, ohne die *Untersuchungshaft* einzubeziehen. Dieser Haftzeit kommt eine Sonderstellung zu. Bei den nachuntersuchten Begnadigten, soweit sie in den Jahren 1946 bis etwa 1950 inhaftiert worden sind, ist die Dauer der Untersuchungshaft durchweg sehr kurz gewesen. Im Laufe der Zeit wurde sie teilweise wegen der immer umfänglicher durchgeführten Ermittlungen, teilweise wegen der zunehmenden Inanspruchnahme von Rechtsmitteln bis auf ein, zwei oder mehr Jahre ausgedehnt. Obwohl wir keine systematischen Erhebungen zu dieser Frage angestellt haben, kam bei den Gefangenen und den Entlassenen allgemein zum Ausdruck, daß die bis zum endgültigen Urteil vorherrschende Ungewißheit sich besonders belastend auswirkt. Vielfach wurde von den Probanden jedoch darauf hingewiesen, daß die Umstellung auf das schließlich Unausweichliche des rechtskräftigen Urteils nicht durch Nachwirkungen der Untersuchungshaft erschwert werde. Eine Sonderstellung nehmen lediglich die Verurteilten ein, die sich auch nach der Rechtskraft des Urteils aus Uneinsichtigkeit oder Berechnung ständig mit Wiederaufnahmeplänen beschäftigen, daher innerlich kaum zur Ruhe kommen und sich auf das nun einmal eingetretene Schicksal längere Zeit nicht einstellen wollen oder auch nicht einstellen können.

Die Verläufe nach der Rechtskraft des Urteils sind während der *ersten Jahre der Haft*, also in der *ersten Phase* nach *Liepmann*, sehr unterschiedlich. In der Mehrzahl der Fälle herrscht zunächst eine starke innere Betroffenheit vor. Die Häftlinge bäumen sich gegen das Schicksal auf, indem sie je nach persönlicher Eigenart mehr aggressiv oder mehr querulatorisch reagieren. Andere verfallen in eine depressive oder resignierende Verfassung, tragen sich unter Umständen mit Selbstmordgedanken oder begehen ernstere oder weniger ernste Selbstmordversuche. Nach den Untersuchungen von *H. Schweitzer* und *B. Heisterborg* (1973, S. 87 f.) werden fast 90 % aller Selbstmorde in Haftanstalten im ersten Haftjahr begangen. Einzelne Häftlinge haben sich in dieser Zeit mehr oder weniger anhaltend mit Ausbruchsgedanken befaßt oder auch Ausbruchsversuche unternommen. Bei überraschend vielen ist diese kritische Übergangsphase aber bald überwunden, sie stellen sich je nach ihrer persönlichen Eigenart auf die Situation ein, wenden sich zielstrebig einer Tätigkeit zu und nehmen in den Grenzen des Möglichen normale Kontakte zu ihrer Umwelt auf. Wenn nur diese „unruhige" Phase, also die Episode einer inneren Umstellung und die kritische Zeit mit größeren Anpassungsschwierigkeiten als die „erste Phase" bezeichnet werden soll, dann ist ihre Zeitdauer vielfach auf wenige Monate beschränkt. Einzelne Verläufe zeigen aber, daß die Einstellung auf die neue Lebenssituation, das Abfinden mit dem Schicksal und eine seelische Beruhigung erst nach Jahren eintreten (Fälle 18, 20, 27, 43, 49). Bis dahin werden die Häftlinge oft als schwierig bezeichnet, sie bieten unterschiedlich schwere und je nach Persönlichkeitsstruktur wechselnd ausgestaltete Verhaltensauffälligkeiten. Diese werden teilweise ungebremst ausgelebt und klingen unter Umständen mehr oder weniger plötzlich ab. Oftmals verlieren sie nur allmählich an Dramatik. Aber darüber hinaus wird in der Rückschau fast immer noch eine Zeit angegeben, in der das innere Gleichgewicht doch noch nicht wiedergefunden werden konnte. Die meisten unserer Probanden haben etwa eine Zeit von vier bis fünf Jahren angegeben, bis sie sich „abgefunden" oder auf die Situation in einer erträglichen Weise eingestellt hatten.

Sehr unterschiedlich wurde auch der Vorgang der inneren Neuorientierung dargestellt. Manche haben sich ganz bewußt ein Ziel gesteckt, haben die Pflicht zur Arbeit ernst genommen, haben im religiösen Glauben einen neuen Inhalt gefunden oder auch eine Freizeitaufgabe übernommen, die ihnen Ablenkung und in gewisser Weise Befriedigung verschaffte. Bei zahlreichen anderen ist ein klarer Entschluß zum positiven Einstellungswandel nicht zustande gekommen. Sie haben sich eher passiv den Gegebenheiten gefügt, um vielleicht allmählich auch einen Inhalt zu finden, der ihnen etwas bedeutete.

Entscheidend für den Ablauf der inneren Beruhigung ist stets die Art der Auseinandersetzung mit der Tatschuld. Wer sich in angemessener Weise seiner schweren Schuld bewußt ist, dem gelingt das Hinnehmen der Strafe und die Einordnung in den Vollzug leichter als demjenigen, der seine Tat beschönigt, vor sich selbst leugnen möchte oder sich gar in ein Unschuldsbewußtsein hineingelebt hat. Ein Proband, für den noch keine günstige Legalprognose gestellt werden konnte, hat weit über zehn Jahre mit dem Gedanken gelebt, er hätte nur wegen Körperverletzung mit Todesfolge bestraft werden dürfen, obwohl nach den Feststellungen des Urteils ein gemeinsam geplanter Raubmord vorlag. Wegen dieser Versteifung auf eine Fehleinschätzung haben sich erhebliche Einordnungs- und Verhaltensstörungen bei ihm gezeigt. Die Wendung zur sozialen Anpassung ist in diesem Fall erst in einem sehr späten Haftstadium eingetreten (dazu auch Fall 20).

Von einer *zweiten Phase* kann gesprochen werden, wenn eine allgemeine Beruhigung, ein Sichabfinden mit der Situation und eine Anpassung an die Lebensbedingungen in der Haft eingetreten sind. Entsprechend der unterschiedlichen Dauer des ersten Stadiums liegt der Beginn des zweiten Stadiums entweder schon in der Zeit bald nach der Verurteilung, oder es verstreicht – wie bei der Mehrzahl der Fälle – eine längere Zeit, im Durchschnitt bis zu etwa fünf Jahren. Gelegentlich markiert ein besonderes Ereignis, etwa ein mißlungener Selbstmord- oder Ausbruchsversuch die Wende von einer vorherrschenden Unangepaßtheit zu einer zunehmenden Anpassung und inneren Beruhigung. Eine solche gleichsam kathartische Wende zeigte sich bei einem Probanden, der sich zunächst scheinbar problemlos in die Haft fügte, dann aber ausbrach und erst nach der schnellen Wiederergreifung zu einer inneren Wandlung kam (Fall 26).

Unter den fast 90 noch während der Haft begutachteten Langzeitgefangenen sind es lediglich neun gewesen, die anhaltend in innerer Auflehnung verharrten und daher das Stadium 2 eigentlich nie oder noch nicht erreicht haben. Bei der Nachuntersuchung eines Häftlings ergab sich, daß angesichts eines erneut abgelehnten Gnadengesuches im 22. Haftjahr die Wende zu einer inneren Konsolidierung und eine überzeugende positive Arbeitshaltung eingetreten sind. Ein solcher Fall belegt besonders eindrucksvoll, daß zeitlich abgrenzbare Verlaufsgesetzlichkeiten nicht gelten, daß vielmehr jeder Einzelfall für sich betrachtet werden muß und jederzeit auch bei langfristig ungünstigem Verlauf noch ein echter Sozialisierungsschritt möglich ist.

Die Wende von der ersten zur zweiten Phase, die wir als Schritt zur sozialen Anpassung in der Haft beschreiben können, wird gelegentlich ganz anders interpretiert, wenn es heißt, daß in der ersten unruhigen Phase sich noch ein gesunder Lebenswille durchsetze, der dann schließlich durch die unerbittliche Fortdauer der Haft „gebrochen" werde. Der Eintritt der Anpassung erfolge demnach mehr aus Resignation oder er weise auf einen Verlust an Eigenständigkeit. So wird in dieser Umstellung ein ungünstiger Persönlichkeitswandel gesehen, der sich dann auch in entsprechenden „Befunden" niederschlägt (z. B. Fall 43). Wie sehr in solchen Befunden eine einseitige Wertung zum Ausdruck kommt, zeigt der weitere Verlauf und die vergleichende Würdigung mit anderen Fällen. Wenn in diesem kritischen Zeitpunkt des Übergangs von der ersten zur zweiten Phase etwas „gebrochen" wird, dann ist es am ehesten die antisoziale Dynamik, die einer Anpassungsbereitschaft und damit einer sozialen Haltung Platz macht.

Wenn der Zustand eingetreten ist, der als Sozialisation im Strafvollzug bezeichnet werden kann, dann hat sich bei unseren Probanden in keinem Fall eine Wende zum Persönlichkeitsverfall und damit das von *M. Liepmann* beschriebene *dritte Stadium* eingestellt, selbst wenn die Haftdauer bis zu 26 Jahren betrug. Allerdings haben wir vier Probanden untersucht, die das Bild einer erheblichen Abstumpfung, eines Interessen- und Initiativeverlustes geboten haben, die diese Menschen als völlig lebensuntüchtig erscheinen ließen. Bei ihnen war aber regelmäßig zu erkennen, daß die Entwicklung auf diesen Zustand hin schon in den ersten Jahren der Haft begonnen hatte.

Diese Häftlinge machten allenfalls ganz flüchtig das durch, was als Beruhigungs- und Anpassungsphase beschrieben worden ist. Es sind im übrigen stets Persönlichkeiten, die schon vor der Haft infolge einer allgemeinen Undifferenziertheit und Minderbegabung wenig soziale Anpassungsmöglichkeiten erkennen ließen, deren Interessenkreis immer schon eingeengt war, die eher „aus Schwäche" zum Rechtsbrecher wurden, die der Inhaftierung und auch dem Schuldspruch weitgehend gleichgültig gegenüberstanden und insofern insgesamt von ihrer Persönlichkeit alle Voraussetzungen zu einer entsprechenden Fehlentwicklung mitbrachten. Da diese Häftlinge weder von den Vollzugsanstalten noch von dem Gutachtergremium für resozialisierungsfähig gehalten wurden, ist bisher bei keinem solchen Fall zu verfolgen gewesen, wie er sich in der Freiheit entwickeln würde. Sie erschienen alle anstaltsverwahrungsbedürftig. Ob bei geeigneten Resozialisierungsbemühungen doch noch eine Wende zu erreichen ist, muß als ungewiß bezeichnet werden.

Es darf nach den vorliegenden Erfahrungen vermutet werden, daß die in den letzten beiden Jahrzehnten wesentlich gewandelten Haftbedingungen entscheidend dazu beigetragen haben, daß es ungünstige Spätentwicklungen praktisch nicht mehr gibt, wie sie im älteren Schrifttum häufiger erwähnt werden. Schon *Röhl* stellte die Frage,

> „ob diese Schilderungen der Vergangenheit angehören oder ob sie auch auf die Gegenwart übertragen werden können" (1969, S. 125).

Die Lebenslänglichen haben zudem vielfach Arbeitsaufgaben, in denen sich ihr Selbstbewußtsein stabilisieren kann und die dem „Persönlichkeitsverfall" entgegenwirken. Außerdem ist unter den Häftlingen inzwischen durchweg das Bewußtsein verbreitet, daß ihre Haft nicht ohne Ende und deshalb hoffnungslos ist. Selbst wenn die Begnadigung oft lange auf sich warten läßt und daher eine gewisse Ungeduld eintritt, führt dies nicht zwingend zu einer echten Resignation. Von einer solchen sprechen am ehesten die Häftlinge, die immer schon unzufrieden und wenig angepaßt waren und die ihre Haltung nun noch mit dem Hinweis auf die inzwischen eingetretene Verzweiflung unterstreichen.

Die Fälle, bei denen ein Zustand von Stupidität und Indolenz zu beobachten ist, offenbar weil eine ausgeprägte Undifferenziertheit im intellektuellen und charakterlichen Bereich schon vorweg gegeben war, entsprechen sehr übereinstimmend den Bildern, die von den früheren Autoren beschrieben und als Beispiele von „verholzten" oder „entmenschlichten" Persönlichkeiten aufgeführt worden sind. Es hat sich dazu die Überlegung ergeben, ob früher nicht ein besonderer Auslesegesichtspunkt hinzutrat, der das Bild des Haftverlaufs im Gesamtkollektiv mitgeprägt hat. Solange alle „normalen"

Mörder mit der Todesstrafe belegt worden sind, blieben vor allem die „Mörder" in einer Langzeithaft, bei denen Differenzierungsmängel oder die sogenannten Degenerationsmerkmale früherer Zeiten vorlagen, aus denen eine Minderung der Schuldfähigkeit hergeleitet wurde, weshalb die Höchststrafe nicht zur Anwendung kam. Heute dagegen bilden die „normalen" Mörder den Großteil der Probandengruppe, so daß deshalb auch das Bild des Drei-Stadien-Verlaufs sehr modifiziert ist.

Unsere Erhebungen widerlegen eindeutig die vielfach verbreitete Behauptung, daß nach einer Zeit von 15 oder 20 Jahren Haft, sozusagen nach einer Phasengesetzlichkeit, ein irreversibler Verfall der Persönlichkeit eintritt. Bei zahlreichen Entlassenen hat die Verlaufsbeobachtung gelehrt, daß die bei Voruntersuchungen als „Persönlichkeitsverfall", als „Hospitalisierungssyndrom" oder als „gemütmäßige Verödung" bezeichneten Störungsbilder nicht bestätigt werden konnten. Wer in dieser Form „verödet" erscheint, bringt entsprechende persönliche Voraussetzungen mit. So war es für uns beispielsweise in einem Fall (Fall 69) besonders bemerkenswert, daß ein Geistlicher, der als Bewährungshelfer von einer Probandin sagte, sie sei durch die Haft „verschlossen", weniger froh und weniger aktiv als andere Menschen geworden, schließlich ebenfalls berichtete, daß sie schon in der Schule von ihrer Lehrerin als sehr ruhig und verschlossen und „nicht so lustig wie ihre Kameradinnen" bezeichnet worden sei.

Als eindeutig falsch muß jedenfalls die Aussage bezeichnet werden, die ein Strafrechtslehrer so formuliert hat:

> „Es ist gesicherte Erfahrung, daß auch der gutwillige, sein Fehlverhalten einsehende, sühnebereite und um Wiedergutmachung bemühte Gefangene nach zehn, längstens nach fünfzehn Jahren Haft resigniert, gleichgültig und abgestumpft wird und nicht selten den Freitod sucht" (*A. Kaufmann*, 1975, S. 46).

So ist uns auch von einem Selbstmordversuch oder einem Selbstmord innerhalb der Spätphase des Vollzugs einer lebenslangen Haft nichts bekannt geworden. Auch bei den Erhebungen über „das Schicksal der Lebenslänglichen" von *W. Ulrich* (a. a. O., S. 257 f.) an 142 vor 1947 verurteilten Probanden ist kein Fall von Selbstmord aufgetaucht. Die wenigen uns bekannt gewordenen Fälle von Selbstmord unter den „Lebenslänglichen" sind alle in den ersten Haftjahren beobachtet worden. Nur ein einziger Proband hat, nachdem er schon frühzeitig während der Haft mit aussichtslosen Gnadengesuchen begonnen hatte, die immer wieder abgelehnt wurden, bei seinem letzten Gnadengesuch gedroht, daß er sich bei erneuter Ablehnung „umbringen" werde. Gegen die Begnadigung bestanden aber inzwischen keine Bedenken mehr (Fall 18). Ein anderer „verlor den Lebenswillen" nach der Ablehnung seines ersten Gnadengesuches (Fall 26), handelte jedoch nicht dementsprechend. Auch die Zusammenstellung der „Selbstmorde im Strafvollzug des Landes Nordrhein-Westfalen in den Jahren 1947 bis 1967" von *H. Schweitzer* und *B. Heisterborg* (a. a. O.) liefert für eine nennenswerte Suizidrate im Spätstadium einer Langzeithaft keinen Anhaltspunkt.

b) Die sozialen Bezüge in der Haft

Für die Beurteilung der Persönlichkeit und der Prognose erwies sich die Frage nach den sozialen Bezügen in der Haft als besonders aufschlußreich. Zunächst liefert die Biographie ein Bild von den menschlichen und beruflichen Bindungen des Probanden vor der Haft. In der Haft bauen sich neue Sozialstrukturen auf, die vor allem unter den folgenden Aspekten von psychologischer Bedeutung sind:

Verhältnis zu den unmittelbaren Bezugspersonen
(Mithäftlinge und Justizbeamte)
Verbindungen zu den Bezugspersonen vor der Haft
(Verwandte und Freunde)
Verbindungen zu neuen Kontaktpersonen
(Briefpartner, Fürsorger oder andere Vertrauenspersonen).

Die Beziehungen im sozialen Umfeld der Haft stehen in einem inneren Zusammenhang mit dem Gesamtverhalten und mit der ,,Führung" innerhalb der Lebensbedingungen des Vollzugs. So lassen sich als weitgehend charakteristisch die von *J. Hohmeier* (1971, S. 1 f.) aufgeführen ,,sozialen Verhaltenstypen bei Insassen in Strafanstalten" unterscheiden. Er spricht vom asozialen, vom antisozialen, vom pseudosozialen und vom sozialen (prosozialen) Verhaltensstil. Unter den Lebenslänglichen herrscht eindeutig der *soziale* Verhaltensstil vor. Die meisten von ihnen sind voll in das Leben und in die Arbeit innerhalb der Anstalt integriert, stehen mit den Beamten in einem guten Verhältnis und verstehen sich mit den Mitgefangenen zufriedenstellend, auch wenn sie je nach persönlicher Eigenart mehr oder weniger Distanz halten. Die *pseudosozialen* Verhaltensweisen, die auf Berechnung aufbauen und allein auf das Erzielen von Vorteilen gerichtet sind, nehmen im Lauf einer Langzeithaft gewöhnlich realitätsangepaßte Formen an, so daß im allgemeinen nach einigen Jahren durchweg ein sozialer Verhaltensstil vorherrscht. Auch die *asozialen,* passiven, meist mißmutig ausgestalteten Verhaltensformen erfahren auf die Dauer, wohl in erster Linie wegen der relativ stabilen Lebensformen in der Haft, eine Umstrukturierung in der Richtung auf mehr aktive Anpassung. Aus dem lustlosen Mitmachen wird ein ausdauerndes Mitarbeiten, wenn nicht die Lustlosigkeit in seltenen Fällen sehr schnell in Apathie und allgemeine Interessenlosigkeit übergeht. Diese Formen der ,,asozialen" Fehlentwicklung bilden aber – wie oben schon erwähnt – eine ausgesprochene Seltenheit. Es bleibt ein kleiner Anteil von Häftlingen mit einem betont *antisozialen,* aufrührerischen, immer unzufriedenen Verhaltensstil, die sowohl zu den Justizbeamten wie zu den Mithäftlingen – sofern diese nicht Günstlinge oder Opportunisten sind – ein denkbar schlechtes Verhältnis haben. Weitere Ausführungen hierüber hat *P. H. Bresser* (1974) vorgelegt.

Sehr unterschiedlich sind die *Verbindungen zu Anverwandten und Freunden.* Nach unseren Erfahrungen ist es in der Mehrzahl der Fälle von großer psychologischer Relevanz für die Beurteilung eines Häftlings, wie sich seine früheren Bezugspersonen nach der Verurteilung zu ihm stellen und welche Verbindungen erhalten bleiben. Abgesehen von wenigen Fällen, bei denen die Verwandten offensichtlich aus einer mehr oder weniger kurzschlüssigen inneren Verurteilung des „Mörders" jeden Kontakt abbrechen, zerfallen mit der Inhaftierung allein die vorher ohnehin lockeren Bindungen meist völlig. Gelegentlich finden sich einzelne Mitmenschen, die sich nach der Tat aufgerufen fühlen, einen vorher weitgehend abgebrochenen Kontakt wieder in bescheidenen Grenzen oder auch intensiver zu pflegen. Zahlreiche Häftlinge sind aber von ihren Angehörigen niemals verstoßen oder vergessen worden. Sie bleiben in ständigem Brief- und Besuchskontakt, so daß sie jederzeit die berechtigte Hoffnung hegen dürfen, im Falle der Begnadigung wieder zur Familie oder zu einem ihnen nahestehenden Menschen zurückkehren zu können.

Wenn aus der Übersicht dieser Fälle eine besondere Feststellung herausgehoben werden soll, so läßt sich vielfältig die These belegen, daß der Umfang des erhalten gebliebenen persönlichen Kontaktes ein wesentlicher Anhaltspunkt für die positive Beurteilung der Persönlichkeit des Häftlings und seiner sozialen Anpassungsmöglichkeiten darstellt. Wer die Fähigkeit zu festen menschlichen Bindungen besitzt und solche im Laufe seines Vorlebens aufgebaut hat, bei dem zerbrechen solche inneren Beziehungen auch dann nicht, wenn er sehr ernst gestrauchelt ist. Wenden sich aber alle oder die meisten Mitmenschen von dem Häftling ab, dann handelt es sich bei näherer Persönlichkeitsanalyse meist um einen wenig bindungsfähigen, also überwiegend gemütsarmen Menschen. Er bietet dann auch während der Haft selten eine günstige soziale Entwicklung. Gelegentlich wird geltend gemacht, daß solche Häftlinge deshalb so unzufrieden oder auflehnend sind, weil sich keiner von den Angehörigen um sie kümmert, weil sie keinen Besuch bekommen und weil sie keine Vertrauensperson finden. Zumeist kommt aber ein Kontakt nicht zustande oder geht verloren, weil ein Proband entsprechend ungünstige persönliche Voraussetzungen besitzt. Ein überwiegend forderndes und durchweg ichzentriertes Erleben stellt jede partnerschaftliche Zuwendung in Frage.

Im übrigen sind im Einzelfall immer wieder Konstellationen gegeben, die mit dem einen oder dem anderen Angehörigen fortdauernd einen Kontakt ermöglichen. Mehrere Ehepartner oder nächste Verwandte haben sich nach kürzerer oder längerer Unterbrechung jeder Verbindung später dem Inhaftierten wieder zugewandt und ihm auch die Möglichkeit zur Rückkehr in einen vertrauten Kreis geschaffen. Daß für die Resozialisierung nicht nur die in dem Häftling liegende Fähigkeit zur Pflege solcher menschlichen Bindungen, sondern vor allem auch das Vorhandensein solcher Bindungen eine ganz entscheidende Grundlage bildet, braucht nicht weiter erörtert zu werden.

Kontakte, die die Häftlinge während der Haft aufbauen, sind von sehr unterschiedlicher Bedeutung, zumal die Motive sowohl der Kontaktpersonen wie auch der Inhaftierten sehr verschieden sind. Briefpartnerschaften, die von vornherein mit großen Erwartungen belastet werden, erweisen sich in der Regel als brüchig, wenn nicht auf die Dauer eine gegenseitige Abstimmung auf der Basis realistischer Möglichkeiten erfolgt. Kommt es im Verlauf einer Brieffreundschaft allmählich zu einem gegenseitigen Verstehen und zu einer offenen Aussprache, dann darf das „Verhältnis" wesentlich günstiger beurteilt werden. Entscheidend ist stets, ob die Stilform der Kontaktpflege gerade das trifft, was der Partner sucht oder erwartet. Allzu sentimentale oder auch allzu plump-offenherzige Offenbarungen bilden keine solide Basis für eine dauerhafte Verbindung. Wo sich überschwengliche Töne der Verliebtheit durchsetzen, kann der zwischen den Partnern angemessene Ernst ihrer besonderen Lebensaufgabe nur schwer zur Geltung kommen.

Problematisch sind solche Kontakte, die auf seiten der Partner unverkennbar von einer Fürsorge um ihrer selbst willen angeknüpft oder aufrechterhalten werden. Dabei geht es sehr oft nur um den Häftling als Häftling, aber nicht um eben diesen Einzelmenschen. Allein die Fürsorge, die über die Haft hinaus einen persönlichen Einsatz und eine dauerhaft enge Verbindung gewährleistet, kann der Resozialisierung dienen. In Einzelfällen hat sich gezeigt, daß durch beinahe überfürsorgliche Bemühungen von Briefpartnern, die sich mit Gnadengesuchen und vielfältigen Aktionen engagierten, mehr dazu beigetragen wurde, die Unzufriedenheit und die innere Auflehnung der Häftlinge zu steigern, ohne bei dem Inhaftierten gleichzeitig die Anspannung seines sozialen Gewissens und seines sozialen Verantwortungsbewußtseins zu stärken. Statt Hoffnungen zu wecken und wirksam zu stützen, wurden unangemessene Erwartungen und Forderungen geschürt, die verschiedentlich zu einer unerträglichen inneren Beunruhigung und zu unnötiger Ablenkung von selbstgesteckten Zielen geführt haben.

Briefpartner werden gelegentlich durch karitative Einrichtungen, durch Werbeaktionen, seltener durch Zeitungsanzeigen oder über Bekannte vermittelt. Wenn daraus ein länger fortbestehender Briefwechsel erwächst, dann wird dies zum Anlaß, über vieles nicht nur nachzudenken, sondern die Gedanken auch zu formulieren, Anregungen aus dem Gedankenaustausch aufzugreifen und gegebenenfalls dauerhafte oder gar freundschaftliche persönliche Kontakte aufzubauen. In mehreren Fällen ist durch eine solche Verbindung der Weg der Wiedereingliederung entscheidend gefördert worden (Fälle 1, 25, 27, 31). Wenige Häftlinge haben Briefpartner gefunden, mit denen sie später eine bestandfähige Ehe geschlossen haben (Fälle 2 und 35). Bekannt geworden sind uns aber auch Fälle, in denen sich eine Frau intensiv für die Begnadigung engagierte und Heiratshoffnungen weckte, später aber zu diesem Plan nicht mehr stand.

Bei einzelnen Langzeitgefangenen hat sich ein sehr tragfähiger Kontakt zu Anstaltsbeamten, zum Anstaltspfarrer oder zu anderen anstaltsinternen Bezugspersonen entwickelt, der auch über die Haftzeit hinaus bei der Wahl des Aufenthaltsortes oder bei der Suche nach einem Arbeitsplatz entscheidenden Ausschlag gegeben hat (Fall 45). Auf die Dauer haben sich Kontakte zu Mithäftlingen selten günstig ausgewirkt. So ist einer unserer Probanden, der während der Haft Rentenzahlungen aufsparen konnte, nach der Entlassung von einem Mithäftling regelrecht ausgenutzt worden (Fall 10). Es besteht auch die Gefahr, daß sich vor allem in der Begegnung mit sozial weniger angepaßten Kurzzeitgefangenen „schlechte Einflüsse" auswirken, die die Resozialisierung gefährden. Deshalb haben die Begnadigten oft aus eigener Einsicht oder auf Anraten der Bewährungshelfer jede Verbindung zu Mithäftlingen aufgegeben. Aber auch davon gibt es Ausnahmen. So hat ein Proband bei den Eltern eines noch inhaftierten Mithäftlings Aufnahme „wie ein Sohn" gefunden (Fall 47), während zwei andere Unterkunft und Arbeitsplatz durch die Vermittlung eines Mithäftlings fanden (Fälle 18 und 32). Vereinzelt hat sich unter den Leidensgenossen, also aus der Gemeinschaft der Lebenslänglichen, eine engere Bindung ergeben, die auch nach der Haft noch locker gepflegt wurde. Gelegentlich sind daraus sehr enge Beziehungen entstanden. So hat ein Entlassener die Patenschaft eines Kindes eines ihm befreundeten anderen Lebenslänglichen übernommen (Fälle 31 und 35). Andere Begnadigte haben uns gemeinsam besucht und den überzeugenden Eindruck guten Einvernehmens hinterlassen (Fälle 37 und 49).

Neu sind in der Regel auch die Kontakte zu den Bewährungshelfern, die nach Ausspruch der Begnadigung eingesetzt werden und die sich dann schon in der Haft mit den Gefangenen persönlich bekannt machen. Wenn der Häftling nicht allzu eigenwillig ist, erweisen sich diese Verbindungen selbstverständlich als das solideste Fundament für die Wiedereingliederung. Mehrere Probanden und Bewährungshelfer haben zum Ausdruck gebracht, daß über die dienstlichen Beziehungen hinaus ein besonders enger persönlicher Kontakt entstanden ist. Die begnadigten Langzeitgefangenen sind für die meisten Bewährungshelfer die unproblematischsten und erfreulichsten Probanden, da sie an einer „Wiedereingliederung" selbst sehr interessiert und aktiv darum bemüht sind.

Für die Beurteilung der seelischen Verfassung der Häftlinge ist es von großer Bedeutung, in welchem Umfang und in welcher Weise sie auch in der

Spätphase der Haft noch zur Aufnahme sozialer und persönlicher Bezüge fähig sind. Unsere Probandengruppe lehrt, daß das Heranrücken der Begnadigungschance den entscheidenden Motor zur Intensivierung aller Beziehungen darstellt. Es zeigt sich aber auch, daß die psychologischen Voraussetzungen hierzu im Laufe der langfristigen Haft nicht etwa ungünstiger werden, sondern daß die Häftlinge je nach ihrer individuellen Strukturierung und je nach ihrer Anspruchshaltung zu ganz „normaler" Kontaktpflege fähig sind, sofern die Wahl des Partners hierzu passende Voraussetzungen schafft.

c) Die Gnadengesuche

Anhaltspunkte für die innere Einstellung zur Haft ergeben sich auch aus dem Zeitpunkt und aus der Zahl der gestellten Gnadengesuche. Einzelne Häftlinge oder deren Angehörige haben schon im ersten Jahr nach der Verurteilung und dann im Laufe der Haft immer wieder erfolglos Gnadengesuche eingereicht. Von den während der Haft Begutachteten haben nur wenige niemals ein Gnadengesuch gestellt. In diesen Fällen wurde das Gnadenverfahren nach 19 oder 20 Jahren der Strafverbüßung von Amts wegen eingeleitet. In anderen Fällen ist früher oder später allein von den Angehörigen, von einem Rechtsanwalt (oftmals dem Strafverteidiger) oder einer Organisation ein Gnadengesuch gestellt worden, während für einzelne Häftlinge gleichzeitig oder nacheinander von verschiedenen Stellen ein Gnadengesuch vorgelegt worden ist. Eine Übersicht liefern die folgenden drei Abbildungen. Sie beziehen sich auf die Probandengruppe B, also auf die Begnadigten, bei denen das letzte Gnadengesuch dann Erfolg hatte. In dieser Gruppe findet sich keiner, bei dem nicht von ihm selbst oder von einer anderen Seite ein Gnadengesuch eingereicht wurde. Von den 70 Probanden, die zum Teil schon länger das Ende ihrer Bewährungszeit hinter sich hatten, konnte in 9 Fällen kein Einblick in die Gnadenakten erfolgen, so daß die wiedergegebenen Zahlen sich auf ein Kollektiv von 61 Probanden beziehen (47 Männer und 14 Frauen).

Abbildung 1 gibt wieder, in welchem Jahr nach der rechtskräftigen Verurteilung das erste Gnadengesuch eingereicht wurde.

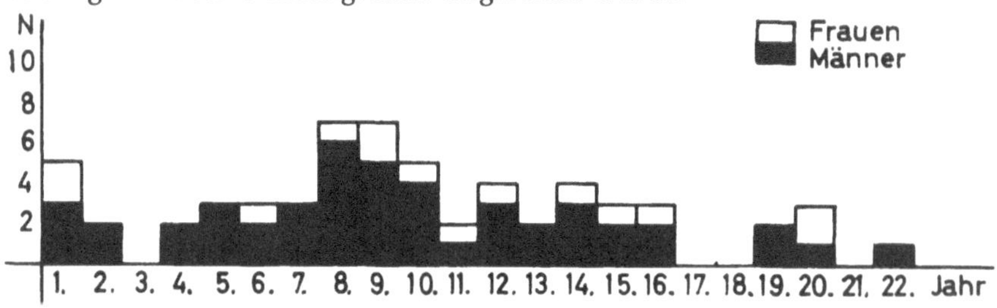

Abb. 1: Histogramme der ersten Gnadengesuche nach der rechtskräftigen Verurteilung von N = 61 ehemaligen „Lebenslänglichen"

Die Darstellung zeigt, daß eine Häufung der ersten Gnadengesuche im achten bis zehnten Jahr liegt, daß die Frauen zunächst etwas zurückhaltender mit Gnadengesuchen sind und daß einzelne Häftlinge sich erst um das zwanzigste Haftjahr zu einem Gnadengesuch entschlossen haben.

In Abbildung 2 wird die unterschiedliche Häufigkeit, mit der verschiedene Gesuchsteller – teilweise wiederholt – an den Ministerpräsidenten herangetreten sind, aufgeführt.

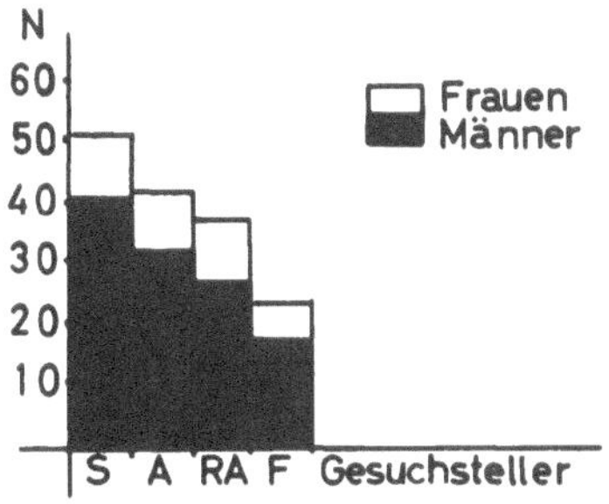

Abb. 2: Gesuchsteller und Häufigkeit der von ihnen eingereichten Gnadengesuche für N = 61 „Lebenslängliche" (S = selbst; A = Angehörige; RA = Rechtsanwälte; F = Fremdpersonen und Organisationen)

Die Darstellung läßt erkennen, daß zehn Häftlingen niemals selbst ein Gnadengesuch gestellt haben und daß sich bei $^2/_3$ der Probanden die Angehörigen für sie eingesetzt haben.

Schließlich wird in Abbildung 3 angegeben, wie groß die Zahl der für den einzelnen Häftling gestellten Gnadengesuche ist.

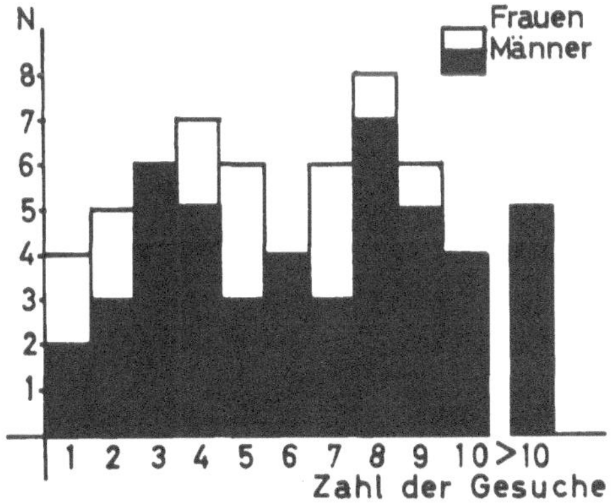

Abb. 3: Histogramme der bis zur Begnadigung eingereichten Gnadengesuche von N = 61 ehemaligen „Lebenslänglichen"

Erwähnenswert erscheint vor allem, daß die weiblichen Häftlinge selbst weniger oft um Gnade baten und auch eine geringere Unterstützung durch ihre Angehörigen erfuhren, als dies bei den Männern der Fall war. Bei der Einzelfallbeurteilung läßt sich deutlich erkennen, daß der Grad der sozialen Angepaßtheit in der Haft mit der Zahl der gestellten Gnadengesuche in einem eindeutig umgekehrten Verhältnis steht.

Die Häftlinge haben es häufig als enttäuschend oder sogar als sehr belastend empfunden, daß die Ablehnung eines Gnadengesuchs durch den Ministerpräsidenten stets ohne Angabe von Gründen erfolgt. Da es sich jedoch um einen „justizfreien Hoheitsakt" handelt, ist diese Form der Entscheidungsmitteilung auch von höchstrichterlicher Seite gebilligt worden (Urteil des Hess. StFH vom 28. 11. 1973, NJW *27*, 1974, 791).

d) Sonderentwicklungen

Die seelische Entwicklung der Häftlinge während des Vollzugs einer Langzeitstrafe kann nur angemessen erfaßt werden, wenn jeder Einzelfall in seiner Besonderheit untersucht wird. Auch wenn es sich bei den meisten Lebenslänglichen um Regelverläufe handelt, die sich durch wenige vorherrschende Merkmale kennzeichnen lassen, bietet jeder Fall doch mehr oder weniger individuelle Züge, die immer dann vernachlässigt werden, wenn allein statistische Erhebungen angestellt werden. Zweifellos nähern sich die meisten unserer Probanden einer kleinen Zahl von Prägnanztypen an, aber es findet sich doch eine Reihe von einerseits erstaunlichen Laufbahnen und von andererseits ungünstigen Sonderentwicklungen, die hier näher betrachtet werden sollen. Wenn wir unter den typischen Verläufen das mehr aktiv-gestaltete oder mehr passiv-angenommene primäre Anpassungssyndrom von einem sekundären Anpassungssyndrom unterscheiden, das mehr aus einem erst allmählichen „Nachgeben" oder einer zunehmend realitätsorientierten Zweck-Einstellung erwächst, dann bleiben diejenigen Fälle übrig, die entweder andauernd in Auflehnung verharren oder die unter den Lebensbedingungen der Haft das bieten, was sich als schwere Fehlentwicklung darstellt.

Um zunächst auf das Beispiel einer ganz ungewöhnlich günstigen Entwicklung hinzuweisen, sei der später noch ausführlicher dargestellte Fall 54 erwähnt, bei dem es sich um einen inzwischen Begnadigten handelt:

Der Sohn eines Gastwirts und Konditors hat selbst eine Gehilfenprüfung als Konditor abgelegt, zeitweise als Kellner gearbeitet und schließlich einen Abschluß als Serviermeister erreicht. Nach der Entlassung aus der Kriegsgefangenschaft kam es zu einem Auseinanderleben mit seiner in Mitteldeutschland wohnenden Frau, die ihn dann aber bei einem Besuch doch zur Rückkehr drängen wollte. Er hatte sich inzwischen mit einer jungen Frau sehr angefreundet und kam schließlich auf den Gedanken, seine ihm fordernd entgegentretende Frau zu töten. Unter Alkoholeinfluß ließ er sich noch einmal zum Geschlechtsverkehr mit ihr ein, würgte sie dann, erstach sie mit mehreren Herzstichen, schnitt ihr nach weiteren Verletzungen beide Brüste ab und beförderte sie in eine Senkgrube. Ein nach der späteren Festnahme abgelegtes Geständnis hat er bald widerrufen. Bei geringen Anpassungsschwierigkeiten während der Haft stand zunehmend ein querulatorisches Verhalten im Vordergrund, das aber schließlich nicht zum Selbstzweck wurde, sondern durchaus produktive Formen annahm. So hat er unter Aufwendung hoher Porto- und Telefonkosten Verbindung mit zahlreichen Wirtschafts- und Rechtseinrichtungen aufgenommen, dabei Material für Vorträge und Seminare gesammelt, sich als gesetzeskundiger Vorkämpfer für das Recht der Gefangenen eingesetzt und unter anderem eine Wahlanfechtungsklage betrieben. Dabei ging es um folgendes: nachdem die Rechtsfolge des Ehrverlustes abgeschafft war, konnten viele Gefangene das Wahlrecht erwerben. Entsprechende Anträge wurden jedoch vor der nächsten Landtagswahl nicht entschieden, so daß ein Rechtsgrund für die Klage vorlag und auch anerkannt worden ist. Das Wahlergebnis ist nur deshalb nicht aufgehoben worden, weil bei alternativer Zuteilung aller Stimmen der in Frage kommenden Häftlinge zu jeder einzelnen Partei keine Verschiebung der Sitzverteilung eingetreten wäre.

Der inzwischen 60jährige Mann spielte nach 25jähriger Haft mit dem Gedanken, „generell seine Entlassung abzulehnen". Er schrieb in einem Brief an eine Mitarbeiterin: „Ich habe für die nächsten 25 Jahre „Arbeit" auf dem Tisch (Rechtspolitik), die mich fordert." In einem Festtagsgruß heißt es: „Da ich ... mich weder bei Ihnen verabschieden noch bedanken konnte, darf ich mir als alter Mann, der zum 25. (!) Mal mit innerer Freiheit in der äußeren Unfreiheit „Fest-tage" ungebrochen, dynamisch und vital verbringen „darf", erlauben, meinen „Blumenstrauß" (Anm. der Ref.: bezieht sich auf die Abbildung des Kartengrußes) zu Füßen zu legen." Daß in diesen Worten die Besonderheit seiner Temperamentsart zum Ausdruck kommt, hat die nach erfolgter Begnadigung mit ihm vereinbarte Begegnung erkennen lassen, bei der er sich auch wieder ganz als „Herr der Situation", als Kavalier und – nach vorübergehenden Eingewöhnungsschwierigkeiten – als positiv dem Leben zugewandter Mensch dargestellt hat.

Dieser Entwicklung und vielen anderen äußerst günstigen Verläufen stehen diejenigen Fälle gegenüber, bei denen die Lebenstüchtigkeit durch die Haft eindeutig eingeschränkt ist. Jede dieser Entwicklungen stellt einen Sonderfall dar. Am ehesten untereinander vergleichbar sind die schon vorher erwähnten Formen einer gänzlich farblosen und gleichgültigen Abstumpfung. Solche Verläufe sind aber nur ganz vereinzelt zu beobachten.

Eine andere Sonderentwicklung hat der zur Zeit der Begutachtung 51jährige Häftling (A.) durchgemacht:

In der Schulzeit fiel er durch wiederholtes Sitzenbleiben auf. Später erlitt er mehrere Kopfverletzungen und eine erhebliche Gesichtsentstellung. Er arbeitete auch nicht regelmäßig und unternahm schließlich mit zwei Brüdern einen Überfall, für den er erstmals verurteilt wurde. Im Anschluß an einen Scheidungstermin, der zu seinen Ungunsten ausging, unternahm er in leicht alkoholisiertem Zustand mit einem sechsjährigen Mädchen, das er in seine Wohnung locken konnte, Unzuchtshandlungen, bei denen das Kind ganz erhebliche Scheidenverletzungen erlitt. Im Zusammenhang mit dieser Tat hat er es schließlich getötet. Die beiseite geschaffte Leiche wurde einige Tage später gefunden. Er unternahm einen Selbstmordversuch mit Schnittverletzungen in beiden Armbeugen, war aber bald vernehmungsfähig und wurde inhaftiert. Schon während der ersten Haftjahre veränderte sich sein seelisch-geistiger Zustand in auffälliger Weise. Während er immer willig und fleißig arbeitete, heißt es: „Er nutzt jede Gelegenheit, Mitgefangene in religiöse Gespräche zu ziehen." Einige Jahre später: „Er macht im Strafvollzug keine Schwierigkeiten, leider ist aber auch kein Gespräch mit ihm möglich, ohne daß er in religiöse Dinge abschweift." Wiederholte Untersuchungen ergaben keinen Anhaltspunkt für eine seelisch-geistige Erkrankung. Der Anstaltspfarrer sprach anerkennend von seiner christlichen Glaubenshaltung und stellte fest: „Zweckbestimmte Heuchelei kann ihm hier nicht unterstellt werden." Auch in der Exploration wirkte seine Einstellung überzeugend. Er brachte zum Ausdruck, daß er vorher im Unglauben gelebt habe und daß nur deshalb seine Straftat möglich gewesen wäre. „Ich lebe jetzt ganz aus dem Glauben." Er sähe gar keinen Grund, ein Gnadengesuch zu stellen. „Die Mauern sind mir gar nicht im Wege." Die Zelle sei ihm nie zu eng gewesen. Er sei immer fröhlich und erwache morgens mit den Worten: „Gelobt sei Jesus Christus". Weiterhin sagte er im Laufe des Gespräches: „Mir tun Sie nichts Gutes, wenn Sie mich zur Entlassung empfehlen ... ich möchte mit keinem tauschen." Er schilderte, daß er seine Freizeit ausschließlich damit verbringe, in der Bibel zu lesen und zu beten. Er nehme an keiner Gemeinschaftsveranstaltung außer am Gottesdienst teil. In einer abschließenden Beurteilung heißt es: „Er lebt ganz und gar glücklich und zufrieden und im vollen Sinne des Wortes wie ein Mönch in seiner Zelle, dem aktiven Leben weitgehend abgewandt und sicher kaum noch fähig, sich auf ein tätiges, erwerbbringendes, sozial angepaßtes Leben einzustellen."

Eine solche Entwicklung kann von verschiedenen Standpunkten sehr unterschiedlich bewertet werden. In unserer Kasuistik stellt sie einen Einzelfall dar.

Einen anderen Einzelfall stellt die folgende Entwicklung dar:

Ein zur Zeit der Untersuchung 55 Jahre alter Mann (B.), der nach kleineren Vorstrafen wenige Monate nach dem Krieg den Vater seiner in Aussicht genommenen Frau erschlug, um in den Besitz des Hofes zu gelangen, heiratete die Erbin des Hofes, den er vorher als Verwalter sehr verdienstvoll betreut hatte. Erst neun Jahre später wurde er als Täter verdächtig und inhaftiert. Vier Jahre nach der Verurteilung, gegen die eine Revision erfolglos blieb, schreibt er in einem Brief, ihm sei nun „eingefallen, wie alles wirklich gewesen ist". In der Folgezeit entwickelte sich ein Unschuldswahn, es setzte ein Veränderungsprozeß ein und er baute zum Teil phantastische Gedanken auf, zeigte sich zeitweise auch sehr erregt, so daß wiederholt der Verdacht auf eine Psychose ausgesprochen wurde. Eingehende psychiatrische Beobachtungen führten jedoch zu dem Ergebnis, daß es sich um eine abnorme Reaktion im Sinne einer sogenannten Haftpsychose handelt. Der später noch einmal aufgetauchte Verdacht auf eine schizophrene Psychose mußte wieder fallengelassen werden. Nachdem der Verlauf über weitere 15 Jahre verfolgt werden konnte, war eine schizophrene Persönlichkeitsveränderung nicht festzustellen. Im wesentlichen hat er beanstandungsfrei gearbeitet und kontinuierlich gute Leistungen geboten. Dabei war er nebenbei als Essensträger, als Küster und als Kirchenreiniger tätig. Den anfänglich monatelang durchgehaltenen „Sprechstreik" und einen vorübergehenden Hungerstreik sowie ein zeitweise sehr ausfälliges Verhalten gegen die Justizbeamten hat er in den letzten Jahren nicht mehr gezeigt. Anstaltspflegebedürftigkeit konnte nicht bejaht werden. Die Empfehlung einer sorgfältig vorbereiteten Entlassung erschien vertretbar.

Diesem Fall, der in seiner zeitweilig ungewöhnlichen Ausgestaltung immer die Differentialdiagnose einer Psychose nahelegte, steht ein weiterer Fall gegenüber, bei dem über den Verlauf von fast 20 Jahren hinweg ständig an eine Psychose gedacht werden mußte. Es handelt sich um eine ganz ungewöhnlich ausgestaltete Fehlentwikclung, aus der sich inzwischen eine völlige Lebensuntüchtigkeit des Häftlings ergibt.

Der zur Zeit der Begutachtung 40 Jahre alte Häftling (C.) war in jungen Jahren durch Arbeitsbummelei aufgefallen, hatte mit etwa 20 Jahren eine Zeit lang von erbeutetem Geld gelebt,

Raubüberfälle und Entwendungen an Autobahn-Rastplätzen unternommen und schließlich einen mit anderen Tätern überfallenen Mann durch Schüsse getötet. Von Anfang an hat er verschiedene Versionen seiner Unschuld und seiner Tatbeteiligung vorgebracht, frühere Geständnisse auch widerrufen und sich in seinem Verhalten während der Haft und der psychiatrischen Untersuchung sehr auffällig gezeigt. Er wurde aggressiv, verbarrikadierte sich in seiner Zelle und äußerte mehr und mehr märchenhaft-phantastische Gedanken, entwickelte einen ,,Erfinderwahn" und erfand auch einen Zwillingsbruder, mit dem er sich in einer Person identifizierte und dem er die Schuld an seinen Straftaten zusprach. Später gestaltete er seine absonderlichen Gedanken in Gedichten und kalligraphischen Darstellungen. Der geregelten Arbeit hat er sich mit Erfolg entzogen. Im Laufe der Jahre wurde er, nachdem seine Zurechnungsfähigkeit im Strafverfahren bejaht worden war, wiederholt eingehend psychiatrisch untersucht. In der Haft galt er als vollzugsuntauglich, in der psychiatrischen Krankenanstalt stellte sich immer wieder schnell eine Besserung ein und er wurde als nicht weiter psychiatrisch betreuungsbedürftig befunden, so daß er häufig hin- und herpendelte, ohne daß der eine oder der andere Aufenthaltsort als befriedigend angesehen werden konnte. Einstimmig wurde von verschiedenen Gutachtern seine Gefährlichkeit und seine Lebensuntüchtigkeit bejaht. Bis zuletzt bestand immer wieder der Verdacht auf eine schizophrene Psychose, der vom Querschnittsbild des schließlich ganz versponnenen Zustandes kaum noch ausgeräumt werden konnte und allenfalls durch die Psychodynamik und die Entstehungsbedingungen der Fehlentwicklung widerlegt erschien.

Ohne für diesen Fall die Alternative zwischen endogener Psychose und reaktiver ,,Haftpsychose" weiter zu diskutieren, kann zusammenfassend gesagt werden, daß diese Sonderentwicklung einen ganz ungewöhnlichen Ausnahmefall darstellt. Sicher kann nicht gefolgert werden, daß die lange Haft hier einen pathologischen Prozeß in Gang gesetzt hat, denn die groben Verhaltensauffälligkeiten sind bis in die ersten Jahre nach der Inhaftierung zurückzuverfolgen. Besonders betont sei lediglich, daß dies der einzige Fall in dem von uns überschaubaren Kollektiv von 70 begnadigten und weiteren 66 noch-nicht-begnadigten Langzeitgefangenen ist, bei dem ein so schwer psychotisches oder psychoseverdächtiges Bild vorliegt, wenn von dem vorher erwähnten Fall abgesehen wird, der jedoch bezüglich der erhaltenen Arbeitsfähigkeit und der Ausgestaltung der Symptome als wesentlich ,,leichter" einzustufen ist.

In diesem Zusammenhang erscheint es angebracht, auf die Zusammenstellung von *F. Plischke* (1930, S. 146 f.) hinzuweisen. Aus einem Kollektiv von 67 Männern mit lebenslanger Zuchthausstrafe wurde in 16 Fällen eine ,,Geisteskrankheit" diagnostiziert. In 12 Fällen trat diese Störung aber während der ersten drei Haftjahre ein, also nicht erst durch die seelischen und körperlichen Auswirkungen der langfristigen Freiheitsentziehung. Ganz gleich, ob bezüglich der nosologischen Zuordnung bei den Fällen von *Plischke* unterschiedliche Akzente zu setzen wären, was nach den Ausführungen des Autors rückblickend nicht zu entscheiden ist, darf doch gefolgert werden, daß weder die Auslösung einer endogenen Psychose noch das Auftreten psychoseähnlicher Reaktionen in der Spätzeit eine nennenswerte Rolle spielt. Fehlentwicklungen oder psychotische Erkrankungen dürften also in erster Linie auf endogene oder charakterogene Dispositionen zurückzuführen sein.

c) Sozialisierende Faktoren der Langzeitstrafe

Die lebenslange Freiheitsstrafe ist ein allerschwerster Eingriff in das Leben des Menschen, dessen rechtliche Vertretbarkeit und Angemessenheit hier nicht erörtert werden kann. Von psychologischem Interesse ist lediglich, welche Auswirkungen auf das Individuum festzustellen sind. Oft werden sehr einseitig die negativen oder gar „verheerenden" Folgen in den Vordergrund gestellt. Unsere Erhebungen haben ergeben, daß überraschend viele Verläufe durchaus günstig sind. Vor allem lehren zahlreiche Einzelfälle, daß vor der Haft sozial völlig unangepaßte Menschen, die praktisch nur noch von Rechtsbrüchen lebten und mehr oder weniger bindungslos im Leben standen, bei denen dann ein Mord gleichsam den Höhepunkt ihrer Laufbahn bildete, durch die Haft eindeutig sozialisiert worden sind. Probanden, die vor der Haft sozial angepaßt lebten, sind in keinem Fall durch die Haft lebensuntüchtig geworden. Selbst die als Einzelfall bemerkenswerte Fehlentwicklung des 55jährigen Mannes (B.), der in der Haft zeitweise ein psychoseverdächtiges Verhalten geboten hat, hat insgesamt seine Arbeitsfähigkeit und seine soziale Prognose nicht beeinträchtigt. Alle prognostisch ungünstigen Sonderentwicklungen, bei denen sich erhebliche Anpassungsschwierigkeiten über die Zeit von zwei Jahrzehnten unverändert oder gar zunehmende gezeigt haben, traten lediglich bei vorher schon sozial wenig angepaßten Probanden ein.

Bei den bereits vor der Haft sozial integrierten Persönlichkeiten kann nicht von einem sozialisierenden Effekt der Haft gesprochen werden. Aber bei den vorher Unangepaßten, bei denen sich während der Haft unverkennbar eine eindeutige Stabilisierung, eine zunehmend aktive Anpassung oder eine sogenannte Nachreifung vollzogen hat, stellt sich die Frage, welche Faktoren zu dieser Entwicklung beigetragen haben dürften. Eine systematische Auswertung unserer Erkenntnisse erscheint erstrebenswert, kann aber hier nicht erfolgen. Auf einige evidente Fakten, die in zahlreichen Gesprächen mit den Probanden erörtert oder aus dem eingehenden Studium der Gefangenenpersonalakten herausgelesen werden konnten, sei hier nur kurz hingewiesen.

Zunächst besteht bezüglich der sozialisierenden Wirkung von Kurz- und von Langzeitstrafen in vieler Hinsicht ein deutlicher Unterschied. Offenbar lebt jeder Gefangene mit einer Zeitstrafe in erster Linie gezielt auf das Ende seiner Strafzeit hin, rechnet sich die Hafttage aus und hofft womöglich auf eine bedingte Strafaussetzung nach Zwei-Drittel-Verbüßung. Wer beeindruckbar ist, unter seiner Schuld leidet und sich auf kritische Weise mit seiner Situation auseinandersetzt, wird zwar immer die Zeit der Strafverbüßung zur Besinnung und Einkehr nutzen, aber gerade diejenigen, die am ehesten einer sozialisierenden Einflußnahme bedürfen und die insgesamt eine wenig differenzierte Einstellung gegenüber dem Leben zeigen, werden während der befristeten Strafe kaum durchgreifend zu einer Änderung ihrer Einstellung veranlaßt. Bei der Verhängung einer lebenslangen Strafe ist dies erwiesenermaßen anders, wie beispielsweise die Fälle 2, 3, 5, 18, 20 und 27 lehren. Das zunächst unabsehbare Ende der Inhaftierung zwingt in sehr viel nachhaltigerer Weise zur Auseinandersetzung mit dem Problem der Schuld, mit den grundsätzlichen Fragen des Lebens und mit den unausweichlichen Beschränkungen hinter den Gefängnismauern. Die zwingend sich aufdrängende Erkenntnis, daß die Strafzeit möglicherweise endlos ist, verbindet sich zwar immer auch mit der Hoffnung auf eine Begnadigung zu einem späteren Zeitpunkt, aber es bleibt doch eine Ungewißheit hierüber bestehen. Für den Langzeitgefangenen gewinnt häufiger als bei den befristet Verurteilten der Gedanke eine stark motivierende Bedeutung, daß sie in besonderer Weise für eine schwere Schuld zu büßen haben. Bei anderen Lebenslänglichen setzt sich die naheliegende Einsicht frühzeitig durch, daß man sich nur auf die Gegebenheiten – so wie sie nun einmal sind – einstellen kann. Ob dann dahinter mehr die Grundhaltung einer vorherrschenden Bequemlichkeit oder mehr eine ganz realistische Einstellung zum Leben verhaltensbestimmend wird, läßt sich im Einzelfall nicht leicht entscheiden. Jedenfalls führt schließlich die innere und äußere Anpassung an die Situation dazu, daß die Gefangenen in den Grenzen ihrer Fähigkeiten und Möglichkeiten einen geregelten Tagesablauf erfahren, an regelmäßige Arbeit gewöhnt werden und sich beschränken lernen. Vor allem die Zurückstellung immer neuer oder eigenwilliger Sonderwünsche erzieht zu dem, was als Selbstbeschränkung, als Bescheidenheit oder auch als Realitätssinn betrachtet werden kann. Daran fehlt es offenbar vielen dissozial lebenden Rechtsbrechern, die in ihrem bindungslosen Leben nichts als ihren Vorteil und ihre augenblickliche Bedürfnisbefriedigung im Sinn haben, ohne soziale Realitäten oder aber Rechtsansprüche ihrer Mitbürger zu respektieren. Sie sind wenig leistungswillig, stellen aber hohe Ansprüche und leben eigentlich nur auf Kosten anderer. Mehrere Probanden haben ausdrücklich erklärt, daß sie eben dies erst einsehen lernen mußten. Eine solche Einsicht gewinnt aber nur im Laufe der Jahre an der erforderlichen Festigkeit und inneren Verankerung.

Gewährleistet wird die seelische Stabilisierung zusätzlich durch den Umstand, daß viele „Versuchungssituationen" des freien Lebens in der Haft fortfallen. Der Einfluß des Alkohols, der bei sozial labilen Menschen äußerst verhängnisvolle Folgen zeitigen kann, spielt keinerlei Rolle. Vor allem werden die zahllosen Gelegenheiten von dem Gefangenen ferngehalten, in denen er mehr oder weniger leichtfertig Bedürfnisvorstellungen befriedigen kann, die ihrerseits zu einer Steigerung der Bedürfnisabhängigkeit führen. Die relativ bescheidenen Möglichkeiten zum Verletzen von Verboten lassen eine progredient dissoziale Entwicklung keinesfalls zustande kommen. Viele Formen einer sozial negativen Gewohnheitsbildung werden von dem Häftling gänzlich ferngehalten, so daß ihm mit dem Fortschritt der Lebensjahre zunehmend sozialadäquate Einstellungsvoraussetzungen vermittelt und eingeübt werden. Das während einer Zeitstrafe oft einseitig vorherrschende „Warten auf die nächste Gelegenheit" fällt fort.

Dem Fernhalten oder Unterbinden von sozial negativen Gewohnheitsbildungen steht der Aufbau sozial positiver Gewohnheitsbildungen gegenüber. Viele Probanden lernen erstmals in der Haft, mit aller Konsequenz und Regelmäßigkeit einer Arbeit nachzugehen, sich einer Hausordnung zu fügen und ungesteuerte Trieb- und Stimmungsregungen zu überwinden. Darin dürfte überhaupt der entscheidende sozialisierende Faktor während einer langfristigen Haft zu sehen sein. Daß dies nicht in Form einer einseitig strengen „Zucht" geschieht, wie es die ursprüngliche Intention des „Zuchthauses" gebot, sondern mit einem ausreichenden Maß an menschlichen Annehmlichkeiten und gewissen Möglichkeiten der Freizeitgestaltung verbunden sein muß, ist im derzeitigen Strafvollzug selbstverständlich.

Entscheidend gefördert oder auch beschleunigt wird der Weg zu einer sozialisierenden inneren Umkehr durch verständnisvolle Gespräche. Aber die Erfahrung vieler Seelsorger oder auch Psychotherapeuten lehrt auch, daß „schönen Worten" oft nur oberflächliches Gehör geschenkt wird und daß zum Eintritt einer wirklichen Einsicht und inneren Umkehr realitätsgerechte Vorstellungen hinzukommen müssen, die sich einerseits auf die Anerkennung der unausweichlichen Beschränkungen der Haft und andererseits auf die Erfassung des Zusammenhanges von Schuld und Strafe beziehen. Unmittelbar positiven Einfluß haben seelsorgerische oder psychologisch führende Bemühungen am ehesten dort, wo der Weg zur Sozialisierung ohnehin gebahnt ist. Den entscheidenden Schritt zur Sicherung des Erfolges aller psychotherapeutischen Aktivitäten bewirkt im Einzelfall die besondere Ausstrahlungskraft einer nicht nur verständnisvollen, sondern auch in ihrer verantwortungsbewußten Haltung besonders überzeugenden Persönlichkeit. Wichtig ist darüber hinaus vor allem, daß aus der Gesamtatmosphäre der Haftanstalt in dem Gefangenen kein Sklavenbewußtsein, sondern ein den Verhältnissen angepaßtes Verantwortungsbewußtsein vermittelt wird. In dieser Hinsicht hat sich nach den übereinstimmenden Angaben praktisch aller Probanden im Verlauf der letzten 20 Jahre im deutschen Strafvollzug Wesentliches zum Positiven gewandelt.

2. Verlauf der Wiedereingliederung

a) Die Entlassungsvorbereitungen

Von den begnadigten Häftlingen sind 26 (18 Männer und 8 Frauen) aus dem

Vollzug der Strafhaft unmittelbar in Freiheit entlassen worden, während 16 (9 Männer und 7 Frauen) nach dem Gnadenausspruch einzelne Vergünstigungen durch Ausführungen oder Beurlaubungen erhielten. Insgesamt wurden 28 (24 Männer und 4 Frauen) vor der Entlassung in einen offenen Vollzug verlegt. Obwohl einzelne der Begnadigten, vor allem wenn sie unmittelbar in den Kreis einer Familie aufgenommen werden konnten, die Umstellung auf das Leben in Freiheit praktisch ohne Vorbereitungen durchstehen mußten und auch erfolgreich durchgestanden haben, wird die Übergangszeit und das Vertrautwerden mit den Lebensverhältnissen außerhalb der Haft durch vorausgehende Ausführungen, durch das allmähliche Kennenlernen der Verkehrsverhältnisse auf den Großstadtstraßen, durch den Besuch von Kaufhäusern und Gaststätten wesentlich erleichtert. Im offenen Vollzug wird die Freiheitsbeschränkung weiter gelockert. Die Vollzugsanstalt ist dem Häftling nur noch Wohn- und Schlafstätte. Er steht zwar noch unter Überwachung, muß über seine Entscheidungen und Wünsche Rechenschaft ablegen, aber über die kurzen Ausflüge in das freie Leben hinaus wird ihm das Einarbeiten in eine berufliche Tätigkeit, das Verfügen über eigenes Geld und somit eine weitgehende Eigenverantwortlichkeit ermöglicht.

Die vorbereitenden Ausführungen (in Begleitung eines Justizangehörigen) oder auch Beurlaubungen werden zum Teil schon vor der Begnadigung als Vergünstigungen während der Strafzeit zugestanden. Im sogenannten Übergangsvollzug werden sie dann regelmäßig vorgenommen, bis es im offenen Vollzug zur weiteren Lockerung und tagsüber zum Fortfall jeder Überwachung kommt. Die gesamte Übergangszeit hat bei einzelnen Begnadigten die Zeitdauer von einem Jahr und mehr erreicht.

Eine Vorbereitung auf das Leben in Freiheit geschieht bei den jetzt herrschenden Haftbedingungen auch schon durch die vielfältigen Informationen, die durch das Zeitunglesen, das Radiohören und das Fernsehen vermittelt werden.

Außer der Zuteilung eines Bewährungshelfers, die in jedem Fall erfolgt, ist das Vorhandensein einer festen Unterkunft Voraussetzung für die endgültige Entlassung. Nur wenige Probanden hatten bei der Entlassung zugleich auch schon einen bestimmten Arbeitsplatz, obwohl dies vor allem für die männlichen Häftlinge in der Regel angestrebt wird.

Bei vielen Häftlingen werden die Voraussetzungen zur Wiedereingliederung schon Jahre vor der Entlassung und lange vor der Begnadigung eingeleitet. So haben sich nicht nur Angehörige oder nähere Bekannte, sondern auch Briefpartner, Justizangehörige oder kirchliche Einrichtungen oft schon sehr frühzeitig zur Beschaffung von Unterkunft und Arbeitsplatz angeboten. Teilweise lagen sogar feste Zusagen von Arbeitgebern vor, und vielfach standen Möglichkeiten zur Unterkunft jederzeit bereit. Nicht selten werden die Entlassungsvorbereitungen aber auch erst nach dem Gnadenerweis begonnen. Bei einzelnen unserer Probanden ist erst während des offenen Vollzuges das Problem der Arbeits- und Unterkunftsbeschaffung angegangen worden.

Da nur vier der begnadigten Frauen in einen offenen Vollzug kamen, beschränkten sich die persönlichen Entlassungsvorbereitungen – abgesehen von den Bemühungen um Unterkunft und Arbeit – mehrfach auf nur eine oder wenige Ausführungen, wobei es im wesentlichen mehr darum ging, die Probandinnen einzukleiden, als sie in zwangloser Weise mit der wesentlich gewandelten Umwelt weiter vertraut zu machen. Da das Einkleiden von den eigenen Rücklagen erfolgte, ist es in einem Falle (Fall 65) vorgekommen, daß bei der Entlassung kein Pfennig mehr verfügbar und die betroffene Frau sogleich und ausschließlich auf die Unterstützung durch das Sozialamt angewiesen war. Daß auf diese Weise besonders belastende Umstände eintreten, leuchtet unmittelbar ein. Inzwischen haben sich die Verhältnisse wohl etwas geändert, zumal die Bewährungshelfer teilweise über einen Fond zur Überbrückung finanzieller Notsituationen verfügen.

Geklagt wurde von fast allen begnadigten Probanden darüber, daß sie bei der Entlassung ohne Personal- und Arbeitspapiere dastehen und unter Vorlage ihres Entlassungsscheins, der das einzige „Papier" ist, bei den Behörden gleich nach der Entlassung vorstelllig werden müssen. Auf diese Weise sehen sie sich manchem unliebsamen Gespräch und psychologisch schwierigen Situationen ausgesetzt. Vielfach hat der Bewährungshelfer umsichtig vermittelnd eingegriffen, aber es konnten doch nicht alle bürokratischen Komplikationen gleich ausgeräumt werden. Dabei geht es in der Mehrzahl der Fälle gar nicht so sehr um objektive Schwierigkeiten, sondern vielmehr um psychologisch belastende Umstände etwa bei der Bearbeitung des Entlassungsscheines und den nicht immer genügend diskreten Rückfragen. Die daraus erwachsenden Prüfungs- oder Bewährungssituationen werden zwar nicht von allen entlassenen Häftlingen als demütigend empfunden, wirkten aber bei einzelnen in der Erinnerung noch lange nach. Diejenigen Probanden, die aus dem offenen Vollzug entlassen wurden, hatten in dieser Hinsicht zum Teil weniger Schwierigkeiten, da sie ja bereits über Arbeitspapiere, Zeugnisse und einen vorläufigen Ausweis verfügten. Vereinzelt wurde den Entlassenen auch dadurch geholfen, daß beispielsweise der Pfarrer der offenen Anstalt seine Wohnung als Heimatadresse für die Begnadigten angab, so daß bei der endgültigen Entlassung und der Anmeldung am neuen Wohnort lediglich eine Ummeldung der Betroffenen stattzufinden hatte.

Die ersten und alle weiteren Schritte des Lebens in Freiheit und Selbstverantwortlichkeit können von den Angehörigen und allen anderen Bezugspersonen wesentlich erleichtert werden, aber einzelne Probanden zeigen einen solchen Selbständigkeitsdrang oder auch eine so ausgeprägte Eigenwilligkeit, daß sie auf fremde Hilfe womöglich ganz verzichten. Über die Erfahrungen mit den einzelnen Übergangs- und Bewährungseinrichtungen sowie über die weitere Entwicklung der sozialen Bezüge sei in den folgenden Abschnitten gesondert berichtet.

b) Der offene Vollzug

Von den 51 begnadigten Männern sind nur 24 durch den offenen Vollzug gegangen. Bei den anderen konnte die Eingliederung unmittelbar in einem Kreis von Verwandten oder nahestehenden Bezugspersonen erfolgen. Der Weg in den offenen Vollzug führt in der Regel über ein sogenanntes Übergangshaus. Hier werden gegenüber dem Regelvollzug größere Vergünstigungen mit Ausführungen, Ausgang oder Urlaub gewährt. Die Häftlinge werden in Außenkommandos eingesetzt, aber noch weitgehend überwacht. Schließlich wird ihnen – und das ist das Ziel des offenen Vollzuges – ein von der Anstalt erreichbarer Arbeitsplatz vermittelt oder sie werden in Umschulungs- oder Anlernkurse eingegliedert. Die Häftlinge haben über Tag freien Ausgang zu ihren Arbeits- oder Lehrplätzen. Sie stehen in regelrechtem Verdienst oder erhalten eine Ausbildungsbeihilfe. Kost, soweit sie diese in Anspruch nehmen, und Logis müssen in der Vollzugsanstalt abgerechnet werden. Freizeitunternehmungen außerhalb der Anstalt sind nur mit Genehmigung erlaubt. Die Verfügung über das den Häftlingen verbleibende Geld wird kontrolliert.

Das Urteil über die Vorteile oder Nachteile dieser Übergangsregelung fiel bei unseren Erhebungen außerordentlich unterschiedlich aus. Zustimmende und ablehnende Äußerungen standen sich kraß gegenüber. Die meisten empfanden das Übergangsstadium zwischen Haft und Freiheit als nützlich und angenehm. Sie fühlten sich zunächst noch in einer bekannten Gemeinschaft geborgen und brauchten sich in ihrem Verhaltensstil nicht wesentlich umzustellen, hatten aber doch Gelegenheit, sich an die Anforderungen der Arbeitswelt im Kreise „freier" Mitarbeiter zu gewöhnen, ohne gleich die volle Verantwortung für alle ihre Entscheidungen übernehmen zu müssen. Sie brachten in den späteren Gesprächen mit Zufriedenheit zum Ausdruck, daß ihnen im offenen Vollzug der Übergang von einer „Welt" in die andere wesentlich erleichtert worden sei. Zahlreiche Ängste seien ihnen dort genommen und Unsicherheitsreaktionen vermieden worden (Fälle 18 und 36). Andere Probanden meinten bei der rückblickenden Betrachtung, daß es dieser Übergangsstrecke nicht bedurft hätte. Zu keiner Zeit und bei keiner Gelegenheit wäre es ihnen schwer gefallen, sich innerhalb der neuen Gegebenheiten zurechtzufinden. Mehr oder weniger geringfügige Umstellungsschwierigkeiten seien ohnehin unvermeidlich. Sie sahen aber immerhin auch keine „Nachteile" im offenen Vollzug (Fälle 20 und 27).

Den Beweis, wie unterschiedlich die Menschen je nach Temperamentsart und innerer Einstellung reagieren, lieferten diejenigen Probanden unter den

Begnadigten, die sich teilweise sehr unzufrieden äußerten. Dabei waren die Gründe der Unzufriedenheit durchaus vielfältig. So meinte ein Begnadigter (Fall 48), daß die Umstellung vom „ständigen Bevormundetwerden" in der Haft zur weitgehenden Eigenverantwortlichkeit im offenen Vollzug zu abrupt sei. Ein Begnadigter (Fall 47) brachte zum Ausdruck, daß die drei Monate im offenen Vollzug für ihn nicht ausgereicht hätten, sich alles das an Verhaltensänderung und neuem Wissen anzueignen, was sich ihm später als notwendig erwiesen habe. Wieder andere hielten es für unangebracht, in dieser Zeit so viel Kontrolle und Beaufsichtigung auszuüben, so daß die Eigenverantwortlichkeit noch zu sehr beschränkt werde (Fälle 37 und 49). In einem Fall (Fall 48) wurde zusätzlich geltend gemacht, daß dem Häftling in der Zeit des offenen Vollzugs zu viel Mißtrauen entgegengebracht werde und er wohl deshalb auch keinen „normalen" Personalausweis bekomme. Mehrere Probanden haben in kritisch abwägender Weise sowohl die positiven wie die weniger günstigen Faktoren nebeneinander geltend gemacht.

Jedenfalls zeigt die unterschiedliche und mehr oder weniger eigenwillige Einschätzung der Wirkungen des offenen Vollzugs, daß auch nach der langen Haftzeit die meisten Entlassenen nicht schablonenhaft oder gleichgültig reagieren, sondern durchaus verschiedenartige Bedürfnisse erlebt und unterschiedliche Ziele angestrebt werden können. Vielleicht findet manche Äußerung der Unzufriedenheit ihre Berechtigung, wenn die Erfahrung lehrt, daß die Eingliederung auch ohne die „Vorsichtsmaßnahme" des offenen Vollzugs vielfach gelungen ist. Dennoch wird in ihr eine „Hilfe" gesehen werden dürfen, die jedenfalls für den Alleinstehenden von großem Nutzen ist.

Von den begnadigten Frauen sind nur drei nach der Begnadigung in den offenen Vollzug überstellt worden (Fälle 45, 62 und 67). Sie empfanden alle drei, daß ihnen die Umstellung auf das Arbeitstempo in dem neuen Betrieb Schwierigkeiten bereitet habe. Dies wurde vor allem von einer damals fast 60jährigen Probandin geltend gemacht (Fall 67). Alle drei Frauen betonten aber mit Zufriedenheit, daß ihnen dieser langsame Übergang in das Leben „draußen" doch geholfen habe und daß sie ihn rückblickend nicht missen möchten. Eine Probandin (Fall 61) konnte nach der Begnadigung bis zur endgültigen Entlassung täglich aus der Vollzugsanstalt zur Arbeit fahren. Es handelte sich um einen Zweigbetrieb des Arbeitgebers, für den sie schon viele Jahre in der Haft gearbeitet hatte. Sie empfand diese als Lockerung gedachte Maßnahme insofern als belastend, als sie in der Gestaltung ihres Tagesablaufes keine weiteren Freiheiten hatte. Lediglich der Arbeitsplatz war nach draußen verlegt. Diese Tatsache hinderte die Probandin beispielsweise an der Kontaktaufnahme zu anderen Mitarbeiterinnen, weil sie nach Dienstschluß nicht mit ihnen zusammenbleiben oder gemeinsame Unternehmungen vereinbaren konnte. Auch der Umstand, ständig die gleichen Kleidungsstücke tragen zu müssen – denn eine größere Auswahl konnte sie sich damals noch nicht anschaffen – empfand sie nachträglich noch als belastend für ihr Selbstbewußtsein.

Da der offene Vollzug ein erster Schritt in die Freiheit ist und wesentliche Weichen für das Leben in Freiheit gestellt werden, erscheint es wünschenswert, solche emotionalen Belastungen zu registrieren und so weit wie möglich zu vermeiden.

c) Unterkunft und Arbeit

Da die Beschaffung von Unterkunft und Arbeit in vielen Fällen eng zusammenhängt, sei hierüber zusammenfassend berichtet. Von den 51 entlassenen Männern fanden 21 (41,1 %) sofort Unterkunft bei Angehörigen. Bis zur Nachuntersuchung hatten sich von diesen inzwischen 8 entweder mit einer Lebensgefährtin oder allein eine Wohnung oder ein eigenes Zimmer beschafft.

Weitere 9 Männer (17,6 %) wurden zunächst in einem Heim untergebracht, von denen einer (Fall 5) wegen seiner geschwächten Gesundheit dort wohl für die Dauer und ein weiterer (Fall 39) zunächst auch noch untergebracht ist. 4 der Heimuntergebrachten (Fälle 4, 12, 30, 31) haben inzwischen mit einer Lebensgefährtin und 3 Probanden (Fälle 15, 23, 44) alleinstehend eine Wohnung oder ein eigenes Zimmer bezogen.

12 Männer (23,5 %) fanden zumeist durch Vermittlung des Bewährungshelfers ein Zimmer oder es wurde ihnen eine Wohnmöglichkeit bei ihren Arbeitgebern zur Verfügung gestellt. 4 von ihnen (Fälle 6, 7, 22, 54) sind bis zur Nachuntersuchung alleinstehend geblieben. 6 Entlassene (Fälle 3, 17, 26, 41, 48, 49) lebten inzwischen mit ihrer Ehefrau oder Lebensgefährtin in einer eigenen Wohnung. 2 weitere (Fälle 20 und 27) wechselten den Wohnort und fanden wieder bei ihrer Familie Aufnahme.

Während es als die Regel angesehen werden kann, daß die Begnadigten von der Familie oder mit Unterstützung des Bewährungshelfers Unterkunft finden, ergaben sich bei 9 Probanden andere günstige Konstellationen: 2 Männer (Fälle 29 und 34) wurden von Arbeitgebern aufgenommen, für die sie schon während der Strafverbüßung gearbeitet hatten. Ein Mann (Fall 8) wurde zunächst von einem Beamten der Vollzugsanstalt aufgenommen, bevor er ein eigenes Zimmer bezog, 3 Probanden (Fälle 10, 18, 32) fanden bei ehemaligen Mithäftlingen und einer (Fall 46) bei den Eltern eines noch einsitzenden Mithäftlings Unterkunft. Einer unserer Probanden war von einem langjährigen Briefpartner aufgenommen worden (Fall 1), während ein weiterer durch die Vermittlung eines Briefpartners Unterkunft fand (Fall 25).

Von den 19 begnadigten Frauen konnten nur 2 (10,5 %) direkt zu Familienangehörigen zurückkehren (Fälle 14 und 67). 8 (42,1 %) Probandinnen fanden zunächst in einem Heim Aufnahme. Von diesen sind 2 dort für die

Dauer untergebracht (Fälle 56 und 63), während zur Zeit der Nachuntersuchung inzwischen 3 Frauen bei Verwandten aufgenommen wurden (Fälle 33, 66, 68), 2 eine eigene Wohnung beziehen konnten (Fälle 65 und 70) und eine weitere bei ihrer Arbeitsstelle in einem Haushalt gleichzeitig Unterkunft fand (Fall 60).

5 (26,3 %) Frauen erhielten einen Arbeitsplatz in einem Heim und konnten auch dort zugleich wohnen (Fälle 45, 55, 57, 58, 69).

Eine Probandin fand sofort nach der Entlassung Unterkunft und Arbeit in einem Haushalt (Fall 64).

Die 3 (15,7 %) übrigen Frauen konnten unmittelbar eine eigene Wohnung beziehen (Fälle 59, 61, 62). Für 2 war die elterliche Wohnung freigehalten worden, die dritte wurde bei deren Einrichtung großzügig von ihren Angehörigen unterstützt.

Bei der Entlassung waren 7 Männer nicht mehr arbeitsfähig. 5 von ihnen erhielten wegen des hohen Lebensalters (Fälle 9, 10, 11, 15, 19) und 2 wegen Krankheit (Fälle 5 und 21) eine Rente. Die Arbeitsplatzbeschaffung, die fast immer vom Bewährungshelfer betrieben wurde, bereitete in einzelnen Fällen erhebliche Schwierigkeiten. Einem Probanden (Fall 46) war eine feste Zusage gemacht worden, die dann aber ohne Angabe von Gründen wenige Tage vor der Entlassung zurückgenommen wurde. In einem anderen Fall (Fall 18) hatte der Betriebsrat Einspruch gegen die Einstellung erhoben. Für einen Probanden (Fall 37) sollte die Einstellungszusage vom Entlassungstermin, der Entlassungstermin aber vom Einstellungstermin abhängig gemacht werden. So kam es zu umständlichen Verhandlungen, bis der Proband sich schließlich zu einer anderen Arbeitsstelle entschloß. Ein Begnadigter (Fall 34) konnte bei dem Arbeitgeber weiterarbeiten, für den er schon in der Strafhaft tätig gewesen war. Es ergaben sich jedoch sehr ungünstige Arbeitsbedingungen und außerdem Spannungen mit dem Sohn des Arbeitgebers, so daß die Arbeitsstelle mit Unterkunft kurzfristig aufgegeben und der Proband mit Übergangslösungen erst wieder in eine andere Stelle mit Unterkunft vermittelt werden mußte. Einem Probanden sollte nach einer einschlägigen Ausbildung die Anerkennung als Krankenpfleger versagt werden (Fall 31). Mancherlei andere Schwierigkeiten sind nicht ausdrücklich erwähnenswert. Angemerkt sei aber, daß zwei Begnadigte den Ehrgeiz hatten, sich schon während der letzten Zeit des Vollzugs ohne Mitwirkung des Bewährungshelfers einen Arbeitsplatz zu suchen. Das hat in einem Fall zu einer sehr befriedigenden Berufsentwicklung geführt (Fall 41), während der zweite Proband (Fall 3) in eine wenig günstige Laufbahn geriet. In seiner Eigenwilligkeit wollte er immer mehr erreichen. Deshalb wechselte er öfters den Arbeitsplatz und war schließlich auch vorübergehend arbeitslos.

Mehrere Probanden haben eine schnelle Aufbesserung ihres Arbeitsplatzes erreicht. Zwei sind selbständig (Fälle 35 und 37) tätig.

Bei den Frauen bereitete das Auffinden eines ihren persönlichen Fähigkeiten entsprechenden Arbeitsplatzes insgesamt weniger Schwierigkeiten. Lediglich in einem Fall scheiterte die Arbeitsaufnahme bei einer fast 60jährigen Entlassenen (Fall 65) über eine längere Zeit daran, daß diese Frau wegen ihrer Vorstrafe viele Bedenken hatte, sich um eine ihr angemessene qualifizierte Tätigkeit zu bemühen, da sie die Erstellung eines Lebenslaufes fürchtete. Im übrigen ergaben sich bei ihr auch aus der sehr stark reflektierenden Einstellung Schwierigkeiten bei der Wahl des Arbeitsplatzes.

e) Die sozialen Bezüge der entlassenen Begnadigten

Maßstab der gelungenen oder mißlungenen Wiedereingliederung sind die sozialen Bezüge. Letzten Endes ist es das Ziel jeder Resozialisierung, die straffällig Gewordenen in tragfähige soziale Bindungen hineinzuführen. Dabei sind zwei Aspekte von psychologischer Relevanz: die rein äußere soziale Eingliederung und die mehr innere oder emotionale Integration. Während sich das äußere Sozialgefüge aus der Gestaltung des Arbeits- und Lebensraumes, aus den partnerschaftlichen Konstellationen und dem Gesamt des Eingliederungserfolges ablesen läßt, sind die Kriterien der emotionalen Integration einerseits am Grad der inneren Zufriedenheit und anderseits am Ausprägungsgrad einer Offenbarungsfurcht abzuschätzen.

Das äußere Bild der sozialen Bezüge ist schon mit der zusammenfassenden Übersicht über die Arbeitsplatzsituation und die ehelichen Beziehungen dargestellt worden. Hier seien diese Gesichtspunkte nicht mehr gesondert betrachtet. Vielmehr soll eine Gesamtschau der Lebenssituation und das damit verbundene Maß der inneren Zufriedenheit erläutert werden.

Hierzu ist eine Vorbemerkung angebracht. Der Grad der inneren Zufriedenheit ist bei allen Menschen je nach Temperamentsart, je nach Partnerkonstellation und objektivem (oder nur subjektivem) Lebenserfolg oder Mißerfolg außerordentlich unterschiedlich. Zudem zeigt sich oftmals eine deutliche oder weniger deutliche Differenz zwischen äußerlicher und innerer, aber auch zwischen einer mehr rationalen und einer zugleich emotionalen Zufriedenheit. Nur eine in dieser Hinsicht differenzierende, besonders die persönliche Erlebnisdisposition berücksichtigende und die Überzeugungskraft des Zufriedenseins ermessende Beurteilung könnte den tatsächlichen Gegebenheiten gerecht werden. Leider lassen sich solche Differenzierungen auch aus Einstellungs- oder Projektionstests nicht ablesen. Vor allem kann das mehr Temperamentgebundene und das mehr Situationsgeprägte nicht unterschieden werden, so daß ohnehin nur eine weitgehend globale Einschätzung möglich ist, wie sie sich aus den anschaulichen Gegebenheiten der Lebenssituation in Verbindung mit den Äußerungen der Betroffenen oder der Beurteilung durch Drittpersonen ergibt. Danach stellt sich bei unseren Probanden das folgende Bild dar:

Wenn wir zunächst die partnerschaftlichen Konstellationen und damit den persönlichen sozialen Rahmen betrachten, dann leben von unseren 70 Probanden insgesamt 25 Männer problemlos in einem Ehe- oder Partnerverhältnis. Bei einem dieser Probanden erwies sich eine über die Haft fortbestehende Ehe nach der Begnadigung zwar als nicht bestandfähig, aber es fand sich eine neue Lebensgefährtin, mit der eine günstige Lebenskonstellation gefunden werden konnte.

Zu dieser Gruppe kann auch das Ehepaar hinzugezählt werden, das wegen einer gemeinsamen Tat die Strafe bis zur gleichzeitigen Entlassung verbüßte und weiter zusammenlebt (Fälle 13 und 14). Zur Zeit der Untersuchung bestanden lediglich „ehetypische" Konflikte, die aber weder die partnerschaftliche Verbundenheit noch die positive Einstellung zur Gesamtsituation beeinträchtigten. In einem weiteren Fall wurde eine nach der Haft geschlossene und glücklich verlaufene Ehe durch den Tod der Ehefrau beendet und die Lebenssituation des zurückgebliebenen Mannes dadurch überschattet (Fall 38).

Insgesamt 10 Probanden (6 Männer, von denen einer allerdings inzwischen verstorben ist, und 4 Frauen) waren bei nächsten Angehörigen (Eltern, Kindern, Geschwistern) in einen Familienverband aufgenommen worden. Ihre Lebensverhältnisse waren stabil und zufriedenstellend (Fälle 9, 11 verstorben, 15, 27, 28, 50, 58, 61, 67, 68).

Weitere 7 Probanden (2 Männer und 5 Frauen) hatten enge soziale Bindungen zu ihrem Arbeitgeber, Familienanschluß bei Vermietern oder Aufnahme bei den Bewährungshelfern gefunden, so daß auch für sie eine durchaus günstige Konstellation gegeben war. Die Beziehungen waren in diesen Fällen ausgesprochen persönlich und von den Probanden auch affektiv mitgestaltet. Eine dieser Probandinnen hatte in einer Nachbarin, die ihr schon aus der Zeit vor der Haft bekannt war, eine geradezu mütterlich besorgte Beraterin gefunden (Fall 59, außerdem Fälle 23, 46, 55, 60, 64, 69).

Zum Zeitpunkt der Untersuchung noch alleinstehend, aber nicht darunter leidend, waren 10 Probanden (7 Männer und 3 Frauen). Sie fanden teilweise einen Ausgleich und eine sie befriedigende Aufgabe durch die Hinwendung zu hilfebedürftigen Menschen oder durch volles „Aufgehen" in ihrer Arbeit (Fälle 5, 6, 8, 21, 22, 39, 44, 57, 63, 70).

Insgesamt sind es 55 Probanden (also fast $^4/_5$), die in ganz unterschiedlichen, aber ihren Lebensansprüchen und ihren beruflichen sowie persönlichen Möglichkeiten weitgehend entsprechenden Verhältnissen leben und insofern äußerlich als auch innerlich durchaus zufrieden sind. Dabei zeigt sich oft ein betonter Stolz, daß sie in relativ kurzer Zeit wieder im Leben Fuß fassen konnten und sich etwas „geschaffen" haben.

Demgegenüber bleiben 15 Probanden (9 Männer und 6 Frauen), die unter subjektiv oder objektiv weniger günstigen Umständen leben. Ihre Probleme lassen zwei Schwerpunkte erkennen. Entweder sind es objektiv ungünstige äußere Lebensumstände oder es sind Belastungen, die mit der Entdeckungs- oder Offenbarungsfurcht zusammenhängen. Zunächst sei eine kurze Übersicht gegeben:

8 Probanden (6 Männer und 2 Frauen), die in einer partnerschaftlichen Verbindung leben, fühlen sich durch ihre Situation belastet oder sie haben keine befriedigende soziale Beziehung gefunden. 2 dieser Männer haben sich mit Partnerinnen verbunden, bei denen sie zunächst nichts anderes als ihre materielle Versorgung suchten (Fälle 26 und 49). Eine echte menschliche Bindung und eine möglicherweise beständige Partnerschaft konnte zum Zeitpunkt der Untersuchung nur erst erwartet werden. Allerdings schien es im Rahmen der Lebensansprüche der Probanden so, daß sie rein subjektiv ihre Bedürfnisse weitgehend befriedigt fanden.

Eine Probandin heiratete einen Mann, der ein Kind mit in die Ehe brachte (Fall 33). Das eheliche Verhältnis entwickelte sich durch die Ungunst der Umstände, teilweise aber auch durch zwischenmenschliche Dissonanzen so, daß es nun objektiv belastend war. Die Frau sah jedoch in dem angeheirateten Kind ein Abbild des mit ihrer Billigung von dem früheren Ehemann getöteten eigenen Kindes und schenkte ihm alle Zuwendung und Liebe, so daß die Ehe hierdurch ihren Bestand hatte.

Eine Probandin hat ebenfalls nach der Haft geheiratet, aber ihr schon vorher trunksüchtiger Mann verfiel während der Ehe wieder dem Alkohol, und die eheliche Situation war zum Zeitpunkt der Erhebungen äußerst gespannt (Fall 66).

Ein Proband fand nach der Haft eine Partnerin, aber diese erkrankte bald darauf an einer seelisch-geistigen Störung, die das weitere Zusammenleben sehr problematisch gestaltete (Fall 52).

Schließlich sind 3 Männer zu erwähnen, bei denen das Problem der Lebenslüge oder der Offenbarungsfurcht eine bewußt erlebte Rolle spielte (Fälle 1, 18, 36). Darüber sollen aber gesonderte Ausführungen angeschlossen werden.

Vorweg seien noch die 7 alleinstehenden Probanden (3 Männer und 4 Frauen) erwähnt, die in ihrer Lebenssituation die emotionalen Bedürfnisse als unbefriedigt erlebten. Eine Frau litt unter ihrem Alleinsein, stand mit einem noch in Haft befindlichen Strafgefangenen in Verbindung und war erfüllt von der Unsicherheit, ob sie die Beziehung aufrechterhalten solle (Fall 45).

(Diese besondere Konstellation wurde bei einer anderen Probandin mit aller inneren Gelassenheit gemeistert, und wir haben nachträglich erfahren, daß sie sich von ihrem Brief- und in Aussicht genommenen Ehepartner später distanziert hat (Fall 61)).

Ein 62 Jahre alter Mann litt unter dem Gedanken, in seinem Alter keine Frau mehr zu finden. Da er körperlich durch ein seit der Kindheit bestehendes Leiden sehr behindert ist und keine Angehörigen hat, konnte er eine weitgehend befriedigende Lebenssituation nur durch Anschluß an eine Sozialarbeiterfamilie finden (Fall 25).

Eine Frau ist nach der Haft psychisch erkrankt, wurde dadurch arbeitsunfähig, war auf Sozialhilfe angewiesen, empfand dies als sozialen Abstieg und litt daher unter ihrem Leben im Altersheim (Fall 56).

Bei einem Mann verhinderte einerseits die Furcht, sexuell zu versagen, und andererseits die Furcht, seine Vergangenheit aufdecken zu müssen, das Zustandekommen einer partnerschaftlichen Bindung (Fall 20).

Die Entdeckungs- oder Offenbarungsfurcht bildete bei einem Mann und bei zwei Frauen den entscheidenden Grund für ihre Isolierung, unter der sie litten (Fälle 34, 62, 65). Obwohl die berufliche und die menschliche Gesamtsituation vor allem bei dem Mann rein äußerlich eine denkbar günstige war und eine dieser Frauen von ihrer Gemeinde, in der sie auch früher gelebt hatte, ohne Vorbehalte wieder aufgenommen wurde, war für sie das Alleinstehen und die Sorge, einem Partner gegenüber offen sein zu müssen, ein ernstes Lebensproblem. Auch die andere Frau (Fall 65), die sich eine durchaus angemessene Wohnung zu schaffen vermochte und eine besondere Unterstützung durch ihre Bewährungshelferin erfuhr, litt sehr unter dem Problem ihrer Vergangenheit.

Wenn die sozialen Bezüge kritisch gewürdigt werden sollen, dann kann nicht von einem allzu idealen Maßstab des Lebensglückes oder der persönlichen Zufriedenheit ausgegangen werden. Schicksalsschläge wie der Tod des Partners, eine schwere Erkrankung in der Familie oder der Ausbruch nicht vorhersehbarer zwischenmenschlicher Spannungen beeinträchtigen das Leben jedes Einzelnen zu irgendeiner Zeit. So ist es nicht außergewöhnlich, daß solche Konstellationen auch in unserem Kollektiv von Bedeutung sind. Es läßt sich hierüber kein prozentualer Vergleich zu anderen Kollektiven anstellen. Aber ein Problem ist für unsere Probandengruppe ganz spezifisch. Es ist die Frage, wie offen über die Vergangenheit gesprochen und wie weit der Kreis der Eingeweihten gezogen werden soll. Das Spektrum der Lösungen dieser Frage ist in unserem relativ kleinen Kollektiv mit befriedigenden oder weniger befriedigenden Variationen so überraschend weit aufgefächert, daß hier nur eine skizzierende Übersicht gegeben werden kann.

Die meisten Probanden leiden nicht ernsthaft unter diesem Problem. Einzelne bekennen sich mit aller Offenheit zu ihrer Vergangenheit, womit sie sich gelegentlich zwar Chancen verbauen, aber auch viel innere Unsicherheit ersparen. Bei den meisten ist nur ein kleiner Kreis informiert: außer dem Bewährungshelfer gegebenenfalls die nächsten Verwandten sowie der Personalleiter oder der Betriebsführer am Arbeitsplatz. Viele haben sich eine Antwort auf die Frage zurechtgelegt, wie sie in den Jahren vorher gelebt und was sie gemacht haben, und kommen mit dieser „Geschichte", die sich oft in einer kurzen Feststellung erschöpft, ohne innere Beklemmung und ohne Gefahr des Mißverständnisses zurecht. Andere leiden, obwohl die Gefahr des Aufdeckens ihrer Vorgeschichte gar nicht aktuell ist, unter dem Gedanken, daß man ihnen doch etwas anmerken oder ihnen mißtrauen könne. Dabei ist es bei einer Probandin besonders bemerkenswert, daß sie an einer ausgeprägten Offenbarungsfurcht gegenüber den nacheinander in Aussicht genommenen Partnern litt, obwohl sie in einer Gemeinde lebt, wo jeder ihre Vorgeschichte kennt, so daß sie auch reichlich Gelegenheit hatte zu erkennen, daß es ein menschliches Verzeihen und Vergessen gibt. Andere haben gegenteilige Erfahrungen gemacht und sind schon benachteiligt oder verstoßen worden, ohne daß sich daraus eine komplexartige Fehleinstellung entwickelte.

Vor allem den auserwählten Partnern gegenüber, die noch nicht von der Straftat und der langfristigen Haft wissen, wird das Sich-offenbaren-müssen oft zu einem geradezu brisanten psychologischen Problem. Ein Proband (Fall 1) lebt in einer beide Teile zufriedenstellenden Partnerschaft, aber seine Partnerin ahnt nichts von seinem Vorleben. Er glaubt befürchten zu müssen, daß die Offenbarung ihre Gemeinsamkeit zerstören müßte. Zunächst fehlte wohl noch der letzte Rest an Vertrauen, der die Bewältigung dieses Problems gewährleisten würde. Ein anderer Proband (Fall 36) hofft, mit dem zunehmenden Vertrautwerden müsse eines Tages das Aufdecken des „Geheimnisses" ohne Erschütterung des Verhältnisses möglich sein. Diese Probe hat ein weiterer Proband (Fall 41) schon erfolgreich überstanden. Schließlich hängt alles nicht nur von der zwischenmenschlichen Konstellation, sondern auch von der Eigenart und Einstellung des Partners ab, ob er eine solche Wahrheit akzeptiert oder sich von der damit verbundenen Enttäuschung überwältigen läßt.

Für einzelne ist die Entdeckungsfurcht ein Grund, sich mit einem engen und vertrauten Lebenskreis zu begnügen. Andere finden unbekümmert mit oder ohne Preisgabe ihres „Geheimnisses" zwanglosen Zugang zu einem weiteren Kreis von alten oder neuen Bekannten. Das Problem der Vergangenheitsbewältigung und die persönliche Entscheidung in der Frage, wem alles oder wem nichts anvertraut werden soll, stellt sich als echter Prüfstein des Charakters oder der Wesensart dar. Die sehr unterschiedlichen Formen der Erlebnisverarbeitung dürfen auch als Anzeichen dafür gewertet werden, daß den meisten individuelle Bewältigungstechniken und ein entsprechender Spielraum des Erlebens erhalten geblieben sind. Entscheidend sind der Grad des Selbstvertrauens, sicher auch die Temperamentsart und die Möglichkeiten der intellektuellen Verarbeitung dieses Problems. So haben wir von den Bewährungshelfern wiederholt erfahren, daß die Probanden allein deshalb kein Gespräch mit der Verfasserin wünschten, weil sie befürchteten, daß „irgendeiner" etwas bemerken würde, während bei anderen Gesprächen mit den Probanden in manchmal fast entwaffnender Offenheit von der Vergangenheit gesprochen wurde. Dies wurde beispielsweise deutlich beim Mittagessen mit einem Probanden (Fall 46) in einem dichtbesetzten Lokal, wo er freimütig von seiner „Knasterfahrung" sprach, während andere solche Äußerungen völlig meiden. Verallgemeinernde Aussagen über den Stellenwert, die Aktualität und die Verarbeitungsweise der Offenbarungsfurcht treffen die Realität nur selten und sind daher nach unseren Erfahrungen völlig unangebracht.

Dasselbe gilt auch für den Umgang mit der „Lebenslüge", wenn eine solche aufrechterhalten wird. Es ist keinesfalls die Regel, wie es *G. Schmidt* bei zwei Fällen feststellen konnte, daß sich der Schuldbeladene ein „moralinhaltiges Aushängeschild" (1972, S. 52) zulegt. Viele versuchen vielmehr in einer einfühlbaren Weise, wieder etwas gutzumachen, brüsten sich damit aber nicht. Schließlich ist es in gewissen Situationen des Lebens eine moralisch unanfechtbare Notwendigkeit, selbst für den durch Rechtsbrüche unbelasteten Menschen, nicht jedem über alles die Wahrheit mitzuteilen. In unserer Gesellschaft sind zahlreiche Vorurteile verbreitet, die den „Mörder", den „Zuchthäusler", den „Lebenslänglichen" oder den „Verbrecher", wozu unsere Probanden nach den Buchstaben des Gesetzes ausnahmslos zählen, mit Mißtrauen, mit Ablehnung oder mit Verachtung betrachten lassen, wodurch ihm die soziale Integration erschwert oder gar verwehrt wird. Oft besteht eine unbestimmte Angst vor der vermeintlichen Gefährlichkeit, die aber gerade bei den meisten „Mördern" ganz unbegründet ist. Ob diese Vorurteile verständlich, ob sie generell vorwerfbar oder ob sie jemals zu beheben sein werden, sei dahingestellt. Sie sind jedenfalls eine Realität, auf die sich unsere Probanden einstellen müssen. Offenheit ist daher nur im engsten Kreise angebracht, wo die Kenntnis des einzelnen Menschen ihm gegenüber ein Vertrauen aufkommen läßt, so daß ihm der Fehler nachgesehen wird. Die Schuld kann auch als gesühnt angesehen werden, aber selbst diese mehr rationale Einsicht bringen viele nicht auf.

Die sozialen Bezüge der Probanden stehen notwendig unter der Belastung durch die Vergangenheit. Das Schuldgefühl ist im Laufe der Jahre allmählich überformt oder im Prozeß einer natürlichen Erlebnisverarbeitung integriert, wenn nicht eine primäre Verdrängung und ein nachfolgendes Unschuldsbewußtsein vorherrschen. Insofern ist dieses innerseelische Problem im Laufe der Haft weitgehend entaktualisiert, aber das Problem der „Lebenslüge" wird nach der Entlassung erst brennend aktuell und spielt in allen möglichen Bereichen eine mehr oder weniger belastende Rolle. Nach den ersten Wochen in Freiheit klingt die daraus erwachsende innerseelische Spannung meist weitgehend ab. Die Probanden haben auf die Dauer mit ihrer „Lebenslüge" häufiger den Weg zu einer „sozialen Selbstheilung" (*G. Schmidt*, 1972,

S. 559) gefunden, als daß ihnen daraus ein nachwirkendes Problem geworden ist.

So können wir nach unseren Erhebungen keinesfalls die Aussage von *P. A. Albrecht* bestätigen, der schreibt:

„Sowohl stete Entdeckungsängste als auch ein extrem ausgebildeter, jede Beziehung wesentlich belastender Egozentrismus, der einst das Überleben gewährte, sind u. a. die Komponenten, die den Begnadigten häufig in eine psychische Isolation treiben und entsprechende Kompensationszwänge hervorrufen" (a. a. O., S. 205 f.).

Einen „extrem ausgebildeten Egozentrismus", der die Begnadigten in eine „psychische Isolation" getrieben hätte, haben wir in keinem Fall feststellen können. Stark egozentrische Verhaltensweisen traten lediglich bei einem Probanden hervor, der auch seine Lebensgefährtin ausschließlich unter dem Gesichtspunkt der finanziellen Lebenssicherung suchte (Fall 26). Bei einem anderen Probanden (Fall 47) berichtete die Ehefrau darüber, daß sich ihr Mann in der ersten Zeit sehr ichbezogen und daher anspruchsvoll gezeigt habe, daß sich dies aber im Laufe des Zusammenlebens weitgehend verloren habe.

D. ZUSAMMENFASSUNG

Aus der Möglichkeit, an der Begutachtung zur Sozialprognose „Lebenslänglicher" teilnehmen zu können, ergab sich die Anregung, systematische Erhebungen über den weiteren Verlauf der Lebensentwicklung bei den Begutachteten anzustellen. Es wurden insgesamt 66 langfristig inhaftierte Probanden eingehend exploriert und mit einem Persönlichkeitsfragebogen (FPI) untersucht. Die hierbei gewonnenen Erfahrungen über die Auswirkungen einer durchschnittlich zwanzigjährigen Strafverbüßung widersprachen der verbreiteten, in der älteren und in der neueren Literatur vertretenen Meinung, daß schon eine mehr als zehnjährige Freiheitsentziehung zu unkorrigierbaren Persönlichkeitsdefekten mit emotionaler und daraus sich ergebender sozialer Einengung sowie zu einem Verlust an Flexibilität bis hin zur „Entpersönlichung" führe.

Um die Befunde und die sozialprognostischen Aussagen bei der Häftlingsgruppe durch Verlaufsbeobachtungen zu überprüfen, wurde eine Gruppe von 70 inzwischen begnadigten Langzeitgefangenen, die vom Justizministerium des Landes Nordrhein-Westfalen benannt worden sind, untersucht. Zum Zeitpunkt der Erhebungen, die in der zweiten Hälfte des Jahres 1974 stattfanden, lebten die Probanden wenigstens vier Monate und zum Teil schon mehr als sechs Jahre in Freiheit.

Mit 33 Begnadigten konnte – meist an ihrem neuen Wohnort – ein persönliches Gespräch geführt werden. Weitere 25 gaben ihre Zustimmung zu einem persönlichen Gespräch mit dem Bewährungshelfer. Bei 7 Probanden kam kein persönlicher Kontakt, sondern nur ein schriftlicher oder fernmündlicher Erfahrungsaustausch zustande. Lediglich 5 Probanden sprachen sich gegen die Einholung von Auskünften aus, was in jedem Fall respektiert worden ist. Unter diesen Umständen konnten nur die Akten ausgewertet werden, die auch in allen anderen Fällen als zusätzliche Informationsquelle vorlagen.

Die Gespräche wurden in der Form eines „offenen Interviews", aber thematisch strukturiert, von der Verfasserin selbst geführt. Auf eine Standardisierung der Befragung und auf die Durchführung von psychologischen Testverfahren wurde bei den Begnadigten verzichtet, um die zwanglose Gesprächssituation in dieser für die Probanden meist etwas beunruhigenden Begegnung nicht durch unpersönliche Eingriffe zu belasten. Dieses Vorgehen hatte sich zur Untersuchung eines gleichartigen Kollektivs schon bei *H. Töben* (1927) bewährt, der im Vorwort seiner Monographie geschrieben hat:

> „Was die Methodik der Untersuchung anbelangt, so schien es nicht notwendig zu sein, sich des Zauberschlüssels zum Unbewußten im Sinne moderner Seelenzergliederung zu bedienen. Es wurde vielmehr ein einfacher Weg gewählt, der darin bestand, daß man den zu Untersuchenden zu einer zwanglosen Äußerung in Form einer Zweisprache ... bewegt".

Das Bild des sozialen Hintergrunds lieferte jeweils ein entscheidendes Regulativ für die Einschätzung der inneren und äußeren Gesamtsituation. In den Gesprächen richtete sich das Interesse der Untersucherin nicht nur auf die Lebensdaten und die soziale Situation der Begnadigten, sondern auch auf ihre Erfahrungen im Verlauf der sozialen Reintegration sowie auf die nach der Entlassung aufgetretenen Schwierigkeiten und die Entwicklung der sozialen Bezüge.

Die Darstellung der Ergebnisse erfolgte in zwei Schritten. Zunächst ist über die begutachteten Häftlinge berichtet worden, anschließend über die Erhebungen bei den entlassenen Begnadigten. Das Bild über den Haftverlauf wurde dem Verlauf der Wiedereingliederung vorangestellt. Den sozialen Bezügen vor, in und nach der Haft mußte deshalb besondere Aufmerksamkeit geschenkt werden, weil sich zeigte, daß die entscheidenden prognostischen Hinweise und die Maßstäbe für den Erfolg der Wiedereingliederung am ehesten daraus abzulesen sind.

Die Ergebnisse der nachgehenden Erhebungen sind in ausführlichen kasuistischen Schilderungen wiedergegeben, weil die nur zahlenmäßige oder summarische Erfassung nicht die Vielfalt der individuellen Verläufe hätte erkennen lassen, aus denen erst ein angemessenes Bild über die Probleme und die Erfolge der Wiedereingliederung gewonnen werden kann. Trotz der relativ umfangreichen Wiedergabe jedes einzelnen Falles der Probandengruppe B bleibt die Verlaufsschilderung dennoch weitgehend skizzenhaft. Diese Falldarstellungen liefern den Beleg für die vorangehenden Ausführungen, sprechen aber darüber hinaus auch für sich. Um aus der Fülle der Einzelinformationen die wichtigsten Gesichtspunkte hervorzuheben, sind bei allen Fällen jeweils drei Fragen gesondert beantwortet worden.

Die erste Frage: „Wohin hat der langfristige Freiheitsentzug den Menschen geführt?" zielt auf eine orientierende Aussage darüber, ob sich während und nach der Haft ein Resozialisierungserfolg eingestellt hat. Dies ist mit vielfältig differierenden Varianten durchweg bei allen begnadigten Probanden der Fall gewesen.

Die zweite Frage lautet: „Liefert die Verlaufsbeobachtung Anhaltspunkte für womöglich irreversible Persönlichkeitsveränderungen, die die soziale Anpassung erschweren?" Die Fälle belegen auf sehr unterschiedliche Weise, daß es nach der Entlassung bei einem größeren Teil der Probanden – keineswegs bei allen – vorübergehende Umstellungsschwierigkeiten gab, die als mehr oder weniger schwer erlebt wurden, daß aber im Rahmen der Möglichkeiten des Lebensalters, der gesundheitlichen Voraussetzungen, der individuellen Leistungsfähigkeiten und der charakterlichen Gegebenheiten eine Wiedereingliederung immer möglich war und daß sich Anhaltspunkte für haftbedingte Anpassungsschwierigkeiten oder irreversible Persönlichkeitsveränderungen nicht ergeben haben.

Bei der dritten Frage nach den Schwierigkeiten im Verlauf der Wiedereingliederung wurde versucht, die rein organisatorischen oder durch die Umwelt bedingten Hindernisse von denen zu trennen, die sich aus der persönlichen Eigenart ergeben haben, wobei unter diesem letzten Gesichtspunkt vor allem auch die vorübergehenden seelischen Haftfolgen angesprochen worden sind. Die Zahl der überwiegend erträglichen Schwierigkeiten ist so vielfältig, daß jede zusammenfassende Übersicht fragmentarisch wäre. Wer etwa für die Betreuung von begnadigten Langzeitgefangenen oder für die Vorbereitung ihrer Entlassung zuständig ist, müßte diese Erfahrungen im einzelnen registrieren und auswerten.

Eine Feststellung sei hier aber noch hervorgehoben: die von *P. A. Albrecht* behaupteten „sozial- und emotionalrelevanten Grundstörungen" (a. a. O.) konnten nicht bestätigt werden, und die vielfach angenommene Lebensuntüchtigkeit verbunden mit einer seelischen Abstumpfung nach jahrzehntelanger Haft tritt nur in ganz vereinzelten Ausnahmefällen ein, beginnt dann aber immer schon im Frühstadium der Haft und ist nicht erst als Folge der langen Inhaftierung zu beobachten. Die meisten Probanden machen nach der ersten Unruheperiode während der Haft einen Umstellungs- und Anpassungsprozeß durch, der nicht Ausdruck einer Resignation ist, sondern meist eine positive Leistung darstellt. Die damit verbundene Einsicht führt bei den

Häftlingen dazu, daß sie sich persönliche Ziele stecken. Daraus ergibt sich ein Einstellungswandel, der eine aktive Anpassung und eine innere Stabilisierung ermöglicht, die dann später auch den Resozialisierungserfolg gewährleisten. In diesem Sinne läßt sich durch zahlreiche Einzelbeispiele der Ausspruch von *A. Ohm* bestätigen, der geschrieben hat:

> „Der von der Fama entstellte und übertrieben schwarz geschilderte Gefängnisaufenthalt bringt auch Positives" (1964, S. 82).

Abschließend erscheint eine Bemerkung angebracht: die Bilanz der Ergebnisse sollte nicht davon ablenken, daß im Rahmen des inzwischen schon weitgehend reformierten Strafvollzugs noch Verbesserungen möglich und erforderlich sind. Bei den zu lebenslanger Freiheitsstrafe Verurteilten müßten alle seelischen Hilfen in erster Linie darauf gerichtet sein, den frühzeitig erkennbaren Fehlentwicklungen vorzubeugen und jedem Zustand von Hoffnungslosigkeit in geeigneter Weise zu begegnen.

E. ANHANG

Falldarstellungen

Fall 1, Albert 1923

Im Jahre 1947 wurde er wegen Mordes in Tateinheit mit besonders schwerem Raub zum Tode verurteilt, dann aber zu lebenslanger Zuchthausstrafe begnadigt. Die Ehefrau wurde als Mittäterin nicht zum Tode verurteilt. Aus der lebenslangen Haft wurde sie bereits 1954 begnadigt und ist inzwischen verstorben. Die Ehe wurde nicht geschieden.

Albert ist ein erziehungsschwieriger Junge aus wohlhabender Familie. Seine leibliche Mutter verstarb früh. Mit der Stiefmutter gab es – soweit zu erfahren – keine besonderen Schwierigkeiten. Nach dem Volksschulbesuch wurde eine Elektrikerlehre erfolgreich abgeschlossen, die Arbeitsstelle dann aber häufig gewechselt. Nach der Eheschließung hat Albert die Arbeit gänzlich aufgegeben und von den Ersparnissen sowie von Tauschgeschäften mit dem von seiner Frau in die Ehe gebrachten Hausrat gelebt. Die Ehe blieb kinderlos. Als die letzten Vermögenswerte vertan waren, faßten die Eheleute den Entschluß, die Mutter der Frau in Beraubungsabsicht zu töten. Die Tat wurde von ihm ausgeführt. Wegen Diebstahls war er zweimal vorbestraft.

Im Verlauf der Haft zeigte er sich als ernsthafter, anfänglich noch sehr gedrückter und schweigsamer Gefangener, der fleißig und ordentlich arbeitete. Über die ganzen Jahre setzt er sich mit seiner Tat schuldbewußt auseinander und wandte sich immer mehr dem christlichen Glauben zu. Lange Zeit war er als Küster in der Anstalt eingesetzt. Während der Haftzeit hielt er den Kontakt mit seiner Familie aufrecht und fand mehrere Briefpartner, die ihm durch kirchliche Stellen vermittelt wurden. Er berichtete über die Haftzeit, daß er sich ständig bewußt darum bemüht habe, sich nicht den Gepflogenheiten und dem Sprachschatz dieser Umgebung anzupassen. Zu Beginn der Haft habe es Zeiten gegeben, in denen eine starke Interessenlosigkeit aufgekommen sei. Er habe an sich bemerkt, daß er nachlasse, daß er sich hängenlassen wolle, daß er

„absacke". Deshalb habe er einen inneren Halt gesucht und ihn in der Hinwendung zur Religion gefunden. Er betonte, daß er die Jahre der Haft nicht als eine Lücke in seinem Leben empfinden könne, sondern daß sie ihn innerlich reicher gemacht hätten.

Die psychologische Beurteilung zwei Jahre vor der Entlassung bestätigte die innere Festigung des Probanden. Er sei ein Mann, der in einer langen Inhaftierung gelernt habe, seine Affekte zu steuern und anzupassen. Obwohl er ein stark erlebnisbestimmter Mensch sei, habe er sich jedoch in der Gewalt und reagiere angepaßt. Zudem sei er inzwischen resozialisiert.

Die Begnadigung erfolgte im Jahre 1971. Nach einem offenen Vollzug von vier Monaten wurde er im Juni 1972 endgültig aus der Haft entlassen. Während des offenen Vollzuges war er als Installateur tätig, hatte aber leider nach kurzer Zeit einen Wegeunfall und konnte dann bis zur Entlassung keine Arbeit mehr aufnehmen. Nach Auskunft des Anstaltsleiters hat er sich überraschend schnell in die Belange des Alltags eingewöhnt.

Am Tag der Entlassung wurde Albert von seinem Bewährungshelfer in der Anstalt abgeholt. Dieser fuhr mit ihm in seinen neuen Wohnort, der weit entfernt von seinem früheren Aufenthaltsort liegt. Trotz guter menschlicher Beziehungen zu seiner noch lebenden Stiefmutter und der übrigen Familie hat er sich mit Rücksicht auf die angesehene Stellung des Bruders auf gelegentliche Besuche bei ihnen beschränkt. An seinem neuen Wohnsitz hat ihm ein langjähriger Briefpartner Unterkunft und eine Arbeitsstelle im eigenen Betrieb besorgt, wo er in seinem Beruf als Elektriker tätig werden konnte. Jedoch hat er mit dem Einverständnis des Arbeitgebers bereits sehr schnell den Arbeitsplatz gewechselt und sich dort bis zum Kontrolleur hochgearbeitet. Nach seinen eigenen Angaben fand er und findet er weiterhin in dieser etwas verantwortungsvolleren Tätigkeit täglich neue Selbstbestätigung. In einem ersten Bewährungshelferbericht heißt es, daß Albert „für einen Langstrafigen relativ wirklichkeitsnah" eingestellt sei, so betrachte er insbesondere die Arbeit auch als Möglichkeit der Zukunftssicherung.

Das möblierte Zimmer, das ihm zunächst Zufluchtsort gewesen ist, bewohnt der Proband nur noch aus förmlichen Gründen. Er lebt mit einer Witwe zusammen, die für ihn sorgt. Von einer Heirat wird aus finanziellen Gründen abgesehen. Es besteht ein eheähnliches Verhältnis und Albert sieht darin sein Bedürfnis nach menschlicher Zuwendung befriedigt. In der Gemeinschaft des Dorfes, in dem er jetzt lebt, ist Albert voll integriert. Er hat insofern eine gewisse gesellschaftliche Stellung, als er Mitbegründer des dortigen Schachklubs und selbst einer der besten Spieler ist. Er schätzt in einer persönlichen Stellungnahme seine Situation als die eines ganz normalen arbeitenden Mannes ein. Als besonders erleichternd für das Sichzurechtfinden in der doch sehr gewandelten Umwelt empfindet Albert die Tatsache, daß noch während der Haft Kontakt zum Bewährungshelfer hergestellt wurde. Auch die Tatsache, daß seine Arbeits- und Personalpapiere bereits während des gelockerten Vollzuges ausgestellt wurden und es ihm auf diese Weise erspart blieb, sich mit einem Entlassungsschein in der Meldebehörde seiner jetzigen Heimatgemeinde anzumelden, wird von ihm als vorteilhaft beurteilt.

Albert ist selbst erstaunt darüber, wie schnell und problemlos er sich wieder eingefunden hat. Er habe sich alles viel schwerer vorgestellt. „In der Anstalt wird einem ja direkt Angst gemacht vor draußen." Insbesondere sei ihm ein Stein vom Herzen gefallen, weil der Kontakt zu anderen Menschen sehr bald zustande gekommen sei und er auch die Scheu vor den Frauen rasch überwinden konnte.

Einziges quälendes Problem und eine ihn sehr belastende Sorge sei die Tatsache, daß er über sein Vorleben mit seiner Partnerin nicht sprechen könne. Allen anderen Menschen gegenüber habe er eine einleuchtende Geschichte, die er anbiete, um die Lücke in seinem Lebenslauf zu decken. Er fürchte jedoch, daß das nach seiner Meinung in allen Menschen vorhandene Vorurteil gegen einen solchen Täter, wie er es nun einmal sei, auch bei seiner Lebenspartnerin vorhanden sein könnte, und daß die Bindung dann auseinanderbreche.

Das Gespräch mit Albert fand unter vier Augen in einem Raum der Bewährungshilfe statt. Zunächst war er wenig gesprächig und ging etwas zögernd auf die an ihn gerichteten Fragen ein. Er berichtete nur über bereits erzielte Erfolge in seinem Leben. Zunehmend gab er jedoch Einblicke in das, was ihn belastet. So wurde schließlich ein besonders vertrauensvolles, offenes Gespräch geführt. Dabei zeigte sich, daß das Problem ganz im Vordergrund steht, wie er es mit seiner religiösen Haltung vereinbaren kann, mit seiner Lebensgefährtin noch nicht die volle Wahrheit über seine Vergangenheit gesprochen zu haben. In seinen Skrupeln läßt er sich jedoch von der Hoffnung leiten, daß aufgrund der beiderseitigen starken religiösen Bindung und einem auf die Dauer noch zunehmenden Vertrauen eines Tages die Gelegenheit kommt, sich auch über die Belastung aus der Vergangenheit auszusprechen. Der Bewährungshelfer unterstützt ihn in der vorläufigen Wahrung des Geheimnisses auf besonders geschickte Weise.

Zusammenfassende Stellungnahme zu den einzelnen Fragen:
1. Der vorher mehr und mehr leichtsinnig gewordene und auf bequeme Lebensart bedachte Mann ist zu einem religiös gebundenen, die Probleme des Lebens ernstnehmenden und arbeitswilligen Menschen geworden.
2. Negative Folgeerscheinungen der langfristigen Haft sind nicht festzustellen. Er selbst erwähnt lediglich als störend, daß er die Gewohnheit behalten habe, keine Tür selbst zu schließen.
3. a) Durch die ganz optimalen Entlassungsvorbereitungen und die menschlich äußerst geschickte Betreuung durch den Bewährungshelfer sowie die verständnisvolle Unterstützung durch einen langjährigen Briefpartner sind praktisch alle Probleme vermieden worden. Offen ist nur die Frage des ,,Geheimnisses" zwischen ihm und seiner Partnerin.
   b) Keinerlei persönliche Schwierigkeiten im äußeren sozialen Lebensraum. Jedoch innere Probleme wegen der Angst, an Zuwendung zu verlieren, wenn sein Vorleben aufgedeckt wird.

Fall 2, Bernhard 1929

Er wurde 1949 gemeinsam mit zwei Anverwandten wegen Raubmordes zu einer lebenslänglichen Zuchthausstrafe verurteilt.

Bernhard ist als einziges Kind eines Stadtsekretärs wohlbehütet in gutem Kontakt zu seinen Eltern aufgewachsen, hat die Volksschule erfolgreich abgeschlossen und eine Elektro-Installateurlehre begonnen. 1947 verließ er aber das Elternhaus, wechselte häufig seinen Arbeitsplatz und kehrte später wieder in die Obhut der Eltern zurück, die jedoch auf den unsteten Lebenswandel des Sohnes wenig Einfluß nehmen konnten. Es kam zu zwei Vorstrafen wegen Eigentumsdelikten, bevor er gemeinsam mit einem Vetter und dessen Frau einen Schwarzhändler in Beraubungsabsicht umbrachte.

Der anfänglich gleichgültige, augenblicksbestimmte und ohne Ausdauer sich diesem und jenem zuwendende Gefangene machte zunächst Schwierigkeiten in der Haft, erlernte dann jedoch das Schreinerhandwerk und war sehr schnell in dieser Tätigkeit eine vorbildliche und herausragende Fachkraft. Die Unausgeglichenheit des Wesens wich im Laufe der Jahre einer inneren und äußeren Beständigkeit. Nach etwa 15 Haftjahren wurde er dahingehend beurteilt, daß eine tiefgreifende innere Wandlung eingetreten sei. Es hieß, daß Bernhard sich zu einem bescheidenen, ruhigen und nachdenklichen Menschen entwickelt habe, der es auch verstehe, sein von Haus aus lebhaftes, unausgeglichenes Temperament zu beherrschen.

Während der Strafverbüßung hielt er beständig guten Kontakt zu den Eltern und etwa seit dem 13. Haftjahr zu einer Briefpartnerin, der er sich bald sehr eng verbunden fühlte. Eine Eheschließung wurde noch während der Haft vereinbart.

Im Jahre 1968 erfolgte die Begnadigung. Da Bernhard bereits längere Zeit in einer Außendienstgruppe eingesetzt war, bedurfte es keiner Verlegung in einen offenen Vollzug als Vorbereitung auf die veränderte Umwelt.

Die Entlassung erfolgte im Juni 1969 in die Obhut seiner Eltern. Drei Wochen nach der Haftentlassung heiratete Bernhard seine Briefpartnerin, nahm eine Woche später die Arbeit in dem während der Haft erlernten Beruf auf und lebte zunächst mit seiner Frau in der Hausgemeinschaft der Schwiegereltern, die über seine Herkunft orientiert waren, jedoch den Grund seiner Strafe nicht kannten.

Nach einem ersten Bericht des Bewährungshelfers sei das Unbekanntsein des Vorlebens für den Probanden eine ganz wesentliche Erleichterung bei der Wiedereingliederung gewesen, bei der ihm seine eigene Familie und seine Ehefrau wesentlich behilflich waren. Den Bewährungshelfer habe er niemals als Aufsichtsperson, sondern lediglich als einen Menschen betrachtet, der in Notsituationen Rat erteilen könne.

Bernhard wechselte einmal seine Arbeitsstelle, um den Weg zu seinem Eigenheim, das er sich inzwischen errichtet hatte, zu verkürzen. Obgleich er von den leiblichen Eltern weit entfernt lebt, ist die Verbindung zu diesen ganz besonders intensiv geblieben. Nach dem baldigen Tod der Mutter hat der Vater sogar seinen Wohnort in die Nähe des Sohnes verlegt. Der Bewährungshelfer hat den Probanden als einen zielstrebigen, selbstbewußten, zukunftsorientierten und menschlich sehr zugewandten Mann kennen und schätzen gelernt. So werde er auch von den Dorfbewohnern beurteilt. Der Bewährungshelfer seinerseits war überrascht, wie problemlos sich für Bernhard das Zurechtfinden im Alltag gestaltete. Das Gespräch über ihn fand mit dem Bewährungshelfer in den Räumen der Bewährungshilfe statt.

Zusammenfassende Stellungnahme zu den einzelnen Fragen:

1. Der bei der Inhaftierung noch sehr junge und in sozialer Hinsicht weitgehend unangepaßte Proband wurde im Laufe der langen Haftjahre zu einem gereiften, zielstrebigen und ausdauernden Mann, der hervorragende fachliche Qualitäten im Beruf entwickelte und zu beständigen menschlichen Bindungen fähig wurde.
2. Negative Folgeerscheinungen der langfristigen Haft sind nicht festzustellen.
3. a) Die Tatsache, daß Bernhard in den Familienverband zurückkehren konnte und schon während der letzten Haftjahre eine Lebenspartnerin gefunden hat, gestaltete die Wiedereingliederung ganz problemlos.
   b) Persönliche Schwierigkeiten sind nicht eingetreten.

Fall 3, Cäsar 1922

Er wurde im Jahre 1948 wegen gemeinschaftlichen Mordes in Tateinheit mit gemeinschaftlichem, besonders schwerem Raub zum Tode verurteilt und später zu lebenslänglicher Zuchthausstrafe begnadigt.

Cäser ist das älteste von fünf Kindern eines Wagenmeisters, hat die Volksschule erfolgreich besucht und eine Metzgerlehre mit der Gesellenprüfung abgeschlossen. Er leistete seine Arbeitsdienstpflicht ab und wurde anschließend Soldat. Nach Kriegsende arbeitete er in verschiedenen Stellen in seinem erlernten Beruf, später als Kellner. Sein Mittäter war einer seiner Arbeitgeber. Gemeinsam beschlossen sie, im Zuge von Schwarzmarktgeschäften einen Mann zu berauben und umzubringen. Bis zu dieser Tat war Cäsar unbestraft.

In der Haft machte Cäsar zunächst dadurch erhebliche Schwierigkeiten, daß er in querulatorischer Weise versuchte, mit zahlreichen Anträgen ein Wiederaufnahmeverfahren zu erreichen. Er war dabei ständig bemüht, den eigenen Tatanteil zu schmälern: „Ich persönlich halte mich nicht für den Prototyp des Verbrechers. Meine seelische Einstellung und meine äußere Haltung sind nicht allein gegen jedes Verbrechen, sondern überhaupt gegen jede Unredlichkeit gerichtet." Er wird anfangs als ein im Umgang sehr zurückhaltender und verschlossener Mann beschrieben, der seiner Umgebung mit Mißtrauen begegnet und einen inneren Widerstand gegen die Strafe aufgebaut habe.

Im Verlauf der weiteren Haftjahre zeigte er sich jedoch zunehmend ausgeglichen. Er entfaltete immer mehr Interessen, nutzte alle sich bietenden Bildungsmöglichkeiten, so daß sein intellektueller Horizont sich erheblich erweiterte. Da Cäsar über gute sprachliche Äußerungsfähigkeiten verfügt, gelang es ihm schließlich, Gedichte und Geschichten, aber auch Hörspiele und kleine Theaterstücke zu schreiben.

Eine psychologische Beurteilung zwei Jahre vor der Entlassung kam zu dem Ergebnis, daß Cäsar sich innerlich gefestigt habe. Vor allem seine sehr guten sprachlichen Fähigkeiten müßten ihm eine wertvolle Hilfe bei einer Wiedereingliederung in der Freiheit sein.

Die Begnadigung erfolgte im Jahre 1969. 1970 wurde er in den Übergangs- und später in den offenen Vollzug übernommen, von wo er eine Tätigkeit in seinem erlernten Beruf wahrnahm. Cäsar hatte es noch vor seiner Verlegung in den offenen Vollzug durchgesetzt, sich selbst eine Arbeitsstelle zu suchen und zwecks Vorstellung mehrfach ausgeführt zu werden. Während dieser Arbeitssuche, so berichtete er jetzt, habe er jeweils unverblümt den Hinweis auf sein Vorleben gegeben, um bei seinen Gesprächspartnern keine falschen Vorstellungen zu wecken. Im Mai 1971 wurde Cäsar unvorhergesehen einem Monat früher als geplant entlassen, so daß der Bewährungshelfer in die mißliche Situation geriet, den Probanden unmittelbar irgendwo unterbringen zu müssen. Cäsar hatte zwar eine Arbeitsstelle und war finanziell gesichert, aber die Unterbringungsfrage war nicht geregelt worden. Durch einen glücklichen Zufall konnte er bei einer Familie unterkommen, die bereits mehrfach haftentlassene Strafgefangene aufgenommen hatte und deshalb auf den Umgang mit solchen Menschen eingetellt war.

Sehr bald nach seiner Entlassung zeigte Cäsar das Bestreben, seine soziale Stellung zu verbessern und seine Vorstellungen, einen gehobenen Beruf in einer anderen Branche zu erreichen, zu verwirklichen. Obgleich der Bewährungshelfer von vornherein Skepsis anklingen ließ und Sorge hatte, Cäsar wolle mehr erreichen als die Umstände und die eigene Begabung es zuließen, versuchte sich Cäsar in mehreren kaufmännischen Stellen, wo er jeweils vorbehaltlos seine Vergangenheit aufdeckte, scheiterte aber immer wieder – teilweise an unglücklichen äußeren Umständen, teilweise aber auch an seinen überhöhten Forderungen.

Zur Zeit unseres Besuches war Cäsar arbeitslos und endlich gewillt, gemeinsam mit seinem Bewährungshelfer, der ebenfalls beim Gespräch in der anspruchsvoll-geschmacklos eingerichteten Wohnung des Probanden zugegen war, einen neuen und angemessenen Arbeitsplatz zu suchen. Cäsar hat inzwischen einen starken menschlichen Rückhalt in der Verbindung zu einer geschiedenen Frau mit zwei Kindern gefunden. Eine Eheschließung war in naher Zukunft geplant, sobald die finanzielle Sicherstellung der Familie gewährleistet sein würde.

Das Gespräch mit Cäsar fand in einer sehr offenen, von seiten des Probanden gut vorbereiteten Art und Weise statt. Er setzte sich dabei mit seinen Haftjahren und den Erlebnissen während dieser Zeit und in der Zeit nach der Haftentlassung kritisch und inzwischen realitätsorientiert auseinander. Der ebenfalls anwesende Bewährungshelfer trug dazu bei, daß Cäsar die Probleme, die bei der Wiedereingliederung aufgetaucht waren, selbst schilderte.

Zusammenfassende Stellungnahme zu den einzelnen Fragen:

1. Cäsar hat seine in jungen Jahren etwas unkritisch eingesetzte Aktivität, die ihn zum Mittun bei der Tötung und später zum wenig sinnvollen Querulieren bestimmte, im Verlauf der Haftjahre dahingehend steuern können, daß er seine intellektuellen Möglichkeiten nutzen lernte und eine positive Leistungsorientierung entwickelte. Als er dann allerdings wieder frei entscheiden konnte, hat er zunächst infolge eines übersteigerten Anspruchsniveaus und vielleicht auch aus Ungeduld ,,zuviel" gewollt, um schließlich aber doch wieder zur Besinnung zu kommen.
2. Inwieweit das überhöhte Anspruchsniveau eine Reaktion auf die Haftzeit darstellt, läßt sich schwer entscheiden, wobei allerdings auch die Frage auftaucht, ob ihm nicht unangemessene Ziele von dritter Seite aufgebaut worden sind. Der Psychologe schrieb: Als Bürokraft, Schriftführer, Reporter, Journalist, vielleicht sogar Redakteur könnte er sich wohl behaupten. Das sind ganz offensichtlich unerreichbare Ziele, wie inzwischen deutlich geworden ist. Jedenfalls liegen aber negative und irreversible Persönlichkeitsveränderungen sicher nicht vor.

3. a) Infolge des überraschend festgesetzten Entlassungstermins war zunächst die Frage der Unterbringung ein Unsicherheitsfaktor, der jedoch durch die Gunst der Umstände abgewendet werden konnte. Die Verunsicherung seiner sozialen Situation und die Arbeitslosigkeit sind im übrigen weitgehend durch den von ihm selbst mitverschuldeten häufigen Stellenwechsel herbeigeführt worden.
b) Wenn die Überaktivität berücksichtigt wird, mit der Cäsar in den ersten Jahren der Haft seine „Besserstellung" durch ein Wiederaufnahmeverfahren anstrebte, dann kann eine Parallele zu dem gezogen werden, was er nach der Haft wiederum erzwingen wollte. Jedenfalls liegt die Annahme nahe, daß er aus der ihm eigenen Temperamentsart zunächst den falschen Weg beschritten hat. Wenn die etwas realitätsfremde Eigenwilligkeit und die übersteigerte Anspruchhaltung bei der Arbeitssuche als Reaktion nach der langen Freiheitsbeschränkung angesehen werden soll, dann ist es eine sehr persönlichkeitsspezifische Reaktionsweise, weil eine gleichartige oder auch nur vergleichbare Fehleinstellung bei keinem Langzeitgefangenen von uns festgestellt werden konnte.

Fall 4, Dieter 1923

Im Jahre 1946 wurde er wegen Mordes an seiner Ehefrau zu seiner lebenslangen Zuchthausstrafe verurteilt.

Der aus ganz einfachen sozialen Verhältnissen stammende, zur Zeit der Tat als Hilfswärter tätige Dieter, über den wir keine näheren Einzelheiten ermittelt haben, hat nach seinem inzwischen erfolgten Eingeständnis als damals 23jähriger seine Frau, die ihn häufig betrog, erwürgt, weil er keinen anderen Ausweg sah, sie zu bestrafen. Dieter war wegen widernatürlicher Unzucht mit einer Gefängnisstrafe von einem Monat bestraft.

Die Haftjahre durchlebte er ohne größere, äußere und innere Schwierigkeiten. Er war als ruhiger, freundlicher und kameradschaftlicher Gefangener auch von seinen Leidensgenossen geschätzt. Er erbrachte stets sehr gute Arbeitsleistungen und gewann das Vertrauen der Anstaltsleitung in hohem Maße, so daß ihm verschiedentlich Vergünstigungen gewährt wurden.

Im Jahre 1964 wurde die Begnadigung zu einer befristeten Strafe ausgesprochen. Drei Jahre später erfolgte der zweite Gnadenakt mit Strafaussetzung zur Bewährung. Ohne eine besondere Vorbereitung auf die Entlassung erfolgte diese im November 1967.

Dieter wurde von seinem Bewährungshelfer, der sich schon längere Zeit noch im Vollzug mit ihm vertraut gemacht hatte, auf ausdrücklichen eigenen Wunsch im damaligen Zuchthaus abgeholt und an seinen neuen Aufenthaltsort gebracht, wo er zunächst in einem Männerheim Unterkunft fand. Diese Form der Unterbringung war vom Bewährungshelfer vorbereitet worden. Damals beurteilte er Dieter als „vollkommen lebensuntüchtig" und „in vielem auf dem Entwicklungsstand eines 25jährigen stehen geblieben". Er meinte, daß „seine Lebenserfahrung auch nicht größer als die Lebenserfahrung der jugendlichen Heimbewohner" sei. Als Anhaltspunkt für einen Mangel an Lebensbewältigungstechnik wurden verschiedene Ereignisse angesehen. Einmal fand er sich nicht gleich zurecht beim Einkaufen in einem großen Kaufhaus. Dann hatte er Schwierigkeiten beim Überqueren einer belebten Straße, beim Herausfinden von Straßenverbindungen und bei kleineren Besorgungen auf den verschiedenen Ämtern. Als Mangel in der Fähigkeit, sich durchzusetzen, wurde es auch angesehen, daß er sich gegen Ungerechtigkeiten oder Unterlassungen zu seinem Nachteil nicht sogleich zur Wehr setzte, sondern alles mehr oder weniger gelassen hinnahm.

Um den Probanden am neuen Aufenthaltsort zu binden, wurden von seinem Entlassungsgeld (etwa 2000,– DM) zunächst Sachwerte gekauft, die seinen Wohnraum mit einer gewissen eigenen Note ausstatteten. Sehr bald nach der Entlassung nahm der Proband eine ihm in Zusammenarbeit mit dem Arbeitsamt vermittelte Arbeit als Versandarbeiter in einer großen Firma auf. Infolge seiner hohen Arbeitsqualität sowie seiner Ordnung und Verläßlichkeit konnte er schnell zum Vorarbeiter aufsteigen. Heute ist er in leitender Stellung als Angestellter der Firma tätig, in der inzwischen niemand mehr sein Vorleben kennt, da die ihn einstellenden Personen inzwischen pensioniert sind. Der Bewährungshelfer urteilte in diesem Zusammenhang über den raschen sozialen Aufstieg: „Ich möchte behaupten, daß der lange Anstaltsaufenthalt ihn für seine gegenwärtige Aufgabe geradezu geprägt hat".

Die menschliche Situation Dieters änderte sich nach einem Wohnungswechsel recht bald. Er lernte eine im gleichen Betrieb tätige Frau kennen, die ihm zwar intellektuell nicht ganz gewachsen ist, an der er jedoch besonders die hausfraulichen Qualitäten und die Fähigkeit, das Geld zusammenzuhalten, schätzt. In der nun schon seit einigen Jahren bestehenden Ehe findet Dieter den menschlichen Halt, den er neben dem befriedigenden beruflichen Einsatz braucht.

Das Gespräch mit dem Bewährungshelfer fand in dessen Diensträumen statt. Er hatte einen persönlichen Kontakt mit seinem ehemaligen Probanden nicht für zweckmäßig gehalten. Der Bewährungshelfer beklagte vor allem „die soziale Retardierung" von Dieter, meinte aber, daß diese in der Zusammenarbeite derer, die ihm geholfen hätten, inzwischen gänzlich geschwunden sei. Das mache seinen Probanden zu einem „Sonderfall". Das Gespräch verlief offen und ohne Vorbehalte und vermittelte die Überzeugung, daß der Proband voll und inzwischen problemlos resozialisiert ist.

Zusammenfassende Stellungnahme zu den einzelnen Fragen:

1. Dieter, der in seinem jugendlichen Leichtsinn zu Triebentgleisungen und zu sehr radikalen, aber auch primitiven Problemlösungen neigte, wie die Motivation für die Tötung seiner Frau verdeutlicht, ist zu einem verantwortungsbewußten, einsatzfreudigen Mann geworden, der seine Aufgaben besonnen wahrnimmt und in kürzester Zeit gelernt hat, ein in jeder Hinsicht sozial-adäquates Leben zu führen.
2. Der nach der Entlassung gewonnene Eindruck, daß bei ihm eine erhebliche soziale Unreife vorliege, indem er einen Mangel an Selbständigkeit und eine Durchsetzungsschwäche bot, ist durch den Gang der weiteren Entwicklung schnell und überzeugend widerlegt worden. Anhaltspunkte für fortbestehende Persönlichkeitsveränderungen liegen nicht vor.
3. a) Die intensive Vorbereitung der Entlassung und eine entsprechende Betreuung durch den Bewährungshelfer sowie die enge Zusammenarbeit mit dem Arbeitgeber haben die äußere Lebenssituation Dieters weitgehend problemlos gestaltet.
   b) Bei dem anfänglichen Eindruck einer haftbedingten „sozialen Unreife" hat möglicherweise der Umstand eine Rolle gespielt, daß von ihm zu schnell das Gelingen der Umstellung auf die neue Lebenssituation erwartet wurde.

Fall 5, Emanuel 1923

Im Jahre 1948 wurde er wegen dreifachen Mordes in Tateinheit mit besonders schwerem Raub zum Tode sowie zu acht Jahren Zuchthaus verurteilt und im Jahre 1949 zu dreimal lebenslänglichem Zuchthaus begnadigt.

Emanuel lebte zunächst in der Obhut seiner Eltern, besuchte die Volksschule mit durchschnittlichem Erfolg und begann eine Ausbildung als Bergmann. 1942 wurde er zum Kriegsdienst eingezogen und war bis Kriegsende im Einsatz. Nach 1945 hat er keine geregelte Arbeit mehr aufgenommen, sondern sich raubenden Banden angeschlossen. 1946 traf er mit einem Mann zusammen, mit dem er dann gemeinsam in räuberischer Absicht drei Menschen tötete und zahlreiche Diebstähle beging. Wegen elf Eigentumsdelikten war er mit einer Gesamtstrafe von zwei Jahren Gefängnis vorbestraft.

In den Beurteilungen der Anstalt heißt es nach langjähriger Haft, daß sich Emanuel als ein verantwortungsbewußter, aufgeschlossener, intelligenter und zielstrebiger Mensch bewiesen habe, der stets die wesentliche Stütze der Meister gewesen sei. Innerlich habe er sich gänzlich von seinen Straftaten distanziert. Die mit der Strafe verbundene Vereinfachung des Lebens betrachte er nicht nur als äußeren Zwang, sondern er trage sie bejahend als angemessene Sühne. Obgleich sein

Gesundheitszustand zeitweilig sehr schlecht gewesen sei, habe er sich immer fleißig um Arbeit bemüht. Bei einer psychiatrisch-psychologischen Beurteilung zwei Jahre vor der Entlassung wurden zwar keine Hinweise auf aggressive Züge festgestellt, aber es wurde von einem resignierenden Mann mit inaktivem und labilem Charakter gesprochen, der sich treiben lasse und sowohl in positivem als auch im negativen Sinne beeinflußbar sei. „Er wird, obgleich noch von durchschnittlicher Intelligenz, in jeder Hinsicht der Hilfe von außen bedürfen, da er durch die lange Haftzeit jede Kommunikation zu einem Leben in Freiheit verloren hat, sich treiben ließ, von sich aus keinerlei Initiative entwickelte und so hilflos den heutigen Anforderungen des privaten und des Berufslebens gegenübersteht". Diese Feststellungen konnten bei einer erneuten Begutachtung ein Jahr später, nachdem sich Emanuel erfolgreich einer Magenoperation unterzogen und danach gut erholt hatte, nicht bestätigt werden. Vielmehr stand er der Situation und den bei seiner geschwächten Gesundheit beschränkten Zukunftsaussichten sehr realistisch gegenüber. So plante er in enger Zusammenarbeit mit einer religiösen Gemeinschaft für die Zeit nach der von ihm sehr erhofften Begnadigung die Unterbringung in einem Heim. Obgleich er während der Haftjahre zu seiner Familie (der noch lebenden Mutter und zwei Schwestern) guten Kontakt hatte, konnte er wegen der Sorgen seines Schwagers um seine soziale Stellung nicht in die Obhut der Mutter zurückkehren. Dafür brachte er Verständnis auf und beschränkte sich auf gelegentliche Besuche.

Im Jahre 1973 erfolgte die Begnadigung und gegen Ende des gleichen Jahres wurde er in den offenen Vollzug verlegt. Wegen seiner Erwerbsunfähigkeit wurde er vorzeitig schon im März 1973 entlassen, weil ein Freigängervollzug zur Einarbeitung für ihn nicht mehr sinnvoll erschien.

Am Tage seiner Entlassung sei er zunächst zu seiner Familie gefahren. Nach drei Tagen habe er dann alleine die Reise an seinen neuen Wohnort angetreten. Ihm sei die Aufnahme in einem Altersheim ermöglicht worden, obgleich er eigentlich viel zu jung sei, jedoch wegen seiner körperlichen Schwäche Schonung und eine geregelte Versorgung brauchte. Emanuel berichtet bei dem Gespräch in einem sehr gut eingerichteten Zimmer, daß er seinem Leben in Freiheit sehr schnell einen Sinn und Inhalt gegeben habe, indem er für die viel älteren und teilweise pflegebedürftigen Mitbewohner Besorgungen mache, ihnen auf mancherlei Weise behilflich sei und dadurch auch manche Freude bereiten könne. Er selbst verschöne sich die Zeit durch Spaziergänge und Besuche bei seinen Angehörigen. Auch mache er häufiger mit seinem Bewährungshelfer kleine Ausflugsfahrten.

Allein der Heimleiter wisse von seinem Vorleben und gemeinsam mit diesem sowie dem Bewährungshelfer habe man eine Geschichte erfunden, warum er als so relativ junger Mann im Altersheim leben müsse, so daß er vor neugierigen und unangenehmen Fragen sicher sei. Von seinem Entlassungsgeld (etwa 1600,– DM) habe er sich zunächst einmal Kleidung besorgt, sodann ein Radio und einen Kassettenrecorder gekauft. Seine Mutter habe ihm einen kleinen Fernsehapparat geschenkt. An all diesen Sachen habe er nach den langen Jahren der Entbehrung besondere Freude.

Seine finanzielle Situation schildert Emanuel als nicht sehr günstig, da er keinerlei Rentenanspruch oder sonstige Zukunftssicherung hat. So sei er auf Sozialhilfe angewiesen. Da er jedoch voll verpflegt werde und das Sozialamt die Unterbringungskosten trage, komme er zurecht.

Nach seiner eigenen Darstellung und den Berichten des Bewährungshelfers hat sich Emanuel überraschend schnell wieder auf das Leben in Freiheit eingestellt. Er beklagt sich zwar ein wenig darüber, daß man ihm in der Haft den Lebenswillen gebrochen habe. Er kann das aber nicht näher erläutern und begründen, so daß diese Aussage etwas floskelhaft wirkt, zumal sein Lebenswille sich angesichts der geminderten Körperkräfte offensichtlich in angemessener Weise entfaltet. Er meint allerdings, daß der Höhepunkt seiner Lebenskraft überschritten sei, was angesichts seines reduzierten Gesundheitszustandes sicher zutrifft.

Das Gespräch mit Emanuel fand in seinem Wohnraum in einer sehr entspannten, freundlichen Atmosphäre statt, und immer wieder klang der Stolz an, mit dem er auf das blickt, was er in der relativ kurzen Zeit seiner Freiheit erreicht hat. Insbesondere die große Beliebtheit bei allen Mitbewohnern und bei der Heimleitung gibt ihm besondere Genugtuung. Daneben sieht er sehr kritisch, daß er selbst sein Leben verpfuscht habe und seine jetzige Situation nicht beklagen dürfe.

Zusammenfassende Stellungnahme zu den einzelnen Fragen:

1. Der vor der Haft unstete, sozial gänzlich abgeglittene und nur noch von Rechtsbrüchen lebende Mann ist inzwischen zwar durch eine schicksalhafte Erkrankung sehr geschwächt, aber in seiner sozialen Gesinnung doch so gefestigt, daß er sich in den Grenzen seiner Möglichkeiten fürsorglich und hilfreich betätigt. Die Beziehungen zu seinen Angehörigen und zu seiner jetzigen Umwelt sind natürlich. Seine Lebenseinstellung ist kritisch und angepaßt.
2. Negative Persönlichkeitsveränderungen sind nicht festzustellen.
3. a) Da die Entlassung wohl vorbereitet war, sind keine organisatorischen Schwierigkeiten aufgetreten.
   b) Persönliche Schwierigkeiten liegen nicht vor.

Fall 6, Fritz 1928

Er wurde im Jahre 1949 als gefährlicher Gewohnheitsverbrecher wegen Mordes in Tateinheit mit besonders schwerem Raub zu einer lebenslänglichen Zuchthausstrafe verurteilt.

Fritz lebte als Sohn eines Schmiedes mit drei weiteren Geschwistern in geordneten Verhältnissen. Als er acht Jahre alt war, verlor er seine Mutter. Nach dem Volksschulabschluß verließ er 14jährig das Elternhaus, um sich beruflich auszubilden. Nach einem wiederholten Stellenwechsel wurde er im Alter von 16 Jahren HJ-Führer und fand nach Kriegsende nicht mehr in ein geordnetes Leben zurück. Wegen seiner Aufsässigkeit wurde ihm von seinem Vater der Verbleib im Elternhaus verwehrt. Zeitweise fand der damals 18jährige bei Verwandten oder Bekannten Unterschlupf. Im wesentlichen trieb er sich jedoch mit „Freunden" herum, an deren Einbruchsdiebstählen, Raubzügen und Schwarzhandel er sich beteiligte. 1947 tötete er im Zuge eines Kaufhausraubes den Nachtwächter. Er war zu dieser Zeit dreimal wegen Einbruchdiebstahls und anderer Eigentumsdelikte vorbestraft. Im Jahre 1949 erhielt er eine Nachbestrafung wegen gewalttätiger Gefangenenmeuterei und gefährlicher Körperverletzung.

Fritz wurde zunächst als gefährlicher und unberechenbarer Gefangener bezeichnet. Mehrfach hat er ernsthafte Ausbruchsversuche vorbereitet. Der noch sehr junge Gefangene paßte sich dann aber den Erfordernissen der Haft sehr bald an, führte sich hausordnungsgemäß und arbeitete zufriedenstellend. Es blieb jedoch zunächst der Eindruck, daß dieses Wohlverhalten ganz zweckgerichtet sei. Seine zurückhaltende Verschlossenheit legte er während der langen Haftjahre nicht ab, obgleich er sich mehr und mehr um gute und überdurchschnittliche Arbeitsleistungen bemühte, und auch an seinem Verhalten keine Mängel mehr zu rügen waren.

Eine psychiatrisch-psychologische Begutachtung zwei Jahre vor der Entlassung führte zu dem Ergebnis, daß der durchschnittlich intelligente Mann „erstaunlicherweise ... doch recht realitätsorientierte Antworten gibt". Er besitze gute Steuerungskräfte, die ihn nach anfänglich schwierigen Haftjahren in einen Anpassungsprozeß führten, „indem es ihm sogar gelungen ist, schöpferische Kräfte freizusetzen. Im Gespräch zeigt er sich frei von Ressentiments und er hat in der langen Haft gelernt, durch eigene Leistungen sich die notwendigen Mittel zur Lebensbewältigung zu verschaffen." Fritz mache gleich auf den ersten Blick einen ausgezeichneten, äußerst disziplinierten Eindruck und gab damals an, die Tatsache, daß sich so viele liebe Menschen um ihn bemühten, habe ihm sehr viel Mut gemacht.

Der Kontakt zur Familie war nach der Inhaftierung gänzlich abgebrochen worden. Erst nach langen Haftjahren gelang es Fritz, über Briefbekanntschaften wieder Kontakte nach außen herzustellen.

Im Jahre 1971 erfolgte die Begnadigung und noch im gleichen Jahr wurde er in den offenen Vollzug übernommen. Dort wollte er sich zum landwirtschaftlichen Facharbeiter ausbilden lassen, machte dann jedoch eine Umschulung als Erdbaugeräteführer durch. Zunächst fiel noch eine besondere Kontaktscheu auf, die sich jedoch nach der Eingewöhnung schnell lockerte. Seine Führung war mustergültig, und er wurde als ein besonders verantwortungsvoller Mann bezeichnet. Der Anstaltsleiter schrieb: „Er ist in der hiesigen Anstalt einer der wenigen Gefangenen, die aufgrund ihrer Strafverbüßung eine echte Persönlichkeitswandlung und -läuterung erfahren haben."

Noch während Fritz im offenen Vollzug untergebracht war, konnte sein Bewährungshelfer den Kontakt zu ihm aufnehmen und für ihn in einem kleinen Dorf, dessen Gemeinde sich zur Aufgabe gemacht hatte, entlassenen Gefangenen zu helfen, eine Unterkunft besorgen. Durch einen glücklichen Umstand gelang es, für ihn eine komplett eingerichtete Zweieinhalb-Zimmer-Wohnung anzumieten, die ihm zum Zeitpunkt der Entlassung im Jahre 1972 zur Verfügung stand. Er behielt zunächst seinen Arbeitsplatz bei, den er schon während des Übergangsvollzuges aufgesucht hatte. Später wechselte er wegen besserer Verdienstmöglichkeiten in die Nähe seines früheren Wohnortes. Obwohl dort jeder weiß, welche Vergangenheit er hat, entsprach diese Übersiedlung seinem eigenen Wunsch. Schwierigkeiten sind daraus offenbar nicht erwachsen.

Kurze Zeit nach der Entlassung konnte der Kontakt zu einer Schwester wiederhergestellt werden. Er beschränkte sich jedoch auf gelegentliche Besuche. Besonders enge Verbindung hält er zu einem inzwischen befreundeten Ehepaar, das ihm seine Hilfe schon während der Haft wiederholt angeboten hatte. Diese Familie hatte er einige Male besucht, ohne aber weitere Hilfe von ihnen in Anspruch zu nehmen. Etwa eindreiviertel Jahr nach der Entlassung verursachte Fritz einen Verkehrsunfall und wurde zu 400,– DM Geldstrafe verurteilt, ohne daß die „Bewährungszeit" dadurch in Frage gestellt worden ist. Engeren Kontakt zum anderen Geschlecht hat er bis jetzt nicht aufgenommen.

Diese Angaben über Fritz stützen sich auf die Gnadenakten und die laufenden Berichte des Bewährungshelfers. Zu einem Gespräch konnte sich der Bewährungshelfer und nach dessen Angaben auch der Proband nicht entschließen.

Zusammenfassende Stellungnahme zu den einzelnen Fragen:

1. Vor der Haft hat der damals sehr junge Mann eine nur als kriminell zu bezeichnende Laufbahn eingeschlagen, deren Höhepunkt dann ein Mord war. Nach einer Episode der Auflehnung hat er im Laufe der Jahre seine Schwächen überwunden und eine ausgeglichene innere und äußere Haltung angenommen, die ihm nunmehr ein sozial-adäquates, angepaßtes und ihn selbst zufriedenstellendes Leben ermöglicht.
2. Negative Persönlichkeitsveränderungen sind nicht festzustellen gewesen.
3. a) Die besonders günstigen äußeren Umstände haben den Prozeß der rein äußerlichen Wiedereingliederung erheblich gefördert. Die Rezosialisierung kann als abgeschlossen betrachtet werden.
3. b) Ob die Bindungslosigkeit, in der er vor der Haft gelebt hat, auf eine Bindungsschwäche hinweist, die auch jetzt noch das Eingehen einer engeren Beziehung (etwa zu einer Frau) verhindert, läßt sich schwer entscheiden. Insgesamt sind die Merkmale der Stabilisierung vorherrschend.

Fall 7, Gunther 1907

Er wurde im Jahre 1951 wegen vollendeten Mordes in sieben Fällen und weiteren Fällen versuchten Mordes zu siebenmal lebenslänglichem Zuchthaus und 15 Jahren Gesamtzuchthausstrafe verurteilt.

Gunther stammt vom Lande und ist das älteste von elf Kindern. Er hatte nach Abschluß der Volksschule erfolgreich eine Landwirtschaftsschule besucht und dann im landwirtschaftlichen Betrieb seiner Eltern gearbeitet. Um seinen Erfahrungshorizont auszuweiten, war er auch in Fremdbetrieben tätig. 1939 wurde er zum Kriegsdienst eingezogen und geriet 1943 in russische

Gefangenschaft. Im Jahre 1945 wurde er dort zum stellvertretenden Lagerkommandanten gewählt. In dieser Zeit soll er auf brutalste Art und Weise mehrere seiner kranken und geschwächten Kriegskameraden erschlagen haben. Im Urteil heißt es, daß krasser Egoismus, Machtrausch und niedrige Rache die Triebfeder seiner Taten gewesen seien.

In der Haft führte sich Gunther ohne Tadel. Er setzte sich am Arbeitsplatz vorbehaltlos ein und war bestrebt, Gutes zu leisten. Sehr schnell konnte er sich Vertrauensposten erarbeiten, die er niemals mißbrauchte. Er wurde als primitiver, einfacher, bäuerlicher Mensch beschrieben, der in seiner Arbeit sehr zuverlässig sei.

Die psychologische Beurteilung zwei Jahre vor der Entlassung kommt zu dem Schluß, daß Gunther nur knapp durchschnittlich begabt sei, deutlich bessere verbale als praktische Fähigkeiten habe und daß ein erheblicher „Altersabbau" der Intelligenzleistungen nicht zu übersehen sei. „Dieser Intelligenzabbau dürfte zum Teil psychisch durch die lange Haftzeit bedingt sein, könnte jedoch auch organische Ursachen haben." Gunther sei ein undifferenzierter Mensch von großer Zähigkeit und Ausdauer. Er sei affektiv erregbar und mit einem ausgesprochenen Sicherheitsbedürfnis ausgestattet. Seine Persönlichkeit sei „stark retardiert", wobei offenbleiben müsse, wieweit es sich um ursprüngliche Entwicklungshemmungen handele und inwieweit die lange Haftzeit zur Regression geführt habe. Gunther habe jedoch im Rahmen seiner Möglichkeiten an sich gearbeitet und habe den festen und ehrlichen Vorsatz, alles zu tun, um ein nützliches Glied seiner Gemeinde zu werden.

Über die gesamte Haftzeit hin haben sich seine Angehörigen nur wenig um ihn gekümmert. Seine ehemalige Wohngemeinde hat allerdings alles Erdenkliche getan, um ihm eine Rückkehr zu ermöglichen. Es hieß, er werde in der Dorfgemeinschaft ohne Vorbehalte wieder aufgenommen, da man ihn als freundlichen, hilfsbereiten und arbeitsamen Menschen schätze.

Im Jahre 1970 erfolgte die Begnadigung. Danach konnten ihm Vergünstigungen gewährt werden, so etwa die Arbeit als Hofarbeiter auch außerhalb der Anstaltsmauern. Zudem wurde er wiederholt ausgeführt. In einem abschließenden Bericht der Anstalt heißt es, daß Gunther als Freigänger etwas selbständiger geworden sei. Seine Entlassung erfolgte im Juli 1971 ohne weitere Vorbereitung, nachdem ihm Wohnung und Arbeit besorgt worden waren. Der ihm angebotenen Rückkehr in seinen Heimatort stimmte er aus verständlichen Gründen nicht zu.

Er beziehe jetzt eine Rente und arbeite zeitweise in einer Großküche als Hof- und Gartenarbeiter. Auf diese Weise verdiene er sich noch etwas hinzu. Er bewohne ein möbliertes Zimmer. Der Bewährungshelfer berichtete, daß Gunther in der ersten Zeit nach der Entlassung noch einer konsequenten Führung bedurfte, da er recht überschwenglich mit seinen Geldausgaben gewesen sei. So habe er sich ein Auto gekauft, ohne im Besitz eines Führerscheines zu sein, weil dieser ihm wegen des angegriffenen Gesundheitszustandes nicht erteilt wurde. Zum anderen sei er sehr leichtsinnig gewesen im Erzählen seiner Vergangenheit und auch im Umgang mit dem anderen Geschlecht. So befreundete er sich als 63jähriger Mann mit einem 19jährigen, völlig asozial lebenden, alkohol- und medikamentensüchtigen Mädchen und gab diese Verbindung erst auf, als der Bewährungshelfer dies ausdrücklich wünschte. Jetzt sei er mit einer älteren Frau befreundet, die auch sein Zimmer und seine Wäsche versorge. Vier Wochen vor unserem Gespräch mit dem Bewährungshelfer war Gunther bettlägerig erkrankt, so daß er nicht mehr arbeiten konnte. Diese Tatsache habe ihn nach den Worten des Bewährungshelfers tief getroffen. Es habe sich ihm die Erkenntnis aufgedrängt, daß seine finanzielle Sicherung sehr schlecht sei, und er habe dem Bewährungshelfer gegenüber ernste Zukunftssorgen geäußert. Er leide auch an der Furcht zu vereinsamen. Dieser Gedanke hat ihn bewogen, den Bewährungshelfer zu bitten, ihn auch nach Ablauf der Bewährungszeit weiterhin aufsuchen zu dürfen.

Das Gespräch mit dem Bewährungshelfer fand in dessen Arbeitsräumen statt und wurde sehr offen und vertrauensvoll geführt. Gunther selbst war nicht bereit, an diesem Gespräch teilzunehmen. Der Bewährungshelfer umriß zum Abschluß des Gespräches seine Meinung, daß die Resozialisierung Gunthers rein äußerlich ganz problemlos gelungen sei. Es bestehe lediglich deshalb eine besonders schwierige psychologische Situation, weil er sich begründete Sorgen für die Zukunft mache. Eine spätere Auskunft ließ erkennen, daß Gunther inzwischen wieder gesundet war und daß ihm eine zusätzliche Unterstützung gewährt wurde, mit der der inzwischen 68jährige Gunther zurechtkommt und sich auch zufrieden zeigt.

Zusammenfassende Stellungnahme zu den einzelnen Fragen:

1. Der früher immer angepaßt lebende und daher nach wie vor in der Gemeinde beliebte Mann hat lediglich in der für ihn ungewöhnlichen Position bei der Lagerverwaltung grob kriminelle Handlungen begangen, führte sich dann in der Haft gut und konnte auch in Freiheit trotz seines fortgeschrittenen Lebensalters äußerlich gut wieder eingegliedert werden. Ob der vorübergehend gesteigerte Erlebnishunger nach der Entlassung als eine natürliche Reaktion gewertet werden kann oder ob sich darin doch eine gewisse Kritikschwäche ausgewirkt hat, läßt sich nicht eindeutig entscheiden.
2. Fortbestehende Haftfolgen sind nicht erkennbar.
3. a) Organisatorische Probleme haben sich nicht ergeben.
   b) Die Übergangskrise ist eher als persönlichkeitseigene Reaktionsform zu sehen.

Fall 8, Holger 1921

Er wurde im Jahre 1950 wegen Mordes in Tateinheit mit Abtreibung zu lebenslänglichem Zuchthaus verurteilt.

Holger stammt aus einer angesehenen Familie. Sein Vater war selbständiger Müllermeister. Er verlor sehr früh seine leibliche Mutter, fand jedoch zu seiner Stiefmutter ein herzliches Verhältnis. Er besuchte die Volksschule, absolvierte eine Lehre als Müller und arbeitete in seinem Beruf sehr fleißig und ordentlich. Im Jahre 1947 hatte er ein Verhältnis mit einem etwas leichtlebigen Mädchen begonnen, welches nicht ohne Folgen blieb. Aus übertriebener Scham ermordete er seine schwangere Geliebte, damit nicht bekannt werde, daß sie ein Kind von ihm erwarte. Monate später legte er die Meisterprüfung als Müller ab, nachdem er sich kurz zuvor mit der Tochter seines Arbeitgebers verlobt hatte. Erst ein Jahr nach der Tötung wurde die im Wasser versenkte Leiche entdeckt und er schließlich als Täter identifiziert. Holger war bis zu dieser Zeit unbestraft.

Während der ersten Haftjahre leugnete Holger jeden Zusammenhang mit der ihm zur Last gelegten Tat und erst nach längeren Gesprächen mit einem Geistlichen gelang es ihm, sich zu seinem Tun zu bekennen. Dann jedoch trat ein deutlicher Wandel in der Haltung von Holger ein und er wurde zu einem beständigen, zugewandten Menschen und einem hervorragenden Arbeiter mit besonders guter Führung. Seine Freizeit füllte er dadurch nutzbringend aus, daß er freiwillig und mit großer Liebe einen Teil der Blumenanlagen innerhalb und später auch außerhalb der Anstalt pflegte. Er selbst bemerkte einmal dazu: „Mir lag daran, in das graue, eintönige Dasein der Mitgefangenen etwas von der Schönheit und dem Reichtum der Blumenwelt hineinzutragen und gleichzeitig durch freiwillige Arbeit Sühne zu leisten." Dabei wird Holger – ohne kontaktscheu zu sein – gegenüber seinen Mitgefangenen als eher zurückhaltend beschrieben.

Zur Mutter und zur Schwester behielt Holger über die gesamte Haftzeit einen guten Kontakt, wünschte jedoch bei seiner Entlassung, nicht in deren Nähe unterzukommen. In einer abschließenden Beurteilung der Anstalt heißt es, daß Holger über das Leben und das Geschehen draußen bemerkenswert gut orientiert sei und schon seit längerer Zeit als resozialisiert gelten dürfe. Auch menschlich resigniere er nicht mehr, sondern versuche die Probleme zu meistern.

Die Begnadigung erfolgte im Jahre 1972. Die Entlassung im Dezember 1972 fand ohne Übergangsvollzug statt, weil er schon Jahre vorher besondere Vertrauensstellungen hatte und lange Zeit im Außendienst und in den Gärten der Justizbeamten eingesetzt war. Arbeit und Unterkunft waren durch seinen eigenen Einsatz mit Hilfe eines Bewährungshelfers zuvor besorgt worden. Er fand beides in einer staatlichen Institution, wo er als Hausmeister auch heute noch tätig ist. Mit den Beamten der JVA hielt er auch in den folgenden Wochen und Monaten sehr enge Verbindung. Er hatte zwar keinerlei Umgewöhnungsschwierigkeiten, suchte aber persönlichen Kontakt mit den ihm vertrauten Menschen „zur seelischen Absicherung". Inzwischen konnte er neue Beziehungen auch zu Menschen außerhalb des Anstaltsbereiches herstellen. Als vielseitig interessierter Mann benutzte er seine Freiheit vor allem an Wochenenden zu Ausflugsfahrten, „um Neues kennenzulernen".

Das Nichtbekanntwerden und das Nichtansprechen der Vergangenheit sei für Holger – laut Bericht des Bewährungshelfers – ein besonderes Anliegen und diene seiner inneren und äußeren Stabilisierung. Aus diesem Grunde war der Bewährungshelfer auch nicht bereit, ein Gespräch zu vermitteln.

Zusammenfassende Stellungnahme zu den einzelnen Fragen:

1. Der in einer einmaligen Konfliktsituation gescheiterte Mann hat auch während der Haft die ihm schon früher eigene Zielstrebigkeit und Leistungsbereitschaft beibehalten. So gestaltete er auch jetzt wieder sein Leben in der Freiheit.
2. Eine gewisse Kontaktscheu und Zurückhaltung im Eingehen zwischenmenschlicher Beziehungen ist als Wesenseigentümlichkeit schon vor der Haft festgestellt worden. Durch die Haft hat dieser Zug allenfalls eine Verdeutlichung erfahren.
3. a) Organisatorische oder
   b) persönliche Schwierigkeiten gab es nicht.

Fall 9, Ingo 1908

Er wurde im Jahre 1952 wegen Mordes zu einer lebenslangen Zuchthausstrafe verurteilt.

Ingo war in völlig geordneten Verhältnissen aufgewachsen, hatte die Schule mit durchschnittlichem Erfolg absolviert, eine Lehre als Appreteur abgeschlossen und stets fleißig gearbeitet. Seine Ehefrau hatte entgegen seinen eigenen Intentionen den Wunsch, ein gemeinsames Kind zu haben und war glücklich, als sie dies erwarten konnte. Ingo jedoch empfand das Kind immer als störend. Als seine Frau dann zunehmend mit anderen Männern Kontakt suchte, ließ er sich 1951 scheiden. Wiederholt traf der Vater sein Kind, beschäftigte sich dann auch mit seiner kleinen Tochter, bis er eines Tages bei einem Spaziergang sein Kind erwürgte. Er motivierte sein Tun damals und auch heute noch damit, daß sein Kind später einmal keinen Kummer erleben sollte. Durch das, was er getan hatte, schien er anfänglich wenig betroffen. Ingo war damals unbestraft.

Während der Haft war Ingo nur wenige Jahre zu einer vollen Arbeitsleistung fähig, da er herzkrank wurde und besonderer ärztlicher Obhut bedurfte. So war er lange Jahre auf einer Pflegeabteilung des damaligen Zuchthauses untergebracht. Er führte sich immer ohne Tadel, war gegenüber seiner Umgebung freundlich und hilfsbereit und suchte niemals Anschluß, der ihn hätte negativ beeinflussen können. Nachdem er lange Zeit nach Selbstrechtfertigungsgründen für sein Handeln gesucht hatte, überließ er sich dann einem „niemals versiegenden Schuldgefühl", das ihm die Länge der Strafe sinnvoll erscheinen ließ. Während seiner Freizeit habe er viel gelesen und sich für alles interessiert. Langeweile habe er während der gesamten Zeit seiner Inhaftierung nicht gekannt. Im Grunde habe er sich mit dem Zeitpunkt seiner Inhaftierung auf einen neuen Lebensabschnitt eingestellt, den er so sinnvoll wie möglich zu gestalten suchte. Dadurch sei er geistig rege geblieben.

Zu seiner Schwester, die einzige noch lebende und auch vermögende Verwandte, hat er über all die Jahre ein sehr gutes Verhältnis aufrechterhalten. Sie war immer bereit, ihrem Bruder nach einer eventuellen Entlassung Unterkunft zu gewähren. Die psychologische Untersuchung ein Jahr vor der Entlassung ergab, daß Ingo sich ein normales Reaktionstempo erhalten hatte, „wenngleich durch die Haft bedingt, eine erhebliche Einengung des Verhaltensrepertoires zu beobachten ist, was bedeutet, daß bei neuen und überraschend eintretenden Situationen Unsicherheiten und verzögertes Verhalten auftreten werden." Seine Kontaktbereitschaft sei von einem gewissen Geltungsbedürfnis getragen, trotz allem zeige er sich durchaus anpassungsfähig und auch anpassungsbereit.

Die Begnadigung erfolgte im Jahre 1973. Er wurde ohne weitere Vorbereitung im Juni 1973 aus der Haft entlassen. Zuvor war er bei einigen Ausführungen mit den Verhältnissen draußen vertraut gemacht worden, wobei er heute betont, daß das eigentlich nicht nötig gewesen sei. Am Entlassungstag holte ihn seine Schwester ab und fuhr mit ihm in die Heimatstadt. Heute meint er, daß ihm diese Fahrt und die Rückkunft nach Hause vorgekommen sei, als sei er lediglich 22 Tage fort gewesen und nicht 22 Jahre. Unter diesem Eindruck stehend, habe er sich auch sehr schnell wieder eingewöhnt. Mit seiner Schwester, die mit ihm ein eigenes Haus teile, komme er sehr gut aus. Jeder habe seinen Arbeitsbereich abgesteckt, so daß es nicht zu Reibungen komme. Er habe in der ersten Zeit nach der Entlassung sehr viel Arbeit und Zeit in die Instandsetzung der beiden ihm und seiner Schwester gehörenden Mietshäuser gesteckt. Dabei habe er bemerkt, daß eben doch seit Jahren eine männlich-ordnende Hand gefehlt habe. Dadurch, daß er nun nachholen könne, was schon längst hätte geschehen müssen, fühle er sich ganz besonders ausgefüllt und zufrieden. Da er zudem ein sehr aufmerksamer und mit besonders gutem Gedächtnis ausgestatteter Mensch sei, könne er seiner Schwester noch sehr viele Dinge vermitteln, die ihr verschlossen geblieben waren, da sie nach seiner Tat sehr unter den Mitmenschen zu leiden hatte. Man habe sie fühlen lassen, daß ihr Bruder ein Mörder sei.

Das Gespräch mit Ingo fand in unseren Diensträumen statt, da er sehr gerne eine Reise nach Köln unternehmen wollte – nicht zuletzt, um seiner Schwester wieder etwas berichten zu können. Da wir Ingo aus einer vorangegangenen Begutachtung schon kannten, gestaltete sich das Gespräch sehr schnell offen und herzlich, zumal Ingo die Gelegenheit auch nutzte, uns zu zeigen, wie gut er sich zurechtgefunden habe. So betont er zum Beispiel, daß er eigentlich keinen Bewährungshelfer brauche. Er sehe in ihm lediglich einen angenehmen Gesprächspartner, mit dem man über politische, wirtschaftliche und sonstige Themen sprechen könne. Mit seiner Rente und bescheidenen Einkünften aus seinem Eigentum sei er finanziell völlig unabhängig. Schwierigkeiten, die nach der Entlassung bestanden haben und auch noch in gewisser Weise fortdauern, sieht Ingo allein im zwischenmenschlichen Bereich. Er habe sie sehr gefürchtet und sei um so erleichterter gewesen, als alte Bekannte ihn ohne Vorbehalte freundlich wieder aufgenommen hätten. Aber es habe auch unerfreuliche Begegnungen gegeben und um solchen weitmöglichst aus dem Wege zu gehen, meide er größere Gesellschaften und gehe auch nicht aus. Ein Leben in Gemeinschaft draußen verlange doch sehr viel Stehvermögen und Taktgefühl, was er zwar in gewisser Weise besitze, aber Zurückhaltung sei wohl besser. Obgleich er wisse, daß er ein Kapitalverbrechen begangen habe, sei ihm doch ein gewisses Gefühl von Selbstachtung geblieben, und er betrachte sich nicht als schlechten Menschen oder gar als Verbrecher. Selbst während der Haftzeit, die er angetreten habe im Glauben, nie mehr in die Freiheit zurückzukehren, habe er diesen Eindruck von sich selbst im Vergleich mit vielen anderen Mithäftlingen bestätigt gefunden. Diese Zeit sei für ihn insofern sehr interessant gewesen, als er eine ganz besondere Menschenkenntnis erlangt habe. Wäre er heute nur 20 Jahre jünger, dann könnte er seine Erfahrungen besser anwenden. Er habe jedenfalls gelernt, daß das, was den Menschen in die Wiege gelegt worden sei, auf so engem Raum wie dem Gefängnis sehr deutlich zum Vorschein komme. Er selbst resümierte zum Schluß, daß seine Wiedereingliederung in das Leben in Freiheit und in die Gesellschaft ganz ohne Probleme gelungen sei. Er sei glücklich darüber, diese Zeit in Freiheit noch geschenkt bekommen zu haben.

Zusammenfassende Stellungnahme zu den einzelnen Fragen:

1. Ingo war in seinem Strafverfahren von einem erfahrenen Gutachter als schizoider Psychopath bezeichnet worden. Er neige zu Überempfindlichkeitsreaktionen und zum Vertreten eigenwilliger und überspitzter Standpunkte. Diesen Eindruck vermittelt er auch heute noch. Der sehr redegewandte Mann ist prinzipienhaft eingeengt in seinen Ansichten, starr und emotional wenig beteiligt, ganz auf sich selbst zentriert und sogar von sich nicht wenig eingenommen. Sowohl durch die Haft wie jetzt wieder in Freiheit ist er ganz kompromißlos seinen Weg

gegangen und weiterhin davon überzeugt, daß er jeweils den Umständen entsprechend den besten Weg gefunden habe.
2. Ingo ist ganz er selbst geblieben, so daß von einem haftbedingten Persönlichkeitswandel nicht gesprochen werden kann.
3. a) Organisatorische Probleme sind überhaupt nicht aufgetreten, zumal er bei seiner Schwester in das gemeinsame Eigentum einziehen konnte.
   b) Auch persönliche Schwierigkeiten sind nicht geltend zu machen.

Fall 10, Johann 1904

Er wurde im Jahre 1949 wegen Mordes an seiner Ehefrau zu einer lebenslänglichen Zuchthausstrafe verurteilt.

Der in geordneten äußeren Verhältnissen aufgewachsene, nach Abschluß der Volksschule als Arbeiter tätige Mann, stand in einer bis dahin sozial unproblematischen Lebenssituation. Im Zusammenhang mit einem außerehelichen Liebesverhältnis kam er zu dem Entschluß, seine Frau zu töten. Zur Zeit dieser Tat war er unbestraft.

Während der Haft hat er zu Beanstandungen niemals Anlaß gegeben, sich immer ruhig, ordentlich und gegenüber den Beamten offen und taktvoll verhalten. Er arbeitete äußerst fleißig, obgleich er zunehmend unter einer recht schweren körperlichen Behinderung litt.
Nach fachärztlichem Urteil handelte es sich dabei um eine möglicherweise luetisch bedingte, spinale Muskelatrophie, die zu weitgehend vollständiger, beiderseitiger, schlaffer Lähmung der Armmuskulatur geführt hat. Seine Zeit füllte er im wesentlichen damit aus, sich gärtnerisch zu betätigen, wobei er mit hängenden Armen die Rosen beschnitt und andere pflegerische Arbeiten ausführte, was ihm trotz aller Mühe sehr viel Freude bereitete. In einer psychiatrisch-psychologischen Abschlußbeurteilung wurde festgestellt, daß der wenig differenziert wirkende, aber recht zugewandte Mann sich durchaus in den Grenzen seiner Möglichkeiten im Leben bewähren würde.

Die Begnadigung erfolgte im Jahre 1972. Er wurde im Januar 1973 ohne weitere Vorbereitung entlassen. Zuvor hatte sich ein ehemaliger Mithäftling sehr um Johann bemüht, ihm Unterkunft und Versorgung in der eigenen Familie zugesichert, so daß Johann am Entlassungstag von seinem Bewährungshelfer abgeholt und eben bei dieser Familie untergebracht werden konnte. Dort sei es Johann zunächst auch gut gegangen, bis sich jedoch herausstellte, daß die ihn betreuende Familie recht schamlos seine Ersprarnisse ausnutzte, die Johann infolge einer seit Jahren aufgelaufenen monatlichen Rente angesammelt hatte. Davon sprach Johann gegenüber dem Bewährungshelfer jedoch nicht, so daß dieser erst durch einen Hinweis des Fürsorgers aus der Justizvollzugsanstalt darauf aufmerksam wurde. Als er Johann dahingehend ansprach, gestand dieser zu, daß ihn ,,das Ausgenommenwerden" sehr störe und es ihm recht sei, wenn er eine andere Unterkunft beziehen könne. So suchten beide gemeinsam eine neue Wohnung. Inzwischen hat Johann auch eine ältere Dame kennengelernt, die bei ihm wohnt und den Haushalt versorgt. Von einer Heirat war zur Zeit des Gespräches noch nicht die Rede. Johann habe dieser Frau gegenüber in aller Offenheit seine Vergangenheit klargelegt, so daß für ihn in dieser Hinsicht keinerlei Schwierigkeiten bestünden. Er führe ein ruhiges, bescheidenes, ihn jedoch sehr zufriedenstellendes Leben. Da die Familie finanziell gänzlich unabhängig ist, bestünden auch keine Zukunftssorgen.

Schwierigkeiten habe es am Anfang lediglich dergestalt gegeben, daß Johann als in Norddeutschland geborener Mensch sich in seiner süddeutschen Umgebung nicht recht wohlfühlen konnte. Das hat sich jedoch inzwischen völlig geändert.

Das aufschlußreiche Gespräch mit dem Bewährungshelfer fand in dessen Diensträumen statt. Da Johann bereits vor einiger Zeit durch die Aktivitäten von zwei Psychologen unangenehme Erfahrungen gemacht hatte, lehnte er ein Gespräch mit uns ab.

Zusammenfassende Stellungnahme zu den einzelnen Fragen:

1. Da der sozial immer angepaßt lebende Mann im Erwachsenenalter infolge einer Konfliktsituation gescheitert ist und deshalb in Haft kam, verlief sowohl die Haft als auch die Wiedereingliederung problemlos. Seine sozialen Anpassungsmöglichkeiten sind jetzt allenfalls durch das fortgeschrittene Lebensalter von 70 Jahren eingeengt.
2. Negative Persönlichkeitsveränderungen sind nicht erkennbar geworden.
3. a) Die Tatsache, daß Johann in eine Familie hineinkam, die ihm bekannt war, hat es erleichtert, daß er sich in den sonst ganz fremden Bereich einlebte. Nur weil Johann in seiner Gutgläubigkeit ausgenutzt wurde, hatte diese Situation eine ernste Schattenseite. Nachdem Johann sich jedoch zur Wehr gesetzt und mit Hilfe seines Bewährungshelfers eine neue Lebenssituation geschaffen hat, vollzieht sich sein Leben in ganz geordneten Bahnen.
   b) Sonstige persönliche Schwierigkeiten sind nicht bekannt geworden.

Fall 11, Knut 1910

Er wurde im Jahre 1948 wegen Mordes an seiner Ehefrau zu einer lebenslänglichen Zuchthausstrafe verurteilt. Die mitangeklagte Geliebte erhängte sich während der Untersuchungshaft.

Knut wuchs mit sechs Geschwistern im Haushalt seiner Eltern auf, besuchte die Volksschule und absolvierte eine Schreinerlehre. Kurze Zeit versuchte er sich als selbständiger Schreiner, war damit jedoch nicht erfolgreich. Als er heiratete, nahm er dann eine Tätigkeit als Fabrikschreiner an. Der Ehe entstammen zwei Kinder, für die er gemeinsam mit seiner Frau immer gut sorgte. Im Jahre 1946 nahm er Beziehungen zu einem jungen Mädchen auf, das ihn im Laufe der Zeit mehr und mehr unter Druck setzte, sich von seiner Ehefrau zu trennen. Unter der Angst, seine Freundin, von der er sexuell abhängig war, zu verlieren, ließ er sich schließlich hinreißen, seine Frau mit einer Eisenstange zu erschlagen.

Knut fügte sich von Anfang an ohne Schwierigkeiten in die Notwendigkeiten der Haft, da er seine schwere Schuld voll akzeptierte. Er war ein hervorragender Arbeiter und bemühte sich, zu allen Menschen in seiner Umgebung freundlich zu sein, um auf diese Weise auch seine Sühnebereitschaft zu zeigen. Er gab niemals zu Klagen Anlaß.

Seine beiden Kinder, die kurzfristig den Kontakt zum Vater abgebrochen hatten, setzten sich später wieder besonders für ihn ein, obgleich er ihnen mit seiner Tat die Mutter geraubt hatte. In den späteren Haftjahren wurde Knut infolge einer Augenerkrankung nahezu arbeitsunfähig. Sein Augenlicht nahm mehr und mehr ab, ohne daß ihm von ärztlicher Seite geholfen werden konnte.

Im Jahre 1968 wurde er zu einer Zeitstrafe begnadigt, 1969 erfolgte ein zweiter Gnadenakt, mit dem er eine Strafaussetzung zur Bewährung erlangte. Zu diesem Zeitpunkt hatte er bereits Kontakt zu seinem Bewährungshelfer, der glaubte, feststellen zu müssen, daß Knut seine Situation zu rosig sehe, daß er sich zu sehr auf seine frühere Beliebtheit verlasse und keinerlei Schwierigkeiten in Freiheit erwarte.

Wenige Tage vor der für Ende April 1969 vorgesehenen Entlassung waren in mehreren ortsgebundenen Zeitungen Artikel über Knuts Straftat mit Nennung seines vollen Namens erschienen. Obgleich die Artikel sehr versöhnlich geschrieben waren, trugen sie doch zu einer ganz erheblichen psychologischen Belastung des Probanden bei und stifteten zugleich eine Unruhe unter der Bevölkerung der ganzen Umgebung. Am Entlassungstage konnte Knut nur deshalb unbehelligt die Anstalt verlassen und an seinem Wohnort eintreffen, weil ihn die Reporter an einem falschen Ort erwarteten. Er ging zunächst zu seiner Schwester, wollte in der Firma eines nahen Verwandten arbeiten, nahm davon jedoch selbst Abstand, da er für ihn geschäftliche Nachteile befürchtete. Wie der Bewährungshelfer bemerkte, war besonders am Entlassungstag zu beobachten, daß die Vielzahl der neuen Eindrücke Knut recht ermüdeten. Auch habe sich in den folgenden Wochen gezeigt, daß Knut zu wenig auf die schnellebige und betriebsame Umwelt vorbereitet gewesen sei. Knut habe mehrfach dem Bewährungshelfer gegenüber geäußert, daß er versucht gewesen sei, wieder in die Vollzugsanstalt zurückzukehren. Nur langsam habe er seine Menschenscheu überwunden und sei selbständiger in seinen Entscheidungen geworden. Dazu habe sicherlich auch der Wechsel seines Aufenthaltsortes in das Haus seiner Tochter mit beigetragen. Da er nicht mehr arbeiten konnte, habe er durch einige Beschäftigungsmöglichkeiten zu Hause doch das Gefühl gewonnen, gebraucht zu werden. Das Verständnis der ihm nahestehenden Menschen habe ihm den Weg zurück in die soziale Gemeinschaft im Grunde erst ermöglicht. Später hat der Bewährungshelfer mitgeteilt, daß Knut im Jahre 1974 zweimal schwer erkrankte und inzwischen verstorben ist. Ein Gespräch mit ihm selbst erschien wegen der schon damals sehr angegriffenen Gesundheit nicht angebracht.

Zusammenfassende Stellungnahme zu den einzelnen Fragen:

1. Der durch eine unglückliche menschliche Verstrickung gestrauchelte Mann hat während seiner Haftzeit vor allem infolge der schon früh einsetzenden und dann fortschreitenden Sehbehinderung die Veränderung des Lebens in Freiheit nicht realitätsgerecht nachvollziehen können. Aus der sehr behüteten Lebensweise im Gefängnis hat er sich zunächst falsche Zukunftsvorstellungen gemacht. Zudem wurde seine weitgehende Unselbständigkeit nach der Entlassung durch eine schließlich fast vollständige Erblindung begünstigt. In den Grenzen seiner Möglichkeiten hat er dennoch wieder guten Kontakt zu seiner Familie gefunden.
2. Haftbedingte Persönlichkeitsveränderungen sind nicht eingetreten.
3. a) Schwierigkeiten gab es vor allem zu Beginn seines Lebens in Freiheit, als Zeitungsartikel die Geschichte seiner Tat sehr ausführlich berichteten und das Interesse der Bevölkerung an seiner Person weckten. Nachdem sich diese Unruhe jedoch gelegt hatte, verlief seine Wiedereingliederung, insbesondere nach der Aufnahme in das Haus seiner Tochter, ganz problemlos.
   b) Die Sehbehinderung hat die weitere Entwicklung entscheidend bestimmt. Davon unabhängige Störungen lassen sich nicht abheben.

Fall 12, Ludger 1908

Er war im Jahre 1949 wegen Mordes und fortgesetzter Verletzung der Obhutspflicht zu einer lebenslänglichen Zuchthausstrafe und neun Monaten Gefängnis verurteilt worden. Die Unterbringungen in einer Heil- und Pflegeanstalt wurde angeordnet. Seine Ehefrau wurde wegen Mißhandlung ebenfalls bestraft.

Ludger stammt aus sehr ärmlichen Verhältnissen. Über die Dauer seines Schulbesuches ist nichts bekannt. Er ist jedoch Analphabet. Er hat als Arbeiter zunächst seinen alleinigen und nach seiner Eheschließung den Unterhalt der Familie bestritten. Seine Frau brachte zwei uneheliche Kinder mit in die Ehe, ein gemeinsamer Sohn wurde vorehelich geboren. Im Jahre 1943 wurde Ludger wegen Schwachsinns sterilisiert. Die unter ungünstigen sozialen Bedingungen lebende Familie machte in den Jahren nach dem Krieg eine sehr schwere Zeit durch. Wegen wirtschaftlicher Schwierigkeiten und auch weil es wegen der Kinder oftmals Streitigkeiten zwischen den Eheleuten gab, ermordete Ludger teils aus eigenem Antrieb, wohl aber auch unterstützt durch seine Ehefrau, deren unehelichen Sohn. Er erschlug ihn mit einem Kanteisen und warf ihn dann in einen See. Obgleich bei der psychiatrischen Begutachtung der Grad des Schwachsinns als Grund für die Bejahung der Voraussetzung des § 51 Abs. 2 StGB a. F. angesehen wurde und das Gericht sich dieser Meinung auch anschloß, wurde das Strafmaß dadurch nicht beeinflußt. Ludger war nicht vorbestraft.

In die Bedingungen der Haft fügte sich Ludger reibungslos ein. Er arbeitete jahrelang als Tütenmacher. Wegen seiner geistigen Minderbegabung wurde jedoch nur das halbe Pensum von ihm erwartet. Später verbrachte er die meiste Zeit auf der Lazarettstation, wo er zu leichten Hausarbeiten herangezogen wurde. Im normalen Vollzug sei er wegen seines Initiativemangels nicht mehr tragbar gewesen. Von der Anstaltsleitung wurde er als gleichgültig, geistig abgestumpft und gefühllos beschrieben. Er trage seine Strafe ohne innere Einsicht. Im weiteren Haftverlauf wurde eine zunehmende „Vergreisung" Ludgers beschrieben. Er sei noch ruhiger und abgestumpfter geworden, dabei aber freundlich und höflich geblieben.

Noch während Ludger in Untersuchungshaft war, sagte sich seine Frau von ihm los und ließ sich scheiden. Sie bestimmte auch ihre beiden Kinder, den Vater aus ihrem Leben zu streichen. Nach etwa zehnjähriger Strafverbüßung nahm die geschiedene Ehefrau den Kontakt zu Ludger wieder auf und bat sogar für ihn um Gnade. Auch die Tochter bemühte sich wieder um den Vater.

Ludger selbst beschrieb sich anläßlich einer psychiatrischen Begutachtung als einen Mann, der im Zuchthaus Ordnung und Sauberkeit und Gehorsam gelernt habe und sich auch draußen immer gut und anständig betragen wolle. Der psychiatrische Gutachter kam in seiner Beurteilung zu dem Schluß, daß Ludger ein Imbeziller sei, der jedoch für das Leben genügend praktische Intelligenz besitze und lediglich einmal in einer für ihn unüberwindbaren Konfliktsituation scheiterte. Nach einer Begnadigung seien keine weiteren Maßnahmen gemäß § 42 b StGB a. F. erforderlich. Zur Vorbeugung und wohlmeinenden Führung sollte er sich allerdings in geregelten Abständen einem Psychiater vorstellen.

Im Jahre 1970 erfolgte die Begnadigung, die Unterbringung in einer Heil- und Pflegeanstalt wurde ausgesetzt. Durch den engagierten Einsatz eines Bewährungshelfers und seiner eigenen Tochter konnte für Ludger ein Platz in einem Altersheim in der Nähe seines früheren Wohnortes gefunden werden, wohin er im Dezember 1970 entlassen wurde. Eine Vorbereitung auf das Leben in Freiheit hat nicht stattgefunden, obgleich bei den ersten Ausführungen deutlich geworden war, daß Ludger sich draußen kaum allein bewegen konnte. Man habe ihm alles sehr genau erklären müssen und doch sei es zuweilen zu ganz aufregenden Situationen gekommen. So sei er, als man von ihm in einem Paßfotoautomaten ein Bild aufnehmen wollte, beim ersten Blitzlicht in panischer Angst davongelaufen und konnte anschließend kaum beruhigt werden.

In die Gemeinschaft des Altersheimes gliederte sich Ludger schnell ein. Er verrichtete dort leichte Küchen- und Gartenarbeit und war über die Tatsache, sich noch nützlich machen zu können, sehr glücklich. Von seiner Tochter erhielt er regelmäßig Besuch. Zuweilen holte sie ihn auch zu sich nach Hause. Von solchen Besuchen kam er frohgemut zurück. Dieser Stimmungsaufschwung wirkte sich sehr günstig auf sein Gesamtverhalten aus. So wurde auch die Annahme des Bewährungshelfers widerlegt, daß Ludger zu keinerlei Spontaneität mehr in der Lage sei. Zunächst war gesagt worden: Die Jahre der Haft hätten ihn ausgebrannt, und er biete das Bild eines völlig gebrochenen Menschen.

Im Verlaufe der Zeit nahm dann auch der Sohn wieder Kontakt zum Vater auf, und bei der Gelegenheit eines Besuches bei seinen Kindern stellten diese auch die Verbindung zwischen Vater und Mutter wieder her. Ludger hat schließlich seine Frau wieder geheiratet und mit ihr gemeinsam eine Wohnung bezogen. Seine Frau, die zwischendurch verheiratet und wieder verwitwet war, bezieht eine Rente, verdient sich jedoch durch leichte Arbeit noch etwas hinzu, und auch Ludger ist inzwischen in einem kleinen eisenwarenverarbeitenden Betrieb als Hausarbeiter tätig und trägt auf diese Weise zur finanziellen Verbesserung der Situation seiner Familie bei. Zudem erklärte er, daß es ihm einfach zu langweilig sei, zu Hause untätig herumzusitzen. Diese Auflokkerung und Hinwendung zu ganz praktischen Problemen habe nicht nur den Bewährungshelfer sehr erfreut, sondern zugleich erstaunt. Das Gespräch mit dem Bewährungshelfer fand in einer sehr aufgeschlossenen Atmosphäre in dessen Diensträumen statt.

Zusammenfassende Stellungnahme zu den einzelnen Fragen:

1. Der erheblich schwachsinnige Ludger war in der Haft zu einem zunehmend unproduktiven und stumpfen Menschen geworden, weil sich bei seinem beschränkten geistigen Horizont die Einengung unter den Bedingungen der Haft verstärkt auswirkte. Mit dem Aufbau seiner sozialen Bezüge nach der Entlassung fand er jedoch wieder den gleichen Lebensrahmen und machte sich ebenso nützlich wie früher.
2. Die unverkennbare Abstumpfung während der Haft, die gerade bei initiativearmen Minder-

begabten oder gar Schwachsinnigen oft beobachtet werden kann, erwies sich durch den weiteren Verlauf als eindeutig rückbildungsfähig.

3. a) Zunächst gestaltete sich lediglich die Frage der Unterkunft als schwierig, weil – nach den Worten des Bewährungshelfers – keiner den ,,schwachsinnigen Schwerverbrecher" haben wollte. Diese Schwierigkeiten waren jedoch überwindbar.
   b) Infolge der erheblichen intellektuellen und gesamtseelischen Undifferenziertheit ergaben sich beunruhigende Umstellungsschwierigkeiten, die sich aber im Zusammenhang mit der sich mehr und mehr normalisierenden Familiensituation allmählich verloren.

Fall 13/14, Monika und Moritz, beide 1933 geboren

Die Eheleute Monika und Moritz wurden 1958 wegen gemeinschaftlichen Mordes zu einer lebenslänglichen Zuchthausstrafe verurteilt.

Moritz stammt von einem kleinen Bauernhof in Süddeutschland, auf dem er mit seinen zwei Geschwistern und den Eltern lebte. Als er zwölf Jahre alt war, verlor er seinen Vater. Seine Mutter zog die Kinder zunächst alleine groß, ehe sie wieder heiratete. Moritz besuchte sieben Jahre die Volksschule (einmal sitzengeblieben) und begann dann eine Bäckerlehre, die er wegen schlechter Leistungen jedoch wieder aufgab. Danach arbeitete er eine Zeitlang im elterlichen Betrieb, ehe er 1953 zum Ruhrgebiet abwanderte, um dort als Bergmann mehr Geld zu verdienen. Er wechselte häufig des besseren Verdienstes wegen seine Stelle, machte auch einen Schweißerlehrgang mit, um so seine soziale Stellung zu verbessern.

Monika war das vierte Kind eines Bergmannes und verlor im Alter von drei Jahren ihre Mutter. In der Folgezeit kümmerte sich die älteste Schwester um den Haushalt. Monika besuchte die Volksschule nur unregelmäßig, konnte aber immer durchschnittliche Leistungen erbringen. Wegen der sich zunehmend verschlechternden Verhältnisse im Elternhaus – ihr Vater trank und unterhielt wechselnde Frauenverhältnisse – verließ sie 1950 den elterlichen Haushalt und arbeitete als Hausgehilfin, später als Packerin.

Nach der Eheschließung bemühten sich die Eheleute durch gemeinsame Arbeit, ihre finanzielle Situation zu verbessern, was nur ungenügend gelang, da recht bald ein Kind geboren wurde. Als Monika das zweite Kind erwartete, waren sich die beiden Eheleute sehr schnell darin einig, daß dieses Kind nicht leben sollte. Gleich nach der Geburt erstickte der Ehemann das Neugeborene.

Die Eheleute wurden zu einer so hohen Strafe verurteilt, da sich das Schwurgericht ,,durch die nur dem Gedanken der Generalprävention gerecht werdende absolute Strafvorschrift des § 211 StGB daran gehindert gesehen (hat), die persönlichen Verhältnisse der Angeklagten bei der Festsetzung der Strafe angemessen zu berücksichtigen. Hierfür hat nach Ansicht des Gerichtes die Durchführung eines Gnadenverfahrens das notwendige Korrektiv zu sein."

Moritz war wegen fahrlässiger Körperverletzung in Tateinheit mit Fahrerflucht vorbestraft. Monika war zur Zeit der Tat unbestraft. Zur Zeit der Verurteilung war sie wieder schwanger und gebar in der Haft ein drittes Kind.

Der als schwerfällig, langsam, unbeholfen und gütig charakterisierte Moritz machte in der Haft keinerlei Schwierigkeiten, ordnete sich ganz unauffällig ein und arbeitete stets sehr fleißig.

Die geistig viel beweglichere, sprachlich gewandtere und durchsetzungsfähigere Frau hatte im Strafvollzug deutlich größere Probleme, obgleich auch sie nie ernstere Schwierigkeiten bereitete. Sie fiel im Kreise ihrer Mitgefangenen durch ihre Zurückhaltung und unbedingte Ehrlichkeit auf. Nach Jahren hieß es in einer Beurteilung: ,,Sie versucht niemals durch zweckbestimmte Anpassung Vorteile zu erwerben. Sie ist eigenwillig und weiß sich zu behaupten. Kritik kann sie schlecht vertragen, ist aber guten Einflüssen zugänglich und sehr lernbegierig." Zudem sei es anzuerkennen, in welcher Weise sie den Anpassungserscheinungen eines langen Freiheitsentzuges widerstehe. Sie sei eine durchaus eigenständige Persönlichkeit mit freiem, sicherem Auftreten, selbständigem Urteil, das sie offen vertrete.

Zu den Angehörigen bestand während der Haftjahre immer ein ungestörter Kontakt, und die Mutter des Ehemannes war bereit, nach einer evtl. Entlassung beide bei sich aufzunehmen.

Schon im Jahre 1970 erfolgte die Begnadigung. Vor der Entlassung im November 1970 waren beide Ehepartner bereits einige Zeit in der gleichen Anstalt untergebracht, um sich wieder aneinander zu gewöhnen. Die Entlassung erfolgte dann ohne weitere Vorbereitung in den Haushalt der Mutter. Erst an ihrem Wohnort trafen sie sich mit ihrem Bewährungshelfer, der über das erste Gespräch berichtete, daß sich der Kontakt sehr schwierig gestalte, da beide Eheleute voller Aggressionen seien, auch ihm gegenüber einen großen Selbständigkeitsdrang zeigten und sich nichts sagen lassen wollten. Dieses Verhalten habe sich jedoch im Laufe der Zeit gewandelt und z. Z. unserer Untersuchung bestand ein sehr gutes und vertrauensvolles Verhältnis zwischen dem Bewährungshelfer und seinen Probanden.

Nachdem die Eheleute zunächst glaubten, die Gastwirtschaft der Mutter übernehmen und führen zu können, sich dieser Plan wegen des Widerstandes der alten Frau jedoch nicht realisieren ließ, suchte sich Moritz Arbeit in einer Fabrik. Da es zu Spannungen zwischen den Eheleuten und den übrigen Verwandten gekommen war, wechselten sie aus dem Hause der Mutter in eine eigene Wohnung, in die sie kurzfristig auch ihre erstgeborene Tochter mit aufnahmen. Das Mädchen strebte jedoch bald wieder von den Eltern fort, da sie die strengen Erziehungsmaßstäbe, insbesondere ihrer Mutter, nicht erdulden wollte. Das in der Haft geborene Kind der Eheleute lebt bei Pflegeeltern und hat keinen Kontakt zu ihnen. Recht verbittert äußern sich beide Ehepartner darüber, daß sie von früheren Bekannten ohne alle Vorbehalte wieder aufgenommen worden seien und lediglich in der eigenen Familie Ressentiments gegen sie bestünden. Alle anderen hätten ihnen zu verstehen gegeben, daß das, was sie getan und wofür sie gebüßt hätten, ihre persönliche Sache gewesen sei.

Ihre Selbstachtung sei eigentlich erst wieder zurückgekehrt, als sie Gelegenheit gefunden hätten, aus der näheren Umgebung der Verwandten sich zu lösen und eine Hausmeisterstelle in einem anderen Ort annehmen konnten. Dort betreuen beide 60 Appartement-Wohnungen, die sie inzwischen auch schon im Auftrage der Eigentümer selbständig vermieten und auf diese Weise zusätzlich Geld verdienen.

Abgesehen von diesem sehr schnellen sozialen Aufstieg, der eine große Verantwortung und dadurch eine erhebliche Stütze des Selbstvertrauens mit sich brachte, äußerte Moritz eine besondere Genugtuung darüber, daß er sehr schnell seinen Führerschein und ein eigenes Auto erwarb, mit dem beide anfänglich häufiger, jetzt seltener, Wochenendfahrten unternommen hätten.

Beide Eheleute, die nach dem Bericht des Bewährungshelfers insofern gewisse Eheprobleme hätten, als der Mann sich zeitweilig eine Geliebte zugelegt habe, seien jedoch stolz darauf, was sie bis jetzt erreicht hätten und betrachteten sich selbst als voll resozialsiert.

Über seine Haftzeit und deren Auswirkungen sagt Moritz heute, daß sie ihm in gewisser Weise sehr zugute gekommen sei. Er habe zahlreiche Lebenserfahrungen gemacht, Gefahren kennengelernt und an Durchsetzungsvermögen gewonnen. Monika ist mit sehr viel mehr Ressentiment in dieser Hinsicht ausgestattet, sie ist kälter und verbitterter und meint, sie habe immer abgelehnt, mit auch nur irgend jemandem aus dem Kreise ihrer Mitgefangenen Kontakt aufzunehmen, da sie sich „mit dem Volk da" nicht identifizieren wollte. Auch jetzt noch zeigt Monika das Bestreben, herauszuragen und nur mit höchsten Maßstäben zu messen. Ihr eigenes Versagen vermag sie nicht zu sehen.

Das Gespräch mit dem Bewährungshelfer fand vor dem Treffen mit den Eheleuten statt. Diese wurden in ihrer sorgfältig eingerichteten, von kleinbürgerlichem Geschmack zeugenden Wohnung aufgesucht und erschienen als lebhafte, redegewandte Menschen, die im Gespräch von Anfang an weder Scheu noch Hemmungen zeigten. Recht schnell gelangten sie zu den Problemen, die sie intensiv beschäftigten, insbesondere zu der von beiden als unrichtig empfundenen Bestrafung.

In der abschließenden Beurteilung kamen sie selbst und auch der Bewährungshelfer dazu, daß sie sozial vollauf integriert seien und die Eheprobleme, die sie durchmachten, durchaus nichts mit der Bestrafung oder der Haft zu tun hätten. Der Bewährungshelfer betonte seine Überraschung darüber, wie engagiert und zielstrebig die beiden ihr Leben in die Hand genommen hätten, wie sie eigentlich alles aus eigener Kraft meisterten. Verwahrlosungszeichen oder ein inneres Brüchigsein infolge der Haft seien bei ihnen nicht zu bemerken.

Zusammenfassende Stellungnahme zu den einzelnen Fragen:

1. Die schon vor der Haft um eine soziale Anpassung bemühten Eheleute, die nur deshalb schwer entgleisten, weil sie ein Kind ihren Vorstellungen von einem materiellen Wohlergehen opferten, sind aus der – gemessen an anderen – relativ kurzen Haftzeit unbeschadet und sozial anpassungsfähig sowie nach Eigenverantwortung strebend hervorgegangen.
2. Es ließen sich bei beiden keine Persönlichkeitsveränderungen beobachten, die die soziale Wiedereingliederung behindert hätten. Die bei beiden sich äußernde Verbitterung über das angeblich an ihnen geschehene Unrecht darf als ein verständlicher Abwehrmechanismus gesehen werden.
3. a) Organisatorische Schwierigkeiten bei der Wiedereingliederung gab es nicht. Die von der Familie ausgehenden Ressentiments gegen die Eheleute haben diese allenfalls noch beflügelt, ihre Eigenständigkeit schneller als geplant zu suchen.
   b) Persönliche Schwierigkeiten, die sich aus der Tatsache der langjährigen Haft ergeben haben, ließen sich nicht eruieren.

Fall 15, Norbert 1902

Norbert wurde im Jahre 1946 wegen Raubmordes zum Tode verurteilt, aber 1947 zu einer lebenslangen Freiheitsstrafe begnadigt.

Er stammt aus der kinderreichen Familie eines Postsekretärs. Ein Stiefbruder von ihm war geisteskrank. Er selbst besuchte die Volksschule, war ein nur mäßig guter Schüler und vollendete eine begonnene Schlosserlehre nicht. Kurze Zeit war er als Hilfsschlosser tätig, arbeitete auch in der Landwirtschaft und hat bald nach seiner Eheschließung die Familie verlassen und ist ausgewandert. Nach etwa vier Jahren kehrte er zurück und sorgte dann regelmäßig für Frau und Kind. 1941 wurde er zur Wehrmacht eingezogen. Nachdem er aus amerikanischer Gefangenschaft heimgekehrt war, betätigte er sich als Einkäufer und Büfettier in Großküchen. Da er sich jedoch mehr und mehr dem Alkohol hingab und seine Familie erneut vernachlässigte, beteiligte er sich immer häufiger an Schwarzmarktgeschäften, um Geld aufzutreiben, mit dem er seine Trinkschulden begleichen konnte. Im Zuge eines solchen Handels hat Norbert – selbst unter Alkoholeinfluß stehend – in einem Streit einen Gastwirt erschlagen.

Er war dreimal wegen Diebstahls und Betruges vorbestraft.

Norbert, der immer geleugnet hat, vorsätzlich getötet zu haben, paßte sich in die Bedingungen der Strafhaft problemlos ein und arbeitete jahrelang als Schlosser für einen Betrieb, der ihm später bescheinigte, daß er sehr gut gearbeitet habe und man daran interessiert sei, ihn nach einer eventeuellen Entlassung als Vorarbeiter einzustellen. Nach Verlauf von 20 Haftjahren urteilte der Anstaltsleiter: „Trotz seines Alters und trotz der langen Strafthaft ist (Norbert) noch eine rüstige Erscheinung. Dies mag seinen Grund vor allem darin haben, daß er bewußt versucht hat, sein Dasein auch unter den Bedingungen der Strafhaft durch verantwortungsvolle Übernahme von Aufgaben und Pflichten im Prozeß der täglich anfallenden Arbeiten sinnvoll zu gestalten." Insgesamt sei Norbert umsichtig, nüchtern und mit Eigeninitiative ausgestattet. Er sei während der ganzen Haftzeit keinen Tag der Arbeit ferngeblieben.

Bei einer psychologischen Begutachtung ein Jahr vor der Entlassung wurde der 67 Jahre alte Norbert als erstaunlich frisch und durchschnittlich intelligent mit einem Begabungsschwerpunkt im praktischen Bereich beschrieben.

Der Kontakt zu seiner Familie war während der Haft fast gänzlich unterbrochen. Seine Frau hatte sich schon früh scheiden lassen. Lediglich seine Schwester kümmerte sich ab und zu um ihn.

Im Jahre 1971 wurde Norbert begnadigt und im April 1972 in ein Altersheim entlassen. Diese Unterkunft hatte ihm eine kirchliche Vereinigung vermittelt. Sehr bald nach der Entlassung nahm er auf Anregung der gleichen Vereinigung an einer Altenfreizeit im Ausland teil, wo er sich bemerkenswert frei und ungezwungen bewegte. Im Altersheim hatte er sich zunächst sehr wohl gefühlt. Es sei aber nach relativ kurzer Zeit durchgesickert, woher er kam (durch wen und auf welchem Wege konnte die Bewährungshelferin nicht ermitteln), so daß er von dort fortstrebte. Seine Schwester stellte ihm in ihrer Wohnung ein Zimmer zur Verfügung und er lebt heute in einer Hausgemeinschaft mit ihr. Da er inzwischen körperlich doch etwas geschwächt ist, an Durchblutungsstörungen der Beine leidet, sei heute sein Aktionsradius auf kleine Spaziergänge und Besorgungen eingeschränkt. Größere Ausflüge könne er nur noch mit dem Auto unternehmen, und er begrüße solche Abwechslungen sehr, da er geistig noch rege sei. Zu der Firma, für die er während des Vollzuges gearbeitet hatte, bestehe noch immer ein guter Kontakt. So habe man ihn z. B. anläßlich eines Betriebsfestes nach dort geholt und ihn mitfeiern lassen.

Zu beklagen habe er allein seine finanzielle Situation. Er beziehe nur eine kleine Rente (280,– DM) und bedürfe der zusätzlichen Unterstützung durch das Sozialamt. Das sei eigentlich die einzige Hilfe, die die Bewährungshelferin ihm zukommen lassen konnte. Abschließend bemerkte sie, daß der Prozeß der Wiedereingliederung abgeschlossen und für Norbert sehr günstig verlaufen sei. Er bekunde immer wieder seine Zufriedenheit mit seiner jetzigen Situation und habe zum Teil noch recht weitgestreckte Pläne, z. B. eine Amerikareise. Das Gespräch mit der Bewährungshelferin fand in deren Diensträumen in einer vertrauensvollen Offenheit statt. Dabei gab sie zu erkennen, daß Norbert ein persönliches Gespräch wegen seiner schlechten Erfahrungen im Altersheim verständlicherweise abgelehnt habe.

Zusammenfassende Stellungnahme zu den einzelnen Fragen:

1. Der bis zu seiner Tat menschlich und sozial sehr weit abgeglittene Mann hat während der Haft alle in ihm liegenden positiven Möglichkeiten weitgehend aktiviert und erfolgreich einsetzen können. Trotz seines hohen Alters und der körperlichen Schwäche ist der geistig rege Proband den Ereignissen dieser Welt gegenüber sehr aufgeschlossen und interessiert.
2. Es lassen sich keine Persönlichkeitsmerkmale, die die Wiedereingliederung hätten gefährden können, feststellen.
3. a) Bis auf die Beunruhigung durch die Tatsache, daß in seiner ersten Unterkunft durchsickerte, woher er kam, sind keine organisatorischen Probleme aufgetaucht.
   b) Persönliche Schwierigkeiten sind sonst nicht eingetreten.

Fall 16, Oskar 1906

Er wurde im Jahre 1951 wegen Mordes in Tateinheit mit besonders schwerem Raub zu einer lebenslangen Zuchthausstrafe verurteilt.

Oskar stammt aus ganz geordneten Verhältnissen, besuchte die Volksschule mit gutem Erfolg und schloß eine Gärtnerlehre mit der Gesellenprüfung ab. Nach wenigen Jahren konnte er seine Meisterprüfung ablegen und erhielt eine gute Anstellung in einer Stadtgärtnerei, aus der er jedoch wegen Judenfreundlichkeit kurz vor Kriegsbeginn entlassen wurde.

1940 wurde er eingezogen, geriet in Gefangenschaft, aus der er erst 1948 zurückkehrte. Seine Ehe verlief harmonisch, ihr entstammen vier Kinder. Nach seiner Rückkehr lebte er mit der vielköpfigen Familie zunächst in recht schlechten wirtschaftlichen Verhältnissen. In dieser Notsituation tötete er eine alte Frau, von der er wußte, daß sie über Geldmittel verfügte, indem er sie mit einem Hammer erschlug und beraubte.

In der Haft führte sich Oskar im allgemeinen hausordnungsgemäß. Es hieß, er sei ein eher ernster Mann, der empfindlich und leicht reizbar, oft sogar jähzornig reagiere. Auch verhalte er sich gegenüber seinen Mitgefangenen oftmals auflehnend und unhöflich. Seine Arbeit verrichte er aber sorgfältig und zeige Freude daran. Der weitgehend als Gärtner eingesetzte Oskar beruhigte sich im Laufe der Jahre deutlich, fand immer mehr Erfüllung in dem beruflichen Einsatz und hatte dadurch in der Haft mehr Lebensinhalt als andere Gefangene.

Obgleich sich Oskars Frau unter dem Druck der übrigen Familie von ihm sehr bald scheiden ließ, hatte sie doch immer den Kontakt zu ihm aufrechterhalten, und auch die Kinder standen zu ihrem Vater.

Im Jahre 1972 wurde Oskar begnadigt und zu Beginn des Jahres 1973 in den offenen Vollzug übernommen. Dort paßte er sich sehr schnell ein und arbeitete wiederum als Gärtner. In den Belangen des Alltags zeigte sich der jetzt 67jährige Mann anfangs etwas unbeholfen. Dies wurde besonders anläßlich einer Reise in seine Heimatstadt deutlich. „Es zeigte sich, daß (Oskar) noch sehr unsicher und kaum in der Lage ist, eine solche Reise ... ohne Begleitung zu unternehmen." Vor dieser Reise hatte er in der Nacht vor Aufregung kaum schlafen können. Er sei während der Fahrt seltsam unkonzentriert und hektisch gewesen. In seiner Heimatstadt sei er fast im Laufschritt durch die Straßen gelaufen und dabei beinahe unter ein Auto geraten. In der Straßenbahn habe er so laut und zusammenhanglos geredet, daß die Fahrgäste auf ihn aufmerksam wurden. Das erste Zusammentreffen mit seiner Frau sei für Oskar insofern enttäuschend gewesen, als sie nicht mit ihm verkehren wollte, sondern dies hinausschob, bis er wieder ganz zu Hause sei. Wegen seiner lebenspraktischen Ungeschicklichkeit habe man auch das Beschaffen von Personal- und Arbeitspapieren von der Anstalt aus erledigt.

Noch während Oskar in Haft war, heirateten die Eheleute erneut, und im Mai 1973 wurde Oskar endgültig entlassen. Zuvor mußte eine neue Wohnung für die Familie gefunden werden, da die Hauseigentümerin es ablehnte, „den Mörder" in ihren Mauern aufzunehmen. Sie drohte damit, es auf die Straße hinauszuschreien, wer da zurückgekehrt sei.

Nun bewohnt das Ehepaar eine sehr schön eingerichtete Wohnung und Oskars Frau hat sich auch in die neue Umgebung eingelebt. Oskar hatte gleich nach der Entlassung eine Gärtnerstelle bei einer großen Firma angenommen. Als diese Firma Konkurs anmeldete, suchte er sich auf eigene Faust eine neue Arbeitsstelle, in der er sich nun sehr wohl fühlt, da er seine Arbeitszeit selbst einteilen könne und sehr gut verdiene. Er habe inzwischen auch eine Rentennachzahlung bekommen, so daß sich die Familie finanziell sehr gut steht.

Der Kontakt zu den Kindern sei herzlich und er freue sich, ihnen ab und zu auch einmal einen kleinen Geldbetrag zustecken zu können, um sie ein wenig für den Kummer zu entschädigen, den er ihnen bereitet habe.

Schwierigkeiten habe es für Oskar anfänglich bei der Kontaktaufnahme mit seiner Frau gegeben. Er meinte hierzu, daß es doch schwer sei, auf ein weibliches Wesen immer gebührend Rücksicht zu nehmen und die so andersartigen Interessen zu respektieren. Auch der Intimverkehr habe zunächst nicht geklappt, aber dadurch hätten sie sich nicht entmutigen lassen. Nach wenigen Wochen schon sei dieses Problem überwunden gewesen. Das Einleben sei deshalb so schnell und relativ reibungslos gegangen, weil er schon vor der Entlassung so viel Freiheit genossen habe und Gelegenheit hatte, seine Frau zu sehen. Auch habe ihm der gute Kontakt zu seinem Bewährungshelfer entscheidend geholfen, insbesondere bei der Lösung des schwierigen Wohnungsproblems.

Das Gespräch mit den beiden sehr lebhaften und schwungvollen Ehepartnern fand in deren Wohnung statt. Da Oskar uns schon bekannt war, herrschte sofort volles Vertrauen. Beide Ehepartner stellten zum Schluß des Gespräches fest, daß sie stolz darauf seien, so gut wieder zueinander gefunden zu haben. Oskar betonte, daß er auch keinerlei Befürchtungen vor den Begegnungen mit anderen Menschen oder früheren Bekannten gehabt habe. Bei einem kurzen Urlaub im vergangenen Jahr habe sich gezeigt, daß man ihn vorbehaltlos annahm, da auch er sich ganz ungezwungen gegeben habe. Er sei mit sich ins Reine gekommen. Er könne das, was er getan habe, nicht rückgängig machen, allenfalls bestrebt sein, durch sein jetziges Verhalten so viel wie möglich gutzumachen.

Zusammenfassende Stellungnahme zu den einzelnen Fragen:

1. Der vor der Tat sozial angepaßt lebende und arbeitsame Mann, der, getrieben von wirtschaft-

licher Not, erheblich fehlte, hat auch in der Haft und danach seine soziale Angepaßtheit gewahrt und weiter gefestigt.
2. Es ließen sich keine Persönlichkeitsmerkmale aufzeigen, die die soziale Wiedereingliederung hätten gefährden können.
3. a) Organisatorische Schwierigkeiten gab es insofern, als für die Familie eine neue Wohnung gesucht werden mußte, da die Vermieterin seiner alten Wohnung sich verständnislos weigerte, Oskar aufzunehmen.
   b) Persönliche Schwierigkeiten ergaben sich vorübergehend lediglich im Kontakt zu der Ehefrau, da Oskar den Umgang mit seiner Frau erst wieder lernen mußte.

Fall 17, Philipp 1928
Er wurde im Jahre 1949 wegen Mordes in Tateinheit mit besonders schwerem Raub zu einer lebenslänglichen Zuchthausstrafe verurteilt. Er war der Mittäter von Bernhard (Fall 2).

Philipp stammt aus Ostdeutschland. Er hatte die Volksschule besucht und eine Laborantenausbildung abgeschlossen. Seine Familie wurde durch die Kriegsereignisse auseinandergerissen. Im Jahre 1947 kam er völlig mittelos mit seiner schwangeren Braut und einem unehelichen Kind nach Westdeutschland. Er siedelte sich hier an, lebte in einer Bunkerwohnung unter beklagenswerten Umständen und arbeitete in seinem erlernten Beruf. Wegen des Ablaufs der Zuzugsgenehmigung geriet er in wirtschaftliche Schwierigkeiten, da ihm und der Familie keine Lebensmittelkarten mehr zur Verfügung standen. Er war deswegen angewiesen, auf dem Schwarzmarkt einzukaufen und stahl sich häufig das Geld für lebenswichtige Einkäufe. Zu dieser Zeit war er als Vertreter tätig und unterschlug mehrfach die eingenommenen Beträge. Wegen dieser Vergehen wurde er dreimal bestraft. Zu der ihm zur Last gelegten Tat kam er weitgehend auf Anregung von Bernhard. Philipps Ehefrau wußte von der geplanten Tat.

Der als still, bescheiden und zurückhaltend beschriebene Mann fügte sich in die Haftbedingungen ohne Schwierigkeiten ein. Er galt als einer der gewissenhaftesten und zuverlässigsten Arbeiter in der Anstaltsschreinerei. Er führte sich bis zu seinem 15. Haftjahr völlig beanstandungsfrei. Dies wurde als besondere Charakterstärke beurteilt. „Hierzu gehört bei einem Gefangenen, der mit einer lebenslangen Zuchthausstrafe bestraft ist, Charakterfestigkeit, Selbstbeherrschung und ... nicht zuletzt eine echte innere Sühnebereitschaft, denn es gibt auch in einer Strafanstalt genügend Versuchungen, denen besonders langstrafige Gefangene leicht unterliegen können." Dies ist dann auch bei Philipp in relativ spätem Haftstadium geschehen, und er wurde deshalb mit sieben Tagen Arrest bestraft. „Es hatte sich nämlich herausgestellt, daß sich (Philipp) schwerer Verfehlungen gegen die Hausordnung schuldig gemacht hatte. Er hat durch den Kraftfahrer eines Unternehmerbetriebes Briefe an einen ehemaligen Mitgefangenen aus der Anstalt geschmuggelt, versucht, Gefangenenunterwäsche durch den Kraftfahrer zu verschieben und demselben Fahrer auch ein aus fremdem Material gefertigtes Kissen übergeben. Der Kraftfahrer sollte dafür Tabakwaren an (Philipp) liefern."

Nach dieser Entgleisung fand Philipp aber wieder zur rechtmäßigen Einstellung zurück, füllte jetzt zunehmend auch seine Freizeit durch sinnvolle Tätigkeit aus, indem er z. B. für den anstaltseigenen Rundfunk Tonbandarbeiten machte.

Philipps Frau hatte sich sehr bald nach seiner Verhaftung von ihm scheiden lassen und sich nicht mehr um ihn gekümmert. Allein sein in Ostdeutschland lebender Vater hielt den Kontakt aufrecht. Nach langen Haftjahren schrieb ihm sein offenbar schwachsinniger Sohn, er wolle zum Vater ziehen, wenn dieser entlassen werden sollte.

Im Jahre 1969 wurde Philipp zu einer Zeitstrafe begnadigt, 1970 erfolgte die Strafaussetzung zur Bewährung und die Verlegung in den offenen Vollzug, wo er als Bauschlosser arbeitete. Eine kirchliche Organisation besorgte ihm Arbeitsplatz und Unterkunft, da er keine Verwandten hatte, bei denen er hätte unterkommen können.

Die Entlassung erfolgte im Oktober 1970. Philipp wurde von seinem Bewährungshelfer, der sich schon während des offenen Vollzuges um ihn gekümmert hatte, abgeholt und an seinen neuen Wohnort gebracht, wo ihn der Arbeitgeber bei sich aufnahm und ihn selbst in seinen Betrieb einführte. Schon bald nach der Entlassung kam Philipps Vater aus der DDR in die Bundesrepublik und lebte nun mit seinem Sohn in einer gemeinsamen Wohnung. Kurze Zeit später hatte Philipps geschiedene Ehefrau seinen Aufenthaltsort ausfindig gemacht und dann versucht, mit Hilfe des Sohnes, der inzwischen eine sehr ungünstige Entwicklung genommen und kriminelle Handlungen begonnen hatte, Geld aus dem Vater herauszulocken. Mit Hilfe des Bewährungshelfers konnte Philipp von dieser Belästigung befreit werden, obgleich er sich etwa ein Jahr später nochmals dazu bewegen ließ, den Sohn zu sich zu nehmen, nachdem sein alter Vater inzwischen verstorben war. Aber auch diese Episode konnte mit Hilfe des Bewährungshelfers erfolgreich überwunden werden. Seinen Arbeitsplatz hat Philipp dann mehrfach gewechselt, da er sich finanziell jeweils verbessern konnte. Erst als er sich mit einer Schwester eines Altenheimes, in dem er als Hausmeister tätig war, verlobte und sie kurze Zeit später heiratete, vermochte diese menschliche Bindung zu einer deutlichen Beruhigung seiner Lebenssituation beizutragen. Kurze Zeit nach der Heirat wechselte das Ehepaar nochmals den Wohnort und die Arbeitsstelle und betreut nun als Hausmeisterehepaar ein Altersheim. Der Verdienst sei gut und das Ablegen der Führerscheinprüfung sowie der Erwerb eines Autos stimmten Philipp sehr zufrieden.

Trotz mehrfacher Anläufe kam ein Gespräch mit Philipp und dem Bewährungshelfer aus Termingründen nicht zustande, obgleich alle Seiten dazu bereit waren.

Zusammenfassende Stellungnahme zu den einzelnen Fragen:

1. Philipp hatte sich in einer wirtschaftlichen Notzeit das unrechtmäßige Leben mehr und mehr angewöhnt und gelernt, seine Ansprüche auf Kosten anderer durchzusetzen, bis er sich schließlich sogar zu einem Tötungsdelikt hinreißen ließ. Die von Eigennutz bestimmte Lebensweise setzte er bei guter äußerer Fassade zunächst auch in der Haft fort, konnte aber nach Aufdecken seiner Unregelmäßigkeiten einen sozial angepaßten Lebensstil im Laufe der Jahre entwickeln.
2. Verhaltensauffälligkeiten, die einer irreversiblen Persönlichkeitsveränderung infolge der Haft zuzuschreiben wären, sind nicht aufgetreten.
3. a) Organisatorische Schwierigkeiten gab es nicht, aber die soziale Beunruhigung, die durch die Erpressungsversuche der geschiedenen Ehefrau in sein Leben getragen wurde, machte anfangs ein häufigeres Eingreifen des Bewährungshelfers notwendig.
   b) Persönliche Schwierigkeiten ergaben sich da, wo Philipp meinte, nicht nein sagen zu können. Diese Neigung war jedoch auch vor der Haft immer spürbar.

Fall 18, Ralph 1920

Er wurde im Jahre 1946 wegen Totschlags zum Tode verurteilt. Im Jahre 1948 wurde er zu einer lebenslangen Zuchthausstrafe und als gefährlicher Gewohnheitsverbrecher zu Sicherungsverwahrung (SV) begnadigt.

Ralph stammt aus geordneten Verhältnissen, fiel jedoch schon während der Volksschulzeit mit kleineren Diebstählen auf. Nach der Schule arbeitete er ungefähr ein halbes Jahr in Fabriken, ehe er wegen eines Diebstahls bestraft und in Fürsorgeerziehung genommen wurde. Kurze Zeit vorher hatte Ralph seinen Vater verloren. Im Jahre 1936 wurde er aus nicht angegebenen Gründen sterilisiert. Aus der Fürsorgeerziehung wurde er im Jahre 1939 entlassen. Er hatte inzwischen den Beruf eines Metzgers erlernt. Als Arbeiter wurde er dienstverpflichtet, jedoch sehr bald wegen verschiedener Straftaten zu einer mehrjährigen Zuchthausstrafe verurteilt. Damals wurde ebenfalls die SV angeordnet, später wurde er in ein Konzentrationslager verlegt. Er meldete sich dann freiwillig als Soldat, wurde sehr bald verwundet und angeblich zweimal verschüttet. Im Jahre 1945 geriet er in amerikanische Gefangenschaft, der er sich nach wenigen Monaten durch die Flucht entzog. Etwa ein halbes Jahr arbeitete er in einer Ziegelei, dann wurde er arbeitslos und beteiligte sich an Schwarzmarktgeschäften, die er zum Teil mit einem in der Haft kennengelernten ,,Kumpanen" ausführte. Im Zuge eines Streites hat er diesen mit einer Eisenstange erschlagen.

Zu dieser Zeit war er achtmal wegen Diebstahls, Unterschlagung und versuchter Notzucht vorbestraft.

In die Haft fügte sich der schon früher langfristig in Freiheitsentzug lebende Ralph nur mit Schwierigkeiten. Er mußte mehrfach mit Hausstrafen belegt werden. Sein Verhalten während der ersten Haftjahre wurde von ihm selbst damit begründet, daß er sich zu hoch bestraft fühlte. So waren auch anfänglich Reue und Einsicht nicht zu erkennen. Er zeigte vielmehr eine querulatorische Neigung und machte zahlreiche Eingaben. Um ein Wiederaufnahmeverfahren in Gang zu setzen, wandte er sich an die Volksvertretung, die Liga für Menschenrechte, das Gericht, andere Behörden und Dienststellen. Dabei war er unsachlich und maßlos in seinen Formulierungen. Selbst verschiedene Gnadengesuche wurden von ihm vorgeschrieben und dann von seinen Verwandten eingereicht. Dabei schilderte er sich als ein Opfer seiner Zeit und leugnete jede eigene Verantwortunng.

Nach etwa 16 Haftjahren hatte sich Ralph jedoch gefangen. Er führte sich jetzt ordentlich und arbeitete zur vollsten Zufriedenheit als Schneider. Er selbst urteilte allerdings: ,,Zu der Überzeugung bin ich gekommen, daß meine gesamte Haftzeit eine seelische und auch eine körperliche Ruinierung war ... Einfach meine ich, kein Mensch mehr nach dieser langen Zeit zu sein. Es ist mein sehnlichster Wunsch, diesem grausamen Leben ein Ende zu machen und für immer mir mein Leben zu löschen." Etwa fünf Jahre später urteilte ein Psychologe: ,,Der früher als mittelgradig schwachsinnig angesehene (wohl aber nur Schreib-Rechenschwäche) querulatorische Psychopath" fing 1966 langsam an, andere Interessen zu zeigen. 1967 wurde er als ausgeglichen, gut, sauber und willig bezeichnet. Er hielt sich jetzt ein Aquarium und begann 1969 mit Intarsienarbeit. Zur Zeit der Beurteilung sei er noch immer emotional leicht verstimmbar, affektiv stärker beunruhigt gewesen. An den Gruppenarbeiten nehme er gerne teil, sei freundlich, aufgeschlossen und zuwendungsfähig. Er gehe auf Probleme ein, soweit er sie intellektuell bewältigen könne. Insgesamt wurde also ein recht günstiges Persönlichkeitsbild gezeichnet. Ralph selbst meinte zu dieser Zeit, daß er keine Angst vor einem Leben in Freiheit habe, da er sich durch Zeitungen, Fernsehen, Radio auf die veränderte Situation draußen habe vorbereiten können.

Im Jahre 1971 wurde Ralph begnadigt und in den offenen Vollzug übernommen, wo er etwa neun Monate verblieb und in seinem Umschulungsberuf als Schlosser arbeiten konnte. Ralph berichtete über diese Zeit, daß er dort sehr viel gelernt habe, sich mit dem Neuen habe vertraut machen und sich so recht gut für das Leben in völliger Freiheit habe rüsten können. Nicht zuletzt habe aber der sehr gute Kontakt zu seinem ehrenamtlichen Bewährungshelfer ihm die Situation ganz erheblich erleichtert. Andererseits müsse er das immer noch zu sehr beaufsichtigende System des offenen Vollzugs beklagen und auch die Tatsache, daß man mit wenig Geld auskommen müsse, was selbst für einen geübten ,,Knastsparer" schwer sei.

Im Dezember 1972 wurde er endgültig entlassen. Kurz zuvor hatte ein Journalist in der Anstalt nachgefragt, ob er eine Pressenotiz herausgeben dürfe. Dies wurde vom Justizministerium untersagt. Trotzdem erschien in einer Zeitschrift – etwa fünf Tage nach der Entlassung – ein zweispaltiger Artikel über Ralph's ersten Tag in der Freiheit.

Sein Bewährungshelfer hatte für ihn einen Arbeitsplatz in einem Betrieb besorgt, in dem ein ehemaliger Mitgefangener, bei dem Ralph wohnen sollte, ebenfalls arbeitete. Der Betriebsrat hatte jedoch nach Eröffnung der Vorgeschichte eine Einstellung Ralph's vereitelt, so daß eine neue Stelle gesucht werden mußte, die sich etwa zehn Tage nach der Entlassung fand. Seitdem ist Ralph immer am gleichen Arbeitsplatz tätig und seine Leistung wird als hervorragend bezeichnet. Er habe sehr schnell im Betrieb Fuß gefaßt und sei ein auch menschlich geschätzter Mitarbeiter.

Unterkunft hatte er zunächst in einem Berufstätigenheim gefunden, jetzt bewohnt er ein möbliertes Zimmer, in dem er sich sehr wohl fühle.

Ralph, der sich im Gespräch mit uns als eher lebenslustiger Mensch bezeichnet, berichtete, daß er nach der Entlassung keinerlei Hemmungen gegenüber den Menschen, auch nicht gegenüber Frauen gekannt habe. Schon drei Tage nach seiner Rückkehr in die Freiheit sei er zu einem Tanzvergnügen gegangen. Da es sein sehnlichster Wunsch sei, eine Lebenspartnerin zu finden, habe er sich schon früh danach umgesehen. In diesem Zusammenhang gebe es allerdings ein Problem, das auch vom Bewährungshelfer unterstrichen wurde, von dem er wisse, daß er es lösen müsse. Es handele sich dabei um die Angst, seine Vergangenheit könne bekannt werden. Da er inzwischen eine Frau gefunden habe, mit der er sich sehr gut verstehe und von der er hoffe, daß sie bei ihm bleiben werde, sei diese Frage im Augenblick sehr akut. Er hoffe jedoch, daß diese Verbindung die Belastung durch die Wahrheit um sein Vorleben aushalten werde.

Insgesamt beurteilte Ralph während unseres Gespräches seine Situation als vollauf zufriedenstellend. Er fühle sich sozial eingegliedert, und sein Selbstwertgefühl sei schon deutlich gewachsen. Der Kontakt zu seinem Bewährungshelfer sei so ausgezeichnet, daß selbst intimste Fragen zwischen ihnen diskutiert werden könnten. Das erleichtere sehr vieles.

Auch unser Gespräch verlief ganz unbelastet von Hemmungen oder Befürchtungen. Es fanden sich bei Ralph weder Zeichen von Unterwürfigkeit noch von „knastgeprägtem Gehorsam" oder Anzeichen affektiver Schwäche. Ralph war genügend selbstsicher, mit seinen Gesprächspartnern gleichberechtigt zu diskutieren.

Der Bewährungshelfer seinerseits war über die rasche soziale Integration seines Probanden überrascht. Allenfalls in den ersten Wochen, als Ralph sich zunächst ängstlich darum bemühte, möglichst nichts falsch zu machen, sei dieser etwas gehemmt und ungelenk gewesen. Er habe dadurch manche Situation sicher komplizierter gemacht als sie wirklich war. Das habe sich aber bereits nach wenigen Wochen gelegt.

Zusammenfassende Stellungnahme zu den einzelnen Fragen:

1. Der früher wohl mit Recht als Gewohnheitsverbrecher bezeichnete Mann hat im Verlauf der langen Haft alle die sozialen Anpassungsmechanismen gelernt, die ihm jetzt ein zufriedenstellendes und angepaßtes Leben in Freiheit ermöglichen. Es ist ihm gelungen, eine echte innere Umkehr zu vollziehen und sich aufgeschlossen auf die neuen Umstände einzustellen, um jetzt die ihn selbst sehr befriedigende Lebenssituation als einen entsprechenden Lohn zu würdigen.
2. „Haftschäden" sind bei ihm in keiner Weise zu beobachten.
3. a) Organisatorische Schwierigkeiten gab es – dank des unermüdlichen und tatkräftigen Einsatzes seines Bewährungshelfers – nicht.
   b) Der Proband konnte seine soziale und menschliche Schwäche inzwischen stabilisieren, so daß keine persönlichen Schwierigkeiten bei der Wiedereingliederung aufgetreten sind.

Fall 19, Siegfried 1889

Er wurde im Jahre 1955 wegen Unzucht mit einer Person unter 14 Jahren mit Todesfolge in Tateinheit mit schwerer Unzucht unter Männern zu einer lebenslangen Zuchthausstrafe verurteilt.

Siegfried stammt aus einer ordentlichen Familie. Sein Vater war Schlosser. Als einer von zwölf Geschwistern lebte Siegfried bis zum Tode der Eltern in deren Obhut. Er besuchte die Volksschule mit gutem Erfolg, erlernte den Sattlerberuf und war immer in dieserm Beruf tätig. Erst im Alter von 50 Jahren heiratete Siegfried, der echte sexuelle Bindungen zu Frauen niemals aufgenommen hatte. Das Ehepaar betreute einen Adoptivsohn.

Siegfried war als lustig und redselig bekannt, hat aber schon früh in seinem Wohnort als Sonderling gegolten. Am Arbeitsplatz fiel auf, daß er bevorzugt Kontakt zu Jungen suchte. Im allgemeinen nahm er nur selten engen Kontakt zu seinen Mitmenschen auf. Mit viel Geschick konnte er über Jahre seine abartige sexuelle Neigung verbergen. Seine Tat beging er im Alter von 65 Jahren. Er hatte einen Knaben während der Abwesenheit seiner Ehefrau in die Wohnung gelockt und diesen in sexueller Erregung erwürgt und dann im Garten vergraben.

Der psychiatrische Gutachter beurteilte Siegfried als einen Menschen mit scheinbar unerschütterlichem Gleichmut, gemütskalt und temperamentlos, phlegmatisch und ausdrucksarm, gezeichnet durch eine cerebrale Arteriosklerose und eine krankhafte organische Persönlichkeitsveränderung. Dennoch wurde die hohe Strafe ausgesprochen. Siegfried war damals nicht vorbestraft.

Er wurde gleich zu Beginn der Strafhaft auf der Pflegeabteilung des damaligen Zuchthauses untergebracht und mit leichter Arbeit beschäftigt. Im Verlauf der weiteren Haftjahre machte sich das fortgeschrittene Alter des Probanden deutlich bemerkbar. Nach zwei Schlaganfällen meinte er selbst in einer Bittschrift an den Petitionsausschuß des Landtages, daß er jetzt – 77jährig – seelisch und körperlich gebrochen sei. Nach ärztlicher Auffassung hatte Siegfried zu diesem Zeitpunkt nur noch eine geringe Lebenserwartung.

Seine Ehefrau hat über all die Jahre hin den Kontakt zu ihm gehalten und war bereit, ihn wieder aufzunehmen.

Die Begnadigung erfolgte im Jahre 1969 und Ende desselben Jahres wurde er endgültig entlassen.

Der Bewährungshelfer hatte sich schon kurz vor der Entlassung mit Siegfried bekannt gemacht und holte ihn am Entlassungstag in der Anstalt ab. Er brachte ihn am späten Nachmittag im Schutz der Dunkelheit in seine alte Wohnung, wo ihn seine Frau empfing. Am nächsten Tag reiste das Ehepaar gemeinsam in einen anderen Ort, wo die Ehefrau ein neues Heim für sie beide vorbereitet hatte, da sie am alten Wohnort nicht bleiben wollten.

In der ersten Zeit nach der Entlassung war Siegfrieds Gesundheitszustand besorgniserregend schlecht. Er konnte das Haus nicht mehr verlassen. Er erholte sich dann jedoch so weit, daß er wieder spazierengehen konnte. Geistig war er immer sehr rege gewesen. Etwa ein Jahr nach der Entlassung stellte Siegfried den Antrag auf Wiedererlangung der bürgerlichen Ehrenrechte, „da ich mich auch heute noch für politische Dinge interessiere". Da der Strafrest zu diesem Zeitpunkt noch nicht erlassen war, blieb der Ehrverlust in der Form bestehen, daß er keine öffentlichen Ämter bekleiden und Rechte aus öffentlichen Wahlen erlangen konnte. Der Gnadenerweis bezog sich nicht auf den Ehrverlust.

Nach Auskunft des Bewährungshelfers hat sich insgesamt eine gute Stabilisierung auch der gesundheitlichen Situation vollzogen.

Ein Gespräch mit Siegfried erschien uns angesichts des hohen Lebensalters von 85 Jahren nicht zumutbar.

Zusammenfassende Stellungnahme zu den einzelnen Fragen:

1. Der auf Grund seiner abnormen Triebstruktur im höheren Lebensalter erstmals strafrechtlich in Erscheinung getretene Mann hat seine Haftjahre trotz der in dieser Zeit aufgetretenen Erkrankungen ohne sonstige Auffälligkeiten überstanden und fand eine angemessene Wiedereingliederung.
2. Erkennbare psychologische Haftschäden gab es keine.
3. a) Dank der guten Zusammenarbeit zwischen Bewährungshelfer und Ehefrau des Probanden traten organisatorische oder
   b) persönliche Schwierigkeiten nicht auf.

Fall 20, Theo 1906

Er wurde im Jahre 1950 zu lebenslänglichem Zuchthaus und einer Gesamtstrafe von 15 Jahren Zuchthaus als Mittäter wegen Mordes in vier Fällen in Tateinheit mit Rückfalldiebstahl, wegen Vergiftung mit Todesfolge in Tateinheit mit fahrlässiger Tötung und Rückfalldiebstahl, wegen versuchten Mordes in zehn Fällen, davon in sieben Fällen in Tateinheit mit Rückfalldiebstahl, wegen Körperverletzung in Tateinheit mit Rückfalldiebstahl in zwei Fällen, wegen fortgesetzter Körperverletzung in Tateinheit mit Rückfalldiebstahl in zwei weiteren Fällen verurteilt. Die Sicherungsverwahrung wurde angeordnet.

Theo war zu dieser Zeit neunmal wegen Diebstahls, schweren Diebstahls, Rückfalldiebstahls und Betruges vorbestraft.

Er stammt aus kleinbürgerlichen Verhältnissen. Die Ehe der Eltern wurde geschieden als er elf Jahre alt war. Er besuchte die Volksschule mit sehr gutem Erfolg, war danach ein Jahr als ungelernter Arbeiter in einem Bergwerk, später als landwirtschaftlicher Gehilfe und Hausierer tätig. 1928 heiratete er, war in der Folgezeit häufig arbeitslos. Als er eine Anstellung als Hilfsarbeiter in einer Elektrofirma fand, trat in sein Leben eine gewisse Beruhigung ein, er arbeitete sich auf Grund seiner Intelligenz und Lernwilligkeit schnell hoch. Seine soziale Lage war damals gefestigt, und er führte eine gute Ehe. Im Jahre 1940 wurde er zur Wehrmacht eingezogen, 1944 wurde seine Ehe aus seinem Verschulden geschieden. Er kehrte im Jahre 1947 aus der Kriegsgefangenschaft in die damalige Ostzone zurück und lebte von Schwarzhandelsgeschäften mit Fischkonserven. Dabei lernte er seine späteren Mittäter – einen Mann und eine Frau – kennen, die ihrerseits Trickdiebstähle ausführten, indem sie ihren Opfern in der damaligen Notsituation unter dem Vorwand des Angebotes von Vitamintabletten auf geschickte Weise Schlafmittel und Morphium zuführten und sie dann beraubten.

Dabei war die Frau das treibende Element. Als sich der zweite Mittäter absetzte, führte Theo mit der Frau alleine diese Form des Diebstahls oder der Beraubung weiter aus. Dabei kam es zu mehreren Todesfällen, für die die Mittäterin zu insgesamt fünfmal lebenslänglichem Zuchthaus und 15 Jahren Gesamtfreiheitsstrafe verurteilt wurde.

Der zweite Mittäter kam mit einer relativ geringen Freiheitsstrafe davon.

Theo fügte sich in die Haftbedingungen zunächst nur widerstrebend ein. Er kämpfte verbissen mit den staatlichen Stellen gegen das ihm vermeintlich geschehene Unrecht und versuchte mehrfach, Wiederaufnahmeverfahren für sich in Gang zu setzen. Dabei begründete er seine Anträge mit dem Hinweis, daß er von dem Tun seiner Mittäterin nichts gewußt habe.

Auch nach 15jähriger Haft fühlte er sich noch genauso schuldlos an dem schweren Verbrechen wie zu Beginn. In dieser Zeit meinte er, daß er nun alles viel klarer sehe. Er wundere sich, daß er damals der Mitverurteilten soviel Vertrauen geschenkt habe. Seine Schuld bestehe allein darin, daß er von dem Erlös der von ihr mitgebrachten Sachen gelebt habe. Daß er sich nicht von ihr getrennt habe, beruhe auf seiner damaligen sexuellen Bindung.

Im Verlauf der Zeit bemühte sich Theo um eine gute Führung, wurde von den Beamten jedoch als innerlich verhärtet charakterisiert. Er selbst beschrieb sich: „Und 18 Zuchthausjahre haben mich körperlich und geistig an den Rand des Ruins gebracht." Nach wie vor beklagte er das ihm geschehene Unrecht.

Erst nach 20 Haftjahren scheint eine innere Umkehr stattgefunden zu haben. Ein zwei Jahre vor der Entlassung erstelltes psychologisches Gutachten sprach von einem durchschnittlich intelligenten, zur Pedanterie neigenden Mann, der ein guter Beobachter und geistig wendig sei. „Durch das Einnehmen einer konservativen Haltung zeigt sich (Theo) sowohl rational wie intuitiv sozial hinreichend gut angepaßt. Das Kontaktverhalten gestaltet sich normal, wenn es auch auf Grund von deutlicher Unsicherheit und Ängstlichkeit spannungsgeladen ist, so daß er dazu neigt, sich als Abhängiger einer Gruppe anzuschließen. Dabei verfügt er durchaus über ein gewisses Selbstbewußtsein, das jedoch in sozialen Situationen, in denen er sich als hilfsbedürftig sieht, nicht zum Tragen kommt ... im Gegensatz zu vielen anderen, auch jüngeren Gefangenen, die seit mehr als 20 Jahren inhaftiert sind, ist (Theo) keineswegs sehr weltfremd; er besitzt im Gegenteil eine recht gute Orientierung über seine Umwelt."

Kontakt nach draußen hatte Theo kaum. Lediglich seine von ihm geschiedene, in der DDR lebende Ehefrau schrieb ihm zuweilen und setzte sich auch mit Gnadengesuchen für ihn ein.

Im Jahre 1971 wurde die Begnadigung ausgesprochen und die Aussetzung der Sicherungsverwahrung verfügt. Zu Beginn des Jahres 1972 wurde er in den offenen Vollzug übernommen. Er arbeitete während dieser Zeit als Hausmeisterhelfer in einem Krankenhaus und lebte sich in die Bedingungen der Freiheit zur Überraschung aller recht schnell ein. Auch die starke körperliche Ermüdung, die sich zu Beginn der Arbeitsaufnahme zeigte, legte sich bald. Im April 1972 wurde er endgültig entlassen und arbeitete zunächst in diesem Krankenhaus weiter, wo er auch Unterkunft fand. Über die Zeit im offenen Vollzug berichtete er selbst, daß es für ihn eigentlich überflüssig gewesen sei, da er sich auch so hätte in Freiheit zurechtfinden können.

Nach etwa einem halben Jahr kündigte Theo seine Stellung im Krankenhaus, da sich inzwischen sein Stiefsohn gemeldet hatte und sich bereit erklärte, ihn bei sich aufzunehmen. Seit dieser Zeit lebte er im Haushalt dieses Sohnes. Dessen junge Ehefrau, vor der er sich eigentlich gefürchtet hatte, da sie die Wahrheit nicht kannte, sei ihm nun ganz besonders zugetan. Zunächst habe er an seinem neuen Wohnort in einem Elektrolager gearbeitet. Diese Arbeit mußte er jedoch wegen des Erreichens der Altersgrenze aufgeben. Von der sehr bescheidenen Rente konnte er nicht leben und habe sich deshalb eine Arbeit gesucht, die er als Garderobier auch gefunden habe. Da inzwischen die Kinder seines Sohnes älter wurden und nicht mehr in einem Zimmer leben sollten, habe er mit Hilfe seines Bewährungshelfers ein neus Zimmer ganz in der Nähe seiner Familie bezogen. Nach wie vor werde er in der Familie seines Sohnes versorgt. Seine finanzielle Situation sei jetzt für ihn zufriedenstellend.

Er berichtete im Gespräch mit uns, daß er in den ersten vier Wochen nach der Entlassung doch ein wenig Unsicherheit verspürt habe. Besonders der Kontakt mit anderen sei für ihn zunächst schwierig gewesen. Aus seiner jetzigen Erfahrung würde er jedem Entlassenen raten, ganz vom Ort seiner Tat und auch vom Entlassungsort fortzugehen. Seine erste Tätigkeit im Krankenhaus sei zwar nicht schlecht gewesen und er wäre auch gerne dageblieben, aber seine Vorgeschichte sei dort im Laufe der Zeit bekannt geworden. Das habe man ihn zwar nicht merken lassen, doch das unsichere Gefühl „die wissen es" habe ihn sehr belastet. Die Gelegenheit, an einem anderen Ort ganz neu und unbelastet anfangen zu können, habe ihm sehr viel Auftrieb gegeben. Auch das Verhältnis zum Bewährungshelfer spiele eine große Rolle. Man müsse sich wirklich von Anfang an mit ihm sehr gut verstehen, dann gehe alles ganz leicht und ohne direkte Vorschriften. Insgesamt stellte sich Theo zum Problem der Bewährungshelfer recht kritisch ein. Er meinte, daß am Anfang jeder eine Starthilfe brauche. Die Bewährungszeit solle nicht zu lange anhalten, da man doch wisse, daß das letzte Quäntchen Freiheit fehle. Andererseits sei das Leben ja ein Kampf und insbesondre jetzt, wenn drohende Arbeitslosigkeit es immer schwieriger mache, Arbeitsstellen zu finden, brauche man unbedingt die Hilfe eines bewanderten Menschen.

Als besonders beglückendes Ereignis habe er die Tatsache empfunden, daß er bei der Hochzeit der ältesten Tochter seines Sohnes als Trauzeuge gewählt worden sei. Bei diesem Thema traten ihm die Tränen in die Augen. Er hatte aber noch über ein Problem zu klagen, das ihn sehr bekümmerte: das Fehlen eines Lebenspartners. Schon während der Haft habe er sehr darunter gelitten, vom weiblichen Geschlecht getrennt gewesen zu sein. Jetzt habe das zwar nachgelassen, doch träume er manchmal noch davon, eine Frau zu besitzen. Seit seiner Entlassung sei es nicht zu sexuellem Kontakt mit dem anderen Geschlecht gekommen, obgleich er zwei Bekannte gehabt habe, die dem nicht abgeneigt gewesen wären. Aber aus Scheu zu versagen, habe er den näheren Kontakt gemieden. Außerdem habe er es nicht fertig gebracht, etwas von seiner Vergan genheit zu sagen, obschon er glaube, daß er das tun müsse. Er sehe im Augenblick keine Chance, noch eine Lebenspartnerin zu finden.

Der zunächst in dem gemeinsam mit dem Bewährungshelfer geführten Gespräch etwas gehemmt wirkende Mann verlor im Verlauf alle Scheu und zeigte sich lebhaft, etwas weitschweifig in seiner Rede, aber sehr warmherzig. Er ist sozial sicherlich wieder voll eingegliedert und sehr selbständig, was nicht zuletzt das Verdienst seines Bewährungshelfers ist.

Zusammenfassende Stellungnahme zu den einzelnen Fragen:

1. Der im Zuge der Nachkriegszeit sozial völlig entgleiste Mann hat in den langen Haftjahren unter sehr viel Schwierigkeiten einsehen gelernt, daß von ihm eine Anpassungsleistung erwartet und erbracht werden muß, die ihn jetzt so relativ rasch in die Lage versetzt hat, sich sozial ohne Probleme wieder einzugliedern und auch ein für ihn zufriedenstellendes Leben zu führen.
2. Die vom Probanden geschilderte Gehemmtheit und Unsicherheit im zwischenmenschlichen Bereich, die getragen wird von der Angst, daß seine Vorgeschichte ans Tageslicht kommt, hat

seine Wiedereingliederung zunächst zwar erschwert, ist jedoch jetzt weitgehend zurückgetreten und nicht als Ausdruck einer Dauerveränderung anzusehen.

3. a) Organisatorische Schwierigkeiten bei der Wiedereingliederung gab es nicht. Allein die Tatsache, daß an seinem ersten Arbeitsort seine Vorgeschichte doch nicht unentdeckt blieb, hat ihn eine Weile beunruhigt. Als sich die Möglichkeit bot, in die Familie des Sohnes aufgenommen zu werden, hat sich diese Beunruhigung völlig verloren.
b) Persönliche Schwierigkeiten bei der Wiedereingliederung gibt es im Bereich der partnerschaftlichen Beziehung. Der Proband wünscht sich sehr, eine Lebensgefährtin zu finden. Die Angst, sexuell zu versagen und seine Vorgeschichte eröffnen zu müssen, hat ihn bisher gehindert, diese Wünsche zu realisieren.

Fall 21, Uwe 1928

Er wurde im Jahre 1953 wegen Mordes und schwerer Kuppelei zu einer lebenslänglichen Zuchthausstrafe verurteilt.

Uwe entstammt einem ordentlichen Elternhaus, in dem er mit drei Geschwistern lebte. Sein Vater war Metzger, arbeitete jedoch als Bergmann. Uwe besuchte die Volksschule mit gutem Erfolg. Er konnte eine begonnene Metzgerlehre wegen der Verpflichtung zum Arbeitsdienst nicht abschließen. Nach dem Krieg war er in mehreren verschiedenen Berufen tätig. Zuerst als Kraftfahrer, da er aber durch einen Betriebsunfall ein Auge verlor, mußte er diese Tätigkeit aufgeben. Sodann arbeitete er als Ofenfahrer in einer Stickstofffabrik, wurde später Landarbeiter in Frankreich und verdiente sich außerdem als Schlepper auf einer Zeche sein Geld. Zuletzt war er als Vertreter tätig. 1948 heiratete er und lebte mit seiner Frau und drei in kurzen Zeitabständen nacheinander geborenen Kindern im Haushalt der Schwiegereltern, die nunmehr mit 13 Personen in einer dreieinhalb-Zimmer-Wohnung hausten. Sehr bald nach seiner Eheschließung begann er ein Liebesverhältnis mit einer 14jährigen Schwägerin, das über mehrere Jahre dauerte. 1950 wollte er sich von seiner Frau scheiden lassen, da es zwischen ihnen Meinungsverschiedenheiten gab und er glaubte, sich nicht mehr mit ihr vertragen zu können. 1952 lernte Uwe ein junges Mädchen kennen und begehrte wiederum die Scheidung von seiner Frau, die diese jedoch weiterhin verweigerte. Im gleichen Jahr wurde ihm ein viertes Kind von seiner Frau und ein Kind von seiner Geliebten geboren. Da Uwe erkannte, daß seine Frau ihn nicht freigegeben werde, gaukelte er ihr die Trennung von seiner Geliebten vor und bewog seine Frau, mit ihm gemeinsam den Freitod zu suchen. In diesem Glauben trank seine Frau ein zubereitetes Kleesalz-Getränk und starb an den Folgen einer Vergiftung. Er hat selbst aber kein Gift genommen.

Zu dieser Zeit war Uwe wegen Unterschlagung einmal vorbestraft.

Uwe, der ständig seine Unschuld beteuerte und sich darauf einließ, daß seine Frau das Gift aus eigenem Entschluß genommen habe, fiel in der Haft zunächst durch sein etwas großsprecherisches und „lügnerisches" Wesen auf. Er fügte sich jedoch ohne Schwierigkeiten in die Hausordnung der Anstalt ein und war in dem in der Haft erlernten Schneiderberuf als guter Arbeiter bekannt. Im Laufe der Jahre erkrankte Uwe an Diabetes und an einem Herzleiden. Diese Erkrankungen, die sich langsam ankündigten, wurden seiner Meinung nach nicht ernst genommen, so daß er einen schweren Suizidversuch unternahm, der für ihn jedoch ohne ernste Folgen blieb. Die Herzerkrankung machte häufige Krankenhausaufenthalte, auch außerhalb der Anstaltsmauern notwendig, und er wurde schließlich erwerbsunfähig. Zeitweise wurde er auf den Lazarettabteilungen zu Hilfsarbeiten in der Kleiderkammer eingesetzt, wo er seine schneiderischen Fähigkeiten anwenden konnte.

Seine anfängliche Reizbarkeit, Uneinsichtigkeit und Ichbezogenheit legten sich und Uwe entwickelte sich zu einem ruhigen, um Sachlichkeit bemühten, zu positiver Selbstkritik fähigen Menschen, der bestrebt war, sich selbst nicht aufzugeben.

Über die Haftjahre hatte allein seine älteste Tochter den Kontakt zum Vater gehalten und sich auch bereit erklärt, ihn nach einer eventuellen Entlassung bei sich aufzunehmen.

Nach seiner Begnadigung und der endgültigen Entlassung im Jahre 1973 fand Uwe Unterkunft bei dem Arbeitgeber seiner Tochter, der über alles aufgeklärt wurde. Diese zunächst vom Bewährungshelfer gebilligte Unterbringung hat sich aber schnell als ungünstig herausgestellt, da der Vermieter, bei dem Uwes Tochter als Hausmädchen beschäftigt war, wohl unredliche Geschäfte betrieb und außer Uwes Schwiegersohn auch ihn selbst in diese Geschäfte mit hineinzuziehen suchte. Andererseits habe der Vermieter ihm vorgeworfen, unlautere Geschäfte unternommen zu haben. Über diese Auseinandersetzungen und wegen überhöhter finanzieller Forderungen der Tochter kühlte das familiäre Verhältnis deutlich ab, so daß sich Uwe mit Hilfe des Bewährungshelfers nach einer neuen Wohnung umsah und diese dann in einer kleinen Gartensiedlung fand. Dort konnte er ein Häuschen mieten, das er allein bewohnte. Zu seinem Schutz schaffte er sich einen Schäferhund an und bekam wegen seiner schweren Herzerkrankung, die inzwischen das Tragen eines Herzschrittmachers notwendig machte, ein Telefon. Er äußerte im Gespräch mit uns, daß er sich dort draußen vor der Stadt inzwischen sehr gut eingelebt habe. Dies insbesondere, weil er sich von allen Nachbarn geschätzt und bei ihnen beliebt fühle. Da Uwe noch einen Führerschein besitzt, fährt er ab und zu auch mit einem Auto, besucht häufig seine ehemalige Haftanstalt und die ihn früher behandelnden Ärzte. Die Bedenken des Bewährungshelfers, das Autofahren wegen der Erkrankung aufzugeben, mochte Uwe nicht annehmen. Wie wir später erfahren konnten, verursachte er vor kurzem einen Verkehrsunfall mit Unfallflucht und wurde deshalb zu einer Geldstrafe verurteilt.

Die finanzielle Situation Uwes ist nicht sehr günstig. Er bezieht lediglich eine sehr kleine Rente, hat allerdings als Kranker einige Vergünstigungen und verdient sich zum Beispiel durch das fachmännische Ausstopfen von Tierbälgen noch Geld hinzu. Allerdings sind seine Ansprüche, insbesondere im Hinblick auf Kleidung und Körperpflege doch relativ groß, so daß er mit seinem Geld gerade auskommt. Uwe selbst betont, daß er sich mit seinem schneiderischen Können viel Geld gespart habe, indem er zum Beispiel Gardinen für sein Häuschen genäht habe oder Änderungen und Ausbesserungen an seiner Kleidung selbst vornehmen könne.

Obwohl er sich in seiner jetzigen Situation sehr wohl fühle, habe er über gelegentliche Angstzustände zu klagen, die kurz nach der Entlassung noch viel heftiger gewesen seien. So fühle er sich insbesondere in fremder Umgebung und unter fremden Menschen sehr unsicher, hasse es, bei Behörden vorsprechen zu müssen und sei eigentlich darauf bedacht, so wenig wie möglich Kontakte nach außen aufzunehmen. Dies auch deshalb, damit seine Vergangenheit nicht bekannt werde. Die anfängliche Unsicherheit und Angst sei jedoch mit Hilfe seiner Tochter, die ihm zum Beispiel auf den ersten Behördengängen zum Besorgen der Personalpapiere begleitet habe und durch den Bewährungshelfer weitgehend abgebaut worden. Seine noch verbliebene Unsicherheit könne er inzwischen recht gut verbergen.

Das Gespräch mit dem Bewährungshelfer und Uwe gestaltete sich insgesamt frei und ungezwungen, nachdem Uwe seine anfängliche Zurückhaltung überwunden hatte. Diese kam nicht nur in einem leichten Zittern, sondern auch einer etwas stotternden Sprechweise zum Ausdruck. Hierzu erwähnte er, daß er anläßlich einer schweren Gesundheitskrise in der Anstalt, bei der er nahezu völlig gelähmt gewesen sei, auch seine Sprache zeitweilig ganz verloren hatte. Das Stottern in der anfänglich für ihn etwas aufregenden Gesprächssituation läßt sich daher möglicherweise auch als Restsymptom der Sprachstörung ansehen. Sowohl Uwe als auch der Bewährungshelfer beschlossen das Gespräch, indem sie betonten, daß Uwes Resozialisierung vollauf gelungen sei.

Zusammenfassende Stellungnahme zu den einzelnen Fragen:

1. Der früher sehr leichtsinnige, egoistische und sozial wenig angepaßte Mann, der sich auch heute noch zu Unrecht zu einer solch hohen Strafe verurteilt glaubt, hat sich dennoch im Verlauf der Jahre nicht zuletzt angesichts seiner schweren körperlichen Erkrankung zu einem ruhigen, ein geordnetes Leben bevorzugenden und sozial angepaßten Menschen entwickelt. Eine gewisse Form von Eigensinnigkeit und Uneinsichtigkeit behindern die Arbeit des Be-

währungshelfers zwar gelegentlich heute noch, es kommt jedoch nicht zu belangvollen sozialen Unangepaßtheiten. Es bleibt die Frage offen, ob die früher von ihm gebotene, vorwiegend expansive Lebensweise wesentlich durch die körperliche Erkrankung gedämpft oder auch durch die Haft überformt worden ist. Der Verkehrsunfall mit Unfallflucht läßt ein Fortbestehen seines früher vorherrschenden Leichtsinns vermuten.

2. Eine besondere Form von Ängstlichkeit und Unsicherheit im Umgang mit fremden Menschen und Behörden ist sicher als Auswirkung der Haft anzusehen. Die daraus resultierende Scheu ist jedoch im Laufe der Zeit weitgehend zurückgetreten.
3. a) Organisatorische Schwierigkeiten gab es zunächst keine. Erst als Uwe durch finanzielle Forderungen seiner Angehörigen und das wohl nicht ganz gesetzestreue Leben des Vermieters in Schwierigkeiten zu geraten drohte, mußte der Bewährungshelfer eingreifen und die Unterbringung Uwes neu regeln.
   b) Uwes Unsicherheit im Umgang mit anderen machte ihm zunächst das Leben insofern schwer, als er alle notwendigen Behördengänge nur unter erheblicher Belastung und mit Hilfe seiner Angehörigen erledigen konnte. Jetzt hat er eine ihn befriedigende Lebensform gefunden.

Fall 22, Volker 1927

Er wurde im Jahre 1951 wegen Mordes in Tateinheit mit besonders schwerem Raub zu einer lebenslänglichen Zuchthausstrafe verurteilt. Sein Bruder, der zur Zeit der Tat 15 Jahre alt war, wurde zu drei Jahren Jugendstrafe verurteilt und bereits im Jahre 1953 begnadigt.

Volker stammt aus einem schlechten sozialen Milieu. Sein Vater war Eisenflechter, er selbst hatte drei Geschwister. Volker besuchte achte Jahre die Volksschule, wurde von den Lehrern als knapp begabt geschildert und hat schon in der Schule seinen Kameraden oftmals Kleinigkeiten weggenommen. Nach der Schule hatte er eine Weberlehre angefangen, jedoch höchst unregelmäßig gearbeitet, war mehrfach von zu Hause ausgerissen und kam deswegen ein Jahr in die Fürsorgeerziehung. Die Lehre beendete er nicht. Nach Kriegsende beteiligte er sich an Schwarzhandelsgeschäften, arbeitete nur ganz unregelmäßig im Bergwerk und erschoß und beraubte gemeinsam mit seinem damals 15jährigen Bruder im Zuge eines Schwarzhandelsgeschäftes einen Mann. Danach blieb er zunächst unerkannt und ging als Bergarbeiter nach Frankreich, wo er später inhaftiert wurde. Seine 1945 geschlossene Ehe wurde bereits 1947 wieder geschieden.

Volker war zu dieser Zeit fünfmal wegen Diebstahls und Schwarzhandelsgeschäften vorbestraft.

Der psychiatrische Gutachter hatte Volker als einen Mann bezeichnet, der kaltblütig, ohne innere Erregung seine Tat schilderte, aber doch offen und frei auftrat.

Während der Haftzeit gab er keinerlei Anlaß zur Klage. Er wurde als fleißiger und beständiger Arbeiter beurteilt. Es hieß, er sei ehrlich, kenne jedoch keine Reue. Volker hat sich darum bemüht, einen Beruf zu erlernen, was ihm auch in der Anstaltsdruckerei möglich war. Etwa seit dem 15. Haftjahr bemühten sich nicht nur die Deutsche Liga für Menschenrechte und eine Journalistin um Volker, sondern auch der Anstaltspfarrer und ein Rechtsanwalt betonten, Volker habe eine sehr positive Entwicklung durchgemacht. Eine baldige Entlassung sei unbedingt angebracht, weil er sonst als völlig gebrochener Mensch die Anstalt verlassen werde. Wenig später erschien ein Zeitungsartikel in der örtlichen Presse, in dem von Volker berichtet wurde. Dort hieß es: „Der Häftling ist von der langen Zuchthausstrafe völlig ausgezehrt. Ich glaube nicht, daß er die ein oder zwei Jahre bis zur Entscheidung des nächsten Gnadengesuches noch übersteht." In einem anderen Schriftsatz wurde mit ähnlichem Tenor betont: „Kein intelligenter Mensch kann „lebendig begraben" leben, ohne den Verstand zu verlieren. Am „Leben" hält diese Menschen doch nur die Hoffnung, eines Tages irgendwann begnadigt zu werden."

Diese Begnadigung fand im Jahre 1968 statt. Im Jahre 1969 erfolgte in einem zweiten Gnadenakt die Aussetzung des Strafrestes zur Bewährung und Volker wurde im Juli des gleichen Jahres endgültig entlassen. Eben jener Journalist, der sich in einem Zeitungsartikel für Volker verwandte, besorgte ihm Arbeit und Unterkunft. So konnte Volker am Entlassungstag, an dem er von diesem Mann abgeholt wurde, bei einer Frau untergebracht werden, die sich um entlassene Strafgefangene schon häufiger bemüht hatte. Wenige Tage nach der Entlassung begann er mit einer Tätigkeit in einer kleinen Druckerei. Bald bahnte sich zwischen der Vermieterin und Volker ein intimes Verhältnis an. Gegen eine Heirat mit der intellektuell eindeutig überlegenen und nach ihrer Herkunft sozial wesentlich höherstehenden Frau wurden sowohl von dem befreundeten Journalisten als auch von dem Bewährungshelfer vor allem deshalb Bedenken geltend gemacht, weil diese ihr Zögern erkennen ließ. Auf Drängen des Bewährungshelfers wechselte Volker die Wohnung. Schon bald zog er jedoch erneut zu dieser Frau, aber zur Zeit unseres Gespräches mit dem Bewährungshelfer wohnte er wieder nicht mehr bei ihr. Eine Freundschaft zwischen beiden besteht jedoch noch immer. Nach dem Bericht des Bewährungshelfers ist Volker an seinem Arbeitsplatz sehr geschätzt. Er arbeite regelmäßig und ordentlich. Schon Ende des Entlassungsjahres erwarb er den Führerschein. Er kaufte sich aber bereits vor der Erlangung dieser Fahrerlaubnis ein Auto und wurde einmal wegen Fahrens ohne Führerschein auffällig und dafür bestraft.

Das Gespräch mit dem Bewährungshelfer fand in dessen Diensträumen statt. Es war auch ein Treffen mit Volker vereinbart, dem er sich jedoch zweimal durch kurze vorherige telefonische Absage entzog, so daß wir daraus schließen müssen, daß er doch eine persönliche Begegnung vermeiden wollte. Der Bewährungshelfer meinte abschließend, daß sich Volker problemlos sozial wieder eingegliedert habe. Lediglich einige unrealistische Liebschaften (als 42jähriger Mann habe er sich für ein 16jähriges Mädchen interessiert) und einige Übertriebenheiten bei der Beschaffung von Kleidung sowie eine besondere Vorliebe für das Auto seien ein Zeichen für einen gewissen Nachholbedarf, den er jetzt ein wenig unkritisch zu befriedigen versuche.

Zusammenfassende Stellungnahme zu den einzelnen Fragen:

1. Der aus einem schlechten sozialen Milieu stammende, damals stets auf seinen Vorteil bedachte und kaltblütig und berechnend agierende Mann hat sich im Verlauf der Strafverbüßung zu einem fleißigen und beständig arbeitenden, sozial angepaßten Menschen entwickelt. Einige überschießende, etwas unrealistisch wirkende Verhaltensweisen können als Ausdruck eines Nachholbedarfs bei dem zur Zeit der Verhaftung noch sehr jungen Mann gedeutet werden.
2. Es lassen sich keine Verhaltensauffälligkeiten aufdecken, die Ausdruck eines Haftschadens oder Zeichen einer inneren oder äußeren Verkümmerung sind.
3. a) Organisatorische Schwierigkeiten sind lediglich dadurch aufgetreten, daß Volker ein Verhältnis mit einer Frau aufgenommen hat, von dem auch heute noch nicht erkennbar ist, ob über eine Freundschaft hinaus eine beständige Verbindung möglich oder auch ratsam ist.
   b) Die situativen Schwierigkeiten sind dem einfach strukturierten Mann bisher nicht zum Problem geworden.

Fall 23, Wolf 1914

Im Jahre 1946 wurde er wegen Mordes in Tateinheit mit versuchtem schweren Raub zu einer lebenslänglichen Zuchthausstrafe verurteilt.

Wolf stammt aus geordneten Verhältnissen, hatte die Volksschule erfolgreich besucht und eine kaufmännische Lehre abgeschlossen. Von 1935–1945 gehörte er der Wehrmacht an. Im Jahre 1943 hatte er geheiratet und war nach einer kurzfristigen Internierung nach dem Krieg zu seiner Familie zurückgekehrt. Bei der ostdeutschen Reichsbahn fand er eine Arbeitsstelle, stahl dort jedoch Zement und floh in den Westen, um nicht bestraft zu werden.

Er begab sich in ein Flüchtlingslager, ließ sich eine Arbeit als Landwirtschaftsgehilfe vermitteln und war in diesem Beruf bis zu seiner Tat beschäftigt. Auf dem Hof, wo er in Kost und Logis lebte, arbeitete er zufriedenstellend. Einige kleinere Diebstähle zeigte sein Arbeitgeber nicht an. Nach einer Weile entschloß sich Wolf jedoch, zu seiner Familie zurückzukehren. Das nötige

Bargeld zur Heimfahrt wollte er sich wiederum durch einen Diebstahl bei seinem Arbeitgeber besorgen. Im Zuge dieses Vorhabens erschlug er dessen Ehefrau mit einem Hammer. Sie erlag einen Tag nach der Tat ihren Verletzungen.

Wolf war zu dieser Zeit unbestraft. In die Haft fügte er sich anfänglich nur schwer ein. Außerdem versuchte er wiederholt ein Wiederaufnahmeverfahren zu erreichen. Diesen Kampf gab er jedoch schließlich auf. Er paßte sich zunehmend an, arbeitete fleißig und war, nachdem er den Beruf eines Buchbinders in der Anstalt gelernt hatte, eine perfekte Kraft auf diesem Gebiet. Nach Jahren meinte er selbst zur Strafverbüßung: „Ich habe meine Strafe willig auf mich genommen und habe versucht, durch Fleiß und Befolgung aller Anordnungen zu zeigen, daß ich meine unselige Tat auch sühnen will."

Obgleich seine Ehe geschieden wurde, hat seine Ehefrau immer losen Kontakt zu ihm gehalten. Zeitweilig war sie sogar bereit, ihn nach einer eventuellen Entlassung bei sich aufzunehmen, lehnte dies später jedoch ab.

Seine übrigen Verwandten standen ihm sehr ablehnend gegenüber.

Im Jahre 1964 erfolgte die Begnadigung zu einer zeitlichen Freiheitsstrafe. Vier Jahre später folgte ein zweiter Gnadenakt, der die Aussetzung der Reststrafe zur Bewährung verfügte.

Von seiten der Fürsorger der Justizvollzugsanstalt war für ihn Arbeit und Unterkunft in einer großen Krankenanstalt vorbereitet worden. Im April 1968 wurde er ohne vorherige Vorbereitung auf die veränderte Umwelt – ohne bis dahin auch nur einmal ausgeführt worden zu sein – entlassen. Die ersten Tage verbrachte er bei einem ihm gut bekannten Fürsorger des früheren Zuchthauses und wohnte in einem Hotelzimmer, ehe er an seinem neuen Aufenthaltsort in einem Berufstätigenheim in einem Sechs-Mann-Zimmer Unterkunft fand. Diese Unterbringung habe er nicht unbedingt als unangenehm empfunden. Er habe wenigstens etwas Ansprache gehabt, ohne daß man allzu intensiv sich umeinander kümmerte. Zunächst sei er probeweise in einer Buchbinderei tätig gewesen. Drei Monate später habe er dann eine feste Anstellung bekommen. Etwa zur gleichen Zeit habe er sich ein möbliertes Zimmer mit Familienanschluß gesucht, wo er auch heute noch gerne wohne. Die Familie habe ihn sehr fürsorglich aufgenommen.

Zu seiner Mutter, die noch lebe, habe er wieder gute Verbindung gewonnen, und er besuche sie etwa alle vier Wochen. Auch die anderen Verwandten hätten ihre Vorbehalte inzwischen abgelegt, so daß er überall gerne gesehen sei. Seine finanzielle Situation sei recht gut, so daß er sogar schon ein wenig sparen konnte. Im übrigen sei er ein bescheidener Mann und trinke „sein Bierchen immer nur zu Hause."

Die Verbindung zur Anstalt und zu seinen Leidensgenossen, die er zunächst recht intensiv pflegte, habe er inzwischen ganz aufgegeben, da er diesen Lebensabschnitt als abgeschlossen betrachte und sich mehr auf die Zukunft orientiere. Die Tatsache, daß außer seinem Bewährungshelfer und dem Leiter der Krankenanstalt wo er tätig war, niemand von seiner Vergangenheit wisse, sei in diesem Zusammenhang sehr beruhigend. Insgesamt charakterisierte Wolf die Zeit nach der Entlassung als für ihn überraschend problemlos. Das Eingewöhnen habe ihm kaum Schwierigkeiten bereitet. Auch der Hinweis des Bewährungshelfers, der bei dem Gespräch mit Wolf zugegen war, daß er doch anfänglich oft das Gefühl gehabt habe, jeder wisse, woher er komme, vermochte Wolf jetzt nur noch mit einem Achselzucken und der Bemerkung: „Es war ja gar nicht so schlimm" zu quittieren. Er hat diese Befürchtungen offenbar ganz abgelegt.

Insgesamt machte Wolf einen mit sich und seinem jetzigen Leben zufriedenen und in keiner Weise von seiner Vergangenheit belasteten oder durch sie gezeichneten Eindruck.

Zusammenfassende Stellungnahme zu den einzelnen Fragen:

1. Der Mann, der sich in einer wirtschaftlichen Notlage wiederholt leichtfertig zum Diebstahl hinreißen ließ und dann auch ohne langes Zögern das Leben eines Menschen auslöschte, hat während der Haftjahre gezeigt, daß er im Grunde ein sozial anpassungsfähiger Mensch ist, der sich eindeutig stabilisiert und zusätzlich noch die Erfahrung gewonnen hat, daß begangenes Unrecht zu sühnen ist.

2. Für haftbedingte und sozial ungünstige Persönlichkeitsveränderungen ergeben sich in seinem Verhalten keinerlei Anhaltspunkte.
3. a) Organisatorische Schwierigkeiten bei der Wiedereingliederung gab es dank der optimalen Vorbereitung von seiten der Anstalt nicht.
b) Ebenso gab es keine persönlichen Schwierigkeiten, obwohl die Entlassung eine sehr plötzliche Umstellung verlangte.

Fall 24, Xaver 1911

Er wurde im Jahre 1948 wegen Mordes, Rückfalldiebstahls in 13 Fällen, Betruges in zwei Fällen, Unterschlagung und Amtsanmaßung in je einem Fall als gefährlicher Gewohnheitsverbrecher zu einer lebenslänglichen Zuchthausstrafe sowie zu 15 Jahren Zuchthaus verurteilt.

Xaver stammt aus ganz geordneten sozialen Verhältnissen und war das jüngste von vier Kindern. Als Xaver drei Jahre alt, starb seine Mutter. Erst drei Jahre später heiratete sein Vater wieder. Xavers Stiefmutter war eine sehr ehrgeizige Frau, die den begabten Jungen förderte. Nach dem Besuch der Volksschule ging er in eine Ordensschule, die er jedoch gegen den Wunsch seiner Stiefmutter in der Obersekunda verließ, da er nicht in den Orden eintreten wollte. Seine Stiefmutter, zu der er bis dahin ein gutes Verhältnis hatte, reagierte auf sein Verhalten gekränkt und verbot ihm jede weitere Ausbildung. Xaver versuchte zunächst, Krankenpfleger zu werden, brach diese Ausbildung jedoch bald ab und war dann zwei Jahre als Techniker-Volontär tätig. Später arbeitete er als kaufmännischer Angestellter. Im Jahre 1940 hat er geheiratet. Aus dieser Ehe, die 1947 wieder geschieden wurde, gingen zwei Kinder hervor. Die Ehefrau hat sich wegen des unwahrhaften und nicht gläubigen Charakters ihres Mannes wieder von ihm getrennt, zumal er in Schwarzmarktgeschäfte verwickelt und nach seiner schweren Tat verschwunden war. Zu dieser Tat war es gekommen, als er eines Tages zum wiederholten Male mit Diebstahlsabsichten, sich diesmal als Beamter des Wohnungsamtes ausgebend, in die Wohnung einer alten Frau eindrang. Als diese seine Absicht bemerkte, hat er sie gewürgt und erschlagen. Nach der Tat flüchtete er ins Ausland und wurde dort erst zwei Jahre später ermittelt und inhaftiert. Zu diesem Zeitpunkt war er bereits siebenmal vorbestraft. Zu Gunsten Xavers heißt es im Urteil u. a., daß „der Angeklagte offensichtlich tiefe Reue zeigt, sein verfehltes Leben mit weiteren, bisher unbekannten Straftaten rückhaltlos offenbart hat und es ernstlich sühnen will."

Nach anfänglichen Eingewöhnungsschwierigkeiten fand sich Xaver ohne größere Probleme in die Beschränkungen der Strafhaft. Sehr bald suchte und fand er im Glauben Hoffnung und Trost und war nach über 15 Haftjahren wie es die Ehefrau nach einem Besuch bei ihm ausdrückte „in der harten Leidensschule zu dem Manne geworden ... den ich schon früher in ihm geahnt habe und den ich geliebt habe." Sie hatte wieder ganz engen Kontakt zu ihrem Mann gefunden und war bereit, ihn nochmals als Vater für ihre Kinder, die ihrerseits den Vater voll akzeptierten, zu heiraten. Auch die übrigen Verwandten hatten wieder Kontakt zu ihm aufgenommen, der anfänglich ganz abgebrochen war. In den weiteren Haftjahren hatte Xaver offensichtlich aus seiner Glaubenshaltung den Weg zu einer sozialen Gesinnung gefunden, den er nach eigenen Angaben in der Zeit seiner Straftaten verloren hatte.

Seine positive innere Einstellung wurde auch von seiten der Anstalt bestätigt. Er sei reifer, ruhiger, besonnener geworden und bereue seine Straftat sehr. Es habe bei ihm nicht nur eine äußere Wandlung, sondern eine Wiederaufdeckung der primär positiven Gegebenheiten stattgefunden. Xaver selbst hatte sich einmal kritisch mit seiner inneren Einstellung auseinandergesetzt und schrieb: „Mit meinem Urteil habe ich mich seit langem aus religiösen Gründen abgefunden; auch die verstandesmäßige Überzeugung, daß vom rein sachlich-juristischen Standpunkt aus ein Fehlurteil gefällt wurde, hat auf meinen Sühnewillen nicht den geringsten Einfluß. Menschlicher Irrtum entbindet mich nicht von meiner Verantwortung gegenüber Gott." Hierin kommt zwar ein gewisser Hochmut zum Ausdruck, der es Xaver ermöglichte, sich ganz von den Fehlern seines Vorlebens zu distanzieren und an den positiven Menschen in sich selbst zu glauben. Zu einem ähnlichen Ergebnis kam ein drei Jahre vor der Entlassung Xavers angefertigtes psychologisches Gutachten. Es wurde zum Ausdruck gebracht, daß Xaver sich durch den Rückzug auf Gott eine Möglichkeit geschaffen habe, sich einer persönlich verbindlichen Verantwortungsbereitschaft gegenüber seinem menschlichen Versagen zu entziehen. Sein Tun sei unter diesem Aspekt der Ausdruck der allgemeinen menschlichen Sündhaftigkeit. Bezugnehmend auf die Tatsache, daß Xaver den größten Teil der von seiner Frau und anderen Verwandten eingereichten Gnadengesuche selbst geschrieben und aus der Anstalt herausgeschmuggelt habe, meinte der Gutachter: „(Xaver) hat es also verstanden, in einer schwierigen Situation andere Leute so für sich zu gewinnen, daß sie für ihn die Schreiben aus der Anstalt schmuggelten ... Er strebt sein durchaus legitimes Ziel nicht direkt und offen an, sondern er weckt durch geschickte Manipulationen bewußt einen falschen Glauben ... Ein Meisterwerk geschickter Selbsthuldigung und Fremdsuggestion bietet sich uns an." Im Gespräch mit dem Untersucher sei das Auftreten und die Sprache Xavers ungemein suggestiv gewesen. Seine überdurchschnittliche Intelligenz habe er lange Zeit in den Dienst einer antisozialen Selbstbefriedigung gestellt. Nun sei auf dem Erlebnishintergrund „echten Glaubens" eine Neuorientierung eingetreten. Die charakterlichen Unzulänglichkeiten des Probanden seien jedoch alle noch vorhanden. Er scheue Offenheit und Direktheit, zeige eine fassadenhafte Konformität und Anpassung, neige zu pseudologischer Selbstdarstellung und weiche seinen Konflikten aus. Alle von sozialpsychologischen Kennern des Strafvollzuges nach etwa 20 Haftjahren sonst erwarteten Schädigungen seien bei Xaver nicht eingetreten. Seine religiöse Haltung habe ihn davor bewahrt, in Trägheit, Stumpfheit und Gefühllosigkeit zu verfallen, wie es ein medizinischer Gutachter darstellte.

Im Jahre 1964 hat Xaver seine Frau wieder geheiratet. Im Jahre 1968 wurde Xaver zu einer zeitigen Freiheitsstrafe begnadigt und im März 1970 entlassen.

Er fand in der Familie seiner Frau Aufnahme und bewohnt mit ihr und der Schwiegermutter eine gemeinsame Wohnung. Etwa zwei Wochen nach der Entlassung hat er als kaufmännischer Angestellter eine Stelle in einem Betriebsbüro angenommen, wo er auch heute noch tätig ist. Nach dem Bericht des Bewährungshelfers ist seine finanzielle Situation gesichert. Er verdient ausreichend, auch seine Frau ist halbtags tätig. An seinem Arbeitsplatz wisse lediglich der Personalchef von seiner Vergangenheit.

In seiner Umgebung habe sich Xaver schnell eingelebt und zu den Menschen auch guten Kontakt gefunden. Während seiner Freizeit beschäftige er sich sehr intensiv mit der Straffälligenhilfe. Er sei im Gespräch mit dem Bewährungshelfer ein offener und aufgeschlossener Gesprächspartner, der sich vielseitig interessiert zeige. Der Bewährungshelfer beschreibt den Weg der Wiedereingliederung als völlig problemlos. Die einzige Beunruhigung sei der Besuch zweier Kriminalbeamter gewesen, die sich im Zuge einer sogenannten „formlosen Überwachung" nach ihm erkundigt hätten. Dieses Mißgeschick sei auf die mangelnde Koordination der staatlichen Stellen zurückzuführen.

Es konnte weder mit Xaver noch mit dem Bewährungshelfer ein Gespräch geführt werden, weil der Proband hierfür keine Einwilligung gab.

Zusammenfassende Stellungnahme zu den einzelnen Fragen:

1. Die lange Haft hat Xaver dazu verholfen, sein zuvor völlig aus der Bahn geratenes Leben zu ordnen. Der Motor seines Handelns und seines hohen Anspruchsniveaus ist sicherlich gleich geblieben. Lediglich die Art und Weise, mit der er seine Wünsche durchzusetzen weiß, hat gebilligte Formen gefunden.
2. Xavers Verhalten läßt den Schluß zu, daß er in seiner Persönlichkeit ganz unverändert die Haftjahre überstanden hat.
3. a) Organisatorische Schwierigkeiten gab es nicht, da Xaver in seine eigene Familie zurückkehren und infolge seiner guten Intelligenz auch gleich einen sozial gehobenen Arbeitsplatz einnehmen konnte.
   b) Persönliche Schwierigkeiten gab es keine.

Fall 25, Zacharias 1912

Er wurde im Jahre 1950 wegen Mordes zu einer lebenslänglichen Zuchthausstrafe verurteilt.

Zacharias ist das vierte Kind eines Landwirts und hatte noch neun Geschwister. Er lebte auf dem Hof der Eltern und arbeitete dort nach dem Abschluß der Volksschule, in der er zweimal wegen einer langwierigen Erkrankung sitzen blieb, bis zu seinem 18. Lebensjahr. Zweieinhalb Jahre war er auf anderen Höfen tätig, ehe er nach Hause zurückkehrte, wo er dann den LKW seines Vaters fuhr, der seinen Hof auf Obst- und Gemüsegroßhandel umgestellt hatte.

Zacharias hatte von Geburt an verkrüppelte Hände und eine Verkrümmung der Wirbelsäule und war wegen dieser Mißbildungen ständig benachteiligt. Als sein Vater starb und die Stiefmutter den Hof allein verwaltete, wurde es für ihn dort unerträglich. Um von zu Hause fortzukommen, heiratete er gegen den Willen der Stiefmutter ein Mädchen, von dem die Leute sagten, daß es ein Kind vom eigenen Vater hatte. Da Zacharias' Ehe kinderlos blieb, trug er sich mit dem Gedanken, sich scheiden zu lassen, zumal er eine Freundin hatte, die er sehr liebte und auch heiraten wollte. Aus Scheu vor dem Gerede seiner Angehörigen wagte er jedoch nicht, sich scheiden zu lassen. So kam er auf den Gedanken, seine Frau mit Rattengift umzubringen. Anläßlich einer leichten Grippe, die seine Frau ans Bett fesselte, gab er ihr Gift in einem Arzneifläschchen.

Zacharias war bis zu dieser Tat unbestraft.

In der Strafhaft verhielt sich Zacharias sehr wechselnd. Zeitweise war der als undurchsichtig beschriebene Mann ganz einfügsam und arbeitete unermüdlich, dann wieder begehrte er auf, erklärte seine völlige Unschuld und widersetzte sich den Anordnungen. Mit einer Hausstrafe mußte er jedoch nie bedacht werden. Im Laufe der Jahre beruhigte sich Zacharias, fand nun auch Interessen, die seine Freizeit ausfüllten und beteiligte sich an Gemeinschaftsunternehmungen. Anläßlich einer Weihnachtsfeier machte er z. B. ein Gedicht, das in Versen auf jeden Mitgefangenen sowohl aus der Gruppe der Langzeithäftlinge als auch auf seinen Arbeitsplatz einging.

Im Jahre 1972 wurde Zacharias begnadigt und im Januar 1973 entlassen.

Arbeit und Unterkunft auf einem Bauernhof hatte ihm ein langjähriger Briefpartner besorgt. Seine neue Umgebung gefiel Zacharias zunächst gut, aber schon bald beklagte er sich über mangelnde Sauberkeit und zu wenig menschliches Verständnis. Zudem fühlte er sich ausgenutzt. Als er dann im April des Jahres einen Leistenbruch erlitt, gab er die Stelle auf und wurde durch seinen Brieffreund, mit dem er sich nun regelmäßig traf, in eine neue Stelle auf einem Pferdehof vermittelt.

Dort trafen wir Zacharias, der ein sehr ordentliches Knechtzimmer bewohnt, das er selbst mustergültig sauber hält. Hierzu meinte er etwas verschmitzt: das habe er ja schließlich jahrelang geübt. Zacharias berichtete uns zunächst von ganz erheblichen Schwierigkeiten als er aus der Haft entlassen worden sei. Lediglich zwei Ausführungen hätten seine Unsicherheit in der neuen Umwelt nicht nehmen können. Er habe noch nicht einmal die neuen Verkehrszeichen gekannt und sich in vielen neuen Einrichtungen gar nicht zurechtfinden können. Das habe ihn am Anfang „ganz fertig gemacht". Zudem habe ihn die schwere körperliche Arbeit sehr mitgenommen. Draußen sei man doch ein anderes Tempo gewohnt und außerdem sei er durch die Dampfkost im „Knast" ganz geschwächt gewesen. So habe es zum Ende des ersten Jahres nach seiner Entlassung Augenblicke gegeben, in denen er fast lebensmüde gewesen sei. Zu diesem Zeitpunkt jedoch habe der ehemalige Anstaltspfarrer ihn mit einer jungen Familie bekannt gemacht, bei der er auch Weihnachten feiern konnte. Dort gehe er nun regelmäßig ein und aus und sei so etwas wie „der Opa" geworden. Trotzdem stimme es ihn immer wieder traurig, keine eigene Familie zu haben.

In seiner zweiten Stelle gefalle es ihm nun nach einer gewissen Zeit auch nicht mehr richtig. Vor allem fühle er, daß ihm bei seiner körperlichen Behinderung die alleinige Betreuung eines großen Pferdestalls zuviel werde. So habe er sich mit Billigung seines Bewährungshelfers eine neue Stelle als Hausdiener in einem Hotel gesucht, die er kurz nach unserem Gespräch antreten wollte.

Sein größter Stolz ist ein kleines Motorrad, das er sich gekauft hat und mit dem er sich die weiten Wege im Gelände verkürzt. Außerdem berichtete er, daß er schon etwa 6000,– DM gespart habe, was für sein Alter eine gewisse Sicherung bedeute, da er nur eine sehr kleine Rente erhalte. Von seinem Entlassungsgeld habe er auch nicht viel ausgeben müssen, da ihm sein Briefpartner Wäsche und Kleidung besorgt habe. So blickt Zacharias inzwischen mit einer gewissen Zufriedenheit auf die vergangenen Monate zurück, obgleich er seine Klagen nicht verschweigt. Die in den ersten beiden Arbeitsstellen von Zacharias geltend gemachten Klagen sah der Bewährungshelfer als eine durch die lange Haftzeit geweckte Unzufriedenheit an. Er meinte, daß sich daran bei Zacharias auch in Zukunft nichts ändern werde.

Das Gespräch mit Zacharias, der uns von der Begutachtung vor der Entlassung bekannt war, verlief sehr ungezwungen. Zacharias war voller Zuversicht, freute sich auf die neue Stelle und zeigte uns mit Stolz, was er sich alles erarbeitet hatte.

Zusammenfassende Stellungnahme zu den einzelnen Fragen:

1. Zacharias, der sich einer zwiespältigen Situation nicht gewachsen zeigte, hat sich im Verlauf der Haft zunehmend beständig den Erfordernissen des Gemeinschaftslebens angepaßt, so daß er sich jetzt in einer bescheidenen Selbständigkeit zurechtzufinden weiß. Die zunächst belastende Vereinsamung wurde durch den Kontakt mit einer jungen Sozialarbeiterfamilie überwunden.
2. Sein Verhalten weist zwar teilweise eine etwas realitätsfremde Anspruchshaltung auf, die er sich in der Haft zugelegt hatte, er hat aber allmählich doch eine wirklichkeitsnähere Einstellung gefunden.
3. a) Organisatorische Schwierigkeiten gab es insofern, als der sich sehr viel zutrauende Mann doch durch die effektiven Anforderungen des Arbeitsplatzes überfordert sah. Erst nachdem Leistungsmöglichkeiten und Arbeitsanforderungen sich angenähert haben, scheint auch die innere Ausgeglichenheit sowie eine äußere Beruhigung eingetreten zu sein. Ungünstig hat es sich in der ersten Zeit sicher auch ausgewirkt, daß dem wenig differenzierten Mann nicht durch einen längeren Übergangsvollzug die Umstellung auf das Leben in Freiheit erleichtert wurde.
   b) Persönliche Schwierigkeiten gab es vor allem wegen der stark empfundenen Vereinsamung, die aber durch die Aufnahme in eine junge Familie günstig beeinflußt werden konnte.

Fall 26, Alois 1920

Er wurde im Jahre 1948 wegen gemeinschaftlichen Mordes und gemeinschaftlichen besonders schweren Raubes zum Tode verurteilt und 1949 zu einer lebenslänglichen Freiheitsstrafe begnadigt. Er ist Mittäter von Cäsar (Fall 3) und hat im Gegensatz zu diesem nach anfänglichem Leugnen seine Tat rückhaltlos gestanden.

Alois ist Sohn eines Schlachtermeisters, hat eine Zwillingsschwester und lebte bis zur Scheidung der Eltern (Vater galt als Trinker) im Haushalt der Eltern. Er fühlte sich immer mehr zu seiner Mutter als zu seinem Vater hingezogen. Nach Abschluß der Volksschule erlernte er den Metzgerberuf und schloß seine Ausbildung mit der Gesellenprüfung ab. Im Jahre 1940 wurde er zum Arbeitsdienst und dann zur Wehrmacht eingezogen. Nach dem Kriege arbeitete er in der Gaststätte seiner Zwillingsschwester, die diese Gaststätte von der Mutter übernommen hatte. Wegen schlechten Umsatzes konnte er jedoch nicht bleiben, überwarf sich auch menschlich mit der Schwester und geriet dann mehr und mehr in einen unsteten Lebenswandel, der mit der Mordtat endete. Zum Zeitpunkt seiner Tat war Alois nicht vorbestraft.

In die Haft fügte sich Alois zunächst ohne Schwierigkeiten. Im Jahre 1952 brach er jedoch mit zwei weiteren Häftlingen aus, konnte aber bald wieder gefaßt werden. Für diese Tat wurde er zu einem Jahr Gefängnis verurteilt. Danach führte sich Alois wieder beanstandungsfrei. Es wurde eine deutliche Wandlung in seinem Wesen beschrieben, die sich auch in seiner Einstellung zur

Strafe zeigte. So wurde er im Laufe der Jahre als ein zuverlässiger Mitarbeiter geschätzt. Später machte er nochmals eine Krise durch, als sein erstes Gnadengesuch abgelehnt wurde. Zeitweilig verlor er in diesem Zusammenhang jeden Lebenswillen, konnte sich aber wieder fangen.

Seine Schwester, die sich während der gesamten Haftzeit um ihn bemühte, versuchte ihm auch in dieser schweren Zeit beizustehen.

In einer psychologischen Beurteilung ein Jahr vor seiner Begnadigung hieß es, daß bei Alois eine innere Ausgeglichenheit und eine realistische Einschätzung seiner Situation vorherrsche. Aggressionsneigungen seien nicht zu beobachten.

Im Jahre 1969 wurde Alois begnadigt und im Jahre 1970 folgte die Strafaussetzung zur Bewährung. Dabei ist die einjährige Gefängnisstrafe erlassen worden. Anfang des Jahres 1971 wurde Alois in den offenen Vollzug übernommen, wo er einen sehr günstigen Eindruck machte. Er arbeitete in seinem alten Beruf als Metzger. Sein Arbeitgeber betonte, daß Alois in seinen Leistungen einem freien Arbeiter nicht nachstehe. Schon bald hatte er sich eine Vertrauensstellung erworben und vertrat seinen Arbeitgeber bei dessen Abwesenheit. Die Vorbereitungen zur endgültigen Entlassung im April des Jahres 1971 verliefen insofern schwierig, als Alois nur ungerne in eine Großstadt ziehen wollte, wo seine Schwester ihm sehr günstige Arbeits- und Unterkunftsmöglichkeiten anbieten konnte. Er wünschte bei seinem ersten Arbeitgeber zu bleiben. Dieser Wunsch festigte sich nach seiner Ausführung zu seiner Schwester immer mehr. Alois fühlte sich durch das Tempo der Großstadt sehr belastet. Zudem wollte er der Schwester keine Schwierigkeiten wegen seiner Vergangenheit bereiten, deren Tochter mit einem Kriminalbeamten verheiratet ist. Im Grunde wäre er zwar gerne in die Familie zurückgekehrt, sah jedoch diese äußeren Schwierigkeiten als Hemmnisse an. In zahlreichen Gesprächen mit seinem Bewährungshelfer fiel diesem auf, daß Alois anfänglich sehr unbeholfen, unterwürfig und entscheidungsunfähig erschien. Alle Verantwortung lud er gerne auf Dritte ab. So lehnte er auch das Angebot seines Arbeitgebers ab, dessen Metzgerladen zu pachten.

Der Bewährungshelfer betonte in unserem Gespräch, daß er schon einige Langzeithäftlinge betreut habe, aber ein Mensch wie Alois ihm noch nicht begegnet sei. Dieser habe seine Vergangenheit abgelegt und niemals auch nur ein einziges Wort ihm gegenüber darüber verloren. Auch über die Haftzeit habe er nicht gesprochen. Obgleich Alois recht intelligent sei, fehlte ihm zunächst jede praktische Erfahrung in vielen Belangen des Alltagslebens. So habe er sich zeigen lassen, wie ein Scheck ausgefüllt werde, wie Formulare zu behandeln seien u. ä. Auch später sei er mit allen Unterlagen zum Bewährungshelfer gekommen und habe deren Richtigkeit überprüfen lassen. Allerdings könne der Bewährungshelfer nicht ausschließen, daß es sich dabei um ein ganz gezieltes Verhalten gehandelt habe, um allen Schwierigkeiten aus dem Wege zu gehen. Eine gewisse berechnende Grundhaltung glaubte er bei seinem Probanden festgestellt zu haben. Dies sei auch darin zum Ausdruck gekommen, daß Alois sich gleich nach der Haftentlassung sehr intensiv mit dem Gedanken beschäftigt habe, eine Frau zu finden. Diese sollte möglichst eine Gaststätte oder ein Hotel besitzen, in dem er mitarbeiten könnte. Er hatte auch den Plan entwickelt, sich mit seinem relativ hohen Rücklagengeld in ein Geschäft einzukaufen, so daß er gewissermaßen dort seine finanzielle Zukunftssicherung finden würde. Nur mit viel Mühe habe der Bewährungshelfer ihn dahin bringen können, daß er das Geld und auch einen Teil des jetzigen Verdienstes dazu verwandte, seine Sozialversicherung aufzubessern, um später in den Genuß einer höheren Rente zu kommen. Alois habe von Anfang an dazu geneigt, in materiellen Dingen sein Glück zu suchen und habe an solche konkreten Sicherungen zunächst nicht gedacht. Auch die Verbindung zu einer Frau habe er z. B. nur unter diesem Aspekt betrachtet. Es wurden manche ernsten Diskussionen hierüber geführt, bei denen der Bewährungshelfer versuchte, in Alois das Gefühl für die menschlichen Qualitäten eines weiblichen Partners zu wecken. Daß Alois wenig innere Mitschwingungsfähigkeit besitze, habe sich auch darin gezeigt, daß er geneigt war, aus jedem flüchtigen Lächeln oder Zunicken einer Dame Interesse dieser Frau an seiner Person herauszulesen. Inzwischen hat Alois eine Frau gefunden, mit der er wohl auch menschlich gut harmoniert und die insofern seine Vorstellungen erfüllt, als sie eine Gastwirtschaft führt.

Das Gespräch mit dem Bewährungshelfer in dessen Diensträumen war nach anfänglicher Zurückhaltung sehr informativ. Er meinte abschließend, daß Alois etwa bis zum Ende des ersten Jahres nach der Entlassung quasi wie im Zeitraffertempo gelebt habe, um möglichst alle Zukunftspläne schnellstens zu verwirklichen. Er habe außerdem versucht, sich mit kleinen Geschenken an andere sein Gewissen freizukaufen. Alois sei eben ein „krasser Materialist". Über etwas anderes als über Heirat und Zukunftspläne habe man mit ihm kaum sprechen können. Er sei ein sehr selbstbezogener Mensch und habe jetzt wohl eine Umgebung gefunden, wo er mit seinen Eigenarten toleriert werde.

Zusammenfassende Stellungnahme zu den einzelnen Fragen:

1. Der nach dem Kriege unter schlechten Einfluß geratene und sozial abgeglittene Mann vermochte nach anfänglicher innerer Auflehnung gegen die Haft in der Folgezeit seine Einstellung derart zu wandeln, daß er alle seine Voraussetzungen zur sozialen Anpassung wieder zu nutzen lernte.
2. An seinem Verhalten, das durch eine deutlich materiell betonte und egozentrische Einstellung geprägt wird, lassen sich keine haftbedingten Eigenheiten, die die soziale Wiedereingliederung gefährden könnten, beobachten.
3. a) Bei der Wiedereingliederung gab es insofern gewisse Schwierigkeiten, als Alois das Anerbieten seiner Schwester, in ihrer Familie aufgenommen zu werden, ausschlug, weil er hoffte, durch eine entsprechende Heirat seine Zukunft selbst gestalten zu können. Diesen Plan konnte er nach relativ kurzer Zeit dann auch verwirklichen.
   b) Persönliche Schwierigkeiten erwuchsen ihm allenfalls aus seiner sehr materiellen Einstellung, die jedoch im Laufe der Zeit in eine sozial tragbare Lebensform eingebaut werden konnte.

Fall 27, Bertold 1922

Er wurde im Jahre 1950 wegen Mordes in Tateinheit mit schwerem Raub zu einer lebenslangen Zuchthausstrafe verurteilt.

Bertold lebte mit seinen beiden Geschwistern in geordneten sozialen Verhältnissen im Hause der Eltern. Seine Mutter war Köchin und „die Seele der Familie". Nach dem Besuch der Volksschule leistete Bertold seinen Arbeitsdienst ab, arbeitete kurz im Geschäft seines Vaters und nahm dann am Krieg teil. Nach dem Krieg erhielt der Vater einen Generalauftrag der englischen Wehrmacht zur Demontage eines Betriebes. Dies verschaffte der Familie einen ungewohnten Wohlstand. Nach dem Tode der Mutter im Jahre 1947 löste sich die Familie auf und Bertold verlor jeden Halt. Er glaubte, von den ererbten Geldmitteln ohne Arbeit leben zu können. Zunehmend geriet er in schlechte Gesellschaft und beteiligte sich an verschiedenen Straftaten. In Verbindung mit einer solchen Tat überfuhr er einen Mann, um diesen als Zeugen zu beseitigen.

Zu dieser Zeit war Bertold dreimal vorbestraft.

Die Entwicklung in der Strafhaft verlief zunächst sehr ungünstig, und er mußte mehrfach mit Hausstrafen belegt werden. Er wurde als undisziplinierter Mann bezeichnet, der nachteilig auf seine Mitgefangenen einwirkte. In der Folgezeit – etwa nach dem 10. Haftjahr – wurde er jedoch als ruhig, höflich und zugänglich beurteilt. Er arbeitete bis zum Bekanntwerden einer Magenerkrankung ordentlich und willig. Später war er arbeitsunfähig und wirkte infolge der Erkrankung vorgealtert und „verbraucht". In einem zwei Jahre vor der Entlassung angefertigten psychologischen Gutachten wurde Bertold als nur unterdurchschnittlich intelligent, verlangsamt in der Auffassung, von ungenügender geistiger Beweglichkeit beschrieben. In den Testbefunden zeigte sich ein deutlicher Altersabbau. Wörtlich heißt es: „(Bertold) ist ein vorgealterter, kranker Mensch, emotional abgestumpft, bis auf gelegentliche cholerische Impulse. Er hat sich im Hinblick auf die Disziplin und Arbeitshaltung während seiner Haftzeit gut entwickelt, während seine charakterliche Entwicklung bei zwischenzeitlich vermutlich durchaus vorhandenen positiven Ansätzen in den letzten Jahren (mitbedingt durch Krankheit und Verbitterung über die Ablehnung seiner Gnadengesuche) zu einem erstarrten Rückzug geführt hat." Rebellische Züge, Schuldprojektionen und Imponiergehabe seien als Kompensation innerer Brüchigkeit zu sehen. Sie seien Stützen, die dem drohenden Persönlichkeitszerfall entgegengesetzt würden. Insgesamt sei Bertold der psychologischen Untersuchung gegenüber sehr ablehnend eingestellt gewesen und habe einen erheblichen Widerstand gegen den Untersucher aufgebaut.

Bertolds Verwandte, insbesondere seine Schwester und auch ein alter Schulfreund hielten während der Haftzeit beständigen Kontakt zu ihm und erklärten sich auch bereit, ihn nach einer evtl. Entlassung bei sich aufzunehmen.

Im Jahre 1973 wurde Bertold begnadigt und im gleichen Jahr für sechs Wochen in den offenen Vollzug übernommen, wo er sehr schnell Arbeit fand. Im Mai 1973 wurde er entlassen und von seinem ehrenamtlichen Bewährungshelfer abgeholt und an seinen neuen Wohnort in die Nähe seiner alten Heimatstadt gebracht. Dort lebte er auf einem großen Gut als landwirtschaftlicher Helfer bei freier Kost und Logis. Er erhielt ein Taschengeld, das ihm schon bald nicht mehr ausreichte, so daß er diese erste Stelle aufgab. Damals kehrte sein Bruder aus der DDR zurück und bat ihn, mit ihm gemeinsam das Schrotthandelsgeschäft des Vaters wieder aufzubauen. Dieser Plan wurde gemeinsam verwirklicht. Bertold lebte zur Zeit unseres Gespräches in einem Behelfszimmer, wo er nur schlief, während er tagsüber mit dem Bruder zusammen arbeitete. Die Abende und Wochenenden verbringe er bei seiner Schwester, die ihn auch mit Essen und frischer Wäsche versorge. Er hoffte, bald in eine Wohnung im Haus des Bruders einziehen zu können. Bertold hatte zur Zeit unseres Gesprächs nach eigenen und den Angaben des Bewährungshelfers wieder in die Familie und den alten Freundes- und Bekanntenkreis zurückgefunden und war überall ohne Vorbehalte aufgenommen worden.

Die Frage, ob es für Bertold bei der Wiedereingliederung irgendwelche innere oder äußere Probleme gegeben habe, wurde verneint. Da er vor der Entlassung neun Monate in einem Krankenhaus gewesen sei und sich dort habe frei bewegen können, habe er schon vor der Entlassung verschiedene Kontakte zu Außenstehenden gewonnen. Auch die Zeit im offenen Vollzug, in der er eine Schweißtätigkeit ausführte, hätte er eigentlich schon entbehren können. Zudem sei er ein Mensch, der sich schnell einlebe, nicht kontaktscheu sei und da es in seiner Umgebung sowieso „rund sei", daß er wieder da sei und alle ihn akzeptierten, kümmere ihn seine Vergangenheit gar nicht mehr.

Der Kontakt zum anderen Geschlecht „sei noch nicht in seinen Interessenkreis gerückt; er sei sowieso kein Mensch, der für's Heiraten angelegt sei".

Das Gespräch mit Bertold und seinem Bewährungshelfer fand im Hause des Bewährungshelfers statt und war gekennzeichnet von einer vertrauensvollen Offenheit. Bertold, der uns schon kannte, gab sich ganz unkompliziert, geradlinig und manchmal ein wenig spitzbübisch, wenn er z. B. sein Verhältnis zum Alkohol charakterisierte. Sowohl er als auch der Bewährungshelfer ließen keinen Zweifel daran, daß Bertolds Wiedereingliederung vollauf gelungen sei.

Zusammenfassende Stellungnahme zu den einzelnen Fragen:

1. Der nach dem Krieg und dem Tod der Mutter mit einer ausgesprochenen Haltlosigkeit in schlechten Einfluß geratene Mann, hat sich nach anfänglichem Rebellieren gegen die Haft im Laufe der Jahre als anpassungsfähig und einsatzbereit gezeigt. Er hat so viel innere Stabilität gewonnen, daß auch seine äußere Lebenssituation solide aufgebaut werden konnte.
2. In seinem Verhalten sind keine Persönlichkeitsmerkmale beobachtet worden, die auf eine durch die Haft hervorgerufene Schädigung oder auf die früher angenommene „Voralterung" oder „Abstumpfung" hinweisen.
3. a) Organisatorische Schwierigkeiten sind bei der Wiedereingliederung dank der guten Planung des Bewährungshelfers nicht aufgetreten. Die berufliche Sicherheit, die durch eine feste Anstellung gegeben war, scheint zwar zunächst dadurch gelitten zu haben, daß der Proband jetzt freiberuflich gemeinsam mit seinem Bruder tätig ist. Da beide jedoch von einem sehr

wachsamen und verständnisvollen Bewährungshelfer jede Unterstützung und Kontrolle erfahren, ist in dieser Hinsicht keine Beunruhigung zu erwarten.
b) Persönliche Schwierigkeiten sind nach der vorbehaltlosen Wiederaufnahme in die Familie nicht aufgetreten.

Fall 28, Christoph 1922
Er wurde im Jahre 1948 wegen gemeinschaftlichen Mordes in Tateinheit mit besonders schwerem Raub zum Tode verurteilt, und später zu einer lebenslangen Freiheitsstrafe begnadigt.

Christoph ist das zweitjüngste von neun Kindern eines Bergmannes und besuchte mit durchschnittlichem Erfolg die Volksschule. Wegen der schlechten wirtschaftlichen Verhältnisse im Elternhaus konnte er keinen Beruf erlernen und war zunächst als Hilfsarbeiter, später als Metallschleifer tätig, ehe er zum Militärdienst eingezogen wurde. Nach der Entlassung aus der Kriegsgefangeneschaft litt er an Gelenkrheumatismus und fand zunächst keine Arbeit. Später arbeitete er in der Landwirtschaft, daran anschließend für kurze Zeit auf einer Zeche, ehe er zum zweiten Mal unter dem Verdacht, einen Mord begangen zu haben, inhaftiert wurde. Obgleich nie eindeutig geklärt werden konnte, welcher der beiden Beschuldigten die tödlichen Schläge gegen den Mann führte, der in Raubabsicht überfallen wurde, wurden beide Täter zum Tode verurteilt. Christophs Mittäter verstarb in der Haft. Gegen einen Bruder von Christoph, der mitbeteiligt gewesen sein soll, fehlte es an ausreichenden Beweisen.

Christoph war zu diesem Zeitpunkt einmal wegen schweren Diebstahls vorbestraft.

Während der Haftzeit hat Christoph nie Schwierigkeiten bereitet. Der recht wortkarge, immer ein wenig stumpfe, aber freundliche und verläßliche Mann hat immer fleißig gearbeitet, sich voll zu seiner Schuld bekannt und seine Strafe als sinnvoll angenommen. Er bemühte sich, auch seinem „Leben im Knast" einen Sinn zu geben und er hoffte, irgendwann einmal wieder frei sein zu können. Dieses Sich-nicht-hängen-lassen habe ihm sehr geholfen, die Haftzeit zu ertragen.

Seine Familie, insbesondere der Mann einer Schwester, hielt während der Haft den Kontakt zu ihm und versicherte, daß Christoph bei ihm aufgenommen werden könne, falls er entlassen werden sollte.

Im Jahre 1972 wurde Christoph begnadigt und sehr bald in den offenen Vollzug verlegt, wo er drei Monate blieb und als Freigänger arbeitete. Im März 1973 erfolgte die Entlassung. Am Entlassungstag holte ihn sein Schwager ab und brachte ihn in seine neue Heimat, ein kleines Bergarbeiterhäuschen am Rande einer Großstadt. Dort bewohnt er nun zwei Zimmer und hat insofern auch ein kleines Reich für sich. Die ersten sieben Tage nach der Entlassung habe er „frei gemacht und sich umgesehen". Er habe sich neu eingekleidet, seinen Bewährungshelfer des öfteren getroffen und sich mit allem Neuen vertraut gemacht. Dann habe er seine Arbeitsstelle in einer Metallbaufirma angetreten. Dort müsse er relativ schwere körperliche Arbeit leisten, die ihn „ganz schön fertig mache", so daß er abends meist sehr müde sei und für Freizeitunternehmungen kaum mehr Raum habe. An seinem Arbeitsplatz habe er sich schnell eingelebt. Dort wisse lediglich der Chef über ihn Bescheid. Mit den Arbeitskollegen komme er gut aus; er habe ihre neugierigen Fragen dahingehend beantwortet, daß er nach langer Krankheit nun wieder eine neue Arbeit angefangen habe. Unter den Arbeitskollegen habe er einige, die „auch keine ganz weiße Weste hätten", was er an ihrer „knastgeprägten Sprache" gemerkt habe, die er natürlich bestens verstehe. Es sei für ihn sehr aufschlußreich, welche Gesinnung diese Leute an den Tag legten. Es sei sicher so, daß die, die am meisten über die Verbrecher schimpften, selbst den meisten Dreck am Stecken hätten. Verschiedentlich habe er an seinem neuen Wohnort auch ehemalige Mitgefangene getroffen. Man habe sich dann zwar begrüßt, zu engeren Kontakten habe er es jedoch nicht kommen lassen. Einmal habe er eine sehr unangenehme Begegnung gehabt, aber daraus seien ihm keine Nachteile entstanden.

Eine ganz besondere Freude sei für ihn die Tatsache, daß er nun wieder jeden Sonntag zum Fußballplatz gehen könne. Auch seinen ersten Urlaub habe er ganz dem Fußball gewidmet, indem er zu mehreren Fußballweltmeisterschaftsspielen gefahren sei.

Die Frage nach seinen Kontakten zum anderen Geschlecht beantwortete Christoph ein wenig scheu. Er meinte, daß er noch nicht die richtige Frau getroffen habe, mit der er eine Familie gründen könnte. Er habe zwar über längere Zeit eine Bekannte gehabt, nachdem er ihr jedoch über seine Vergangenheit berichtet habe, sei diese Verbindung zerbrochen. Er denke schon daran, in Zukunft eine Familie zu gründen, jedoch sei es ihm damit nicht eilig.

Zum Abschluß unseres Gespräches, das im Hause von Christophs Schwager und auch in dessen Gegenwart stattfand, meinte Christoph, daß er sich selbst gewundert habe, wie schnell er sich wieder eingelebt und wie gut das alles geklappt habe. Dabei strahlte der sonst sehr ruhige und verschlossene Mann über das ganze Gesicht und es war ihm anzumerken, daß diese Worte wirklich von tiefer Überzeugung und großer Freude getragen wurden. Seine Familie und der Bewährungshelfer hätten den größten Anteil an diesem guten Gelingen gehabt. Er habe ja nur während der Haft Sorge dafür tragen können, nicht „zu versauern".

Zusammenfassende Stellungnahme zu den einzelnen Fragen:

1. Der in jungen Jahren gestrauchelte Mann hat während der Haft die innere Festigkeit und äußere Stabilität gewonnen, die ihm jetzt eine sozial angepaßte Lebensweise ermöglichen.
2. Es lassen sich keine Persönlichkeitszüge aufdecken, die die Wiedereingliederung gefährden könnten.
3. a) Organisatorische Schwierigkeiten gab es ebenso wenig wie
   b) persönliche Probleme.

Fall 29, Donald 1914 (Mittäter zu Fall 52)

Er wurde im Jahre 1948 wegen gemeinschaftlichen Mordes in Tateinheit mit Raub zum Tode verurteilt und noch im gleichen Jahr zu einer lebenslänglichen Freiheitsstrafe begnadigt.

Donald lebte mit insgesamt neun Geschwistern im Haushalt seiner Eltern. Sein Vater war Konditor. Die Ehe der Eltern wurde geschieden als er sechs Jahre alt war. Seine Mutter heiratete danach bald wieder. Donald besuchte die Volksschule, nach deren Abschluß er kurz bei einem Bauern arbeitete, ehe er die Ausbildung als Schlachter begann, die er auch mit einer Gesellenprüfung abschloß. Nach dem Ende der Ausbildung verließ er seine Heimatstadt und ging in eine große Hafenstadt, in der er zunächst in seinem erlernten Beruf arbeitete. Für eine Weile verdiente er sich dort auch Geld als Berufsboxer in Vergnügungsstätten. Vier Jahre lang fuhr er als Kochmaat zur See, boxte zum Vergnügen in den verschiedensten Hafenstädten, wohl auch um damit noch mehr zu verdienen. Anschließend wurde er zum Kriegsdienst eingezogen und im Jahre 1943 angeblich verschüttet. Bei Kriegsende geriet er in amerikanische Gefangenschaft, aus der er bald entlassen wurde. Zunächst arbeitete er bei englischen Armeedienststellen als Koch. Dann war er längere Zeit arbeitlos. Da er sich jedoch in dieser Zeit dem Spiel ergeben hatte, häuften sich seine Spielschulden, so daß er auf irgendeine Weise Barmittel beschaffen mußte. Diese Möglichkeit ergab sich für den zu diesem Zeitpunkt bereits fünfmal wegen Diebstahls, Unterschlagung und Schwarzhandel vorbestraften Donald kurz vor Weihnachten 1947, indem er gemeinsam mit Alex einen Mann tötete und beraubte.

Donald war zweimal verheiratet, die zweite Ehe wurde nach seiner letzten Straftat geschieden. Aus dieser Ehe hatte er ein Kind.

In der Haft hat sich Donald im wesentlichen gut geführt. Er arbeitete in der Anstaltsschreinerei mit gutem Einsatz und beschäftigte sich in seiner Freizeit sehr intensiv als Maler. Im Verlauf der Jahre wurde er ruhiger, reifer und besonnener. Er selbst meinte nach über 18 Haftjahren: „Mein Bestreben war, mich willig dem Strafvollzug zu unterwerfen. Daß mir dies gelungen ist, kann man wohl an meiner Führung sehen."

In einem zwei Jahre vor der Entlassung angefertigten psychologischen Gutachten heißt es zur früheren Lebensentwicklung Donalds, daß sich sein Leben mehr und mehr im Sinne der Verflachung und Veräußerlichung verändert habe, bis er schließlich einen rücksichtslosen, asozialen

Lebensstil mit einer sich brutal durchsetzenden kriminellen Aktivität gelebt habe. In der langen Haftzeit sei Donald aber zu einem Menschen verformt worden, dem zwar auch heute noch kritisches Selbstbewußtsein und kritische Selbstbeobachtung fremd seien, dafür seien ihm aber „Ansätze der Tatverfremdung, der Schuldverschiebung, der Gerechtigkeitsfaselei ... und des Hoffnungsverlustes eigen". „Die aufgewiesenen Phänomene legen nahe, daß die deformierende Wirkung der langjährigen Strafverbüßung in Zukunft fortschreitende Verstärkung in Richtung von Kontaktstörungen, psychogenen körperlichen Beschwerden, Affektlabilität, Vereinsamungsgefühlen ... Erlahmen der eigenen Initiative, Depressionen, frei flottierende Angst und Verbitterung erfahren wird". Zwar zeige sich bei Donald nach wie vor eine soziale Bindungsschwäche und Gefühlsarmut, er habe aber neue Lebensinhalte: Humanität, Selbstbesinnung, Erlebnisfähigkeit und Ansprüchlichkeit. Der bei dem Probanden festzustellende Persönlichkeitswandel sei so tiefgreifend, daß von ihm – so heißt es in diesem Gutachten – keine Gewalttaten mehr zu erwarten seien.

Donald selbst beschrieb sich zur gleichen Zeit als einen Menschen, der sich in der Haft immer bemüht habe, nicht in den Anstaltstrott zu verfallen, der allem aus dem Wege gegangen sei, immer klein beigegeben habe – dafür aber auch ohne Arrest und Hausstrafe blieb. „Das war gut, so ging es 22 Jahre ... Zuerst war es ein derber Schlag. Aber dann habe ich festgestellt, daß die Leute, die ihre Tat anerkennen und wissen, daß sie nicht unschuldig da sind, daß sie alles besser überstehen ... Ich habe den Umständen nach meine Strafe angenehm verbüßt ... Wenn ich in die Zelle komme, male ich und alle Nervosität ist fort. Für mich gibt es nur noch das Malen ... Aber 1960, da fing es auf einmal auch bei mir an. Es ging mit den Nerven los ... Ich kann zuweilen einfach nichts trinken, so stark zittern meine Hände. In mir arbeitet dann alles, es flackert richtig. Mein Kopf fängt an zu wackeln, ohne daß ich es abstellen kann."

Diese offenbar psychogenen Erscheinungen, die als Vorzeichen des drohenden Verfalls angesehen wurden, legten sich jedoch schon während der Haft bald wieder.

Seine Familie, insbesondere eine Schwester, hatte ohne Unterbrechung guten Kontakt zu ihm.

Im Jahre 1971 wurde Donald begnadigt und Anfang des Jahres 1972 in den offenen Vollzug übernommen, wo er wegen körperlicher Schwäche zunächst keine Arbeit fand. Er selbst meinte zu diesem Zeitpunkt, von dem Erlös seiner Bilder leben zu können, sah später aber ein, daß das nicht geht. Obgleich von der Anstalt berichtet wurde, daß Donald trotz der langen Haftzeit überraschend gut den Übergang in ein normales Leben gefunden habe, ließ sich eine anfängliche Unsicherheit und Unbeholfenheit nicht übersehen.

Im Juli 1972 wurde Donald zu seiner Schwester entlassen. Sein Bewährungshelfer berichtete, daß dieser Umstand, in die Obhut der Familie zurückkehren zu können, für Donald besonders günstig gewesen sei. Wenige Wochen nach der Entlassung habe er eine Stelle als Verkäufer in der Haushaltwarenabteilung eines Kaufhauses gefunden, dessen Personalchef und Betriebsratsvorsitzender über sein Vorleben informiert seien. Dort habe er sich sehr gut eingelebt und mache überall einen normalen, unauffälligen Eindruck. Der Bewährungshelfer schrieb: „Die oft geäußerte Vermutung, daß eine lange Haftzeit sich durch die Isolierung von seiten der Mithäftlinge und durch die Isolierung von der Entwicklung der Außenwelt unausweichlich kriminogen auswirken müsse, gilt anscheinend wohl für die mittlere Kriminalität, aber offenbar nicht für die sogenannten Kapitaldelikte. Ich vermute, daß die Schwere der Schuld dazu beiträgt, eine innere Wandlung herbeizuführen ..."

Für Donald hatte sich nach der Entlassung alles sehr schnell normalisiert. Er fand auch Verbindung zu einer Frau, und nur aus finanziellen Gründen wurde von einer Heirat abgesehen. Leider erlitt Donald Anfang des Jahres 1974 einen Herzinfarkt, der ihn körperlich sehr schwächte und ihn zunächst einmal aus allen normalen Lebensbereichen herausriß. Seine Gesundung schritt nur langsam voran und insgesamt wirkte Donald nun verfallen und deutlich gealtert. Seine Arbeit hatte er zum Zeitpunkt unserer Untersuchung noch nicht wieder aufgenommen.

Das Gespräch mit dem Vertreter des Bewährungshelfers fand in dessen Diensträumen statt.

Zusammenfassende Stellungnahme zu den einzelnen Fragen:

1. Der Mann, der sein Leben ganz den materiellen Wünschen unterordnete, völlig in die Asozialität abglitt und seine Ansprüche zuletzt auch sehr brutal durchsetzte, hat im Laufe der langen Haft seine Schuld akzeptiert und die Notwendigkeit der Strafe einzusehen gelernt. So fand er eine Lebenseinstellung, die ihn mit seiner noch immer vorhandenen sozialen Schwäche, in Verbindung mit einer ausgeprägten Bindungslosigkeit und Gefühlsarmut jetzt doch ein sozial angepaßtes Leben führen läßt. Der Wandel der inneren Einstellung ermöglichte diese Form der Neuorientierung.
2. Es ließen sich keine Persönlichkeitszüge entdecken, die nicht auch schon früher gegeben gewesen wären. Haftbedingte Persönlichkeitsmerkmale, die die Wiedereingliederung gefährdet hätten, sind nicht zu beobachten.
3. b) Persönliche Probleme entstanden dem Probanden erst aus einer schweren körperlichen Erkrankung, die ihn aus dem Prozeß der Zukunftssicherung herausriß und ihn ganz auf die Hilfe anderer angewiesen sein ließ.

Fall 30, Enno 1936

Er wurde im Jahre 1959 wegen Mordes zu einer lebenslangen Freiheitsstrafe verurteilt.

Enno stammt aus geordneten Verhältnissen. Sein Vater galt als arbeitsamer und fleißiger Maurer. Enno hat drei Geschwister. Er besuchte acht Jahre die Volksschule als ausgesprochen guter Schüler, begann danach eine Maurerlehre, die er nach einer kurzen Unterbrechung auch erfolgreich abschloß. Schon damals hatte er begonnen zu trinken, worunter seine Arbeitsmoral gelitten haben soll. Zudem geriet er dadurch mehr und mehr in Schulden, die ihn in ständiger Geldnot leben ließen. In dieser Situation beraubte Enno gemeinsam mit einem 18jährigen Freund eine alte Rentnerin, die sie, um ihre Tat ungestört ausüben zu können, knebelten. Die alte Frau erbrach und erstickte wegen des Knebels an Erbrochenem. Das Gericht sah sich genötigt, diese Tat als Mord zu qualifizieren und die hohe Freiheitsstrafe trotz des noch recht jugendlichen Alters der Täter auszusprechen.

Enno war zu dieser Zeit dreimal wegen Diebstahls und Verkehrsvergehens vorbestraft.

Der noch junge und unstete Enno, der sich zu Unrecht als Mörder verurteilt fühlte, obwohl er seine Schuld am Tod der Frau bekannte, fügte sich ohne Schwierigkeiten in den Vollzug ein. In der eher bagatellisierenden Stellungnahme zu seiner Schuld wurde Enno sowohl von seinem Anwalt wie von einem Untersuchungsrichter bestärkt, so daß schon früh die Hoffnung auf sehr baldige Entlassung (etwa nach 12–15 Jahren) in ihm gehegt und auch genährt wurde. Er arbeitete in all den Jahren sehr fleißig und wirkte nach dem Urteil der Anstaltsbeamten günstig auf seine Mitgefangenen ein. Er selbst schrieb noch in der Haft nach einer Verlegung in eine andere Anstalt: „Was sich in den drei Jahren dort getan hat, ist enorm. Ich habe richtig ‚Heimweh'. Dort hatte ich einen sehr guten Arbeitsplatz, das Vertrauen der Beamten, einen guten Einkauf, sehr viel Sport und, was das wichtigste war, eine Gemeinschaftszelle mit gutem Klima. Sie werden jetzt wahrscheinlich sagen, der schreibt wie ein alter Knastbruder. Aber was bleibt mir anderes übrig, als mit diesem Leben zu verwachsen, um nicht durchzudrehen".

Schon im Jahre 1970 wurde Enno begnadigt und zu Anfang des Jahres 1971 in den offenen Vollzug übernommen, von wo aus er als Maurer tätig war. Er selbst meinte noch vor der Entlassung: „Daß der neue Anfang nicht leicht wird, glaube ich zu wissen. Ich mußte die Jahre so viel einstecken, daß alles andere, das noch kommen wird, auf jeden Fall zu verkraften ist. Ich glaube von mir sagen zu dürfen, daß ich die Strafe bewußt erlebt habe und daß ich wirklich geläutert wurde. Für mich hatte sie sehr viel Sinn. Der einzige Nachteil lag darin, daß ich kein Strafende hatte. Das wurde aber dadurch ausgeglichen, daß sie all die Jahre hindurch ... sagten, daß ich nicht vergessen sei."

Auch aus der Zeit des offenen Vollzuges liegt dem ehrenamtlichen Bewährungshelfer ein Bericht von Enno vor, in dem es u. a. heißt: „Einen Tag später machte ich mit einem Beamten den ersten Ausflug in die Stadt. Er drückte mir drei Hunderter in die Hand und schickte mich los zum Einkaufen. Mein Gott, was war ich aufgeregt. Ich glaubte, das schaffst du nie. Anschließend tranken wir zwei Bier, die haben mich etwas beruhigt. Heute war der fünfte Tag, an dem ich die Freiheit genossen habe. Und es ist mir, als gehörte ich schon eine Ewigkeit zu denen „da draußen". Ich wundere mich wohl, wie schnell und sicher ich mich umstellen konnte."

Als Enno im August 1971 entlassen wurde, fand er zunächst Unterkunft in einem Ledigen-Wohnheim in der Nähe der offenen Vollzugsanstalt. In diesem Heim gefiel es ihm gar nicht. Da er aber seinen Arbeitsplatz beibehalten wollte, blieb ihm zunächst nichts anderes übrig, als dort wohnen zu bleiben. Sehr bald lernte er ein Mädchen kennen, das er – nachdem ein Kind vorehelich geboren wurde – geheiratet hat. Er wohnt inzwischen mit seiner Familie in einer eigenen Wohnung und geht ohne Unterbrechung seinem Beruf nach.

Zu den Verwandten, insbesondere der Mutter, hat Enno ein gutes Verhältnis beibehalten. So verbrachte er nach seiner Entlassung den ersten längeren Urlaub in seiner alten Heimat, wo ihn auch die früheren Schulkameraden und Bekannten sehr herzlich wieder aufgenommen haben.

Sein ehrenamtlicher Bewährungshelfer (der ehemalige Untersuchungsrichter in diesem Verfahren) hat mit Enno einen besonders guten und fast familiären herzlichen Kontakt, den Enno ganz besonders pflegt. Bei dem Gespräch mit dem Bewährungshelfer, das in dessen Wohnung stattfand, mußte dieser insofern auch eine enttäuschende Mitteilung machen, als sich sein Proband, dem er mit sehr viel persönlichem Einsatz und Mühe recht schnell zu einer Fahrerlaubnis verholfen hatte, bereits wenige Monate später eine Geldstrafe wegen Fahrens ohne Führerschein einhandelte. Wie wir später aus den Akten entnehmen konnten, stand Enno erneut wegen fahrlässigen Fahrens unter Alkohol und Fahrerflucht unter Anklage.

Abgesehen von diesen – wohl dem immer noch vorhandenen Leichtsinn zuzuschreibenden – Straftaten ist die soziale Wiedereingliederung jedoch vollauf gelungen.

Zusammenfassende Stellungnahme zu den einzelnen Fragen:

1. Der früh dem Alkohol zusprechende und in seiner Arbeitsmoral wenig stabile junge Mann geriet zunehmend in einen mehr und mehr asozialen Lebenswandel, beging mehrere Straftaten, die schließlich zu einem Raub, bei dem das Opfer den Tod fand, führten. In der gegenüber den anderen Probanden relativ kurzen Haftzeit hat Enno, gestützt auf den sehr um ihn bemühten Bewährungshelfer, in eine durchaus sozial angepaßte Lebensweise gefunden, wobei die äußere Stabilisierung nicht auch unmittelbar den Grad der inneren Stabilität widerspiegelt. Dies zeigt sich insbesondere darin, daß ein gewisser Leichtsinn noch immer das Verhalten des Probanden mitbestimmt und wohl auch zu den letzten Delikten geführt hat.
2. Haftbedingte Persönlichkeitsmerkmale, die einer Wiedereingliederung entgegengestanden hätten, lassen sich nicht finden.
3. a) Organisatorische Schwierigkeiten bei der Wiedereingliederung gab es nicht.
   b) Die Tatsache, daß Enno offenbar die Rolle, die der Alkohol in seinem Leben spielt, noch nicht mit allen Konsequenzen erkannt hat, führte zu zwei Verkehrsdelikten, die, sollte sich ähnliches in Zukunft wiederholen, sicherlich dazu angetan sind, die soziale Wiedereingliederung zu gefährden. Die Entwicklung bei diesem Probanden nach der Haft hebt sich nach dem eingehenden Aktenstudium und dem Gespräch mit dem Bewährungshelfer insofern von dem Verlauf bei allen anderen von uns untersuchten Probanden wesentlich ab, als Enno sich von Anfang an mehr in das Bewußtsein einer allzu harten Bestrafung hineingelebt hat, darin bestärkt worden ist, und daher nie ein volles Schuldbewußtsein kennenlernte. Möglicherweise ist dieser Umstand begünstigend dafür, daß er auch jetzt wieder mit der Zuwendung zum Alkohol und den begangenen Delikten allzu schnell leichtsinnig wurde.

Fall 31, Franz 1926

Er war im Jahre 1951 wegen Mordes in Tateinheit mit schwerem Diebstahl sowie räuberischem Diebstahl mit Todesfolge, Abrede eines Verbrechens und schweren Diebstahls zu einer lebenslänglichen Zuchthausstrafe und einem Jahr und acht Monaten Zuchthaus verurteilt worden.

Franz wurde in den Niederlanden unweit der deutschen Grenze geboren. Sein Vater war Arbeiter und konnte die vielköpfige Familie – seinen ältesten Sohn Franz und fünf jüngere Geschwister – gerade eben ernähren. Franz besuchte die Volksschule als guter Schüler und war gerade 13 Jahre alt, als der zweite Weltkrieg ausbrach. Im Jahre 1943 meldete er sich als Unteroffiziersschüler, nahm dann an den Kriegsgeschehnissen teil und erlitt eine Verletzung, die eine Versteifung eines Beines zur Folge hatte. Bei Kriegsende geriet er in britische Gefangenschaft, aus der er – nach eigener Aussage – im Jahre 1946 floh. Er kehrte zu seiner Mutter zurück, die mit den kleineren Geschwistern in sehr mißlichen wirtschaftlichen Verhältnissen hauste und den ältesten Sohn nicht auch noch miternähren konnte. Franz versuchte Arbeit zu bekommen, geriet aber schnell in die Gesellschaft anderer Jugendlicher, die ebenfalls arbeitslos waren und die sich zu einer Diebesbande zusammengeschlossen hatten. Bereits im Jahre 1947 wurde er wegen mehrerer Einbruchsdiebstähle verurteilt und verbüßte eine Gefängnisstrafe. Nach deren Ableistung fand Franz nicht in ein geordnetes Leben zurück, sondern wurde wiederum Mitglied einer Einbrecherbande. Am Tattag war er bei einem geplanten Einbruchsdiebstahl zur Sicherung des Fluchtweges eingesetzt und hatte die einzige Schußwaffe. Als die Täter entdeckt wurden, erschoß er den Verfolger.

Zu diesem Zeitpunkt war Franz zweimal mit Freiheitsstrafe vorbestraft.

Die selbstkritische Auseinandersetzung mit seinem folgenschweren Versagen hatte Franz sehr schnell veranlaßt, sich einer besonderen Selbstdisziplin zu unterwerfen und sich ohne Schwierigkeiten in die Haft einzupassen. Nach etwa 15 Haftjahren wurde von Franz berichtet, daß er sich zur Aufgabe gemacht habe, für all sein Tun und Lassen wohlüberlegte und moralisch vertretbare Begründungen zu erarbeiten. In einer Stellungnahme hieß es weiter: „Diese Gewohnheit ist ... inzwischen so stark geworden, daß er merklich an Lebhaftigkeit eingebüßt hat. Auch hat er auf diese Weise eine anzuerkennende Eigenständigkeit des Denkens entwickelt." Dennoch hatte Franz gerade in dieser Zeit Anzeige gegen eine Frau wegen Anstiftung zur Straftat erstattet, von der er früher behauptet hatte, er habe die Taten nur begangen, um ihre wirtschaftliche Not zu lindern. Die Neigung, doch noch einen Mitschuldigen für sein Tun zu suchen, verlor sich jedoch nach weiteren Jahren der Strafverbüßung, so daß ein Schriftsteller, der sich sehr intensiv um Franz bemüht hatte, feststellen konnte: „Ein junger Mensch, um seine Jugend betrogen, verzweifelt aber nicht ... im Gegenteil vollzieht sich in ihm eine außergewöhnliche Nachreifung. Diese Nachreifung kann man bei Lebenslänglichen des öfteren beobachten, doch in diesem Fall übersteigt sie das normale Maß."

Über die gesamte Haftzeit haben seine Familie und zahlreiche einflußreiche Freunde, die sich intensiv mit Gnadengesuchen und Eingaben an den Ministerpräsidenten und Justizminister des Landes Nordrhein-Westfalen wandten, den Kontakt zu ihm gehalten.

Im Jahre 1970 wurde Franz begnadigt und im August des gleichen Jahres endgültig entlassen. Kurze Zeit war er im offenen Vollzug untergebracht, wo er auf die veränderte Umwelt vorbereitet wurde.

Am Entlassungstag wurde Franz von seinem Bewährungshelfer (einem katholischen Priester) und mehreren Freunden abgeholt und von dem Provinzial des Ordens seines Bewährungshelfers zu einem Essen eingeladen.

Da Franz in der Haft etwa 13 Jahre lang in der Schneiderei tätig war und sich dort mit sehr gutem Erfolg ein umfangreiches Wissen und Können angeeignet hatte, wollte man sich dafür einsetzen, daß er die Gesellenprüfung im Schneiderhandwerk ablegen könne. Zunächst wurde Franz jedoch im Ordenshaus untergebracht und versorgte dort die Stelle eines Hausmeisters, womit er auch seinen Lebensunterhalt verdiente. Nebenbei bereitete er sich auf die Gesellenprüfung vor, die er bereits fünf Monate nach seiner Entlassung ablegte.

Der Bewährungshelfer schrieb in seinem ersten Bericht, daß es erstaunlich sei zu erkennen, wie schnell sich Franz zurechtfand und wie klug und weise planend sich sein Proband verhalte. Die Zukunftssicherung war sein erstes Anliegen und wurde sinnvoll in Angriff genommen. Sodann suchte der Bewährungshelfer auf sehr unkonventionelle Weise nach einer Lebenspartnerin für seinen Probanden, die er mit Hilfe eines sehr offenen Zeitungsartikels schnell fand, so daß Franz bereits ein halbes Jahr nach der Entlassung heiraten konnte.

Franz, der uns gemeinsam mit seiner Frau und dem Bewährungshelfer zu einem Gespräch in seinem Haus empfing, berichtete, daß er von Anfang an allen Menschen, die mit ihm in Kontakt gekommen seien, mit völliger Offenheit gegenübergetreten sei. Er stehe auf dem Standpunkt, daß es keinen Sinn habe, mit falschen Voraussetzungen in Beziehung zu anderen Menschen zu treten. Er habe jedenfalls mit diesem Vorgehen gute Erfahrungen gemacht. Er genieße die Achtung aller in seiner Umgebung und das gebe ihm auch eine ganz besondere innere und äußere Sicherheit. Nachdem er so schnell menschlichen Rückhalt bei seiner Frau gefunden habe, sei es ihm nicht schwergefallen, seinen weiteren Lebensweg zu gestalten. So habe er z. B. erkennen müssen, daß er als Schneider nur wenig Geld verdienen könne und sich deshalb nach einem neuen Beruf umgesehen. Dabei zeigte dann seine als Küchenhilfe in einem Krankenhaus tätige Frau, die damals noch mehr Geld verdiente als er, was ihn ein wenig bedrückte, am meisten Initiative. Sie erkundigte sich bei ihrem Arbeitgeber, ob ihr Mann nicht eine Krankenpflegerausbildung antreten könne. Zunächst habe das alles auch geklappt, ehe von höchster staatlicher Stelle der Einwand gekommen sei, daß ein ehemaliger Lebenslänglicher nicht als Krankenpfleger tätig sein dürfe. Erst eine Inanspruchnahme der Presse, des Rundfunks und des Fernsehens habe schließlich dazu geführt, daß Franz seine Ausbildung beenden und in der Krankenpflege tätig werden konnte.

Jetzt ist er in seinem neuen Beruf eingearbeitet und zieht daraus nicht nur ständig neue Kraft zur Selbstbestätigung, sondern nach seinen eigenen Worten auch das befriedigende Gefühl, anderen Menschen etwas Gutes zu tun und damit seine Schuld noch weiter abzutragen. Da Franz seinen Dienst nur nachts versieht, bleibt ihm genügend Freizeit, um gemeinsam mit einem ehemaligen Leidensgenossen (siehe Fall 35), mit dem er noch sehr enge freundschaftliche Verbindung hält, ein Hobby zu pflegen: die Karpfenzucht.

Insgesamt ist seine soziale Situation nicht nur im beruflichen Bereich sehr gut, sondern auch im menschlichen. Er hat eine ungewöhnlich ausgeglichene, dabei jedoch auch lebensfrohe Frau, die auf alle seine Eigenheiten mit Besonnenheit reagiert und die in dem gemeinsamen kleinen Sohn den schönsten Lohn für ihren menschlichen Einsatz sieht.

In dem mit allen Beteiligten nach anfänglichem Vorbehalten sehr offen und fast freundschaftlich geführten Gespräch, sprach Franz auch über die Auswirkungen, die die Haftzeit für ihn hatte. Er betonte, daß er „seelisch" und „sozial" viel gelernt habe und heute feststellen könne, daß er im Umgang mit den Patienten viel mehr Geduld und Toleranz zeige als seine jungen Mitarbeiter. Er sei insgesamt um seine Mitmenschen mehr bemüht und habe auch mehr Verständnis für ihre Unzulänglichkeiten. Mit Nachdruck vertrat Franz die Auffassung, daß nach einer Zeit von etwa 15 Jahren Strafhaft jedes weitere Jahr nur negative Folgen für den Betroffenen haben könne. Es finde später ein resignierendes Sich-arragieren statt, das für eine weitere menschliche Entwicklung eher hinderlich als förderlich sei. Insgesamt habe er feststellen können, daß die Mitgefangenen, die ihre Situation intelligenzmäßig verarbeiten konnten, besser daran seien als solche, die immer nur gefühlsmäßig reagierten. Aber er habe auch erkennen können, daß unter den heute doch sehr veränderten und für eine Resozialisierung schon weit günstigeren Haftbedingungen die neu Bestraften eigentlich gar nicht mehr den Gewinn aus der Strafe ziehen könnten, den er beispielsweise noch gehabt habe. Lediglich eine allzu lange und scheinbar unbefristete Strafe sei von Übel. Franz, der im Gespräch mehr und mehr aus sich herausging, blieb im Grunde doch innerlich sehr distanziert. Nachdem die Geschichte seines Falles publizistisch sehr hochgespielt worden war, hatte er zwar eine gewisse Neigung zur betonten Selbstdarstellung angenommen, aber seine seelische Situation erschien doch in jeder Hinsicht gefestigt. Abschließend stellten alle am Gespräch Beteiligten übereinstimmend fest, daß die Wiedereingliederung dieses „Lebenslänglichen" in allen Bereichen vollauf gelungen ist.

Zusammenfassende Stellungnahme zu den einzelnen Fragen:

1. Der nach dem Krieg in äußerst ungünstige wirtschaftliche Verhältnisse zurückgekehrte junge Mann fand sich ohne inneren und äußeren Halt sehr schnell in einer kriminellen Laufbahn, die mit einem Tötungsdelikt endete. Die Strafzeit hat ihn zu einem sozial anpassungsfähigen und einsatzbereiten, disziplinierten Menschen werden lassen.
2. Persönlichkeitsmerkmale, die einer Wiedereingliederung entgegengestanden hätten, ließen sich nicht feststellen. Eine gewisse innere Kälte, die ihm in allen früheren Begutachtungen zugesprochen wurde, und die seine rechtsbrecherische Entwicklung überhaupt erst möglich machte, ist ganz entscheidend durch eine positive soziale Gesinnung überformt.
3. a) Organisatorische Schwierigkeiten bei der Wiedereingliederung gab es keine, da sein Bewährungshelfer und zahlreiche kirchliche und staatliche Vereinigungen sich um eine Wiedereingliederung unermüdlich bemüht haben.
   b) Persönliche Schwierigkeiten gab es nicht.

Fall 32, Gerald, 1923 und
Fall 33, Gerlinde, 1929

Das Ehepaar wurde im Jahre 1949 wegen gemeinschaftlichen Mordes verurteilt. Die Todesstrafe für den Ehemann wurde durch einen Gnadenakt in eine Zuchthausstrafe umgeändert, die er dann gleichzeitig mit seiner Frau verbüßte.

Gerald stammt aus geordneten Familienverhältnissen. Sein Vater war Klempner und Installateur und konnte seine Familie ausreichend versorgen. Gerald hat zwei Geschwister. Er besuchte die Volksschule nur mit mäßigem Erfolg und wurde aus der siebten Klasse entlassen. Er schloß eine Ausbildung als Heizungsschlosser ab. Nach Ableisten des Wehrdienstes nahm er an den Kämpfen des zweiten Weltkrieges teil. Am Kriegsende fand er eine Arbeit als Heizungsmonteur in der damaligen Ostzone.

Gerlinde stammt aus weniger geordneten familiären Verhältnissen. Ihr Vater war Heizungsmonteur, trank jedoch übermäßig, so daß die Ehe der Eltern unglücklich verlief. Sie lebte aber bis zum Schulabschluß nach acht Jahren Volksschulbesuch im Haushalt der Eltern, ehe sie als Hausgehilfin in Stellung ging.

Im Jahre 1946 heirateten beide, nachdem Gerlinde bereits einen gemeinsamen Sohn geboren hatte. Im Jahre 1947 floh Gerald nach Westdeutschland und suchte sich hier Arbeit. Seine Frau folgte mit dem Kind später nach und die Familie lebte dann unter sehr ungünstigen wirtschaftlichen Verhältnissen. Obgleich Gerald im Bergbau Arbeit hatte, beging er Diebstähle, um den Lebensunterhalt der Familie zu verbessern. Die als genußsüchtig und haltlos beschriebene Gerlinde sowie der als sittlich wenig gefestigt bezeichnete Gerald lebten zu dieser Zeit zusätzlich in häufigem Streit, da Gerald ein Verhältnis unterhielt. Beide beabsichtigten eine Trennung der Ehe, sahen aber in ihrem Sohn einen Hinderungsgrund. In dieser Situation konnte Gerlinde ihren Mann bestimmen, das Kind zu töten. Er erwürgte und versenkte es in einem Fluß.

Zu dieser Zeit waren beide unbestraft.

In den ersten Jahren der Haft wurde Gerald als eigensinnig und leicht reizbar beschrieben. Er habe oft „ein wechselndes Verhalten von ernster Bescheidenheit zu gefühlskalter Unbeherrschtheit" gezeigt. Obgleich er sich zu seiner Schuld bekannt und die lange Freiheitsstrafe als Sühne akzeptiert habe, sei er innerlich keineswegs zur Ruhe gekommen. Im weiteren Verlauf trat aber eine Distanzierung von seinem Tun und eine aktive Hinwendung zum Leben ein. Er war stets ein fleißiger Arbeiter, der sich jedoch eher von seinen Mitgefangenen absonderte, als daß er deren Kontakt suchte.

Mehrere psychologische und psychiatrische Sachverständige kamen etwa zwei Jahre vor der Begnadigung in ihren Gutachten, die alle etwa zur gleichen Zeit erstattet wurden, zu sehr unterschiedlichen und zum Teil sogar widersprüchlichen Ergebnissen. Das beginnt bei der Einschätzung der Intelligenz (sie schwankt zwischen einem IQ von 76 bis zu einem IQ von 100, gemessen mit dem gleichen Testverfahren) und endet bei der einmal als absolut ungünstig eingeschätzten Prognose und einmal einer das genaue Gegenteil formulierenden Stellungnahme. Einig sind sich alle Beurteiler, daß Gerald ein eher undurchsichtiger, dem schizoiden Persönlichkeitstyp nahestehender Mensch sei, der wenig eigene Aktivität zur Gestaltung eines Lebens zeige. Andeutungen eines cerebralen Abbaues seien nicht zu übersehen.

Über die Haftzeit von Gerlinde wissen wir leider nur wenig. Wie sie selbst angab, habe sie sich immer zufriedenstellend geführt, nie eine Hausstrafe bekommen und immer tatkräftig in der Anstaltsschneiderei gearbeitet.

Die Ehe der beiden wurde erst im Jahre 1966 geschieden.

In den ersten Jahren nach der Verurteilung hatten die Eheleute brieflich den Kontakt aufrechterhalten, den Gerlinde jedoch später abbrach. Beide haben während der Haftzeit Verbindung zu ihren Müttern in der DDR gehalten.

Gerlinde wurde bereits im Jahre 1967 begnadigt und im Juli des gleichen Jahres entlassen. Gerald wurde im Jahre 1973 begnadigt und, nachdem er schon längere Zeit in der Strafanstalt als Freigänger eingesetzt worden war, ohne weitere Vorbereitung im Juli 1973 entlassen. Beide haben nach der Entlassung eine sehr unterschiedliche Entwicklung genommen, wobei die sozialen und menschlichen Belastungen für Gerlinde wesentlich stärker waren.

Gerlinde war eine der ersten weiblichen Strafgefangenen, die überhaupt begnadigt wurden. Alle Entlassungsvorbereitungen waren damals dahingehend getroffen worden, daß sie von einer Bewährungshelferin, die sich mit ihr schon im Vollzug bekannt gemacht hatte, betreut werden und Unterkunft sowie Arbeit bei einem Pfarrer der Anstalt finden sollte. Dieser Plan konnte jedoch nicht realisiert werden. Es gelang der Bewährungshelferin nur mit Mühe, gegen die Ressentiments aller möglichen Stellen ankämpfend, mit Unterstützung einer kirchlichen Vereinigung für Gerlinde eine Stelle und Unterkunft in einem Krankenhaus zu finden. Etwa ein Jahr konnte Gerlinde dort bleiben. Dann war – auch durch eigene Unachtsamkeit der Probandin – bekannt geworden, welches Schicksal hinter ihr lag und es schien ihr unmöglich, länger dort zu verweilen. Sie suchte und fand eine Anstellung als Zuschneiderin. Zu dieser Zeit war sie auch bestrebt, einen Lebenspartner zu gewinnen. Über ein Eheanbahnungsinstitut lernte sie ihren späteren Mann kennen, der als Alleinstehender nach Auflösung seiner Familie in völlig verkommenen Verhältnissen lebte. Gemeinsam bauten sie einen Hausstand auf und als der Ehemann sich eine wirtschaftliche Grundlage geschaffen hatte, die ihn und seine Frau sowie einen unehelichen Sohn des Mannes ernähren konnte, gab sie ihre Stelle auf, um dem Ehemann als Bürokraft zur Verfügung zu stehen. Etwa drei Jahre lang vermochte das Ehepaar das eigene Unternehmen zu vergrößern und zu einer gewissen wirtschaftlichen Blüte zu bringen. Dann fiel der Ehemann jedoch wegen geschäftlicher Unregelmäßigkeiten erst den staatlichen Stellen und dann der Konkurrenz unangenehm auf und infolge einer übergroßen Verschuldung wurde ihm die Lizenz entzogen. Als der Ehemann schließlich eine Verletzung am Arm erlitt, die es ihm unmöglich machte, seinen Wagen zu fahren, und seiner Frau verweigert wurde, den Führerschein zu erwerben, kam es vollends zu einer Existenzkrise und die bis dahin gelungene soziale Wiedereingliederung der Probandin wurde ernsthaft gefährdet. Allein der menschliche Rückhalt bei der Bewährungshelferin und die Tatsache, daß Gerlinde in ihrer Ehe eine neue und von ihr zu bewältigende Aufgabe sah, hat das Scheitern zu diesem Zeitpunkt verhindert. Die Familie hat dann ihren Wohnsitz verlegt und mit der Pacht eines Bauernhofes einen neuen Start gefunden. Heute lebt Gerlinde sehr abgeschieden in einer kleinen Dorfgemeinschaft, wo sie als fleißige und immer hilfsbereite Frau geschätzt ist. Der Ehemann hat auch wieder eine Tätigkeit gefunden, so daß Gerline recht zufrieden und ausgeglichen ist. All ihre Schuldgefühle, die sie auch heute noch bewegen, hofft sie dadurch langsam abbauen zu können, daß sie ihrem Stiefkind so viel Liebe und Förderung zuteil werden lassen kann, wie sie sie ihrem eigenen Kind versagt hatte.

Schwierigkeiten gibt es für Gerlinde insofern, als das Zusammenleben der Ehepartner dadurch belastet ist, daß es Gerlinde zur Zeit noch sehr schwerfällt, sich ganz ihrem Mann hinzugeben. Aber sie hofft, daß dies im Laufe der Zeit auch möglich wird. Insofern liegen in Gerlindes

Schicksal noch immer mancherlei Gefahren, die jedoch von ihr selbst gesehen werden. Gerlinde hat in ihrer Bewährungshelferin auch nach Ablauf der Bewährungszeit eine für sie ganz besonders notwendige Stütze. Das vertrauensvolle Verhältnis der beiden Frauen gibt Gerlinde Gelegenheit, sich ungezwungen zu geben und zu sprechen, wie sie es zur seelischen Entlastung zuweilen nötig hat.

Geralds Bewährungshelfer hatte sich ebenfalls mit ihm schon während der Haft bekannt machen können, ihn zu Ausführungen mitgenommen und feststellen müssen, daß sein Proband ihn in der ersten Zeit nach der Entlassung doch sehr brauchen werde. Für den hier in Westdeutschland ganz allein stehenden Gerald hatte ein ehemaliger Mithäftling, der nur eine kurze Strafe zu verbüßen hatte, zu dem sich jedoch eine sehr enge Freundschaft entwickelte, Unterkunft und Arbeit besorgt. Er hatte zunächst bei diesem Freund gewohnt und an dessen Arbeitsstelle ebenfalls einen Arbeitsplatz gefunden. Auch Gerald gab die Tatsache, daß lediglich sein Arbeitgeber über seine Vergangenheit Bescheid weiß, ein sehr beruhigendes Gefühl. In der ersten Zeit nach der Entlassung hatte Gerald, der nach Angaben des Bewährungshelfers ein Mann ist, der als absolut vertrauenswürdig gelten wolle und dies auch sei, zahlreiche Enttäuschungen erfahren müssen. So sei ihm sein Bewährungsplan von einem Gnadenrichter persönlich überreicht worden, eine Tatsache, die sehr ungewöhnlich sei und Gerald zutiefst beunruhigt habe. Auch die Besorgung der notwendigen Papiere habe ihn mit Unruhe und Unsicherheit erfüllt. Man habe den Eindruck gewinnen müssen, daß Gerald vor allen staatlichen Stellen ganz erhebliche Angst gehabt habe. Dies habe sich aber mit Zunahme der Eigenständigkeit langsam verloren, wozu nicht zuletzt das sehr gute, vertraute und fast familiäre Verhältnis zum Bewährungshelfer beigetragen habe. Etwa ein Jahr nach der Entlassung habe Gerald soviel Selbstvertrauen wieder zurückgewonnen, daß er sich zutraute, den Führerschein zu erwerben und sich von seinem ersten ersparten Geld ein Auto zu kaufen. Mit diesem unternehme er nun in seiner Freizeit immer wieder Fahrten in die Umgebung, um seine neue Heimat kennenzulernen. Inzwischen habe er auch eine Partnerin gefunden und aus eigener finanzieller Kraft eine gemeinsame Wohnung eingerichtet. Der Bewährungshelfer meinte zum Verhältnis der beiden, es sei „eine richtig süße Liebe". Eine Heirat der beiden war geplant. Der Bewährungshelfer schloß das in seinen Räumen geführte Gespräch mit der Bemerkung ab, daß es bei Gerald darauf angekommen sei, seine anfängliche Unsicherheit und die Tendenz, sich abzukapseln, zu durchbrechen und ihn für möglichst viele Dinge zu interessieren. Das sei auch durch die Unterstützung des ehemaligen Mithäftlings vollauf gelungen und man könne nicht sagen, daß Gerald ein durch die Haft nachhaltig geschädigter Mensch sei.

Zusammenfassende Stellungnahme zu den einzelnen Fragen:

1. Die beiden in relativer Abhängigkeit voneinander lebenden, jedoch nur wenig innerlich aneinander gebundenen Ehepartner scheiterten in einer Situation, in der sie ihre eigenen Vorstellungen und Wünsche auf Kosten ihres gemeinsamen Kindes durchzusetzen versuchten. Beide haben während der Haftzeit erkennen müssen, daß die Verabsolutierung eigener Wünsche und Vorstellungen mit einem Leben in Gemeinschaft nicht vereinbar ist. Die sehr unterschiedlich strukturierten Menschen haben jedoch einen deutlichen Einstellungswandel durchgemacht, der ihnen jetzt ein besser angepaßtes Leben ermöglicht, wobei Gerlinde als gefühlstieferer Mensch in ihrem jetzigen Leben eine Aufgabe sieht, ihr Versagen aus früherer Zeit wieder gut zu machen.
2. Es lassen sich bei beiden keine Persönlichkeitsmerkmale finden, die ihre soziale Wiedereingliederung gefährdet hätten. Gerlinde hat sogar in mehreren sehr kritischen Situationen bewiesen, daß sie genügend inneren Halt hat, in großer äußerer Unsicherheit nicht zu resignieren, sondern sich den Problemen zu stellen und sie zu bewältigen.
3. a) Organisatorische Schwierigkeiten gab es für Gerald bislang keine. Gerlindes Wiedereingliederung warf schon von Anfang an sehr viel mehr Probleme auf, da sie eine der ersten Langzeitgefangenen war, die entlassen wurde. Die von ihr getroffene Partnerwahl hat sicher-

lich ihr Leben in eine größere Unruhe versetzt als es wünschenswert erschien. An dieser Schwierigkeit hat sich jedoch ihre innere Haltung noch gefestigt.
b) Persönliche Schwierigkeiten gab es für Gerald nur insofern, als er eine anfängliche Angst vor allen staatlichen Einrichtungen zu überwinden hatte. Gerlinde hatte hingegen sehr viel mehr mit tatsächlichen Schwierigkeiten zu kämpfen und entwickelte einen noch heute deutlich spürbaren Groll auf alle staatlichen Institutionen, die ihrer Meinung nach einem Menschen, wenn er in Not geraten ist, die Hilfe verweigerten.

Fall 34, Heribert 1909 (Mittäter zu Fall 67)
Er wurde im Jahre 1949 wegen Mordes zum Tode verurteilt und noch im gleichen Jahr zu einer lebenslänglichen Freiheitsstrafe begnadigt.

Heribert stammt aus einfachen, aber geordneten Verhältnissen und hat eine Schwester. Er erlernte nach erfolgreichem Volksschulabschluß den Schweißerberuf, in dem er – abgesehen von einer kurzen Unterbrechung während des Krieges – immer gearbeitet hat. Während der Kriegszeit faßte er, der damals verheiratet war und in dieser Ehe zwei Kinder hatte, Zuneigung zu einer Nachbarin, die in einer unglücklichen Ehe lebte (siehe Fall Nr. 67). Als deren Mann etwa zwei Jahre nach Kriegsende nach Hause zurückkehrte und es sowohl zwischen den Eheleuten als auch zwischen ihm und dem Nachbarn zu häufigen Streitigkeiten gekommen war, erschlug er diesen bei einer Auseinandersetzung mit einer Eisenstange.

Heribert war zu dieser Zeit unbestraft.

In die Strafhaft fügte sich Heribert ohne Schwierigkeiten ein. Er war ein fleißiger und beständiger Arbeiter, der auch von seinen Mitgefangenen geschätzt wurde. Innerlich wehrte er sich jedoch noch lange Zeit gegen seine harte Strafe, insbesondere deshalb, weil er in einem ersten Rechtszug nur zu einer Freiheitsstrafe von zwölf Jahren verurteilt worden war. Wiederholt brachte er zum Ausdruck, er habe ein falsches Geständnis abgelegt, um zu erreichen, daß er gemeinsam mit seiner Geliebten zum Tode verurteilt würde, um zu sterben. Er fühlte sich nicht als Mörder, denn er habe in Notwehr gehandelt. Im Verlauf der weiteren Haftjahre war Heribert bemüht, sich nicht dem „Gefängnistrott" anzupassen, und als er nach etwa 20 Haftjahren einen Herzinfarkt erlitt, strebte er eine möglichst rasche Gesundung an, da er hoffte, doch noch begnadigt zu werden.

In einer psychologischen Stellungnahme ein Jahr vor der Entlassung wurde Heribert günstig beurteilt. Er wurde zwar als einerseits übertrieben servil, andererseits prahlerisch beschrieben, „man sollte jedoch bedenken, daß er 23 Jahre Haft hinter sich hat, 61 Jahre alt ist, und vom Leben noch etwas haben möchte und also bemüht ist, sich möglichst in gutem Licht zu zeigen".

Zu seinen Verwandten hatte Heribert während der ganzen Haftzeit guten Kontakt. Seine Schwester besuchte ihn regelmäßig und war bereit, ihn nach einer eventuellen Entlassung aufzunehmen. Seine Frau hielt die Ehe zunächst aufrecht, die Verbindung war aber sehr locker. Erst ein Jahr vor seiner endgültigen Entlassung ließ sie sich scheiden aus Gründen, die wir leider nicht ermitteln konnten.

Im Jahre 1969 wurde Heribert zu einer zeitigen Freiheitsstrafe begnadigt. Ende des Jahres 1970 folgte in einem zweiten Gnadenakt die Strafaussetzung zur Bewährung. Anfang des Jahres 1971 wurde er in den offenen Vollzug übernommen, wo er aber nur kurze Zeit einer Arbeit nachgehen konnte, da er wegen eines Magengeschwüres operiert werden mußte. Im April des gleichen Jahres wurde er entlassen. Sein Bewährungshelfer hatte schon während des Vollzuges zu ihm Verbindung aufgenommen und mit ihm gemeinsam seine erste Unterbringung und Arbeitsstelle vorbereitet. Das machte insofern keinerlei Schwierigkeiten, als Heribert von einem Fabrikanten, der seit Jahren einen Zweigbetrieb in dem damaligen Zuchthaus unterhielt, ein Arbeitsangebot hatte. Dieser Fabrikant nahm ihn auch in sein Haus auf, so daß Heribert es sehr gut getroffen zu haben schien. Bald schon erwies sich dies als Täuschung. Der 74jährige Arbeitgeber beanspruchte ihn nicht nur als Arbeiter in der eigenen Firma, sondern ließ sich während einer Krankheit morgens und abends von Heribert versorgen. Außerdem mußte dieser die Parkanlagen um das Haus seines Arbeitgebers in Ordnung halten. So klagte er nach kurzer Zeit über eine zu große Belastung und zu wenig Geld für diese Leistung. Er fühlte sich ausgenutzt. Als sein Arbeitgeber schließlich das Krankenhaus aufsuchen mußte, kündigte dessen Sohn, zu dem nie ein gutes Verhältnis bestand, das Arbeitsverhältnis und verlangte von Heribert auch die sofortige Aufgabe des Zimmers, so daß dieser etwa ein halbes Jahr nach der Entlassung plötzlich ohne Arbeit und Unterkunft war. Da zum Zeitpunkt der Entlassung in einer überregionalen Zeitung ein sehr ausführlicher Artikel mit Heriberts Geschichte bei Nennung des vollen Namens erschienen war, gestaltete sich für den Bewährungshelfer die Arbeitssuche ganz besonders schwierig, denn Heribert war zu dieser Zeit noch erheblich unsicher, glaubte sich überall erkannt und war extrem mißtrauisch. Deshalb sah der Bewährungshelfer allein in einer sehr weiträumigen Verpflanzung seines Schützlings eine Möglichkeit, ihm diese Belastung zu nehmen. In Zusammenarbeit mit dem Gefangenenfürsorge-Verein gelang es, für Heribert eine Arbeitsstelle zu finden, wo er sich nun im Laufe von drei Jahren in eine leitende Position hinaufgearbeitet hat und nahezu die rechte Hand seines neuen Arbeitgebers geworden ist. Außer diesem weiß niemand von seinem Schicksal und das sieht er als sehr wesentlich an. Er ist dort sogar mit in die Familie aufgenommen und sein Arbeitgeber erklärte sich bereit, ihn auch dann bei sich zu halten, wenn er nicht mehr arbeiten könne. Trotz dieser günstigen äußeren Situation ist nach dem Bericht des Bewährungshelfers Heribert von dem Gefühl einer beunruhigenden Leere gefangen. Obgleich sich Heribert sehr darum bemühe, wieder eine Lebenspartnerin zu finden, scheiterte dies immer wieder daran, daß er Angst habe, seine Vergangenheit preiszugeben. So unterliege die Furcht vor der Einsamkeit im Alter der Angst, entdeckt zu werden. Diese Angst sei ständig noch Gegenstand der Gespräche mit seinem Bewährungshelfer, der der einzige Mensch in Heriberts Leben ist, mit dem er frei reden kann. Seine Familie, die sich bis zu seiner Entlassung im Grunde mehr um ihn gekümmert hat, distanziert sich nach der Entlassung von ihm, so daß es nur noch zu gelegentlichen Besuchen kommt.

Das Gespräch mit dem Bewährungshelfer, das in dessen Diensträumen stattfand, endete mit dem Hinweis, daß die soziale Wiedereingliederung seines Probanden in wesentlichen Teilen gelungen sei. Die innere Unsicherheit und Unfreiheit, die trotz der äußerlich guten Situation bei Heribert gegeben sei, lassen diesen ständig in einer Beunruhigung leben, die die menschliche Wiedereingliederung noch in Frage stelle.

Zusammenfassende Stellungnahme zu den einzelnen Fragen:

1. Der bis zu seiner Straftat sozial nicht auffällig gewordene Mann zeigte auch in der Haft keine Anpassungsschwierigkeiten. Die 24 Jahre des Eingeschlossenseins haben ihn zu einem sozial unsicheren und ängstlich-mißtrauischen Menschen gemacht, der aus diesem Grunde zur Zeit noch nicht zu einer engeren menschlichen Bindung in der Lage ist.
2. Es lassen sich keine überdauernden Persönlichkeitszüge feststellen, die eine Wiedereingliederung grundsätzlich gefährdeten. Die derzeitige Unsicherheit und Ängstlichkeit wird sich im Laufe der Zeit nach den Erfahrungen mit ähnlich geprägten Probanden sicherlich verlieren, zumal seine berufliche Tätigkeit nach den Worten des Bewährungshelfers schon jetzt eine zunehmende innere Sicherheit vermittelt hat.
3. a) Es gab zunächst – kurze Zeit nach der Entlassung – keine Schwierigkeiten, bis er sich auf seiner Arbeitsstelle wohl mit Recht ausgenutzt fühlte, die Stelle schließlich verlor und die Auswirkungen eines Zeitungsartikels, der seine alte Geschichte wieder in das öffentliche Bewußtsein gebracht hatte, ihn zu einem Ortswechsel zwangen.
   b) Persönliche Schwierigkeiten gibt es insofern noch immer, als der bei dem Probanden sehr stark vorhandene Wunsch, einen Partner zu finden, ständig mit der Angst verbunden ist, wegen seiner Vergangenheit erneut bloßgestellt zu werden.

Fall 35, Iwan 1922

Er wurde im Jahre 1949 wegen Mordes zu einer lebenslangen Zuchthausstrafe verurteilt.

Iwan stammt aus guten sozialen Verhältnissen und lebte mit seiner Schwester bis zu seiner Heirat im Hause der Eltern. Er hat die Volksschule mit gutem Erfolg absolviert, eine kaufmännische Lehre abgeschlossen und immer in diesem Beruf gearbeitet. Nach dem Arbeitsdienst stand er im Kriegseinsatz und verlor im Jahre 1942 ein Bein. Er kehrte nach Hause zurück und lebte als unbescholtener Mann mit seiner Familie bei den Eltern, ehe er eines Tages in den Bannkreis eines ehemaligen Schulkameraden geriet, der von einem Gutachter als „geborener Schwerverbrecher" bezeichnet wurde. Gemeinsam mit diesem beging er Einbruchsdiebstähle und wurde dreimal wegen dieses Deliktes und wegen unerlaubten Waffenbesitzes bestraft. Obgleich Iwan mehr aus Angst vor diesem Mann als aus innerem Antrieb handelte, war er bei der Tötung der Geliebten des anderen, deren Leiche in einem Baggerloch versenkt wurde, ganz aktiv beteiligt.

Der Haupttäter beging noch während der Untersuchungshaft Selbstmord.

In die Bedingungen der Haft fügte sich der unter seiner Schuld sehr leidende und durchaus empfindsame Mann schnell ein. Er wurde von Anfang an günstig beurteilt. Insbesondere wurde sein Arbeitseifer sehr gelobt. Die rasche positive Entwicklung des Mannes war Anlaß, ihm frühzeitig Ausführungen sowohl an das Krankenbett seiner Mutter als auch zur Beerdigung seines Vaters zu gewähren. Das in den Gefangenen gesetzte Vertrauen und seine ständige Bereitschaft, sich mit seinem schuldhaften Handeln auseinanderzusetzen, führten dazu, in einer Stellungnahme darauf hinzuweisen, daß diese positive Schicksalsbewältigung zeitlich über ein gewisses Maß nicht hinaus geleistet werden könne, „ohne daß der Verurteilte von der Resignation endgültig überwältigt wird. Dann aber sind seine positiven Kräfte aufs äußerste gefährdet, und eine Resozialisierung dürfte nach dem zwangsläufig folgenden Persönlichkeitsverfall nicht mehr möglich sein". Zugleich wurde betont, daß es sinnvoll sei, „wenn bei einem Mordfall überhaupt Gnadenerwägungen einmal Raum gewonnen haben ..., daß auch der in Aussicht genommene Gnadenerweis zu einem Zeitpunkt gewährt werde, in dem er noch einem körperlich, geistig und seelisch gesunden Menschen einen Start ins Leben ermögliche".

Die Eltern, die ebenso wie seine Schwester unter seiner Verurteilung sehr gelitten hatten, hielten bis zu ihrem Tod den Kontakt zu ihm. Eine verwitwete Frau, die dem alten Vater bis zu dessen Ableben den Haushalt geführt hatte, bemühte sich später zunehmend um Iwan, der eine tiefe Zuneigung zu ihr faßte. Im Jahre 1966 verlobte sich das Paar und seine zukünftige Frau vertrat die Ansicht, daß sie wisse, welch gute Charakterprägung ihr Verlobter habe, der nur durch unglückliche Umstände in diese schreckliche Geschichte verstrickt worden sei.

Im Jahre 1966 wurde Iwan zu einer zeitigen Freiheitsstrafe begnadigt. Zwei Jahre später wurde die Reststrafe zur Bewährung ausgesetzt und Iwan im Juli 1968 aus der Haft endgültig entlassen.

Er wurde von seinem Bewährungshelfer und seiner Verlobten abgeholt und in seine alte Heimat gebracht. Er heiratete seine Braut etwa sechs Wochen nach der Entlassung und lebte dann mit ihr in der Wolhnung der Eltern. Zunächst besuchte er eine Schule, um sich in seinem erlernten Beruf fortzubilden und erhielt aus diesem Grunde eine staatliche Unterstützung. Leider wurde an der Schule, wohl durch die Unachtsamkeit der Schulleitung, seine Vorgeschichte bekannt, so daß er sich gezwungen sah, diese Ausbildung aufzugeben. Er siedelte um und widmete sich gemeinsam mit seiner Frau einer nach dem Tod seines Schwagers ohne Leitung befindlichen, von ihm dann gepachteten Tankstelle. Nach über zwei Jahren mußte das Ehepaar diese Tätigkeit jedoch aufgeben, da die Schwägerin verstarb, die den beiden den Haushalt versorgte und gleichzeitig die Tankstelle wegen zu geringen Umsatzes aufgelöst wurde. Hinzu kam, daß die Ehefrau nach dem Tode ihrer Mutter einen kranken Bruder betreuen mußte. Das Ehepaar zog in die Wohnung der Mutter. Jetzt betreiben sie einen kleinen Bahnhofskiosk. Da Iwan neben seinem Verdienst eine Kriegsrente bezieht, zugleich von seinen Eltern auch Vermögen erbte, ist die finanzielle Situation der Familie gesichert.

Wie uns der Bewährungshelfer sehr ausführlich in einem Schreiben mitteilte, ist die soziale und auch die menschliche Wiedereingliederung seines Probanden vollauf gelungen. Nach dem Erlaß der Reststrafe sei sein Proband wieder in alle bürgerlichen Ehrenrechte eingesetzt und lebe als ein von seiner Familie und allen Nachbarn akzeptierter und geachteter Mann.

Zusammenfassende Stellungnahme zu den einzelnen Fragen:

1. Der als eher weich, zurückgezogen und bescheiden beschriebene Mann stand zur Zeit seiner Tat offenbar ganz unter dem Einfluß eines kriminell aktiven Menschen, der ihn in seiner Willensschwäche ausnutzte. Einsatzfreude, Durchsetzungswillen und Durchhaltevermögen hat Iwan während der langen Haftjahre gelernt. Er hat sie in der Zeit seiner Wiedereingliederung erfolgreich eingesetzt, als einschneidende Ereignisse eine erhebliche Belastung seiner Lebenssituation mit sich brachten.
2. Es ließen sich in seinem Verhalten keine Züge beobachten, die den vor Jahren in der Anstalt befürchteten Persönlichkeitsverfall vermuten lassen.
3. a) Organisatorische Schwierigkeiten sowie
   b) persönliche Probleme gab es für den Probanden nicht.

Fall 36, Justus 1924

Er wurde im Jahre 1952 wegen Mordes zu einer lebenslangen Zuchthausstrafe verurteilt.

Justus stammt aus sehr einfachen sozialen Verhältnissen und ist das dritte von insgesamt sieben Kindern seiner Eltern, die beide früh verstarben. Schon bald galt er als das ,,schwarze Schaf" der Familie. Nach achtjähriger Volksschulzeit trat er bei der Binnenschiffahrt eine Ausbildung als Flußschiffer an, schloß diese jedoch nicht ab, sondern fuhr bis zum Jahre 1943 als Heizer auf einem Dampfschiff. Dann wurde er zur damaligen Wehrmacht eingezogen und geriet 1944 in russische Gefangenschaft, aus der er im Jahre 1947 wegen Auszehrung entlassen wurde. Er blieb zunächst in Ostdeutschland, ging jedoch etwa ein Jahr später in den Westen, wo er im Bergbau eine Arbeit fand. Hier geriet er, der in einem Bergmannslager lebte, an den Alkohol, dem er besonders am Wochenende zusprach. Wegen dieses häufigen und übermäßigen Alkoholkonsums machte ihm seine damalige Verlobte oftmals heftige Vorwürfe und drohte ihm, ihn zu verlassen, wenn er das Trinken nicht aufgebe. Obgleich er stets fleißig arbeitete und immer wieder versprach, nicht mehr zu trinken, dieses Versprechen aber ebenso häufig brach, trennte sich seine Braut von ihm. In alkoholisiertem Zustand und voller Eifersucht erstach er sie.

Justus war nicht vorbestraft.

Er hat von Anfang an seine Strafe mit ehrlichem Sühnewillen auf sich genommen und sich gleichbleibend still, bescheiden und ernst in den Vollzug eingefügt. Auch arbeitete er zielstrebig und konnte sich im Laufe der Jahre in der Buchbinderei der Anstalt ein gutes fachliches Wissen aneignen. Später wurde er wegen seiner besonderen Vertrauenswürdigkeit und der hervorragenden Führung in der Anstalt als Heizer und Hausklempner eingesetzt und genoß so schon relativ viel Freiheit.

Ein drei Jahre vor der Entlassung erstelltes psychologisches Gutachten sprach von Justus als einem Mann, der sich zwar selbst als minderbegabt bezeichne, der aber geistig wendig geblieben sei. ,,Er hat die lange Haftzeit ohne intellektuelle Verödung überstanden" und sei grundsätzlich optimistischer Lebenshaltung.

Als ein Jahr später zur Frage der Alkoholgefährdung ein psychiatrisches Gutachten erstellt wurde, ist er als ein Mensch bezeichnet worden, der ,,in der dressierten Haltung eines an Einschluß gewöhnten Mannes ... sogleich seine Hilfeleistung auf der Station anbot". Die Persönlichkeit von Justus sei offensichtlich durch ein langjähriges ,,hospitalisierungsbedingtes Anpassungssyndrom" geformt, welches man auch im Sinne der Nivellierung und Interesseneinengung verstehen könne. Wenn man aber dieses Anpassungssyndrom einmal ausblende, so zeige sich, daß im Laufe der langen Haft eine Nachreifung im Sinne der Besonnenheit durch Einsicht und Reue geschehen sei, die Justus jetzt in die Lage versetze, seine auch schon zur Zeit seiner Tat ausreichend vorhandene Intelligenz einzusetzen. Seine im religiösen Bereich wurzelnden sittlichen Wertvorstellungen seien nun stark genug, um ähnlichem Tun erfolgreich zu widerstehen. Dies schließe auch den Genuß von Alkohol ein.

Zu seinen Verwandten hielt Justus stets guten Kontakt.

Im Jahre 1973 wurde er begnadigt und Ende des gleichen Jahres in den offenen Vollzug verlegt. Nach einem Vierteljahr wurde er im Januar 1974 endgültig aus der Haft entlassen. Zuvor hatte sein Bewährungshelfer recht zahlreiche vergebliche Versuche unternommen, ihn unterzubringen. Zu seiner Schwester konnte er nicht entlassen werden, da sie ihn in ihrer Sozialwohnung nicht aufnehmen durfte. Sodann war geplant, ihn zunächst in einem Obdachlosenheim unterzubringen, wogegen sich Justus zu Recht heftig wehrte. Dann kam ihm die Tatsache zu Hilfe, daß sich die Schwester gegenüber einer weitläufigen Verwandten erstmals über das Schicksal ihres Bruders äußerte. Daraufhin erklärte sich ein Onkel bereit, ihn aufzunehmen. Etwa einen Monat nach der Entlassung fand Justus Arbeit als Schlosser in einer Stahlbaufirma, in der lediglich der Arbeitgeber seine Vorgeschichte kannte.

Das Leben bei seinem Onkel gestaltete sich für Justus leider nicht günstig. Es kam sehr bald zu Auseinandersetzungen und er sah sich mit Hilfe seines Bewährungshelfers nach einem eigenen Zimmer um. Wie der Bewährungshelfer berichtete, soll es zwischen Justus und dem Onkel wegen angeblich häufigen Alkoholgenusses zu Streit gekommen sein. Eben aus diesem Grunde hätten sich auch andere Verwandte wieder von ihm zurückgezogen. Lediglich die Schwester, bei der er auch seinen ersten Urlaub verbrachte, hielt nach wie vor zu ihm.

Bei unserem Besuch berichtete Justus, der uns schon aus einer vorangegangenen Begutachtung kannte, ganz gelöst und ohne jede Hemmung, daß es tatsächlich wegen des Alkohols in der Familie zu Auseinandersetzungen gekommen sei, vor allem deshalb, weil jeder meinte, er dürfe nun gar keinen Tropfen mehr trinken, während er auf dem Standpunkt stehe, ein Bier schade nun wirklich nichts. Er wisse zu genau, daß seine Zukunft und damit die zahlloser Leidensgefährten auf dem Spiel stehe, wenn er sich nicht bewähre. Das sei ihm eine ständige Mahnung zur Vorsicht. Aber das Bevormunden durch die Familie habe er nicht ertragen können. 20 Jahre sei er nicht Herr seiner eigenen Entschlüsse gewesen, nun müsse er selbstverantwortlich wissen, was er dürfe. Außerdem habe er inzwischen eine aus seiner Heimat stammende Frau gefunden, die er sehr liebe und verehre. Diese sei Antialkoholikerin und das sei doch Halt genug. In ihrer Familie sei er ganz aufgenommen und verbringe jede freie Minute dort. Über diese menschliche Bindung sei er besonders glücklich, da er bis dahin sein Leben – mit der täglichen Arbeit in einem großen Industrieunternehmen – als leer empfunden habe. Seiner Partnerin gegenüber habe er nur ganz zaghaft angedeutet, daß in seiner Vergangenheit ein dunkler Punkt sei und er fürchte sich ein wenig vor der offenen Aussprache, aber er werde auch das noch schaffen.

Nach den eigenen und den Angaben des Bewährungshelfers konnte sich Justus ganz erstaunlich schnell im freien Leben wieder zurechtfinden, wobei beide betonten, daß die Zeit im offenen Vollzug doch ganz wesentlich dabei geholfen habe. Nur in der ersten Zeit nach der Entlassung sei er ein wenig unsicher gewesen. Da er aber ein kontaktfreudiger Mensch sei, der auch auf alle neugierigen Fragen noch die passende Antwort finde, habe sich das schnell gelegt.

Justus war munter und aufgeschlossen, manchmal ein wenig listig und verschlagen, wenn er z. B. sein Verhältnis zum Alkohol charakterisierte. Er war stolz darauf, wieder ein vollwertiges Mitglied unserer Gesellschaft zu sein.

Zusammenfassende Stellungnahme zu den einzelnen Fragen:

1. Der infolge seines übermäßigen Alkoholkonsums in situative Schwierigkeiten geratene Mann hat während seiner langen Haftjahre soviel Eigenständigkeit, Verantwortungsbewußtsein und Kritikfähigkeit gewonnen, daß ihm jetzt ein sozial angepaßtes Leben in eigener Verantwortung möglich ist. Die Gefahr, die in seinem Verhältnis zum Alkohol liegt, erkennt der Proband sehr genau und ist darum über seine Partnerwahl besonders glücklich.
2. Die von einem Gutachter als unerwünschte Haftfolge apostrophierte ,,dressierte Haltung" des Probanden sowie das ,,nivellierende Anpassungssyndrom" lassen sich in der sozial angepaßten Verhaltensweise des Probanden, die durchaus ihre ganz persönliche Note hat, nicht feststellen.

3. a) Organisatorische Schwierigkeiten bei der Wiedereingliederung gab es gleich zu Beginn, da zunächst für den Probanden keine Unterkunft zur Verfügung stand. Schließlich fand sich ein Familienmitglied, das zuvor von seinem Schicksal nichts ahnte, bereit, ihn aufzunehmen. Justus fühlte sich aber durch eine überfürsorgliche Haltung der Familie belastet und suchte sich ein eigenes Zimmer.
b) Persönliche Schwierigkeiten gab es für den Probanden keine, wenn man davon absieht, daß ihn die anfängliche Einsamkeit betrübte. Nachdem er inzwischen eine Lebenspartnerin gefunden hat, die noch dazu Antialkoholikerin ist, hat der Proband die berechtigte Hoffnung, daß die von ihm klar gesehene Gefahr durch diesen persönlichen Rückhalt entscheidend gemindert ist. Eine gewisse Beklemmung erlebt er bei dem Gedanken, seiner Partnerin seine Vergangenheit einzugestehen.

Fall 37, Klaus 1928
Er wurde im Jahre 1950 wegen Mordes in Tateinheit mit Raub zu einer lebenslangen Zuchthausstrafe verurteilt.

Klaus stammt aus einfachen häuslichen Verhältnissen. Seine Mutter, die als kranke Frau ihre sechs Kinder kaum versorgen konnte, hatte zusätzlich beständig Sorgen mit seinem Vater, einem Finanzangestellten, der als Trinker bekannt war. Trotz dieser schwierigen Situation im Elternhaus besuchte Klaus achte Jahre die Volksschule und begann eine Lehre als Schlosser, die er vorzeitig abbrach. Nachdem er schon früher häufig von zu Hause fortgelaufen war, entfernte er sich auch eigenmächtig aus der Lehre. Bis zum Jahre 1949 diente er in der Fremdenlegion, kehrte dann nach Hause zurück und trieb sich in der heimatlichen Großstadt mit anderen jungen Leuten herum. In dieser Zeit soll er auch homosexuelle Kontakte gepflegt haben. Im Zusammenhang damit erschlug er in einem Hotelzimmer einen Ausländer mit einem Eisenrohr und beraubte ihn.

Klaus war bis zu dieser Zeit unbestraft.

In die Haft ordnete sich Klaus ohne Schwierigkeiten ein. Er wurde immer als ein fleißiger, ordentlicher, zutraulicher und offener Gefangener beschrieben, der ein munteres Wesen habe, sich allerdings gelegentlich leicht errege. Dieser überwiegend günstige Eindruck vertiefte sich im Verlauf der weiteren Haftjahre, in denen Klaus mehr und mehr „zur inneren Ruhe und vernünftigem" Handeln fand.

Ein psychologisches Gutachten beschreibt Klaus als einen Mann, den die lange Haftzeit weder körperlich noch seelisch besonders schwerwiegend beeinträchtigt zu haben schien, „wie man es sonst nach so langer Gefangenschaft kennt". Auf diese Tatsache aufmerksam gemacht, meinte der Verurteilte damals in der Exploration: „Er habe von Anfang an großen Wert auf seine Körperpflege gelegt und diesbezüglich lieber auf den Einkauf von Genußmitteln verzichtet". Geistig gebe sich der Verurteilte aufgeschlossen und sei an vielen Dingen interessiert. Er habe sich auch eine feste eigene Meinung gebildet. Der psychologische Gutachter sprach sich ganz entschieden dagegen aus, daß man Klaus als einen charakterlich Abnormen oder Psychopathen bezeichne, wie es der medizinische Gutachter im Verfahren getan habe. „(Klaus) fällt in seiner Charakterstruktur nicht aus dem Rahmen der Norm. Er ist in jeder Weise gut angepaßt ... Von Gefühlskälte kann nicht gesprochen werden, wenn er sich auch um Sachlichkeit und Nüchternheit bemüht ... Außer einer Neurose, die jedoch keinen besonderen Krankheitswert hat – es handelt sich vermutlich um geschlechtliche Frustrierungen, was nach der langen Haft verständlich ist! –, ist (Klaus) psychisch gesund."

Während der Haft hat Klaus zu seinen Geschwistern, insbesondere zu einer Schwester, stets guten Kontakt gehabt. Sein Vater brach die Verbindung mit ihm ab.

Im Jahre 1970 wurde Klaus begnadigt und gegen Ende des gleichen Jahres in den offenen Vollzug übernommen, wo er ein Jahr lang verblieb und als Hilfsschlosser tätig war. Noch während des Aufenthaltes im offenen Vollzug lernte Klaus seine spätere Frau kennen, die eine eigene Gaststätte betrieb. Bei den Entlassungsvorbereitungen hatte es zunächst erhebliche Schwierigkeiten gegeben, da Klaus keine Unterkunft fand und deshalb auch keine Arbeitsstelle. Alle potentiellen Arbeitgeber bestanden darauf, den genauen Entlassungstermin zu erfahren, der jedoch von den staatlichen Stellen davon abhängig gemacht wurde, daß Klaus eine feste Unterkunft und Arbeit habe. Die Verbindung zu seiner Verlobten sowie die Tatsache, daß er bei seinem Arbeitgeber bleiben konnte, für den er schon im offenen Vollzug tätig war, bildeten dann endlich günstige Voraussetzungen, den Entlassungstermin zu bestimmen.

Im Juli 1971 wurde Klaus endgültig entlassen und siedelte in die Wohnung seiner Verlobten über. Etwa ein halbes Jahr nach der Entlassung heiratete er. Wenig später begann er über seine Arbeitsstelle zu klagen, fühlte sich überfordert und zugleich ausgenutzt. Er löste das Arbeitsverhältnis und es wurde mit dem Arbeitsamt vereinbart, eine Umschulung zum Nähmaschinenmechaniker durchzuführen. Klaus hatte aber in der Zwischenzeit, wohl auch wegen einer Krankheit seiner Frau, die Leitung der Gaststätte übernommen und zeigte wenig Neigung, eine neue Arbeit zu beginnen. Er berichtete seinem Bewährungshelfer, daß er in seiner Umgebung überall anerkannt sei und sich über sein in ruhigen Bahnen verlaufendes Leben nicht beklagen könne, insbesondere, nachdem er einen kleinen Sohn bekommen hatte. Es bereitete ihm zwar ein gewisses Unbehagen, daß er die Führung der Gaststätte übernommen hatte, ohne dafür eine Konzession zu besitzen. Sein Bewährungshelfer bemühte sich aber, daß Klaus als Beschäftigter in dem Betrieb seiner Frau anerkannt wurde, was dann allerdings zur Folge hatte, daß von Amts wegen geprüft wurde, ob Klaus nicht zu Unrecht über lange Zeit Arbeitslosenunterstützung bezogen habe. Dieses Verfahren wurde jedoch niedergeschlagen.

Klaus berichtete uns im persönlichen Gespräch, daß er gar nicht so sehr darauf bedacht sei, einen Konzessionsantrag zu stellen, da er hierfür ein Führungszeugnis benötige, aus dem selbstverständlich seine Vorstrafe hervorgehe. Dadurch werde seiner Umgebung sicherlich unmittelbar bekannt, welche Vergangenheit hinter ihm liege, und das wolle er auf jeden Fall vermeiden.

Klaus hat uns gemeinsam mit einem ganz in seiner Nähe wohnenden, ihm auch freundschaftlich verbundenen und ebenfalls begnadigten „Lebenslänglichen" (Fall 49) in unseren Diensträumen besucht. Abgesehen von dem lebhaften Bericht über ihre persönliche Situation zeigten sich beide Probanden voller Kritik gegen den offenen Vollzug. Nach ihrer Meinung sei diese Einrichtung zu sehr von einem Mißtrauen gegen die Betreuten getragen, so daß sie in einem Abhängigkeitsverhältnis gehalten würden, das sie als unangebracht empfanden. Auch die Tatsache, nicht wirklich frei über das verdiente Geld verfügen zu können, beklagten sie. Das sei möglicherweise alles für die jüngeren Gefangenen und die Leute, die eine kürzere Strafe zu verbüßen hätten, notwendig. Für die Gruppe der Langstrafigen seien das aber unnütze Vorsichtsmaßnahmen. Entweder man halte diese Menschen für vertrauenswürdig oder nicht, diese Halbheiten in der Kontrolle könnten im Zweifelsfall sowieso niemanden daran hindern, seine relative Freiheit zu mißbrauchen.

Im Gespräch war Klaus redegewandt und lebhaft. Allerdings zeigte er oft verallgemeinernde Redewendungen, die von einer gewissen Kritiklosigkeit und wenig innerem Tiefgang zeugten. Er selbst bezeichnete, abgesehen von den erwähnten Unebenheiten, seine soziale Wiedereingliederung als beendet.

Zusammenfassende Stellungnahme zu den einzelnen Fragen:

1. Der unstete, vagabundierende, das Abenteuer in der Fremdenlegion suchende junge Mann hat durch die Haft die Möglichkeit zur inneren Stabilisierung und zum Entwickeln von Lebensbewältigungstechniken erhalten, die ihm jetzt ein sozial weitgehend angepaßtes Leben ermöglichen.
2. Wie auch schon der psychologische Sachverständige feststellte, sind im Verhalten keinerlei haftbedingte Auffälligkeiten sichtbar geworden, die eine Wiedereingliederung gefährdet hätten.
3. a) Organisatorische Schwierigkeiten gab es bei der Arbeitsvermittlung, aber dieses Problem wurde gelöst, nachdem sich der Proband bereit fand, bei seinem Arbeitgeber zu bleiben, der ihm im offenen Vollzug vermittelt wurde.

b) Persönliche Schwierigkeiten gab es für den Probanden nicht. Allenfalls mag der Druck des schlechten Gewissens, daß er ohne Konzession arbeitet, als eine solche Schwierigkeit erscheinen. Sie wird vom Probanden jedoch nicht als solche erlebt.

Fall 38, Leo 1924

Er wurde im Jahre 1948 wegen Mordes zu einer lebenslänglichen Zuchthausstrafe verurteilt. Seine Mittäterin, die Frau des Getöteten, erhielt eine fünfjährige Zuchthausstrafe wegen Beihilfe zum Mord.

Leo stammt aus einem sehr religiös geprägten und sittenstrengen Elternhaus. Sein Vater war Fuhrunternehmer, der zwei Fuhrwerke betrieb. Seine Mutter versorgte als Hausfrau drei Kinder. Leo besuchte acht Jahre die Volksschule, arbeitete danach ein halbes Jahr in der kleinen elterlichen Landwirtschaft, ehe er als Hilfsarbeiter in einer nahegelegenen Sandgrube eine Arbeit annahm. Später war er bis zum Beginn des Militärdienstes im Jahre 1942 als Beifahrer in einer Brikettauslieferungsfirma tätig. Nach dem Krieg kaufte er sich einen eigenen LKW und war dann selbständig als Fuhrunternehmer tätig. Zu dieser Zeit lebte er wieder bei den Eltern, die mit Sorge eine Verbindung zu einer Frau beobachteten, mit deren Mann Leo Schwarzmarktgeschäfte betrieb. Diese Frau war deutlich älter als Leo und band ihn sexuell eng an sich, so daß das Gericht bei der späteren Würdigung der Tat von einer Hörigkeit sprach. Leo wollte diese Frau unter allen Umständen heiraten und so reifte in ihm der Plan, der von seiner Geliebten unterstützt wurde, ihren Mann umzubringen. Eines Tages lud er ihn deshalb zu einer Geschäftsfahrt ein und erschlug ihn unterwegs mit einem Wagenheber. Das Gericht sah die Tat des Verurteilten als persönlichkeitsfremd an und hielt Leo wegen seiner Jugend und der sexuellen Hörigkeit nicht für den geistigen Führer bei dieser Tat, sondern die viel erfahrenere und intelligentere Geliebte.

Leo war zu diesem Zeitpunkt nicht bestraft.

Während der langjährigen Haft zeigte sich Leo stets voller Reue. Seine Führung war tadellos und die Arbeitsleistung immer zufriedenstellend. Oftmals schien er gedrückter Stimmung zu sein und nach etwa 15 Haftjahren „haben sich Zeichen von Niedergeschlagenheit und Resignation in auffallender Weise bei ihm eingestellt". Aus der Menge der übrigen Lebenslänglichen hob er sich nach dem Urteil der Anstalt immer heraus, da er sehr religiös gebunden war, eine feste Vorstellung von Schuld und Sühne hatte, aber auch den Glauben an sich und seine Zukunft nicht verlor. Wegen seiner besonderen Vertrauenswürdigkeit und der im Verlauf deutlich gewordenen inneren Festigung wurden ihm fünf Ausführungen, jeweils anläßlich besonderer Familienereignisse gewährt. Immer wieder wurde er als vorbildlicher Gefangener gelobt, der die Zeit der Inhaftierung zu ernsthafter Arbeit an sich genutzt habe. In der Freizeit beschäftigte er sich mit Hingabe mit Orgelmusik und mit der Leitung eines Chores, wobei er nach seinen eigenen Worten in dieser Beschäftigung innere Ruhe gewann. In den letzten Jahren der Haft soll Leo sehr unter dem Eingeschlossensein gelitten haben.

Seine Familie hat während der Haftjahre den Kontakt zu ihm ständig gehalten. Insbesondere eine Tante kümmerte sich sehr um ihn und wollte ihn auch nach seiner Entlassung bei sich aufnehmen.

Im Jahre 1967 wurde Leo zu einer zeitigen Freiheitsstrafe begnadigt. Etwa ein Jahr später erfolgte die Strafaussetzung zur Bewährung und im Dezember des gleichen Jahres wurde er ohne die Vorbereitung durch einen offenen Vollzug endgültig aus der Haft entlassen. Der Bewährungshelfer hatte sich schon während der Haftzeit mit Leo bekannt gemacht und eine Unterkunft bei der Tante vorbereitet. Als Leo bei ihr ankam, eröffnete sie ihm, daß sie ihn bei ihren Bekannten und in der Umgebung als einen Theologen angekündigt habe, er sich also entsprechend verhalten müsse. Nachdem er etwa 14 Tage nach der Entlassung bei seinem alten Arbeitgeber in der Kiesgrube als Arbeiter wieder beginnen konnte, habe seine Tante ihm vorgeschrieben, daß er seine Arbeitskleidung bei der Mutter, die in der Nähe der Grube wohnte, wechsele und bei der Tante immer in einem „guten" Anzug erscheine. Sie habe ihn jedoch nicht nur in dieser Beziehung bevormundet, sondern ihm im Grunde jeden Schritt seines Tuns und Lassens vorgeschrieben, so daß er nach knapp drei Wochen völlig verzweifelt gewesen sei. Alle Schwierigkeiten, sich in dem so veränderten Leben draußen zurechtzufinden, seien nichts gegen „dieses Theater" gewesen. So sei er dann mit Billigung seines sehr hilfsbereiten Bewährungshelfers zu seiner Mutter übergesiedelt und entgegen allen Erwartungen, daß er in seiner alten Umgebung auf Ressentiments stoßen könnte, habe man ihn dort überall ohne Vorbehalte wieder aufgenommen. Die Arbeit in der Kiesgrube habe er, da sie ihm körperlich zu schwer wurde, im Einverständnis mit seinem Arbeitgeber bald wieder aufgegeben. Wie Leo im persönlichen Gespräch mit uns betonte, habe dieser Mann ihm in der ersten Zeit ganz besonders geholfen, seine Unsicherheit und Gehemmtheit zu überwinden. Um möglichst schnell wieder eine neue Arbeit zu finden, habe er sich darum bemüht, Fahrunterricht zu nehmen, um den ihm verbliebenen Führerschein beruflich als Kraftfahrer wieder zu nutzen. Etwa ein halbes Jahr nach seiner Entlassung trat er seine erste Stelle an und war glücklich, wieder im alten Beruf tätig sein zu können. Sehr bald nach der Übersiedlung zur Mutter hatte er begonnen, in seiner Freizeit das Haus wieder in Ordnung zu bringen, habe es ausgebaut und – wie wir uns anläßlich eines Besuches bei Leo davon überzeugen konnten –, sehr wohnlich gestaltet. Auch schloß er sich wieder der Kirche an, speziell einer Glaubensgemeinschaft (Darbysten), an deren Zusammenkünften er regelmäßig teilnimmt. Während eines Erholungsaufenthaltes in einem Heim dieser Glaubensgemeinschaft habe er eine im Heim tätige Köchin kennengelernt, die ihm als Lebensgefährtin unmittelbar gefiel. Ohne lange zu zögern, habe er ihr gegenüber offen gestanden, warum er 20 Jahre in Haft gewesen sei und er habe sich sehr gefreut, daß diese Frau trotzdem zu ihm gehalten und ihm in gleicher Weise Gefühle der Zuneigung entgegenbrachte. Im Jahre 1970 heiratete er und holte seine Frau in das Haus der Mutter. Diese von ihm als sehr bereichernd empfundene Lebensgemeinschaft dauerte jedoch nicht lange. Leo teilte uns jetzt sehr bedrückt mit, daß seine Frau vor wenigen Monaten an akutem Kreislaufversagen verstorben sei. Nun steht er mit seiner alten Mutter wieder ganz alleine und ist darüber deutlich verstimmt. Er gibt aber gleichzeitig der Hoffnung Ausdruck, daß es ihm mit Hilfe seiner Glaubensbrüder bald gelingen werde, wieder eine Partnerin zu finden.

Zum Abschluß unseres sehr offenen und vorbehaltlos geführten Gespräches, in dem Leo tiefe Einblicke in sein Denken und Fühlen gab, faßte er die Erfahrung der nun sechs Jahre währenden Freiheit dahingehend zusammen, daß er bei dem Sichzurechtfinden im normalen Leben – abgesehen von einer anfänglichen Unsicherheit und Gehemmtheit – keine Schwierigkeiten gehabt habe. Schwierig sei für ihn allenfalls die letzte Zeit der Haft gewesen, in der seine Hoffnung auf Begnadigung mehr und mehr schwand. Er habe erleben müssen, wie ein Familienmitglied nach dem anderen verstorben sei und er von der Angst beseelt wurde, schließlich niemanden mehr vorzufinden, sollte er jemals entlassen werden. Diese Furcht habe ihn ganz apathisch gemacht und erst in dem Augenblick, als sein Gnadengesuch endlich bewilligt worden sei, habe er wieder Mut und Tatkraft gesammelt. Bei diesem Bericht geriet der sonst sehr ausgeglichene Mann mehr und mehr in Zorn und meinte schließlich, daß er viel zu lange inhaftiert gewesen sei und daß ihm die Haft sehr geschadet habe. Die Tatsache, daß er so erfolgreich wieder im Leben stehe, habe er lediglich dem Umstand zu verdanken, daß er trotz allem beständig an sich gearbeitet habe.

Zusammenfassende Stellungnahme zu den einzelnen Fragen:

1. Der eher weiche, anhängliche und tief religiös gebundene Mann, der in eine Lebenssituation geraten war, in der ihm unter dem Eindruck einer sehr tatkräftigen Frau kein anderer Weg zur Lösung des Problems offenzustehen schien, hat sich die von ihm begangene Tat bis heute nicht vergeben. Er hat die Haft zunächst als gerechte Sühne empfunden, sich dann allerdings gegen die Länge der Zeit aufgelehnt. Getragen war diese Auflehnung von der Angst, die durch sein Handeln so schwer getroffene Familie gänzlich verloren zu haben, sollte er einmal entlassen werden. Ein ständiges Arbeiten an sich mit dem Ziel, in Freiheit ein wenig von dem wiedergutzumachen, was er verbrochen hatte, setzte ihn nach der Entlassung in die Lage, ein ge-

ordnetes, sozial angepaßtes und auch menschlich ausgefülltes Leben zu führen. Der rasche Tod seiner Frau hat den Probanden tief getroffen, jedoch nicht hoffnungslos gestimmt.

2. Abgesehen von einer anfänglichen Unsicherheit und Gehemmtheit, die sich schnell verloren, litt er anfangs unter einer gewissen körperlichen Schwäche. Andere haftbedingte Folgen, die eine Wiedereingliederung hätten gefährden können, waren nicht festzustellen.
3. a) Die Unterbringung bei einer Verwandten führte zunächst zu einer offensichtlich unangebrachten Bevormundung, die er jedoch bald abschüttelte. Die Bedenken, wieder in den alten Lebenskreis und zur Mutter zu gehen, haben sich als nicht berechtigt erwiesen. Die Umgebung der Familie nahm keinerlei Anstoß an seiner Rückkehr.
b) Persönliche Schwierigkeiten hat es für den Probanden lediglich am Anfang gegeben, als er seine Ungeschicklichkeit im Umgang mit anderen Menschen erkannte. Nach dem Tod seiner Frau belastete ihn die Einsamkeit wieder sehr. Diesem Gefühl kann er jedoch eine im Glauben begründete Hoffnung entgegensetzen.

Fall 39, Martin 1913

Er wurde im Jahre 1949 wegen Mordes, Notzucht in Tateinheit mit Blutschande und fortgesetztem Verbrechen gegen § 176, Abs. I, Ziff. 3 StGB a. F. zu einer lebenslangen Zuchthausstrafe verurteilt, nachdem in einem ersten Urteil auf eine 15jährige Zuchthausstrafe erkannt worden war.

Martin war das neunte von insgesamt zehn Kindern eines Steinmetzes und lebte in sehr schlechten sozialen Verhältnissen. Bis zum zwölften Lebensjahr besuchte er erfolgreich die Volksschule, erkrankte dann an „Kopfgrippe" und konnte die Schule danach nur noch mit ungenügendem Erfolg abschließen. Er begann eine Steinmetzlehre, die er aber nicht beendete. Später arbeitete er in der Landwirtschaft. Im Jahre 1939 heiratete er, wurde 1940 zur Wehrmacht eingezogen und war bis Kriegsende im Einsatz. Im Jahre 1943 war seine erste Ehe geschieden worden. Nach der Rückkehr aus der Gefangenschaft, noch im Jahre 1945, nahm er alsbald eine Arbeit als Bergmann auf und hat in diesem Beruf ohne Beanstandung gearbeitet. Ebenfalls im Jahre 1945 schloß er seine zweite Ehe. Seine Frau brachte eine Tochter mit, die den nach eigenen Angaben sehr leicht sexuell erregbaren Mann stark ansprach. Da sie seine zahlreichen Annäherungsversuche abwies, überfiel er eines Tages das schlafende Mädchen. Er erschlug es mit einem Beil und schnitt ihm mit einem Messer die Kehle durch.

Martin war zu diesem Zeitpunkt zweimal einschlägig vorbestraft wegen Vergewaltigung und unzüchtiger Handlungen, außerdem wegen fetischistischem Diebstahl. Der psychiatrische Gutachter beschrieb Martin als einen verschlossenen Charakter, kontaktarm mit normal ausgeprägter, jedoch wenig differenzierter Intelligenz. Er sei sexuell sehr leicht ansprechbar, ein von Haus aus haltloser Mensch mit starkem Geschlechtstrieb und mangelnder willentlicher Steuerung des Triebes. Zudem zeigte er zugleich „perverse" Züge in der Sexualbefriedigung. Von seiten des Sachverständigen wurden weder die Voraussetzungen des § 51 Abs. 1 noch Abs. 2 StGB a. F. bejaht.

In die Haft fügte sich Martin zunächst nur mit Schwierigkeiten, zeigte anfänglich wiederholt in den Beurteilungen erwähnte Unaufrichtigkeiten und Ungehorsam, die sich jedoch im Verlaufe legten und „Zeichen lebhafter Reue" Platz machten. Sein Wohlverhalten nahm während der langen Haft beständig zu. Er arbeitete nun auch ausdauernd in der Anstaltsschusterei und begann, seine Freizeit zur Fortbildung zu nutzen.

Im Jahre 1970 wurde ein psychiatrisches Gutachten erstellt und Martin zu diesem Zeitpunkt als vorgealtert, in seiner Libido erheblich abgeschwächt und kontaktarm bezeichnet. Ein etwa zwei Jahre später zur Frage der sexuellen Ansprechbarkeit verfaßtes psychologisches Gutachten kommt zu dem Schluß, daß der einfach strukturierte Mann nur zu eingeschränktem sozialem Kontakt fähig sei, unter enormem Anpassungsdruck stehe und daß bei sexueller Stimulation die Offenheit der Angaben schwinde. Er habe sich aber gut unter Kontrolle.

Eine Schwester von Martin hat während der ganzen Haftzeit den Kontakt zu ihm aufrechterhalten, sich aber schließlich doch nicht bereit erklärt, ihn aufzunehmen, als er begnadigt wurde. Dies geschah im Jahre 1973 und Mitte des gleichen Jahres wurde er in den offenen Vollzug übernommen. Dort wirkte er sehr unsicher, lebensfremd und konnte zunächst nur mit leichter Gartenarbeit beschäftigt werden. Eine erste Arbeitsstelle außerhalb der Anstalt verlor er wegen seines unzureichenden Arbeitstempos. Das deprimierte Martin sehr. Bei einer zweiten Arbeitsstelle in einer Metallfabrik konnte er dann Besseres leisten und gewann so allmählich an Selbstvertrauen. Die erste Reise, die er alleine unternahm, gelang ohne Schwierigkeiten und das erste Weihnachtsfest in Freiheit verbrachte er bei einem Neffen. Dort kam es zu einem insofern ungünstigen Zwischenfall, als Martin bei einer Tanzveranstaltung angeblich seine Geldbörse mit einem ziemlich hohen Geldbetrag verlor. Daraufhin unternahm er sehr kurzschlüssig einen Suizidversuch mit Tabletten. Als er im März 1974 entlassen wurde, war Martin deutlich stabilisiert, hatte mit Hilfe seines Bewährungshelfers, den er schon während der Haft kennenlernte, Unterkunft in einem Ledigenheim gefunden, wo er für relativ wenig Geld ein Zimmer zunächst mit einem anderen Mann teilte. Dieses Zimmer bewohnt er inzwischen allein, wie uns der Bewährungshelfer in einem persönlichen Gespräch mitteilte. Martin zeige jetzt auch keine Neigung, dieses Zimmer aufzugeben, da er sich an die Atmosphäre des Heimes inzwischen gewöhnt habe und es als vorteilhaft ansehe, daß er dort verpflegt und versorgt werde, ohne dafür allzuviel Geld ausgeben zu müssen. Da Martin sich als ausgesprochen kontaktarmer Einzelgänger erwiesen habe, der keinen Wert auf nähere Bekanntschaften lege, behage ihm das etwas anonyme Wohnen durchaus. Die Beschaffung eines Arbeitsplatzes machte größere Schwierigkeiten. Erst etwa zwei Monate nach der Entlassung konnte der Bewährungshelfer einen Arbeitsplatz finden. Seit dieser Zeit ist Martin als Küchenhelfer in einem Hotel tätig und allein die Leiterin der Küche sowie der Verwalter des Hauses sind über seine Vorgeschichte orientiert. Zu den Arbeitskollegen habe er ein freundliches, aber distanziertes Verhältnis.

Nach dem Tod seiner Schwester hat Martin kaum engeren menschlichen Kontakt. Allein einen ehemaligen Anstaltspfarrer sucht er zeitweilig auf. Das Verhältnis zum Bewährungshelfer ist sehr eng. In den ersten Wochen habe sich Martin völlig vom Handeln und Urteilen seines Bewährungshelfers abhängig gemacht. Das sei so weit gegangen, daß Martin diesem sogar beim Einkaufen das Bezahlen überlassen habe. Im Laufe des Jahres nach der Entlassung konnte der Bewährungshelfer ihn jedoch zu größerer Selbständigkeit führen. An Martins Verhalten sei dem Bewährungshelfer besonders die fast an Geiz grenzende Sparsamkeit aufgefallen. Er habe nicht nur seine Rücklage (1 000,– DM) ökonomisch zum Einkleiden verwandt, sondern teile sich auch jetzt seinen Lohn sehr genau ein und versuche, so viel wie möglich zu sparen. Er könne ausgesprochen ungehalten werden, wenn er etwas gekauft habe und entdecken müsse, daß er das gleiche in einem anderen Geschäft hätte billiger haben können. Dieses Verhältnis zum Geld beruhe möglicherweise auf der Unsicherheit hinsichtlich seiner Rente. Diese Frage sei bis jetzt noch ungeklärt.

Über seine Straftat und den Bereich der Sexualität hat Martin mit seinem Bewährungshelfer nicht gesprochen. Dieser drängt ihn jedoch auch nicht dazu, da er glaubt, der Proband selbst müsse die Aussprache beginnen. In dem Schweigen über dieses Thema sieht der Bewährungshelfer allerdings eine Gefahr. Da aber andererseits der Kontakt zum Probanden sehr eng ist, schätzt er sie nicht sehr hoch ein.

Zusammenfassende Stellungnahme zu den einzelnen Fragen:

1. Der als Triebtäter mehrfach straffällig gewordene Mann, bei dem zunächst noch gewisse Bedenken gegen die Entlassung bestanden und mit dem auch die Frage einer Kastration erörtert wurde, hat offenbar infolge seines fortgeschrittenen Alters und der in der langen Haftzeit erlernten Anpassungsmöglichkeiten – jedenfalls hier – eine sozial unauffällige Lebensform gefunden.
2. In der relativ kurzen Zeit, die sich der Proband jetzt in Freiheit befindet, konnten an seinem Verhalten außer lebenspraktischer Ungeübtheit und Unsicherheit, die zunehmend einer vom

Bewährungshelfer geförderten Selbständigkeit wichen und der Tatsache eines fast an Geiz grenzenden sparsamen Umgangs mit Geld, keine Verhaltensmerkmale aufgezeigt werden, die als womöglich irreversible Haftfolgen zu bezeichnen wären. Die Tatsache, daß der Proband seine Straftaten und seinen Intimbereich bislang mit keinem Wort gegenüber dem Bewährungshelfer angeschnitten hat, zeugt von einer Abkapselungstendenz, die möglicherweise als Haftfolge zu beurteilen ist. Andererseits kann das Vermeiden dieses Themas auch als eine verständliche Reaktion aufgefaßt werden.

3. a) Organisatorische Schwierigkeiten gab es vor der Entlassung des Probanden, da er nicht über Außenkontakte verfügte, die ihm eine Unterkunft hätten gewährleisten können. So mußte über längere Zeit nach einer Unterbringungsmöglichkeit gesucht werden. Die Lösung ist aber auch jetzt noch unbefriedigend.
   b) Persönliche Schwierigkeiten gab es bei dem Probanden insofern, als er im Bereich der Arbeitswelt infolge seines Alters (damals 61 Jahre) und des ungewohnten Arbeitstempos zunächst einige Mißerfolgserlebnisse hatte, die ihn sehr deprimierten. Nachdem er jedoch eine Betätigung finden konnte, in der seine Leistungsmöglichkeiten den Anforderungen entsprechen, ist diese Problematik überwunden. In welchem Umfang die sexuelle Erlebnisthematik noch Gefährdungsfaktoren birgt, läßt sich nicht zuverlässig beurteilen.

Fall 40, Nils 1928

Er wurde im Jahre 1952 wegen Mordes in Tateinheit mit besonders schwerem Raub zu einer lebenslangen Zuchthausstrafe verurteilt.

Nils ist Sohn eines Bauarbeiters und wuchs in der ehemaligen Ostzone auf. Seine leibliche Mutter starb früh und der Vater heiratete dann ein zweites Mal. Nils lebte zeitweilig mit fünf Geschwistern im Haushalt der Eltern und wurde schon früh vom Vater zu Diebereien angehalten. Er besuchte nur unregelmäßig die Schule, blieb dreimal sitzen und wurde wiederholt deswegen in Heimerziehung genommen. Nach der Schulentlassung war er kurze Zeit als Laufbursche tätig, floh aber schon im Jahre 1945 allein in den Westen Deutschlands, wo er sich nirgends fest ansiedelte. Er lebte von Gelegenheitsarbeit, pendelte wiederholt zwischen West und Ost hin und her und wurde mehrfach wegen Diebstahls und anderer Delikte bestraft. Bei seinem asozialen Leben geriet er häufig in Geldnot und aus diesem Grunde erschlug er eines Tages einen ,,Pennbruder" mit einem Kantholz und beraubte ihn.

Der psychiatrische Gutachter beurteilte Nils als einen noch durchschnittlich intelligenten, kaltblütig und überlegt handelnden Menschen, der zur Zeit der Tat voll zurechnungsfähig gewesen sei.

Nils fügte sich nur schwer in die Haft und mußte wiederholt ermahnt werden. Aber bereits nach wenigen Haftjahren war ein Gesinnungswandel festzustellen, der sich auch in einer besseren Zugänglichkeit des Gefangenen zeigte. Nils begann ausdauernder und zielstrebiger zu arbeiten und in seiner Freizeit seine Bildungslücken auszufüllen. Lange Jahre war er in der Anstaltsschreinerei eingesetzt, wo er sich sehr gute Kenntnisse erwarb. Während der Haft fand er eine dem Glauben zugewandte Haltung und ,,war ein eifriger und ehrlicher Kirchgänger".

Ein drei Jahre vor seiner Entlassung erstelltes psychiatrisches Gutachten kommt zu der Feststellung, daß der Gefangene ,,in seiner Lebensanschauung überraschend gereift und kritisch" ist. Er habe sich in einem Maße, wie es der Gutachter bei Häftlingen noch nicht erlebt habe, in der Haft einen kleinen Lebenskreis aufgebaut, in diesem an sich selbst gearbeitet und eine erstaunliche Reife erlangt. In der Kontaktnahme sei Nils ruhig und zurückhaltend gewesen. Ein zwei Jahre später angefertigtes psychologisches Gutachten kommt in seiner Beurteilung nur zu einem sehr ungünstigen Bild der Persönlichkeit. Nils wurde als affektiv haltlos und labil und von nur niedriger Intelligenz beschrieben. ,,Der Affektausdruck ist infolge von Angst und dysphorischer Stimmung gehemmt. Dies ist auf eine starke Beeindruckung durch die langfristige Inhaftierung zurückzuführen. Beim sozialen Kontakt steht ein primitives und unreifes Bedürfnis nach

Geborgenheit und Abhängigkeit im Vordergrund. (Diese im wesentlichen aus Testbefunden mitgeteilte Charakterisierung steht im krassen Gegensatz zu der früheren Begutachtung und dem weiteren Verlauf. Das macht deutlich, wie vorsichtig psychologische Verfahren in ganz speziellen Situationen angewandt und interpretiert werden müssen.) Die so wesentlich günstigere Beurteilung, die Nils auch in der Anstalt erfuhr, zeigte sich nicht zuletzt darin, daß Nils in den letzten Haftjahren als Freigänger tätig war und das in ihn gesetzte Vertrauen rechtfertigte.

Aus dem Kreis der Angehörigen hatte lediglich ein Bruder den Kontakt zu Nils aufrechterhalten. Als dieser Bruder starb, hielt dessen Frau die Verbindung bei und bot auch an, ihn nach seiner Entlassung zu sich zu nehmen.

Im Jahre 1971 wurde er begnadigt und sehr bald in den offenen Vollzug übernommen, wo er als „mustergültiger Mann" beschrieben wurde. Schon während dieser Zeit nahm der Bewährungshelfer Kontakt zu ihm auf und war erstaunt, wie offen und zugänglich sein Proband war. Nils arbeitete damals bereits in einer Tischlerei und bat seinen Bewährungshelfer, ihm nach Möglichkeit eine gleichartige Tätigkeit in seiner neuen Heimat zu beschaffen, was auch gelang. Im Jahre 1972 wurde Nils endgültig entlassen, wohnte bei seiner Schwägerin und konnte nur vier Tage nach der Entlassung die neue Arbeit antreten. In den ersten Wochen seien – so berichtete der Bewährungshelfer jetzt – Nils sehr viele Probleme dadurch erwachsen, daß er sich unter Vorlage seines Entlassungsscheines habe anmelden und Arbeitspapiere beschaffen müssen. Das sei für ihn entsetzlich peinlich gewesen. Er habe aber in seiner Schwägerin, die er etwa ein Jahr später heiratete, eine Stütze gehabt, die ihm immer wieder Mut zusprach. Inzwischen sei Nils an seinem Arbeitsplatz zur ersten Kraft aufgerückt, verdiene sehr gut und fühle sich auch in seiner Ehe ganz ausgefüllt. Nils selbst erlebe sich als voll integriert und akzeptiert und der Bewährungshelfer meinte, daß er für Nils fast überflüssig sei.

Während des mit dem Bewährungshelfer in seinen Diensträumen sehr freimütig geführten Gespräches betonte er, wie bemerkenswert es für ihn sei, daß Nils nicht „im Geiste gebrochen" sei, sondern ein Mann, der völlig intakt sei und mit beiden Beinen in der Welt stehe, „obwohl" er doch in den entscheidenden Jahren seit dem 20. Lebensjahr durch die Haftzeit geprägt wurde.

Zusammenfassende Stellungnahme zu den einzelnen Fragen:

1. Der aus einem sozial völlig ungebundenen Leben in die Haft gekommene Mann hat im Verlauf der langjährigen Haft nicht nur Einsicht in die Notwendigkeit sozialer Anpassung gewonnen, sondern auch einen wesentlichen Teil derjenigen sozialen Techniken eingeübt, die ein normengerechtes Leben in unserer Gesellschaft erst möglich machen. Auch enge menschliche Bindungen waren ihm auf diesem Hintergrund erstrebenswert geworden, so daß durch die Haft der Weg aus einer ausgesprochenen Asozialität zu einem geordneten Leben gefunden wurde.
2. In der Haft hat der Proband sich als Persönlichkeit erst so entwickelt und stabilisiert, daß von einer dauerhaften Festigung gesprochen werden kann.
3. a) Organisatorische Schwierigkeiten gab es bei der Wiedereingliederung keine.
   b) Gewisse Eingewöhnungsschwierigkeiten waren bald überwunden. Die als peinlich erlebte Situation, in Ämtern und Behörden als entlassener Langzeitgefangener vorsprechen zu müssen, wurde ihm durch die liebevolle Zuwendung seiner Frau wesentlich erleichtert und sein Selbstwertgefühl dadurch gestärkt.

Fall 41, Otto 1922

Er wurde im Jahre 1946 wegen Mordes zum Tode verurteilt und im Jahre 1947 zu einer lebenslangen Freiheitsstrafe begnadigt.

Otto stammt aus geordneten Verhältnissen und hat drei Geschwister. Sein Vater war ehemals Maurer, später Hauptwachtmeister des Heimatortes. Otto besuchte die Volksschule und war einer der besten Schüler. Er schloß die Maurerlehre ab, besuchte einige Semester eine Staatsbauschule, ehe er 1941 zum Arbeitsdienst eingezogen wurde. Er kam danach zur Wehrmacht und im Zuge der Kriegsereignisse zum Einsatz in Afrika, wo er 1943 angeblich verschüttet gewesen ist und eine mehrtägige Bewußtlosigkeit durchgestanden haben soll. Im gleichen Jahr geriet er in amerikanische Gefangenschaft, wurde nach Amerika transportiert und dort interniert. Im Jahre 1945 erfolgte die Entlassung und er kehrte nach Europa zurück.

Hier nahm er sehr schnell eine Arbeit als Maurer an, wurde aber nach kurzer Zeit wegen einer „Psychoneurose" entlassen. Er verdiente sich dann seinen Lebensunterhalt mit Sprachunterricht, kurzfristig war er auch als Versicherungsvertreter tätig. Während dieser Zeit hatte er ein junges Mädchen kennengelernt, das er sehr liebte und zu heiraten beabsichtigte. Die Eltern des Mädchens waren mit dieser Verbindung jedoch nicht einverstanden, so daß es sich schließlich von ihm trennte. In seiner Enttäuschung brachte Otto das Mädchen durch Hammerschläge auf den Kopf, Würgen und zwei Messerstiche um.

Der psychiatrische Gutachter beschrieb Otto damals als einen „Streber", der bemüht war, sich als ordentlicher und fleißiger Mensch emporzuarbeiten. Er sei weit überdurchschnittlich begabt und von guter geistiger Beweglichkeit. Er zeichne sich durch psychische Stabilität aus, neige nicht zu Affektausbrüchen, sondern sei eher berechnend-kühl, ein „typischer antisozialer Gesellschaftsfeind". Er verkörpere eine psychopathische Persönlichkeit mit Geltungssucht und Gefühlsarmut. Die Voraussetzungen des § 51 Abs. 1 oder 2 StGB a. F. konnten vom Sachverständigen nicht bejaht werden.

In der Haft führte sich Otto im allgemeinen gut. Er mußte lediglich einmal eine Hausstrafe dafür hinnehmen, daß er in der Buchbinderei, in der er zur Arbeit eingesetzt war, einem Mitgefangenen unerlaubterweise drei Bücher einband. In der Arbeit war der überdurchschnittlich intelligente und geistig bewegliche Mann geschickt und anpassungsfähig. Im Umgang mit den Beamten und Mitgefangenen erwies er sich jedoch als ausgesprochen einzelgängerisch und wenn ihm einmal ein Wunsch versagt wurde, dann brauste er auf und wurde zornig. Im Verlauf der Haftjahre wurde Otto jedoch innerlich ruhiger, wandte sich aktiv dem Glauben zu und war lange Zeit als Küster eingesetzt, eine Aufgabe, die er sehr ernsthaft und verantwortungsbewußt ausführte. Im engen Kontakt mit seinem Vater, der dem Sohn jederzeit die Heimkehr offen hielt, war es Otto möglich, eine Fernausbildung als Gebrauchsgraphiker abzuschließen. Dafür gab er sehr viele Vergünstigungen preis und versuchte von seinem erarbeiteten Geld den Vater finanziell so weit wie möglich von den entstehenden Kosten zu befreien.

Als Otto im Jahre 1966 zu einer zeitigen Freiheitsstrafe begnadigt wurde, begann er noch während der Haft eine Stelle zu suchen. Zu diesem Zweck schrieb er eine Bewerbung an einen großen Verlag, in der er vorbehaltlos seine Geschichte mitteilte. Wenig später erhielt er eine Einladung zu einem Vorstellungsgespräch, das er gemeinsam mit seinem Bewährungshelfer wahrnahm. Das war die einzige Ausführung, ehe er im Jahre 1968 die Strafaussetzung zur Bewährung bewilligt bekam und im Laufe des gleichen Jahres endgültig ohne die Vorbereitungen im offenen Vollzug entlassen wurde.

Otto, den wir in seiner Wohnung zu einem persönlichen Gespräch aufsuchten, gab dabei eine sehr eindrucksvolle Schilderung der ersten Stunden in Freiheit. Er war aus einem Krankenhaus, in dem eine Abschlußuntersuchung stattfand, entlassen worden und hatte seinen Vater, der ihn abholen wollte, auf einen um Stunden späteren Termin bestellt, so daß er die ersten Stunden der Freiheit ganz alleine genießen und gestalten konnte. Er sei zu Fuß zur Anstalt zurückgelaufen, wobei ihn Passanten auf der Straße vor dem akuten Überfahrungstod gerettet hätten, indem sie ihn zurückholten, als er bei roter Fußgängerampel über die Straße gehen wollte. Er habe zwar gewußt, was Ampeln seien und was sie bedeuteten, jedoch habe er gar nicht darauf geachtet. Es sei für ihn viel spannender gewesen, die Menschen zu betrachten und zu sehen, wie es draußen ist. Das Gefühl, das er während dieser ersten Zeit seiner Freiheit gehabt habe, könne er einfach nicht in Worte fassen. Es sei unbeschreiblich schön gewesen. Als er zur Anstalt zurückgekehrt sei, habe er einen schon seit langen Jahren gehegten Wunsch endlich in die Tat umsetzen können. Er sei ein- oder zweimal zu Fuß rund um die Anstaltsmauer gegangen und habe sich das alles, was er jahrelang nur von innen habe betrachten können, einmal in Ruhe von außen angesehen. Dabei habe er sich froh und glücklich gefühlt, das alles hinter sich lassen zu können. Dann habe er seinen Vater getroffen und sei mit ihm nach Hause gefahren. Die ersten vier Wochen sei er bei allen möglichen Verwandten gewesen, was ihm zwar gefallen habe, teilweise aber auch belastend gewesen sei, wenn sie versucht hätten, ihm Vorschriften zu machen. So war er eigentlich froh, als er endlich in das vom Bewährungshelfer besorgte Zimmer habe einziehen und seine Arbeit aufnehmen können. Obgleich die ersten Monate der Arbeit für ihn schwer gewesen seien, da er neben einer Magenerkrankung auch unter häufig auftretender Migräne gelitten habe und deshalb kurzfristig glaubte, nicht durchhalten zu können, habe er doch tief im Innersten nie daran gezweifelt, es zu schaffen. Da ihm sein Arbeitgeber die Chance eingeräumt hatte, später als Grafiker arbeiten zu können, jedoch zur Voraussetzung gemacht hatte, daß er sich von ganz unten hochdiene, habe er zunächst in der Tiefdruckabteilung als Hilfsarbeiter begonnen. Diese Zeit sei einmal wegen der harten körperlichen Arbeit und zum anderen auch deshalb nicht leichtgefallen, weil er als eher kontaktscheuer, introvertierter Mann, sich mit Arbeitskollegen auseinandersetzen mußte, die der untersten sozialen Schicht angehörten. Inzwischen ist Otto als Angestellter in diesem Betrieb tätig, konnte auch einen Führerschein erwerben und ist jetzt stolzer Besitzer eines Autos.

Ein weiteres einschneidendes Ereignis in seinem Leben in Freiheit war die Tatsache, daß Otto über eine Heiratsannonce eine Frau kennenlernte. Nach etwa einem halben Jahr hatten beide beschlossen zu heiraten. Otto konnte sich nur auf intensives Drängen des Bewährungshelfers entschließen, vier Wochen vor dem Heiratstermin seiner Frau die Wahrheit über seine Vergangenheit einzugestehen. Seine Ehefrau berichtet heute, daß sie diese Nachricht seelisch so erschüttert habe, daß sie etwa drei Tage lang zu keinem klaren Gedanken in der Lage gewesen sei. Sie habe in den ersten Tagen und auch noch Wochen danach schreckliche Angst vor ihrem Mann empfunden, habe sich vor seinen Händen gefürchtet und habe sich immer wieder gefragt, warum ausgerechnet sie auf einen von ihr quasi als aussätzig erlebten Menschen habe treffen müssen. Irgendwann jedoch habe sich in ihr der Gedanke durchgerungen, daß sie in dieser Ehe auch eine Aufgabe sehen könne. Sie habe dann zunehmend wieder Vertrauen zu ihrem Mann gefaßt und beschlossen, ihn für alles das, was ihm in den 22 Jahren Haft entgangen sei, zu entschädigen. Beide Ehepartner, die bemerkenswert differenziert und jetzt ganz harmonisch aufeinander eingestellt sind, fühlen sich in dieser Verbindung sehr wohl. Nachdem sich auch Ottos Gesundheitszustand in der letzten Zeit deutlich gebessert hat, meinte er nun, daß er mit dem, was er bis jetzt erreicht habe, sehr zufrieden sei. Allein der Gedanke an die finanziell noch unsichere Zukunft bereite ihm zuweilen Sorge. Wiederholt unterstrich er, daß es im Grunde allein an dem betroffenen Menschen liege, was aus ihm in der Haft werde und wie er sich in Freiheit wieder zurechtfinde. Ganz wesentlichen Anteil am Gelingen der Wiedereingliederung habe die menschliche Zuwendung, die er selbst von vielen Seiten erfahren habe.

Zusammenfassende Stellungnahme zu den einzelnen Fragen:

1. Der intelligente, immer strebsame, dabei jedoch eher einzelgängerisch veranlagte Mann, der in einer ihn zutiefst enttäuschenden Situation zu einer Tötung fähig war, hat in der Haft mit der ihm eigenen Zielstrebigkeit seine Ausbildung betrieben, die ihn nun in die Lage versetzt, ein befriedigendes und ihn ausfüllendes Leben zu führen.
2. Verhaltensmerkmale, die als haftbedingt anzusehen sind und die die Wiedereingliederung hätten gefährden können, ließen sich nicht beobachten.
3. a) Organisatorische Schwierigkeiten entstanden dem Probanden nicht, da er sehr viel eigene Initiative bei seiner Lebensgestaltung zeigte.
   b) Persönliche Probleme entstanden lediglich in dem Augenblick, in dem der Proband sich gezwungen sah, seiner Lebenspartnerin seine Vergangenheit einzugestehen. Diese konnten jedoch mit Hilfe der sehr verständnisvollen Ehefrau in erfreulicher Weise überwunden werden.

Fall 42, Pedro 1928

Er wurde im Jahre 1950 wegen Mordes in Tateinheit mit schwerem Raub zu einer lebenslänglichen Zuchthausstrafe verurteilt. Sein ausländischer Mittäter wurde gleichermaßen bestraft und verbüßte die Zuchthausstrafe in seinem Heimatland.

Pedro stammt aus schlechten sozialen Verhältnissen. Die Ehe seiner Eltern wurde geschieden, als er noch ein Kind war. Er verblieb bei seinem Vater, der bald wieder heiratete. Das Verhältnis zu seiner Stiefmutter soll gut gewesen sein. Er besuchte nur mit mäßigem Erfolg die Volksschule und absolvierte danach eine Sattler- und Polstererlehre, die er mit der Gesellenprüfung abschloß. Kurz darauf verließ er Deutschland und ging in das benachbarte Ausland. Dort hatte er mehrere Arbeitsstellen jeweils nur für kurze Zeit inne und wurde einmal zu fünf Monaten Freiheitsstrafe wegen homosexueller Betätigung verurteilt. Während dieser Zeit lernte er einen jungen Mann kennen, mit dem er gemeinsam, nachdem sie in Geldnot geraten waren, einen ihm bekannten Schneidermeister berauben wollte. Als dieser die Absicht bemerkte, setzte er sich zur Wehr und wurde dabei getötet.

Pedro war zu dieser Zeit einmal vorbestraft.

Die homosexuelle Neigung war bei Pedro so ausgeprägt, daß er sich auch in der Haft solchen Beziehungen hingab. Er wurde als ein weicher, eher wehleidiger, aber nur äußerlich von der Strafe beeindruckter Gefangener geschildert, der seine homosexuellen Triebwünsche über die moralischen Instanzen dominieren ließ. Er arbeitete zunächst zufriedenstellend, blieb aber insgesamt unbeholfen und labil. Im Verlauf der weiteren Haftjahre wurde immer wieder festgestellt, daß „der Gefangene noch nicht altersgemäß gereift ist ... (und) daß sich der Gefangene unter den augenblicklichen Bedingungen des Strafvollzuges nicht mehr wesentlich fortentwikkeln wird". Im Laufe der Zeit erschien er stiller, war zurückgezogener, gab durch sein Verhalten weniger Einblick in seine innere Befindlichkeit und zeigte sich oftmals gegenüber Beamten und Mitgefangenen sehr ablehnend. Erstmals nach 18 Haftjahren hieß es, daß er nun reifer geworden sei und ein Wandel der inneren Einstellung erkennbar werde. Seine Arbeitsleistungen in der Anstaltsschusterei wurden als sehr gut beurteilt.

In einem zwei Jahre vor der Entlassung angefertigten psychologischen Gutachten wurde Pedro als ein durchschnittlich intelligenter, gut kontaktfähiger und unangenehmen Fragen nicht ausweichender Gefangener beschrieben. „Die Frage, ob eine psychopathische Persönlichkeitsentwicklung vorhanden ist, wurde ausführlich geprüft, da nach einer 20jährigen Inhaftierung eine derartige Strukturveränderung der Persönlichkeit durchaus denkbar ist." Es konnte eine solche Veränderung jedoch nicht gefunden werden. Der Gutachter gab hierfür die Begründung, daß einer solchen Veränderung die Selbstsicherheit des Probanden entgegenstehe.

Im Jahre 1969 wurde Pedro zu einer zeitigen Freiheitsstrafe begnadigt und im Jahre 1970, nachdem die Reststrafe zur Bewährung ausgesetzt wurde, konnte er in den offenen Vollzug übernommen werden. Dort blieb er recht lange im Übergangshaus, da er selbst feststellen mußte, daß er nur schlecht mit dem Leben draußen zurechtkam. Die Arbeit hingegen bereitete ihm keine Schwierigkeiten. Eine im späteren Verlauf unternommene Reise zu seiner Mutter, die den Kontakt zu ihm ständig aufrechterhalten hatte, gelang ohne besondere Vorkommnisse.

Im Januar des Jahres 1971 wurde Pedro entlassen. Sein Bewährungshelfer holte ihn damals ab und brachte ihn zu seiner Mutter, wo er Aufnahme fand. Die ersten Tage waren ausgefüllt mit Anmeldungsformalitäten, ehe er seine Arbeit als Kranführer in einer Maschinenfabrik antreten konnte. Bereits nach zwei Wochen legte er diese jedoch wieder nieder, da er der Meinung war, er werde für die gefährliche Arbeit, die er leisten müsse, zu wenig bezahlt. So suchte er gemeinsam mit seinem Bewährungshelfer eine neue Tätigkeit, die er sehr schnell als Versandarbeiter fand. Ebenso wie sich Pedro hinsichtlich der Arbeit recht schnell eine kritische Meinung bildete, hatte er sehr rasch das Gefühl, daß eine räumliche Trennung von der Mutter, die nach dem Bericht des Bewährungshelfers offenbar den Entwicklungssprung ihres jetzt 43jährigen Sohnes nicht recht überschauen konnte, unumgänglich war. Nachdem er ein eigenes Zimmer bezogen hatte, blieb das gute Verhältnis zur Mutter gewahrt, das an der unterschiedlichen Auffassung über seine

Selbstbestimmung zu zerbrechen drohte. Insgesamt machte Pedro eine sehr schnelle und günstige soziale Entwicklung durch, die den Bewährungshelfer zu der Aussage veranlaßte, „daß der lange Freiheitsentzug von über 20 Jahren die Persönlichkeit des Probanden in ihrem Kern nicht geschädigt hat". Dank seiner inneren Stärke habe er diese Belastung ohne negative Nachwirkungen überstanden und sich von diesem traurigen Lebensabschnitt völlig gelöst. Dies insbesondere, nachdem Pedro eine etwa gleichaltrige Frau kennengelernt hatte, zu der er eine echte innere Bindung habe aufbauen können. Pedro selbst sehe sich inzwischen als einen in jeder Hinsicht wieder sozial eingegliederten, ganz in den normalen Lebensvollzügen stehenden Mann an.

Zusammenfassende Stellungnahme zu den einzelnen Fragen:

1. Der schon in früher Jugend in ein asoziales Leben abgeglittene und dort gescheiterte, wohl mehr aus berechnenden Erwägungen homosexuell sich betätigende junge Mann, hat in der Haft einen positiven Einstellungswandel vollzogen und die sozialen Lebenstechniken erlernen können, deren er bedurfte, um ein angepaßtes Leben zu führen. Die in der Haft notwendigerweise bestehenden Beschränkungen haben diese Entwicklung nicht behindern können.
2. Dieser Lernprozeß hat ihm die Sicherheit im Umgang mit seinen Mitmenschen vermittelt, die der offene, kontaktfreudige Mann zuvor vermissen ließ. Es können jetzt in seinem Verhalten keinerlei Aspekte beobachtet werden, die eine Wiedereingliederung störend beeinflußt hätten.
3. a) Organisatorische Schwierigkeiten gab es für den Probanden keine. Die Tatsache, daß seine Mutter in ihrer überfürsorglichen Betreuung es dem Sohn unmöglich machte, weiterhin in ihrer Obhut zu leben, stellte keine Beunruhigung für die positive soziale Entwicklung dar.
   b) Persönliche Schwierigkeiten erwuchsen dem Probanden aus der räumlichen Trennung von seiner Mutter nicht.

Fall 43, Rainer 1911

Er wurde im Jahre 1947 wegen Mordes zu einer lebenslangen Zuchthausstrafe verurteilt.

Rainer stammt aus einfachen häuslichen Verhältnissen, über die uns Näheres nicht bekannt ist. Er besuchte die Volksschule und war später als Bauhilfsarbeiter tätig. 1940 heiratete er. Aus dieser Ehe ging ein Kind hervor. Vom Jahre 1939 bis zum Kriegsende war er als Bergmann unter Tage tätig. Vor seiner Inhaftierung im Jahre 1946 war er bei seinem Bruder als Fuhrmann beschäftigt. Rainer war zum Zeitpunkt seiner zuletzt abgeurteilten Straftat bereits viermal wegen Diebstahls, Rückfalldiebstahls, schweren Raubes und Führens einer Waffe vorbestraft. Zu der Tötung kam es, als er gemeinsam mit drei Tatgenossen einen Schwarzhändler, vor dem er sich zuvor als Kriminalbeamter ausgegeben hatte, ausgeraubt und ihn dann aus Angst vor Entdekkung erschossen hat. Bis zum Jahre 1952 verbüßte er eine zusätzlich verhängte Strafe von drei Jahren und neun Monaten Zuchthaus.

Der Gefangene wurde lange Zeit als sehr schwieriger Mensch beurteilt, der zwar ein äußerliches Wohlverhalten zeige, um möglichst schnell in den Genuß von Vergünstigungen zu kommen, aber wegen seiner Uneinsichtigkeit und seines fordernden Verhaltens zu Beanstandungen Anlaß gab. Zudem kam es wegen seiner leichten Erregbarkeit häufig zu Auseinandersetzungen mit den Mitgefangenen. Einmal mußte er wegen Körperverletzung bestraft werden. Insgesamt zeigte er lange eine gemeinschaftsfeindliche Einstellung. Seine Arbeitsleistungen waren zeitweilig sehr gut, aber wegen einer Tuberkuloseerkrankung konnte er schließlich nur noch begrenzt in der Kleiderkammer eingesetzt werden. Erst nach etwa 18 Haftjahren trat ein Wandel im Verhalten des Gefangenen ein und er zeigte sich nun bemüht, sich auch mit seinen Mitgefangenen zu vertragen und seinen Jähzorn in den Griff zu bekommen.

Ein Jahr vor seiner Entlassung kam in einem psychologischen Gutachten der Sachverständige zu der Auffassung, daß Rainer ein gänzlich auf die Hilfe anderer vertrauender Mensch sei, der auf diese Weise sich aller Probleme entledige. „Daß er bei einer evtl. Strafaussetzung zum jetzigen Zeitpunkt sich hilflos fühlen könne, wird von ihm empfunden, jedoch vertraute er auch hier völlig auf die Hilfe seiner Angehörigen." Weiter heißt es, daß Rainer zwar ein kontaktoffener, lebhaft und spontan agierender Mann sei, der dennoch umständlich und unbeholfen reagiere und sich dabei oftmals in Unwesentliches verliere. Der primär dynamische Mann, der die ,,damals recht erhebliche kriminelle Energie u. a. deshalb entwickelt hat, weil er bei an sich guter geistiger Begabung von der Lebenssituation her nicht ausgefüllt war", erschien nun ohne Triebkraft und inzwischen auch in geistiger Hinsicht ,,persönlichkeitsverändert". Es finde sich bei ihm eine ,,gemütsmäßige Verödung", die eine hintergründige Reizbarkeit und Empfindlichkeit überdekke. Deutlich zeige sich eine Abkapselung gegenüber der Umwelt und der Realität, ,,was bei einer derartigen langen Haft ja auch ohne weiteres zu erwarten ist. Gemütsmäßiger Abbau, soziale Abkapselung und Realitätsferne sind Zeichen für eine zunehmend sich breitmachende Lebensuntüchtigkeit, wie man sie bei Lebenslänglichen häufig findet". (!) Insgesamt sei die Interessenwelt bei Rainer jetzt eingeengt und deutlich verarmt. Seine Antriebsziele seien ganz auf die eigene Person reduziert. Rainer ,,sehnt sich nach dem familiären Nest". Schließlich sei angesichts der fortschreitenden negativen Wirkung einer überaus langen Haftzeit festzustellen, daß eine Entlassung zum jetzigen Zeitpunkt noch eine einigermaßen gute Chance dafür biete, daß sich der Proband in sozial positiver Weise dem heutigen Leben anzupassen vermöge.

Im Jahre 1970 wurde Rainer begnadigt und im Februar 1972 endgültig entlassen, nachdem er mit seinem Bewährungshelfer zuvor mehrere Ausführungen unternommen hatte und drei Tage Urlaub bei seiner Familie verbrachte, die über die gesamte Haftzeit den Kontakt zu ihm aufrechterhielt.

In seinem ersten Bericht stellte der Bewährungshelfer fest, daß Rainer an der langen Haftzeit nicht zerbrochen sei, ,,sondern sich aufgerichtet hat; er hat eine solide Denkweise und ein Gespür für eine ehrliche Haltung. Andererseits spricht er menschlich stark an und ist redselig." Rainer, der in die Betreuung seiner Familie entlassen wurde, trennte sich schon nach zwei Monaten von seiner Frau, da die Entfremdung zwischen ihnen doch zu groß geworden war. Er fand mit Hilfe des Bewährungshelfers eine Unterkunft bei einem Bauern, wo er in der Familie aufgenommen wurde, frei wohnen und essen konnte und dafür dem Bauern zur Hand ging. Wie er seinem Bewährungshelfer nach wenigen Monaten mitteilte, fühlte er sich ruhig und zufrieden und vor allem menschlich anerkannt. Von der kleinen Rente versuchte er so viel wie möglich zu sparen. Im Jahre 1972 wurde seine Ehe aus beiderseitigem Verschulden geschieden. Da sich im weiteren Verlauf der Gesundheitszustand des Probanden verschlechterte, zog Rainer wieder in die Stadt zurück. Er fand dort ein nettes Zimmer, das er sich selbst u. a. mit einem Fernsehapparat einrichtete. Den Wunsch, den Führerschein zu erwerben, gab er schließlich unter dem Eindruck seiner schlechten Gesundheit auf. Nachdem Rainer Kontakt zu einer Witwe gefunden hatte, die sich rührend um ihn kümmerte, konnte er auch menschlich wieder besser Fuß fassen. Im Abschlußbericht des Bewährungshelfers heißt es, daß die Entwicklung des Probanden sehr erfreulich verlaufen sei. Er habe sich zu einem lebensbejahenden und mit erfreulicher Sicherheit sein Leben meisternden Mann entwickelt, der wieder voll in die Lebensgemeinschaft eingegliedert sei.

Es konnte leider weder mit dem Probanden noch mit dem Bewährungshelfer ein persönliches Gespräch geführt werden.

Zusammenfassende Stellungnahme zu den einzelnen Fragen:

1. Der früh in seiner Jugend erheblich entgleiste Mann zeigte auch während der Haft deutlich Schwierigkeiten, sich geltenden Normen unterzuordnen. Sein zunächst gänzlich gemeinschaftsfeindlicher Haltungsstil verlor sich jedoch im Laufe der Jahre und er konnte nun auch soziale Lebenstechniken entwickeln, die ihm eine Wiedereingliederung überhaupt erst ermöglichten.
2. Verhaltensmerkmale, die sich sozial negativ auswirken, sind jetzt nicht zu ermitteln.
3. a) Organisatorische Schwierigkeiten gab es für den Probanden lediglich in dem Augenblick, als er erkennen mußte, daß das Zusammenleben mit seiner Frau unmöglich erschien, da beide

zu gänzlich eigenständigen Menschen, die sich im Grunde nichts zu sagen hatten, geworden waren.
b) Persönliche Schwierigkeiten tauchten für den Probanden im Zusammenhang mit der Verschlechterung seines Gesundheitszustandes auf, wobei der Proband vorübergehend mit einer verständlichen Zukunftsangst reagierte.

Fall 44, Stefan 1925 und
Fall 45, Sabine 1919

Das Ehepaar wurde im Jahre 1950 wegen Mordes in Tateinheit mit besonders schwerem Raub zu einer lebenslangen Zuchthausstrafe verurteilt.

Stefan stammt mit einer Schwester aus geordneten, aber sehr einfachen Verhältnissen und hat nur zwei Jahre die Volksschule besucht, da er als Kind an einer Knochentuberkulose litt. Eine Schneiderlehre begann er, schloß diese jedoch nicht mit einer Prüfung ab. Er arbeitete aber regelmäßig als Schneidergehilfe.

Sabine stammt aus einem geordneten Elternhaus, in dem der Vater einen sehr autoritären Erziehungsstil pflegte. Sie ist das sechste Kind ihrer Eltern und hat ohne Probleme die Volksschule durchlaufen. Die Schneiderlehre schloß sie mit einer Gesellenprüfung ab und war auch bis zu ihrer ersten Eheschließung in diesem Beruf tätig. Sie verlor ihren ersten Mann im Kriege. Ihren zweiten Mann, Stefan, lernte sie gegen Kriegsende kennen. Zur Zeit der gemeinsam begangenen Tat waren sie noch nicht verheiratet. Damals in schlechten wirtschaftlichen Verhältnissen lebend, kam es zu der Tat, als beide ihre Vermieterin in Beraubungsabsicht mit einem Beil erschlugen. Von dem Erlös der entwendeten Gegenstände gelang es dem Paar, in die damalige Ostzone zu fliehen, wo sie heirateten, schließlich jedoch inhaftiert wurden.

Zum Zeitpunkt der Straftat war Stefan einmal vorbestraft. Sabine hatte sich bereits dreimal Eigentumsdelikte zuschulden kommen lassen.

Der psychiatrische Gutachter beschrieb Stefan als einen selbstunsicheren, leicht beeinflußbaren Mann, der sich willenlos dem Plan seiner Frau unterworfen habe. Sabine wurde als selbstsicher, energisch und zielbewußt charakterisiert.

Stefan fand sich nur schwer in die Haft und die damit verbundene Beschränkung seiner Freiheit. Er führte sich jedoch hausordnungsgemäß und arbeitete zur Zufriedenheit. Seine Unausgeglichenheit und sein oftmals eigensinniges Verhalten verloren sich im Laufe der langen Haftzeit. Etwa ab dem 15. Haftjahr verschlechterte sich sein Gesundheitszustand, so daß sein Rechtsanwalt in einem Gnadengesuch schrieb: „Er befindet sich gesundheitlich in einem hinfälligen Zustand ohne längere Lebenserwartung; ... er ist inzwischen geradezu ein Greis geworden." Stefan selbst gab die Hoffnung auf eine Begnadigung nicht auf und versuchte, sich fortzubilden und sich damit für ein Leben in Freiheit vorzubereiten. Er strengte sich in der Anstaltsschneiderei sehr an, um gute Leistungen zu erbringen in der Erwartung, auch in Freiheit als Schneider tätig werden zu können.

Seine Angehörigen, insbesondere seine Mutter und eine Schwester, hatten während der Haft guten Kontakt zu ihm und stellten in Aussicht, ihm eine Wohnung und Arbeit in ihrer Nähe vermitteln zu können.

Ein drei Jahre vor der Entlassung angefertigtes psychologisches Gutachten sprach von einem durchschnittlich intelligenten Gefangenen, der emotional wenig differenziert, aber nicht eingeengt sei, affektiv normal und angepaßt reagiere und lediglich im sozialen Kontakt unsicher sei. „Seine etwas einseitige Orientierung und die Abkapselung nach außen sind durch die 20jährige Haftzeit hinreichend zu erklären und werden im Verlauf der Zeit wahrscheinlich etwas normalisiert." Wegen dieser befürchteten sozialen Schwierigkeiten wurde eine Entlassungsvorbereitung in einer offenen Vollzugsanstalt dringend empfohlen.

Stefan wurde im Jahre 1970 begnadigt und nach längeren schwierigen Vorbereitungen im Juni 1972 in ein Rehabilitationsheim, in dem er von seinem Bewährungshelfer betreut wurde, entlassen. Einen offenen Vollzug hat er nicht durchlaufen. Die Unterbringung in diesem Heim sollte für den wegen einer Beinverkürzung schwer behinderten Mann auf Dauer gedacht sein. Stefan fühlte sich in diesem Heim mit seiner strengen Hausordnung nicht wohl. Für ein Entgelt von DM 50,– pro Woche verrichtete er dort leichte Hausarbeit, später war er in der Druckerei eingesetzt und fügte sich dann auch etwas besser ein. Es kam aber wiederholt zu disziplinarischen Auseinandersetzungen, da Stefan sich nicht an die Hausordnung halten mochte. Ihm wurde vorgeworfen, daß er spät abends nach Hause gekommen sei und dem Alkohol zugesprochen habe. Allein, ohne jemanden davon zu unterrichten, nahm er Kontakt zu seiner Mutter auf und zog wenig später in ihren Haushalt. Die Rückkehr ins Heim wurde ihm daraufhin aus disziplinarischen Gründen verwehrt. Aber auch von seiner Mutter trennte sich Stefan sehr bald, da er ihre überaus fürsorgliche Art als unpassend empfand. Er suchte sich mit Hilfe des Bewährungshelfers eine eigene Wohnung, die er sich weitgehend selbst einrichtete und in der er nach dem Bericht des Bewährungshelfers schon einige „rauschende Feste" mit Freunden und Bekannten gefeiert haben soll. Da Stefan ein sehr kontaktfreudiger Mensch sei, der sich schnell anschließe und im zwischenmenschlichen Bereich nach seiner Entlassung keinerlei Probleme erlebt habe, habe der Bewährungshelfer Stefan auch nicht daran gehindert, sich selbst einen Arbeitsplatz zu suchen. Erst als es darum ging, mit Hilfe des Arbeitsamtes dem Probanden die Vergünstigungen eines Schwerbehindertenarbeitsplatzes zukommen zu lassen, bot der Bewährungshelfer seine Hilfe wieder an. Stefan ist zur Zeit als Maschinenarbeiter tätig und fühlt sich an seinem Arbeitsplatz sehr wohl. Die Kontaktfreude des Probanden hat dem Bewährungshelfer zuweilen insofern Unbehagen bereitet, als Stefan geneigt war, allzu freimütig seine Geschichte zu verbreiten, so daß er wiederholt zur Zurückhaltung ermahnt werden mußte. Eine neue partnerschaftliche Verbindung ist Stefan noch nicht eingegangen, obwohl er schon wiederholt Freundinnen hatte. Zu einer festen zwischenmenschlichen Bindung sei ihm jedoch noch keine Partnerin geeignet erschienen.

Das Gespräch mit dem Bewährungshelfer fand in einer sehr gelockerten Atmosphäre in dessen Diensträumen statt.

Die Entwicklung Sabines, als dem differenzierteren und auch schuldbewußteren Menschen, verlief nicht ohne Probleme. Sie litt unter der Haft zunächst mehr als ihr Mann. Anfänglich war sie sehr zurückhaltend, still und in sich gekehrt, arbeitete verbissen, um ihr Leid zu vergessen. Sie bemühte sich um ein ganz besonders gutes Verhalten und ein gutes Auskommen mit ihren Mitgefangenen. Jahrelang war sie in der Anstaltsschneiderei tätig, ehe sie im Jahre 1963 erkrankte und in ein vollzugseigenes Krankenhaus verlegt werden mußte. Dort wurde sie nach ihrer Genesung eine Weile in der Diätküche beschäftigt, ehe sie wieder in die Näherei zurückversetzt wurde.

In einem drei Jahre vor der Entlassung angefertigten psychologischen Gutachten wurde Sabine als gefaßt, selbstbewußt und sehr natürlich beschrieben. „Hospitalisierungsschäden, die durch die lange Strafverbüßung hätten eintreten können, bzw. Abstumpfungen waren nicht spürbar. Ihre Interessenlage ist notgedrungen begrenzt, bleibt aber durchaus realitätsangemessen. Egozentrische Einengungen bestehen nicht ... Das soziale Wert- und Normgefüge hat sich in den Jahren der Haft stabilisiert und eine hinreichende Tragfähigkeit erreicht." Es wurde Sabine eine besonders gute Prognose für ihre Bewährung in der Freiheit gestellt.

Die Ehe der beiden wurde im Jahre 1960 geschieden, nachdem zu Anfang der Haftzeit beide Ehepartner noch bestrebt waren, die Verbindung aufrechtzuerhalten. Dann aber suchte Sabine nach Gründen, um die Ehe trennen zu lassen.

Zu ihren Anverwandten hatte Sabine kaum Kontakt. Diese lösten sich unmittelbar nach Bekanntwerden der Tat von ihr, so daß sie während der Haft im Grunde niemanden hatte, der sich um sie gekümmert hätte. Durch diesen Umstand fühlte sich Sabine noch heute bedrückt. Lediglich einige Brieffreundinnen und ihre derzeitige Bewährungshelferin waren Bezugspersonen während der letzten Haftjahre.

Im Jahre 1971 wurde Sabine begnadigt und Anfang des Jahres 1972 in den offenen Vollzug verlegt. Dort fand die erste Ausführung zum Einkleiden statt, die Sabine sehr beeindruckte und ihr – wie sie heute berichtet – aber auch zeigte, daß sie eigentlich viel weniger Schwierigkeiten hatte, sich zu bewegen und alles aufzunehmen, als sie selbst befürchtete. Lediglich der Gedanke, daß jeder sehen könne, woher sie komme, hat sie in den ersten Tagen verunsichert. Sie arbeitete in einer Fabrik und fühlte sich durch die ungewohnte körperliche Belastung zunächst geschwächt. Nach relativ kurzer Zeit hatte sie sich jedoch an diese Tätigkeit gewöhnt und konnte ihre Freizeit besser nutzen. Sie erhielt ein kleines Taschengeld, von dem sie auch einkaufen konnte. Wie Sabine uns im persönlichen Gespräch mitteilte, empfand sie den offenen Vollzug als sehr hilfreich. Auch die Tatsache, daß die Vollzugsanstalt in einer Großstadt lag und sie so gezwungen wurde, mit dem enormen Verkehr, den großen Kaufhäusern recht schnell vertraut zu werden, betrachtete sie als eine große Erleichterung bei der Wiedereingliederung.

Als sie im Juli 1972 endgültig entlassen und von ihrer Bewährungshelferin in der Anstalt abgeholt wurde, konnte sie unmittelbar eine Arbeitsstelle als Köchin in einem Altersheim antreten. Sie wohnt auch heute noch in diesem Heim und versieht ihre Arbeit ganz in eigener Verantwortung. Im Heim weiß außer dem Heimleiter niemand über ihre Vorgeschichte Bescheid. Alle Heimbewohner und Mitarbeiter schätzen Sabine als eine zuverlässige Arbeitskraft und eine stets freundliche und hilfsbereite Frau. Sie ist mit ihrem derzeitigen Leben nach eigenen Angaben so zufrieden, wie sie es in ihren kühnsten Träumen nicht zu hoffen gewagt hatte.

Bereits zweimal hat sie bei früheren Brieffreundinnen Urlaub gemacht. Diese menschlichen Kontakte sind ihr wichtig, da sie eine eigene Familie doch vermißt. Ein engeres Verhältnis zu einem Mann hat sie noch nicht aufgenommen. Es besteht zwar eine Verbindung, die jedoch so viele Schwierigkeiten in sich berge, daß sie noch unentschlossen sei. Ihre jetzt gute Lebenssituation mit einer problemlosen Zukunftssicherung werde sie jedenfalls wegen des Mannes nicht aufgeben.

Wir führten das Gespräch mit Sabine zunächst in unseren Diensträumen und schließlich während der Fahrt zurück an Sabines Wohnort. Nach anfänglicher Scheu und Hemmung auf ihrer Seite wurde das Gespräch im weiteren Verlauf so offen und herzlich, daß Sabine auch freimütig über ihre Haftjahre erzählte. Sie meinte dabei festgestellt zu haben, daß die Frage, wie ein Mensch die lange Haftzeit überstehe, allein durch ihn selbst bestimmt werde. Derjenige, der sich auf seine Arbeit konzentriere und sich um vernünftige Umgangsformen bemühe, könne damit rechnen, für ein späteres Leben in Freiheit einen Gewinn zu haben. Dies insbesondere, seitdem sich im Vollzug doch Wesentliches geändert habe und es den Gefangenen inzwischen möglich sei, sich zu informieren, sich dadurch freier und mehr als Mensch geachtet zu fühlen. Am Ende unseres Gespräches gab Sabine der Freude Ausdruck, die Gelegenheit zu einer solchen Unterredung gefunden zu haben.

Zusammenfassende Stellungnahme zu den einzelnen Fragen:

1. Die hinsichtlich ihrer Persönlichkeit so unterschiedlich strukturierten ehemaligen Ehepartner gestalteten nicht nur ihre Haftzeit, sondern auch das Leben wieder in Freiheit ganz auf ihre eigene Weise. Der früher als willensschwach beschriebene Stefan vermochte so viel innere Stabilität und Durchsetzungswillen zu entwickeln, daß es ihm gelang, aus einer zunächst unbefriedigenden Lebenssituation selbständig den Weg in eine ihn jetzt zufriedenstellende Lebensform zu finden. Sabine fand in der von Anfang an anspruchsvollen und verantwortungsreichen Tätigkeit genau den Lebensraum, den sie mit ihrer zielstrebigen Haltung wünschte und gut ausfüllen kann. Der etwas oberflächlichere und kontaktfreudigere Mann konnte auch seine zwischenmenschlichen Bedürfnisse schneller befriedigen als die etwas zurückhaltendere, aber insgesamt anspruchsvollere Sabine.
2. Weder bei Sabine noch bei Stefan ließen sich im Verhalten haftbedingte Merkmale auffinden, die eine Wiedereingliederung behindert hätten.

3. a) Organisatorische Schwierigkeiten gab es lediglich bei Stefan, der sich der strengen Hausordnung des Heimes und der Bevormundung durch die Mutter nicht unterwerfen wollte, ohne daß sich dies nachteilig auswirkte.
b) Persönliche Schwierigkeiten gibt es nur für Sabine, die sich menschlich alleinstehend fühlt.

Fall 46, Theodor 1930
Er wurde im Jahre 1953 wegen Mordes und schweren Raubes zu einer lebenslänglichen sowie zusätzlich zu einer fünfjährigen Zuchthausstrafe verurteilt.

Theodor stammt aus einer kinderreichen Familie. Sein Vater war als Trinker bekannt. Oftmals soll er seine Frau und die Kinder in ungebremstem Jähzorn geschlagen haben. Die Mutter versuchte, durch Wärme und Fürsorge das Verhalten des Vaters zu kompensieren. Theodor besuchte neun Jahre lang die Volksschule, blieb einmal zu Beginn der Schulzeit sitzen, da er „zu verspielt" gewesen sei. Er ging sehr gern ins Kino und las bevorzugt Wildwestromane. Nach 1945 – sein Vater war in diesem Jahr gestorben – wurde Theodor von seiner Familie getrennt und schlug sich als Hilfsarbeiter alleine durch. Er wechselte die Stellen häufig und geriet ebenfalls an den Alkohol. Zu seiner Straftat kam es, als er einen Zechkumpan niederschlug, beraubte und ihn später erstach.

Theodor war zu dieser Zeit unbestraft.

Anfänglich bereitete er in der Haft Schwierigkeiten, da er nicht bereit war, sich anzupassen. Er versuchte, auch zu entweichen. Im weiteren Verlauf gelang ihm jedoch zunehmend die Eingliederung. Er arbeitete sorgfältiger und fleißiger und zeigte sich auch von seiner Tat beeindruckt.

In einem zwei Jahre vor der Entlassung erstellten psychologischen Gutachten hieß es, daß Theodor die Rolle einer „unkomplizierten Frohnatur" angenommen habe, in der sich Echtheit und Einübung mischten. Er sei anpassungsbereit und bemühe sich um eine ausgeglichene Verhaltensweise. Allerdings sei noch immer „eine gewisse Betonung der oralen Triebwünsche" vorhanden, so daß eine Gefährdung durch den Alkohol nicht auszuschließen sei.

Im Jahre 1973 wurde Theodor begnadigt und Mitte des gleichen Jahres in den offenen Vollzug übernommen. Während seiner Unterbringung dort arbeitete er als Lagerarbeiter sowie als Dreher. Er konnte sich sehr schnell in der Freiheit ungezwungen und sicher bewegen und meinte in einem persönlichen Gespräch, die Zeit im offenen Vollzug habe für ihn nur positive Seiten gehabt. Zum einen habe er über DM 2000,– ersparen können und zum anderen sei er bei seiner endgültigen Entlassung im Februar 1974 mit allen notwendigen Personal- und Arbeitspapieren ausgestattet gewesen, so daß er in seiner neuen Heimat keine Probleme mit den Behörden zu erwarten hatte. Sein Bewährungshelfer mußte ihm lediglich bei der Arbeitsbeschaffung behilflich sein, da Theodor einen ihm zugesagten Hausmeisterposten in einem Mädchenheim wegen der unerwarteten Absage durch die Heimleitung nicht antreten konnte. Etwa einen Monat nach der Entlassung fand er eine Beschäftigung in einer Altkleiderfirma, wo er seine schneiderischen Kenntnisse insofern einsetzen kann, als er über die Bearbeitung und weitere Verwendung der gesammelten Kleidungsstücke mitentscheidet. Er verdient in dieser Arbeitsstelle sehr gut und ist über das besonders herzliche Betriebsklima erfreut. Da es sich um einen Familienbetrieb handelt, ist der Kontakt zu den einzelnen Mitarbeitern sehr eng. Die muntere und fröhliche Wesensart macht Theodor nach den Angaben des Bewährungshelfers zu einem sehr angenehmen Mitarbeiter. Unterkunft fand er bei der Familie eines ehemaligen Mithäftlings, der noch einsitzt. Theodor vertritt sozusagen Sohnesstelle und ist ganz in die Familie aufgenommen. Er wird von seinen „Eltern" fast ein wenig verwöhnt. Besonders glücklich ist er, daß er nach dreimaligem Anlauf endlich eine Fahrerlaubnis erworben hat, sich ein kleines Auto kaufen konnte und nun an den Wochenenden seine nähere und fernere Umgebung kennenlernen kann.

Ein sehr großes Problem war in der ersten Zeit nach der Entlassung für den lebensfrohen Mann das Verhältnis zu Frauen. Er berichtete, daß er verschiedentlich Anlaß gehabt habe zu glauben, daß er impotent geworden sei. Inzwischen habe er diese Angst aber verloren und der

Intimverkehr gelinge zu seiner Zufriedenheit. Eine feste und dauernde Bindung sei er bislang noch nicht eingegangen, wozu er erklärte, daß er schon in früher Jugend beschlossen habe, nicht vor dem 50. Lebensjahr zu heiraten.

Das Gespräch mit Theodor verlief sehr offen und herzlich, da er uns aus einer früheren Begutachtung schon kannte. Er war erfreut, uns den Erfolg seines sozialen Aufstiegs darstellen zu können. Wir saßen mit ihm in einer kleinen Gaststätte und waren erstaunt, mit welcher Unkompliziertheit dieser Mann ausdrücklich auch über seine „Knast"-Erfahrung sprach.

Ein kurzes Gespräch wurde auch mit dem Bewährungshelfer in dessen Diensträumen geführt. Er äußerte sich sehr zufrieden über die Entwicklung seines Probanden und war der Meinung, daß die soziale Wiedereingliederung in allen Bereichen bis jetzt ohne Besonderheiten durchaus günstig verlaufen sei.

Zusammenfassende Stellungnahme zu den einzelnen Fragen:

1. Der stets optimistische, dem Leben sehr zugewandte und in früher Jugend entsprechend leichtsinnige, damals dem Alkohol zuneigende Mann hat in der Haft nach anfänglichen Schwierigkeiten doch soviel innere und äußere Ruhe und Beständigkeit gewonnen, daß er trotz seines noch immer lebhaften Temperamentes und mancher etwas ungeduldiger Reaktionsweisen zu einem sozial angepaßten Lebensstil gefunden hat.
2. Haftbedingte Eigenheiten, die der Wiedereingliederung entgegenstehen, sind nicht zu beobachten.
3. a) Organisatorische Schwierigkeiten gab es lediglich im Hinblick auf seinen Arbeitsplatz. Nachdem ihm zunächst eine Hausmeisterstelle zugesagt worden war, diese Zusage aber kurzfristig wieder zurückgenommen wurde, fand er doch bald mit Hilfe seines Bewährungshelfers einen Arbeitsplatz, der ihn nun ganz ausfüllt.
   b) Persönliche Schwierigkeiten gab es für ihn zu Beginn lediglich im Kontakt mit dem weiblichen Geschlecht, den er etwas forciert betrieb. Die vorübergehende Impotenz, die wohl als Auswirkung der Haft angesehen werden muß, ist inzwischen behoben.

Fall 47, Ulrich 1915

Er wurde im Jahre 1948 wegen Mordes an der Frau seines Vetters zum Tode, sein Vetter wegen Beihilfe zum Mord zu einer Zuchthausstrafe von zwölf Jahren verurteilt. Später wurde Ulrich zu einer lebenslangen Freiheitsstrafe begnadigt. Der Mitverurteilte wurde im Jahre 1956 aus der Haft entlassen und lebt sozial unauffällig.

Ulrich stammt aus einer Bergmannsfamilie, hat nur sieben Jahre die Volksschule besucht und eine Schlosserlehre mit der Gesellenprüfung abgeschlossen. Im Jahre 1940 heiratete er. Aus dieser Ehe gingen drei Kinder hervor. Von 1941 bis zum Kriegsende war er im Kriegseinsatz. Danach nahm er keine geregelte Arbeit auf, sondern versuchte mit Schwarzmarktgeschäften sich und seine Familie über Wasser zu halten. Während dieser Zeit wurde er von der Frau seines Vetters, die über lange Zeit seine Geliebte gewesen war, wegen unerlaubten Uniformtragens angezeigt und daraufhin auch bestraft. Wohl aus Wut über das Verhalten dieser Frau erschlug er sie in alkoholisiertem Zustand mit einem Hammer.

Zu Beginn seiner Strafzeit leugnete Ulrich ebenso wie während des Verfahrens jede Tatschuld. In querulatorischer Weise versuchte er immer wieder ein neues Verfahren in Gang zu setzen und machte auch während des Vollzugs erhebliche Schwierigkeiten. Diese legten sich erst, als Ulrich sich zu seiner Tat bekannte und schließlich begann, seine Haftzeit mit einem gewissen Sinn zu erfüllen. So widmete er sich in seiner Freizeit ganz der Malerei und konnte nun auch zunehmend beständig arbeiten. Über Jahre hat er versucht, von seinem schmalen Lohn seine Familie finanziell zu unterstützen.

Seine Frau und die Kinder haben während der langen Haftzeit den Kontakt zu ihm aufrechterhalten. Obgleich seine Frau während der Haft ihres Mannes noch fünf weitere Kinder zur Welt brachte, blieb Ulrich ihr beständig verbunden. Seine Frau erklärte sich auch jederzeit bereit, ihn nach seiner Entlassung wieder bei sich aufzunehmen.

Im Jahre 1973 wurde Ulrich begnadigt und Mitte des Jahres in den offenen Vollzug verlegt. Dort war er zwei Monate bei einer Baufirma tätig und mußte harte körperliche Arbeit verrichten, die ihm nach eigenen Angaben sicher auf die Dauer zu schwer geworden wäre. Über diese Zeit im offenen Vollzug berichtete uns Ulrich in einem persönlichen Gespräch, daß er sie als sehr wichtig für sich empfunden habe und sich wünschte, länger als nur drei Monate dort verweilen zu können. Denn anfänglich sei ihm jeder Gang nach draußen sehr schwergefallen. Er habe Hemmungen gehabt, selbst einzukaufen. Insbesondere in Selbstbedienungsläden habe er sich gescheut, etwas zu nehmen, weil er glaubte, man verdächtige ihn dann als Dieb. Auch habe ihn in solchen Situationen das Gefühl gequält, jeder könne aus seinem ungeschickten Benehmen schließen, daß er im Gefängnis gewesen sei. Dieses Gefühl habe er aber bald abschütteln können, besonders nachdem er gesehen habe, wie schnell er sich im Grunde doch einlebte. Noch während des offenen Vollzuges sei er dreimal in seine Heimatstadt gefahren, um seine Frau und die Kinder zu sehen und sich mit Hilfe der Bewährungshelferin eine Arbeitsstelle zu suchen.

Als er im August des Jahres 1973 endgültig entlassen wurde, holte ihn seine Frau in der Anstalt ab und sie fuhren gemeinsam nach Hause. Schon zwei Tage später nahm er seine Arbeit als Maschinenschlosser in einer Textilfirma auf, in der er auch heute noch tätig ist. Außer dem Personalchef wisse dort niemand von seiner Vergangenheit. Fragen seiner Mitarbeiter beantworte er dahingehend, daß er längere Zeit auf Montage gewesen und dafür nun zu alt sei. Das Betriebsklima behage ihm sehr, zumal er von allen Mitarbeitern wohlgelitten sei. Anfänglich habe er ein wenig Angst und Unsicherheit gefühlt, da er sich mit den Maschinen nicht gut auskannte. Nachdem er jedoch alle Pläne in kurzer Zeit studiert habe, sei diese Unsicherheit langsam gewichen. Nun habe er sich schon einen recht schönen Posten erarbeitet und er überlege sich, ob er das Angebot seiner Firma, Materialverwalter zu werden, annehmen solle.

Einzigstes Problem sei für ihn die Rückkehr in die Familie gewesen. Abgesehen davon, daß er seiner Frau durch seine Tat erheblichen Kummer und Schwierigkeiten bereitet habe, sei es ihm nach seiner Rückkehr nicht sogleich gelungen, sich mit ihr wirklich gut zu vertragen. Wegen seiner persönlichen Eigenarten, z. B. einer fast an Geiz grenzenden Sparsamkeit, einer ausgesprochenen Unfähigkeit, sich von etwas zu trennen und seine anfängliche Unsicherheit in den praktischen Belangen des Lebens, habe es wiederholt Streit gegeben. Gemeinsam hätten sie jedoch diese Klippen des Alltagslebens gemeistert. Zugleich habe es aber auch im Intimbereich gar nicht zwischen ihnen geklappt und nur durch das Verständnis und die Hilfe seiner Frau könne er nun mit ihr ein befriedigendes Eheleben führen. Über einen ersten gemeinsamen Urlaub berichtete Ulrichs Frau, die während des Gespräches ebenfalls zugegen war, daß sie diese Zeit dazu nutzten, ihre Probleme miteinander durchzusprechen und daß danach manches für sie einfacher gewesen sei. Sehr erfreut zeigte sich die Ehefrau darüber, mit welcher Intensität ihr Mann nach seiner Rückkehr sich dafür eingesetzt habe, ihre Wohnung zu renovieren. Diese Wohnung habe sie vor etwa vier Jahren unter erheblichen Schwierigkeiten angemietet, da sie in der alten Wohnung nicht bleiben konnte. Die neue Vermieterin habe sich nicht dagegen gesträubt, eine Frau aufzunehmen, deren Mann im Zuchthaus sitze und eventuell entlassen werde. Es habe auch nach der Rückkehr ihres Mannes mit den Hausbewohnern keine unliebsame Szene gegeben.

Als wir uns danach erkundigten, wie es um Ulrichs Malerei stehe, meinte er etwas resignierend, daß er dazu seit seiner Entlassung leider noch keine Zeit gefunden habe.

Ulrich machte während des Gesprächs einen gelösten, manchmal fast spitzbübischen Eindruck. Dazu paßte auch, daß er uns berichtete, wie er im Rahmen des Legalen versuche, alle sich bietenden Vorteile zu nutzen. Er fühlte sich in gewisser Weise durch die lange Strafhaft benachteiligt und leitete daraus für sich die Berechtigung her, im Rahmen des Möglichen soviel wie möglich für sich herauszuschlagen. So hatte er z. B. auch keinerlei Hemmungen an eine Firma, für die er jahrelang in der Anstalt gearbeitet hatte, in einer akuten Geldnot zu schreiben und um eine finanzielle Unterstützung zu bitten, die ihm auch gewährt wurde. Gegen Ende des Gespräches mit Ulrich, das in seiner Wohnung stattfand, faßte Ulrich seine Erfahrungen in der Freiheit dahingehend zusammen, daß er sich selbst in allen Lebensbereichen wieder eingegliedert empfinde und die anfänglichen Schwierigkeiten inzwischen behoben seien. Das Leben in seiner kleinbürgerlichen Geborgenheit befriedige ihn vollauf.

Zusammenfassende Stellungnahme zu den einzelnen Fragen:

1. Der nach dem Krieg leichtsinnig und eher asozial lebende Mann hat nach anfänglicher Auflehnung in der Haft all die notwendigen Einsichten gewonnen, die ihm jetzt ein sozial angepaßtes Leben ermöglichen. Sein Gefühl, durch die Straftat ein benachteiligter Mensch zu sein, dürfte sich im Verlauf der weiteren sozialen Wiedereingliederung wahrscheinlich verlieren.
2. Verhaltensweisen, die seine Wiedereingliederung gefährden könnten, ließen sich nicht erkennen.
3. a) Organisatorische Schwierigkeiten gab es keine.
   b) Persönliche Schwierigkeiten hatte Ulrich besonders im familiären Bereich. Es gelang ihm anfänglich nur schwer, sich aus seiner in der Haft angenommen einzelgängerischen und wenig auf die Belange eines Mitmenschen orientierten Verhaltensweise zu lösen. Auch im ehelichen Bereich waren Schwierigkeiten gegeben, die jedoch durch die verständnisvolle Art seiner Frau schnell behoben werden konnten.

Fall 48, Viktor 1915

Er wurde im Jahre 1950 wegen Mordes zu einer lebenslangen Freiheitsstrafe verurteilt.

Der während des ersten Weltkrieges geborene Viktor lebte zunächst in einem Waisenhaus, da sein Vater im Feld war und seine Mutter den Lebensunterhalt sichern mußte. Viktor hatte eine Schwester. Er besuchte acht Jahre die Volksschule und galt als sehr intelligenter Schüler. Er erhielt eine Ausbildung als Buchhalter, war aber wegen der damals schlechten wirtschaftlichen Situation wiederholt arbeitslos. Im Alter von 18 Jahren meldete er sich zum Arbeitsdienst, bei dem er sich für zwölf Jahre verpflichtete. Später kam er zur Wehrmacht, nahm an den Kämpfen in Rußland teil und geriet dort in Gefangenschaft.

Schon früh hatte sich Viktor im Umgang mit Mädchen als sehr leichtsinnig gezeigt. Eine erste Ehe, der ein Kind entstammte, wurde sehr bald wieder geschieden. Als er aus der Gefangenschaft nach Hause zurückkehrte, nahm er keine regeregelte Arbeit auf, sondern lebte bevorzugt von Schwarzmarktgeschäften. Sein Leben verlief zunehmend unstet und als er wenig später eine nahezu 20 Jahre ältere Frau kennenlernte, die zugleich vermögend war, heiratete er sie sehr bald. Nach seinen eigenen Angaben ließ ihn seine Frau nicht arbeiten gehen, um ihn als „Gespielen" ständig um sich zu haben. Der während der Hauptverhandlung von einem Sachverständigen als „in sittlicher Hinsicht frühzeitig verwildert" bezeichnete Mann, erwürgte seine zweite Ehefrau als er ihrer überdrüssig geworden und das Vermögen aufgezehrt war. Um als Täter nicht unmittelbar in Verdacht zu geraten, begab sich der damals schon mehrfach wegen Unterschlagung, Diebstahl und Betrugs vorbestrafte Viktor in Strafhaft und konnte tatsächlich nach Auffinden der Leiche seiner Frau zunächst glaubhaft machen, daß er als Täter nicht in Frage komme, da er inhaftiert gewesen sei.

In die Beschränkungen der Haft fügte sich Viktor ohne größere Schwierigkeiten ein, nachdem er sich zu seiner Tat bekannt hatte. Er wurde als sehr fleißiger Arbeiter beschrieben, der auch mit seinen Mitgefangenen guten Kontakt hatte. Mehr als zehn Jahre arbeitete Viktor in der Anstaltsdruckerei und Buchbinderei und genoß dort zunehmend Vertrauen. Obgleich immer wieder die Frage gestellt wurde, ob Viktor wirkliche Reue über sein Tun empfinde, sei doch im Laufe der langen Haftjahre eine innere Ausgeglichenheit sowie eine freundliche Zuwendung gegenüber den Beamten eingetreten. Auch wurden seine geistige Beweglichkeit und sein lebhaftes Interesse an den verschiedensten Dingen hervorgehoben.

Während der langen Haftzeit hatte Viktor ständigen Kontakt zu seinen Angehörigen, insbesondere zu seiner Mutter und der Schwester, die auch bereit war, ihn zu sich zu nehmen.

Mehrere psychiatrische und psychologische Gutachter kamen etwa drei Jahre vor der Begnadigung zu Persönlichkeitsschilderungen, in deren Mittelpunkt einhellig die Egozentrizität des Probanden stand. „Betrachtet man die Vorhaftpersönlichkeit des Probanden und vergleicht sie mit der heutigen, so fällt auf, daß sich die Gesamtstruktur des Probanden kaum geändert hat." Er habe sich lediglich besser anpassen können. Die Tatsache, daß Viktor im Mittelpunkt allen Geschehens nur seine eigene Person sehe und wenig Neigung zeige, die Belange seiner Mitmenschen in gleichem Maße zu beachten, wurde zunächst als prognostisch ungünstig bewertet. In den Schlußfolgerungen wurden jedoch Bedenken gegen eine Begnadigung nicht geltend gemacht.

Im Jahre 1973 erfolgte die Begnadigung und wenig später wurde er in den offenen Vollzug übernommen. Schon nach kurzer Aufenthaltsdauer wurde er als in beruflicher Hinsicht resozialisiert betrachtet. Im Juli des Jahres 1973 wurde er endgültig entlassen, nachdem schon über längere Zeit der Kontakt zu den Verwandten intensiviert und mit Hilfe des Bewährungshelfers eine adäquate Unterkunft gefunden worden war. Sowohl der Bewährungshelfer als auch Viktor bestätigen im persönlichen Gespräch, daß die sorgfältige Auswahl der Wohnung, die es Viktor ermöglichte, sich im gleichen sozialen Milieu wie seine Verwandten anzusiedeln, von ganz besonderer Bedeutung gewesen sei. Aus diesem Grunde hätten sich bei ihm auch keine Minderwertigkeitsgefühle entwickelt. So konnte Viktor das Einsamkeitsgefühl der ersten Wochen besser überstehen. Es war ihm nicht möglich, am Wohnort der Verwandten zu leben, weil sein Arbeitsplatz ihn an seine bestimmte Stadt band. Diesen Arbeitsplatz hatte er einem Kriegskameraden zu verdanken, der sich schon während der Haft um Viktor bemüht hatte. Heute ist Viktor dort sehr zufrieden, da er an einer Maschine ganz selbständig arbeiten kann. Die Fragen seiner Arbeitskollegen nach seiner Vergangenheit habe er mit einer Geschichte über einen langen Aufenthalt in der Fremdenlegion und anschließende schwere Krankheit beantwortet. Zunächst sei ihm diese Lüge recht schwergefallen, er habe sie aber als notwendig hingenommen und sich auf die Dauer daran gewöhnt. Zum Zeitpunkt unseres Gespräches mit Viktor war in seinem Leben insofern eine Wende eingetreten, als er einen Herzinfarkt erlitten hatte und nun seit Monaten nicht arbeiten konnte. Er durfte jedoch sicher sein, daß ihm in dieser wirtschaftlich schwierigen Zeit sein Arbeitsplatz erhalten bleiben würde. Er fühlte sich bei der Unterhaltung zwar körperlich wieder recht wohl, wurde aber von seinem Arzt noch nicht für arbeitsfähig gehalten.

Obgleich der Bewährungshelfer in einem Vorgespräch von einer „relativen Gefühlskälte" seines Probanden gesprochen hatte, war der Bericht von Viktor über die schwere Erkrankung von echter Bekümmernis getragen. Auch seine Schilderung über den seiner Meinung nach unzureichenden offenen Vollzug wurde sehr nachdrücklich von Affekten begleitet. Besonders schwer sei ihm während dieser letzten Vollzugszeit die Umstellung vom ständigen Bevormundetwerden zur Eigenverantwortung gefallen. Das sei für ihn zu abrupt und unvermittelt geschehen. Außerdem habe er sich zunächst der plötzlichen körperlichen und psychischen Belastung durch den Arbeitsprozeß draußen nicht gewachsen gefühlt. Die Tatsache, daß er in dieser Zeit nur mit einem provisorischen Ausweis ausgestattet worden sei, aus dem hervorging, daß er Strafgefangener war, habe ihn ebenfalls sehr belastet. Allein die verständnisvolle Betreuung durch seinen Bewährungshelfer habe es damals ermöglicht, daß er mit diesen Problemen fertig geworden sei. Sehr bedrückt habe ihn auch die Notwendigkeit, sich von den etwa DM 2000,– Rücklage, die er sich im Laufe der Jahre ansparen konnte, völlig einkleiden zu müssen, so daß er in seinen finanziellen Möglichkeiten in der ersten Zeit sehr eingeschränkt gewesen sei. Allerdings müsse er jetzt in der rückschauenden Betrachtung zugeben, daß er sich kurz nach der Entlassung vielleicht zuviel zugemutet und zuviel erwartet habe. Außerdem habe er recht starrsinnig die Hilfe seiner Familie abgelehnt, nur um zu beweisen, daß er ganz gut auf eigenen Beinen stehen könne.

Als besonders wichtiges und sein noch recht kurzes Leben in Freiheit einschneidend beeinflussendes Ereignis bezeichnete Viktor die Begegnung mit seiner jetzigen Verlobten. Sie habe durch ihr liebevolles, geduldiges und ausgleichendes Wesen dazu beigetragen, ihm zur inneren Ruhe zu verhelfen. Auch seine schwere Erkrankung habe sie ihm erleichtert und es geschafft, daß er nun in seiner vielen freien Zeit seinem schon in der Haft gepflegten Hobby – der Malerei – wieder mit viel Freude nachgehe. Die Beziehung zu seiner Verlobten, bei der er schon eine Weile lebe, habe erst endgültig Sinn in sein Leben in Freiheit gebracht. Durch ihre Vermittlung sei er nun in seiner neuen Heimatstadt auch ganz in einen neuen Bekanntenkreis integriert, in dem man von seinem Vorleben nichts ahne. Zum Abschluß unseres Gesprächs, das in den Diensträumen von Viktors Bewährungshelfer stattfand, meinte er voller Überzeugung, daß er wieder in das normale Leben hingefunden habe.

Zusammenfassende Stellungnahme zu den einzelnen Fragen:

1. Der schon vor seiner schweren Straftat eher dem asozialen Lebensstil zuneigende und egoistische Mann hat während der langen Haftjahre erkennen lassen, daß er zu einer durchaus angepaßten, ausgefüllten und schließlich auch die Rechte seiner Mitmenschen achtenden Lebensweise in der Lage ist.
2. Haftbedingte Persönlichkeitsveränderungen ließen sich nicht feststellen. Die vom Probanden anfänglich erlebten Umstellungsschwierigkeiten und Versagensängste standen einer schnellen und erfolgreichen Wiedereingliederung nicht entgegen.
3. a) Organisatorische Schwierigkeiten gab es dank der guten Zusammenarbeit mit dem Bewährungshelfer nicht.
   b) Persönliche Schwierigkeiten ergaben sich da, wo der Proband in etwas unrealistischer Einschätzung seiner Fähigkeiten meinte, alles allein schaffen zu können.

Fall 49, Wolfgang 1929

Er wurde im Jahre 1948 wegen Mordes in Tateinheit mit Raub zu einer lebenslangen Freiheitsstrafe verurtöeilt.

Wolfgang stammt aus sehr schlechten sozialen Verhältnissen. Sein Vater war als Maurer tätig, war wegen Ehebruchs und Diebstählen bestraft worden, ehe die Ehe geschieden wurde. Wolfgang nahm schon früh eine sehr ungünstige Entwicklung. Er lernte in der Schule schlecht, schwänzte häufig den Unterricht und trieb sich herum. Nach einem Unfall, bei dem er sich einen Schädelbruch zuzog, erfolgte zur Klärung der Frage, ob die beobachteten Verhaltensauffälligkeiten Unfallfolgen seien, sechs Monate lang eine Beobachtung in einer jugendpsychiatrischen Klinik. Damals wurde kein Anhalt für das Vorliegen einer Hirnschädigung gefunden. Die Störungen des Jungen wurden auf eine erbliche Belastung und auf eine ungünstige Erziehung zurückgeführt. Er wurde daraufhin wiederholt in Erziehungs- und Jugendheimen untergebracht, aus denen er mehrfach entwich. Zu seiner schweren Straftat kam es, als er in Raubabsicht einen ihm bekannten Mann mit einem Schusterhammer erschlug.

Zur Zeit der Tat war Wolfgang einmal wegen schweren Diebstahls vorbestraft.

In der Haft fiel er anfänglich durch häufige Verstöße gegen die Hausordnung auf. Wiederholt kam es auch zu Streitereien mit seinen Mitgefangenen, wobei er vor schweren Gewalttaten nicht zurückschreckte. Nach etwa zehn verbüßten Haftjahren zeigte sich eine „erfreuliche" Wende in seinem Verhalten. Er bemühte sich nun, sich einzuordnen, nicht mehr so kurzschlüssig zu reagieren, und auch seine Arbeitsleistungen waren dann zufriedenstellend. Dabei wurde von der Anstalt die Meinung vertreten, daß es nur die straffe Zucht und Ordnung des Vollzuges seien, die ihn zu zügeln vermögen. Bei einem anlagemäßig so schlecht ausgestatteten Menschen bedeute dies schon eine positive Entwicklung. Nach Verbüßung von weiteren zehn Jahren Haft wurde prognostisch die Hoffnung geäußert, „daß es (Wolfgang) in Freiheit sogar gelingen könnte, sich eine Lebewelt zu schaffen, die zwar noch immer äußerlich dem Milieu seines Herkommens verhaftet bleibt, im Inneren aber relativ starke Tendenzen zu individuellem Denken und Handeln entfalten wird".

Im Jahre 1968 wurde er begnadigt und zwei Jahre später erfolgte in einem zweiten Gnadenakt die Strafaussetzung zur Bewährung. Noch im Jahre 1970 wurde er in den offenen Vollzug übernommen, wo er zunächst in einer Baukolonne eingesetzt wurde, ehe er selbständig einer Arbeit nachgehen konnte. Die Zeit des offenen Vollzuges wurde für Wolfgang sehr lang, da sich vielfältige Schwierigkeiten wegen seiner weiteren Unterkunft ergaben. Obgleich während all der Haftjahre ein lockerer Kontakt zu der Familie bestand, wollte niemand ihn bei sich aufnehmen. Nachdem er selbst in Zusammenarbeit mit seinem Bewährungshelfer einen festen Arbeitsplatz gefunden und sich ein möbliertes Zimmer gesucht hatte, konnte er im November 1970 endgültig entlassen werden.

Im persönlichen Gespräch mit Wolfgang, das in unseren Diensträumen stattfand und in sehr offener und gelockerter Atmosphäre ablief, gab auch er einer deutlichen Unzufriedenheit über die Zeit des offenen Vollzugs Ausdruck. Vor allem beklagte er die Tatsache, daß alle Vorschriften und Regeln von ungeheurem Mißtrauen gegen die Betroffenen zeugten. Auch sei es mit der Hinführung zur Eigenverantwortlichkeit nicht weit her, da man fast von einem Tag auf den anderen plötzlich gezwungen sei, für alle Dinge des täglichen Bedarfs selbst aufzukommen und sich zu versorgen. Dies leiste der Unehrlichkeit und der Heimlichkeit Vorschub, die sicherlich als Ausgangspunkt für eine reibungslose Resozialisierung nur ungünstig seien.

Wolfgang berichtete sodann über seinen weiteren Weg in Freiheit. Er habe nach der Entlassung eine Umschulung zum Maurer durchgemacht und erfolgreich abgeschlossen. Inzwischen habe er zweimal die Stelle gewechselt, da er sich finanziell verbessern konnte und war zum Zeitpunkt unseres Gespräches mit seiner beruflichen Situation zufrieden. Aus dem persönlichen Bereich berichtete er, daß er seit einer Weile mit einer Frau zusammenlebe, die ihm auch den Haushalt versorge. An eine Heirat habe er aber noch nicht gedacht. Inzwischen sei nun auch der Kontakt zu seinen Geschwistern wieder besser geworden. Diese hätten ihn sogar jetzt gebeten, in ihre Nähe zu ziehen. Dazu habe er sich allerdings noch nicht bereitfinden können, da er nicht sicher sei, ob frühere Bekannte und Freunde ihn ebenfalls wieder annehmen würden.

Über Schwierigkeiten aus der ersten Zeit in Freiheit konnte Wolfgang wenig berichten. Er meinte, es habe eigentlich keine gegeben. Aus den Berichten des Bewährungshelfers ließ sich allerdings erkennen, daß Wolfgang anfänglich oftmals überempfindlich reagierte, kaum beständige zwischenmenschliche Kontakte aufbauen konnte und z. B. als Verkehrsteilnehmer recht leichtsinnig war, so daß ihm eine Geldstrafe in geringer Höhe wegen eines Verkehrsvergehens auferlegt werden mußte. Insgesamt ist jedoch nach Wolfgangs eigenem Urteil die Wiedereingliederung durchaus erfolgreich verlaufen.

Zusammenfassende Stellungnahme zu den einzelnen Fragen:

1. Der von frühester Jugend auffällige und durch schlechte äußere und innere Vorbedingungen sehr bald straffällig gewordene junge Mann, der als 19jähriger die lebenslange Haft antrat, durchlief während der langen Haftzeit erstmals eine Situation, in der konsequent eine Anpassungsleistung verlangt und auf seiten des Probanden allmählich – gestützt durch die Einsicht in das Unrechtmäßige seines Tuns – auch möglich wurde.
2. Es hat während der Haft eine Persönlichkeitsüberformung stattgefunden, die den Probanden überhaupt erst in die Lage versetzte, erfolgreich ein sozial angepaßtes Leben zu führen. Es kann bei diesem Probanden von einer Resozialisierung eigentlich nicht gesprochen werden, da erst einmal eine Sozialisierung in Gang kommen mußte.
3. a) Organisatorische Schwierigkeiten gab es im Hinblick auf die Unterbringung des Probanden. Diese konnten jedoch in Zusammenarbeit mit dem Bewährungshelfer schließlich günstig gelöst werden.
   b) Persönliche Schwierigkeiten hat der Proband nicht empfunden, obgleich anfänglich Eingewöhnungsschwierigkeiten bestanden haben.

Fall 50, Xerxes 1932

Er wurde im Jahre 1953 wegen gemeinschaftlichen Mordes in Tateinheit mit besonders schwerem Raub zu einer lebenslangen Zuchthausstrafe verurteilt.

Xerxes stammt aus geordneten sozialen Verhältnissen und hat nach erfolgreichem Abschluß der Volksschule zunächst eine landwirtschaftliche Tätigkeit ausgeführt, ehe er eine Lehre als Autoschlosser begann. Diese Lehre beendete er jedoch nicht, sondern wurde als Hilfsarbeiter auf zahlreichen Arbeitsstellen tätig. Gemeinsam mit einem Arbeitskameraden, mit dem er auch einen großen Teil seiner Freizeit verbrachte, faßte er den Entschluß, einen Trinkgenossen zu berauben, da sich die Freunde in ständiger Geldnot befanden. Bei dem Versuch, ihren Plan auszuführen, wurde das Opfer schließlich getötet.

Xerxes war zur Zeit der Tat nicht vorbestraft.

Er fügte sich in die Erfordernisse der Haft ohne Schwierigkeiten ein, da er immer zu seiner Tat gestanden und das Urteil als gerecht empfunden hat. Er war als umgänglicher Gefangener und als fleißiger Arbeiter bekannt, der sich selbst gegenüber nie seine Situation beschönigte. Erst nach Ablauf von 20 Strafjahren stellte er ein Gnadengesuch, da er eine kürzere Strafdauer selbst für unangebracht heilt. Von diesem Zeitpunkt an machte er sich Gedanken, was geschehen sollte, wenn er entlassen werde.

Ein kurze Zeit vor der Begnadigung erstelltes psychologisch-psychiatrisches Gutachten kam zu dem Schluß, ,,daß hier ein besonnener, ruhiger und ausgeglichener Mann ‚in besten Jahren' in guter körperlicher Konstitution Tat und Haft mit Persönlichkeitsfestigung verarbeitet hat".

Zu seinen Verwandten, insbesondere zu seiner Schwester und deren Mann, hatte Xerxes immer engen Kontakt und es bestand niemals Zweifel daran, daß er in die Obhut der Schwester entlassen werden könnte.

Im Jahre 1974 wurde Xerxes begnadigt und im Juli des gleichen Jahres ohne weitere Vorbereitung durch einen offenen Vollzug zu seiner Schwester entlassen. In der Nacht zum Entlassungstage verstarb überraschend deren Mann, mit dem sich Xerxes ganz besonders gut verstanden hatte. Obgleich dieses tragische Ereignis die Familie sehr belastete, habe sich Xerxes nach Aussage seines Bewährungshelfers in bewundernswerter Weise in dieser Situation zurechtgefunden. Der Bewährungshelfer hatte sich entgegen den sonst üblichen Gepflogenheiten nicht schon während der Haft mit seinem Probanden bekannt gemacht, sondern ihn erst anläßlich einer Ausführung im Haushalt der Schwester kennengelernt. Da der Proband zu einem Fürsorger der Vollzugsanstalt besonders engen Kontakt hatte und dieser Mann sich auch um die Beschaffung eines Arbeitsplatzes bemühen wollte, sah der Bewährungshelfer zunächst keine Veranlassung, sich schon früher um den Probanden zu kümmern. So ahnte er auch nichts von der unglücklichen Situation im Hause der Schwester des Probanden, die sich durch den Tod ihres Ehemannes ergab. Erst als der Fürsorger ihn anrief und ihn bat, sich doch bei seinem Hausbesuch einmal vom Befinden und der Lage seines Probanden ein Bild zu machen, wurde er die nahezu verwahrlosten Wohnverhältnisse und die mangelhafte Versorgung von Xerxes gewahr. Dieser versuchte zunächst diese Umstände zu entschuldigen, raffte sich dann aber doch auf, offen zu berichten und erzählte, daß seine Schwester nach dem Tode des Mannes die von ihr betriebene Gaststätte ganz herunterkommen ließ, quasi nur noch von dem recht hohen Kostgeld lebte, das er ihr zahlen mußte, obwohl sie ihm kaum etwas zu essen anbot. Er habe aber nicht zugeben wollen, daß die häusliche Situation so schlecht sei und er habe auch seine Schwester nicht im Stich lassen wollen. Nachdem Xerxes nun seine Lage geschildert hatte, bemühte sich sein Bewährungshelfer gemeinsam mit ihm um eine neue Unterkunft, in die er wenig später übersiedelte. Dabei hatte er bei der Wahl darauf geachtet, daß er womöglich ein wenig Familienanschluß haben konnte.

Schon wenige Tage nach der Entlassung hatte Xerxes seine Arbeitsstelle als Friedhofsgärtner einer kleinen Stadt antreten können und war dort sehr zufrieden. Sein Verdienst erlaubte ihm, auch ein wenig Geld zu sparen und so wenigstens eine geringe zusätzliche Zukunftssicherung zu betreiben.

Wir konnten ein persönliches Gespräch mit dem Bewährungshelfer in dessen Diensträumen führen. Dabei fiel die nicht sehr große Einsatzfreude des Bewährungshelfers auf, so daß alle Erfolge bei der inzwischen als gelungen zu betrachtenden Wiedereingliederung im Grunde von Xerxes allein erreicht wurden.

Zusammenfassende Stellungnahme zu den einzelnen Fragen:

1. Der zur Zeit seiner schweren Straftat noch sehr junge Proband ist wohl ausschließlich von seinem Mittäter zur Tat animiert worden. Echtes Schuldbewußtsein bei einer als gerecht empfundenen Strafe gaben dem Probanden während der langen Haftzeit die innere Freiheit, seine Strafe sinnvoll zu nutzen. Er fand auf diese Weise sogar die Kraft und Stärke, um seine später sehr schwierige soziale Situation fast ohne Stütze zu bewältigen.
2. Persönlichkeitszüge, die die Wiedereingliederung des Probanden hätten gefährden können, wurden nicht festgestellt. Seine Scheu über die unglücklichen häuslichen Verhältnisse seinem Bewährungshelfer zu berichten, ist nicht so sehr Ausdruck einer inneren Gleichgültigkeit, sondern charakterisiert viel eher das schlechte Vertrauensverhältnis zu ihm.
3. a) Organisatorische Schwierigkeiten gab es zunächst keine, da Xerxes in eine optimale Situation hineinwachsen sollte. Der überraschende Tod des offenbar die Familie tragendenden Schwagers, hat dann allerdings zu Schwierigkeiten geführt, die der Proband jedoch ohne soziale Gefährdung meisterte.
   b) Persönliche Schwierigkeiten bei der Wiedereingliederung ergaben sich für den Probanden allein im Verhältnis zu seiner Schwester, die er aus einem Gefühl der Dankbarkeit für ihre Zuwendung während all der Haftjahre nicht im Stich lassen wollte. Xerxes lernte jedoch später erkennen, daß er zur Festigung seiner eigenen Lage die Verbindung zur Schwester aufgeben mußte.

Fall 51, Zeno 1912

Er wurde im Jahre 1949 wegen Mordes zu einer lebenslangen Freiheitsstrafe verurteilt.

Zeno stammt aus einfachen geordneten sozialen Verhältnissen. Er hat drei Geschwister. Der Zusammenhalt der Familie darf als gut bezeichnet werden. Zeno besuchte die Volksschule, blieb mehrmals sitzen und galt als wenig differenziert. Nach Schulabschluß war er als Hilfsarbeiter tätig, zuletzt als Ofenzieher. Als er im Jahre 1943 heiratet, war er noch nie mit einer Frau in intimen Kontakt getreten. Er führte eine als harmonisch beschriebene Ehe, war fleißig und genoß einen guten Ruf. Im weiteren Verlauf kam es aber wiederholt zu außerehelichen Kontakten seinerseits, wobei Zeno zumeist eher der Passive und Verführte gewesen sein soll. Zu seiner Straftat kam es, als Zeno in einer ihm ausweglos erscheinenden Konfliktsituation seine Geliebte tötete.

Er war zur Zeit der Tat nicht vorbestraft.

Zeno, der sich immer zu seiner Tat bekannte, fügte sich ohne Schwierigkeiten in die Bedingungen der Haft. Er galt als stets um Ausgleich bemüht, etwas langsam, aber sehr gewissenhaft bei der Arbeit. Seine religiöse Gebundenheit habe ihm immer Rückhalt vermittelt. Über Jahre war er mit Hausarbeit und kleineren Reparaturen beschäftigt. Der Kontakt zu seiner Familie, zu der Ehefrau sowie zu dem Sohn war während der gesamten Haftzeit sehr eng. Seine Frau hielt beständig zu ihm und war bereit, ihn nach der Entlassung wieder bei sich aufzunehmen.

Zeno ist mehrfach psychologisch und psychiatrisch begutachtet worden. Dabei wurde wiederholt betont, daß er bei einer eventuellen Entlassung ganz erhebliche Schwierigkeiten haben werde, da er ein Mensch sei, „der offensichtlich zu Primitivreaktionen neigte und neigt, da er jede Art der Lebenserscheinungen nur auf eine äußerst einfache und undifferenzierte Weise aufzunehmen und dementsprechend zu verarbeiten weiß". Zudem führe der in den Testuntersuchungen erkennbare „beginnende Abbau" unweigerlich zu einer „Verdummung". Weniger pessimistisch äußerte sich ein anderer Gutachter, der meinte, daß „die unauffälligen und an die Umgebung angepaßten psychischen Verhaltensweisen" Zenos keine schwerwiegenden Entgleisungen erwarten ließen. Wieder ein anderer Gutachter gab zu bedenken, „daß uns zur gerechten Beurteilung von langjährig Inhaftierten die notwendigen Kontrollgruppen fehlen, wir also nicht wissen, wie die Charakterzüge eines Normalbürgers nach 20jähriger Prisonierung samt anhängenden Prozeduren aussehen würden. Bei (Zeno) könnte sich eine günstige Prognose vor allem auf den Leistungsbereich stützen, auf die ihm von allen Beamten bestätigte Hilfs- und Einordnungsbereitschaft."

Im Jahre 1972 wurde Zeno begnadigt und ohne Übergang durch einen offenen Vollzug im Januar 1973 aus der Haft entlassen.

Er kehrte in seine Familie zurück, die in Zusammenarbeit mit einem kirchlichen Verband in einem kircheneigenen Heim eine Wohnung und Hausmeisterstelle für das Ehepaar besorgt hatte. Lediglich bei der Beschaffung der Arbeits- und Personalpapiere gab es für Zeno Schwierigkeiten, die aber schließlich mit Hilfe des Bewährungshelfers überwunden werden konnten.

Es wurde ein persönliches Gespräch mit dem Bewährungshelfer geführt, der seinem Probanden eine Belastung durch ein Gespräch nicht zumuten mochte. Er beschrieb seinen Probanden als einen wenig differenzierten, etwas langsamen und schwerfälligen Mann, der sich überraschend schnell an das Leben im Heim gewöhnen konnte und nun seine Hausmeistertätigkeit zu aller Zufriedenheit versehe. Der Kontakt zur Familie, insbesondere zur Ehefrau, sei rasch eng und herzlich geworden. Auch in die Hausgemeinschaft habe sich Zeno gut eingegliedert und er werde von allen gerne gesehen. Seine größte Freude sei die Anschaffung eines Fahrrades gewesen, das seinen Aktionskreis wesentlich erweitere und zu einer Zunahme seiner Interessen geführt habe. Insgesamt dürfe Zeno als voll sozial integriert und durchaus lebenstüchtig bezeichnet werden. Das Gespräch mit dem Bewährungshelfer verlief sachlich und war reich an Informationen.

Zusammenfassende Stellungnahme zu den einzelnen Fragen:

1. Der schon vor seiner Straftat sozial unauffällige, minderbegabte Mann setzte in der Haft sein normgerechtes Leben unbeirrt fort und verstand es, über all die Jahre in so gutem Kontakt zur Familie zu bleiben, daß ihm eine problemlose Rückkehr möglich wurde.
2. Persönlichkeitsänderungen, die haftbedingt sein könnten, ließen sich nicht fassen. Seine Undifferenziertheit und eine gewisse Stumpfheit sind persönliche Eigenarten, die sein Wesen schon immer bestimmten und einer Wiedereingliederung nicht im Wege standen.
3. a) Organisatorische Schwierigkeiten gab es allein bei der Beschaffung der notwendigen Ausweispapiere.
   b) Abgesehen von einer anfänglichen Scheu ergaben sich persönliche Schwierigkeiten nicht.

Fall 52, Alex 1921 (Mittäter zu Fall 29)

Er wurde im Jahre 1948 wegen gemeinschaftlichen Mordes in Tateinheit mit schwerem Raub zum Tode verurteilt und später zu einer lebenslangen Freiheitsstrafe begnadigt.

Alex lebte mit seiner Schwester in einem geordneten Elternhaus. Er besuchte acht Jahre lang die Volksschule und war anschließend bis zu seinem freiwilligen Eintritt in den Arbeitsdienst als Fabrikarbeiter tätig. Nach dem Arbeitsdienst trat er in die Wehrmacht ein und nachdem er sehr bald nach Ende des Krieges aus der Kriegsgefangenschaft zu seiner Familie zurückgekehrt war, arbeitete er als kaufmännischer Angestellter im Betrieb seines Schwiegervaters. Zuvor hatte er erfolgreich eine entsprechende Lehre abgeschlossen. Als im Jahre 1947 seine Ehe wegen Untreue seiner Ehefrau geschieden wurde, war zugleich der Verlust des Arbeitsplatzes Anlaß für Alex, sich auf leichtere Art und Weise seinen Lebensunterhalt zu verdienen. So geriet er mehr und mehr in Schwarzhändlerkreise und als sein Mittäter Donald einen Überfall auf einen Schwarzhändler vorschlug, war er zur Tat bereit.

Alex war während des Krieges mehrfach wegen Wachverfehlungen und Versäumung der Aufsichtspflicht disziplinarisch bestraft worden.

In der Haft führte sich Alex von Anfang an unauffällig. Er arbeitete fleißig, war sehr einsichtig und bereute sein Verhalten, so daß schon nach recht kurzer Haftdauer von einer positiven Auswirkung der Strafe gesprochen wurde. Selbst schrieb er über die Auswirkungen der Haft zunächst in Todeserwartung: „Ich unternehme aber den Versuch, die positive Seite dieses erbarmungslosen Schocks darzustellen. Unzweifelhaft kommen die gewonnenen Erkenntnisse zu spät." Zum weiteren Haftverlauf nahm er so Stellung: „Die 15 Jahre Zuchthaus haben mich um diese Zeit älter werden lassen und mir einen anderen Blickpunkt verschafft. Und es ist nicht zu zweifeln, daß jedes Jahr der gewaltsamen Abgeschlossenheit vom Leben schwerer zählt, als ein solches in Freiheit. So fühle ich mich auch innerlich älter als meine Jahre aussagen und glaube gereifter zu sein, verantwortungsbewußter gegenüber der Gesellschaft, wenn sie mich eines Tages wieder aufnähme, als mancher Ältere ohne Makel ... Einsicht, Erkenntnis und guter Wille werden mir den Weg weisen, solange meine Hoffnung brennend bleibt ... Die andauernde, nagende Ungewißheit ist jedoch dazu angetan, meinen letzten Lebensmut entscheidend zu schwächen und schließlich jenes stumpfsinnige Dahinvegetieren hervorzurufen, das mich unter Umständen bei einer Entlassung in weit vorgerücktem Alter lebens- und arbeitsuntauglich zugleich machen kann. All mein Bemühen um geistige Beweglichkeit wäre damit zunichte gemacht." Trotz dieser Befürchtungen konnte sich Alex immer wieder aufraffen und durch persönlichen Einsatz auch auf andere Gefangene positiv einwirken.

Ein nach etwa 21 Haftjahren erstelltes psychologisches Gutachten kommt in seiner Schlußfolgerung zu der Überzeugung, daß Alex „seine angeborene Intelligenz behalten hat, bzw. es ihm gelungen ist, seine ursprünglichen Fähigkeiten während der Haftzeit weiter zu entwikkeln ... Da die geistige Substanz vorhanden war, suchte er Möglichkeiten, sich auch geistig zu beschäftigen." Zudem besitze Alex eine ausgeprägte Tendenz zur positiven Konfliktverarbeitung. Er versuche, ausgleichend zu wirken und Versöhnung zu stiften.

Seine Verwandten hatten während der Haftzeit immer den Kontakt zu ihm aufrechterhalten. Die Tochter seiner Schwester entwickelte eine ganz besondere Zuneigung zu ihm.

Im Jahre 1971 wurde die Begnadigung sowie die Aussetzung des Strafrestes zur Bewährung ausgesprochen. Zu Beginn des folgenden Jahres wurde er in den offenen Vollzug übernommen. Bis zu seiner endgültigen Entlassung im Juli 1972 arbeitete Alex als Facharbeiter in der Umgebung der Anstalt. Während dieser Zeit wurde er als eher mißtrauisch, von pessimistischer Grundhaltung beschrieben. Sein Bewährungshelfer, der gleichzeitig den Kontakt zu ihm aufnahm, beurteilte ihn dagegen als eher etwas anmaßend, fordernd, insgesamt aber sehr realitätsorientiert.

Am Entlassungstage wurde Alex von seiner Familie abgeholt und in ein eigenes Zimmer im Elternhaus einquartiert. Dort lebte er mit der Familie seiner Schwester zunächst recht harmonisch unter einem Dach. Schwierigkeiten, die man aus der Nachbarschaft erwartete, traten nicht ein, was alle Beteiligten sehr beruhigte.

Da zum Zeitpunkt der Entlassung Alex' Bewährungshelfer nicht anwesend war, gestaltete sich die Arbeitssuche und das Besorgen der Personal- und Arbeitspapiere zunächst problematisch. Die Behördengänge mußte Alex allein ohne Stütze des Bewährungshelfers erledigen, was ihm jedoch gut gelang und sein Selbstbewußtsein deutlich stärkte. Durch die Vermittlung verschiedener Stellen wurde es in der vorgeschriebenen Frist von 14 Tagen für Alex möglich, einen annehmbaren Arbeitsplatz zu finden, wo wiederum lediglich der Personalleiter über sein Vorleben informiert wurde. An diesem Arbeitsplatz ist Alex nach den Angaben seines Bewährungshelfers inzwischen sehr zufrieden, obgleich er geistig leider gar nicht gefordert werde.

In dem persönlichen Gespräch, das mit dem Bewährungshelfer in dessen Diensträumen geführt wurde und sehr informell verlief, stellt sich allerdings heraus, daß Alex im Bereich der zwischenmenschlichen Beziehungen doch Schwierigkeiten hatte. Er fühlte sich bei seinen Verwandten schon bald nicht mehr wohl und auch die Schwester betonte seinem Bewährungshelfer gegenüber, daß sich der Bruder so abkapsele, sich nicht immer recht zu benehmen wüßte und sich nichts sagen lasse. Zudem geriet er immer häufiger mit seinem Schwager in Streit, so daß ein weiterer Verbleib bei den Verwandten nicht mehr günstig erschien. Etwa zu dieser Zeit berichtete Alex erstmals von einer etwa gleichaltrigen Frau, mit der er sich angefreundet habe. Sie war geschieden, hatte drei Kinder zu versorgen und weckte die Sympathien von Alex offenbar wegen ihrer mütterlichen Art. Alex zog zu ihr und fühlte sich in dieser Umgebung ausgeglichen und froh. Der Bewährungshelfer meinte, daß er nun endlich einen Ort gefunden habe, wo er das Gefühl entwickeln konnte, gebraucht zu werden und sich für jemanden einsetzen zu können. Inzwischen ist aber in dieser Verbindung insofern ein Problem aufgetaucht, als die Lebenspartnerin krank geworden ist. Diese Tatsache hat bei Alex eine gewisse resignierende Haltung bewirkt, so daß der Bewährungshelfer eine Zunahme der auf ihn abgewälzten Entscheidungen bemerkte. Insgesamt beurteilte der Bewährungshelfer während unseres Gespräches die Gesamtsituation als nicht ungünstig, konnte jedoch kein ganz positives Bild zeichnen.

Zusammenfassende Stellungnahme zu den einzelnen Fragen:

1. Aus einer zunächst durchaus sozial angepaßten Lebensweise geriet der Proband wohl eher aus Schwäche in eine Lebenssituation, die ihn bis zu einer Gewalttat entgleisen ließ. Schon während der Haft zeigte sich jedoch die insgesamt positive Einstellung als führend und im Verlauf der Jahre ist eine innere und äußere Stabilisierung unverkennbar geworden.
2. Die nach der Haft hervorgetretenen Züge einer gewissen Anmaßung und einer eher fordernden Haltung haben die Wiedereingliederung des Probanden offensichtlich vorübergehend erschwert. Sie führten dazu, daß er den Familienverband nach einiger Zeit verließ. Er hatte offenbar verlernt, sich auf die Bedürfnisse eines engeren familiären Kontaktes einzustellen. Diese Schwierigkeiten waren jedoch in dem Augenblick überwunden, als er aus eigenem Antrieb einen Lebensgefährten an sich binden konnte.
3. a) Organisatorische Schwierigkeiten gab es bei der Beschaffung eines Arbeitsplatzes, die sich aber schnell überwinden ließen. Daß er in den ersten Tagen seines Freiseins ohne die Hilfe des Bewährungshelfers auskommen mußte, hat der Proband zunächst als belastend, dann aber doch als erste Bewährungsprobe positiv empfunden.
   b) Persönliche Schwierigkeiten gab es im Zusammenleben mit den Familienangehörigen, da sich Alex auf deren Bedürfnisse nicht immer einstellen konnte. Nach einer räumlichen Trennung sind die Beziehungen jedoch wieder besser geworden. Der in der letzten Zeit zu beobachtende und durch die Umstände begründete Zug zur Resignation dürfte die bisher erfolgreiche Wiedereingliederung nicht gefährden.

Fall 53, Bodo 1926

Er wurde im Jahre 1951 gemeinsam mit zwei anderen vorbestraften Mittätern wegen versuchten schweren Diebstahls und Mordes zu einer lebenslangen Zuchthausstrafe sowie zusätzlich zu sechs Jahren und einem Monat Zuchthausstrafe verurteilt.

Bodo war nach erfolgreichem Besuch der Volksschule bis zum Beginn des zweiten Weltkrieges unauffällig herangewachsen. Er machte ein Jahr Landdienst, war dann an verschiedenen Stellen als Hilfsarbeiter tätig und meldete sich im Jahre 1943 freiwillig zum Arbeitsdienst. Nach Kriegsende war er nur unregelmäßig berufstätig, häufig arbeitslos und nicht mehr in seine Familie eingebunden. Nach den Feststellungen des Urteils zeigte er deutliche Verwahrlosungszeichen, die vor allem in dem Anschluß an eine jugendliche Bande zum Ausdruck kamen. Gemeinsam mit seinen Bandenfreunden beging Bodo mehrere schwere Straftaten. Bei einer solchen Tat tötete Bodo einen Mann. Er war zu dieser Zeit bereits mehrfach wegen schweren Diebstahls vorbestraft.

Bodo fühlte sich zu Unrecht wegen Mordes bestraft und fügte sich anfänglich nur schwer in die Haft. Wiederholt versuchte er Wiederaufnahmeverfahren in Gang zu setzen mit dem Hinweis, er habe den tödlichen Schuß nicht abgegeben. Im Verlauf der weiteren Haftjahre bekannte sich Bodo jedoch zu seinem Tun und gewann an innerer Ruhe, die sich auch in besserer äußerer Disziplin ausdrückte. Seine Arbeitsleistungen wurden nun beständiger und er begann, seine Freizeit sinnvoll zur Weiterbildung auszunutzen. Ein kurz vor der Begnadigung erstelltes psychiatrisches Gutachten kam in der Beurteilung zu dem Schluß, daß Bodo in der Haft zu einem nachgereiften, verantwortungsbewußten und ausgeglichenen Menschen geworden sei, „der leicht depressiv durch sein Schicksal wirkt".

Im Jahre 1970 wurde Bodo begnadigt und die Reststrafe zur Bewährung ausgesetzt. Zwei Monate lang ging er aus dem offenen Vollzug einer Berufstätigkeit nach und hatte „trotz der kurzen Übergangszeit überraschend gut und ohne Schwierigkeiten den Übergang in ein normales Leben gefunden".

Im September des gleichen Jahres wurde er endgültig entlassen und von seiner Mutter, die in all den Haftjahren guten Kontakt zu ihrem Sohn gehalten hatte, abgeholt. Er wohnte zunächst bei ihr und ging schon drei Tage nach der Entlassung einer ihm durch den Bewährungshelfer besorgten Arbeit als Stoffwärter nach. Bald wurden seine Arbeitsleistungen und sein verträgliches Wesen im Betrieb gelobt. Nach einiger Zeit fand Bodo wieder Kontakt zu seiner früheren Verlobten, die inzwischen verheiratet und verwitwet war. Er zog zu ihr und von einer Heirat wurde lediglich wegen seiner schlechten wirtschaftlichen Zukunftsaussichten abgesehen. Der Bewährungshelfer beschrieb Bodo in seinem schriftlichen Bericht als sehr sparsam und ordentlich. Seine Freizeit verbringe er zumeist im eigenen Garten. Etwa drei Jahre nach der Entlassung bemühte sich Bodo um die Erlangung einer Fahrerlaubnis, um sich dann ein Auto zu kaufen und beweglicher zu sein. Wenig später erlitt er jedoch einen Arbeitsunfall, bei dem er sich erhebliche Verbrennungen zuzog, so daß es lediglich beim Vorhaben blieb. Nach einigen Monaten konnte er seine Arbeit am alten Arbeitsplatz wieder aufnehmen. Insgesamt beschrieb der Bewährungshelfer eine vollkommen problemlose und in allen Bereichen geglückte soziale Wiedereingliederung.

Zusammenfassende Stellungnahme zu den einzelnen Fragen:

1. Der in recht jugendlichem Alter schon verwahrloste und sozial völlig abgeglittene Proband konnte die Haftzeit zur Besinnung und zur Stabilisierung seiner Persönlichkeit nutzen, so daß nach seiner Entlassung der Aufbau eines geordneten und angepaßten Lebens möglich wurde. Dabei haben sicher seine guten Beziehungen zur Mutter entscheidend mit beigetragen.
2. Haftbedingte Persönlichkeitseigenarten waren nicht zu erkennen.
3. a) Organisatorische Schwierigkeiten ergaben sich für den Probanden nicht.
   b) Ebensowenig ließen sich persönliche Probleme bei der Wiedereingliederung fassen.

Fall 54, Carsten 1912

Er wurde im Jahre 1949 wegen Mordes an seiner Ehefrau zu einer lebenslangen Zuchthausstrafe verurteilt.

Carsten stammt aus zunächst geordneten sozialen Verhältnissen und hat nach dem erfolgreichen Abschluß der Volksschule eine Ausbildung zum Konditor durchlaufen. Sein Vater – ein selbständiger Gastwirt und Konditoreiinhaber, der später wegen Trunksucht in einer Anstalt untergebracht wurde – ermöglichte dem Sohn die Ausbildung im eigenen Betreib. Nachdem die Ehe der Eltern geschieden worden war, gingen Carsten und seine Geschwister außer Hause. Er arbeitete an verschiedenen Stellen in seinem erlernten Beruf und bestand später die Prüfung eines Serviermeisters. Im Jahre 1939 wurde er zur Wehrmacht eingezogen, wo er zunächst in seinem Beruf, später als Sanitätsdienstgrad eingesetzt war. 1949 kehrte er aus verwaltungstechnischen Gründen nicht zu seiner mit ihm seit 1938 verheirateten Frau zurück, sondern lebte im Westen in der Nähe einer seiner Brüder. Während dieser Zeit nahm er intime Beziehungen zu einer jungen Frau auf, die er auch heiraten wollte. Seine Frau lehnte eine Trennung jedoch ab. Sie kam aus der damaligen Ostzone zu ihm zu Besuch und versuchte nachdrücklich, ihn für eine Rückkehr in die Familie zu gewinnen. Unter der Vorspiegelung einer ehelichen Wiederversöhnung verbrachte Carsten einen Tag mit seiner Frau, an dessen Ende es zwischen beiden zum Geschlechtsverkehr kam, den er zunächst unter allen Umständen vermeiden wollte. Beide Ehepartner waren zu diesem Zeitpunkt alkoholisiert. Carsten töte seine Frau durch Würgen und vier Herzstiche sowie 20 weitere Stichverletzungen. Er verstümmelte außerdem ihre Leiche, indem er ihr beide Brüste abtrennte und versenkte die Leichte in einer Senkgrube.

Er war zum Zeitpunkt der Tat nicht vorbestraft.

Carsten bereitete in der Haft keine groben Schwierigkeiten. Er war als stets fleißiger Arbeiter bekannt, blieb während der langen Haftjahre eher ein Einzelgänger und zeigte sich im Umgang mit den Beamten und Mitgefangenen als ein oft mißtrauischer, empfindlich reagierender und leicht aufbrausender Mensch. In Verbindung mit dem einmal gefaßten Gedanken, zu Unrecht verurteilt zu sein, beschäftigte sich der als geistig sehr rege und interessiert beurteilte Mann in seiner Freizeit von Anfang an mit zahlreichen Rechtsproblemen, wobei er sich im Laufe der Jahre eine hervorragende Kenntnis auf verschiedenen Rechtsgebieten erarbeitete. Seine querulatorischen Neigungen konnte er so in eine sozial positive Auseinandersetzung mit der Umwelt umformen, indem er nicht nur für sich selbst, sondern auch für seine Mitgefangenen manche Vergünstigungen und neues „Recht", so beispielsweise das auf Teilnahme an Wahlen, errungen hat.

Ein zwei Jahre vor der Begnadigung erstelltes psychologisches Gutachten kam in seiner Beurteilung zu dem Ergebnis, daß es sich bei Carsten um eine schizothyme Persönlichkeit handle, die zwar nach sozialem Kontakt strebe, diesem aber ein betont egozentrisches Verhalten, ein ausgeprägtes Bedürfnis nach Selbstdarstellung, nach Bestätigung und Durchsetzung der eigenen Meinung entgegenstehe. Trotzdem habe er sich im Anstaltsleben problemlos eingefügt, sich sogar eine gewisse Eigenständigkeit und Unabhängigkeit bewahrt, was nicht zuletzt auf seine Lebhaftigkeit zurückzuführen sei. „Er wirkt vital, lebhaft, geistig außerordentlich rege, verbal gewandt, bestimmt im Auftreten ... Zwar hat die Persönlichkeit des Gefangenen durch die lange Strafverbüßung gewisse Verformungen erfahren, ist aber in wesentlichen Zügen intakt geblieben." Eine Spezifizierung der angenommenen Verformung war der Stellungnahme nicht zu entnehmen. Als wir Carsten im Rahmen des Gnadenverfahrens sahen, bestand er nachdrücklich darauf, daß es nicht sein Wunsch sei, begnadigt zu werden, da dadurch seinerseits zwingend ein Schuldanerkenntnis gegeben werde. In oftmals sehr weitschweifigen Argumentationen, die einer inneren Logik nicht entbehrten, legte er seine Gedanken dar und es erschien fraglich, ob er ein Leben in Freiheit mit der gleichen inneren Befriedigung werden gestalten können, wie er es in der Haft getan hatte.

Im Jahre 1973 wurde Carsten begnadigt und wenig später als Freigänger in der gleichen Haftanstalt weiter betreut. Sein Bewährungshelfer, der ihn schon aus gemeinsamer Gruppenarbeit im Vollzug kannte, war für den in praktischen Lebensfragen ungeschickten und zunächst hilflos erscheinenden Probanden auch im menschlichen Bereich eine lebensnotwendige Stütze. Gemeinsam konnten sie einen Arbeitsplatz im alten Beruf des Probanden finden, wo man mit seiner Arbeitsleistung zunächst außerordentlich zufrieden war.

Da sich alle in der Bundesrepublik lebenden Angehörigen von Carsten distanziert hatten und er nun niemanden mehr fand, der ihn hätte aufnehmen können, wurde er bei seiner endgültigen Entlassung im Juli 1973 in Kost und Logis bei seinem Arbeitgeber untergebracht. Bald schon meldete sich Carsten an seinem Arbeitsplatz zum Nachtdienst, da er für seine zahlreichen geistigen Interessen und auch politischen Betätigungen sonst keine Zeit mehr gefunden hätte. Eine Weile nahm ihn dann sein Bewährungshelfer zu Hause auf, damit er einen geregelten Tagesrhythmus erhielt und ausreichenden Schlaf und Nahrung zu sich nahm. Als es an der ersten Arbeitsstelle wegen seiner Betriebsamkeit zu Unstimmigkeiten gekommen war, bemühte er sich selbständig um eine neue Arbeit, wobei er immer gleich darauf hinwies, daß er ein entlassener Strafgefangener sei. An seinem derzeitigen Arbeitsplatz, für den er sich mit Billigung seines Bewährungshelfers entschied, gab er diesen Hinweis allerdings nicht selbst, sondern bat einen einflußreichen Bekannten, diese Tatsache mitzuteilen und zu fragen, ob man unter diesen Bedingungen auch noch an seiner Beschäftigung interessiert sei.

Bei einem persönlichen Gespräch mit Carsten, das in der Wohnung und im Beisein einer fast gleichaltrigen Bekannten stattfand, betonte er immer wieder, wie schnell und sicher er auch menschlichen Kontakt gefunden, sich parteipolitisch betätigt und daraus innere Befriedigung gezogen habe.

Eine ganz erhebliche Krise auf dem Wege der Wiedereingliederung gab es für Carsten in dem Augenblick, als sein Bewährungshelfer versetzt wurde. Obgleich Carsten schon eine relative Unabhängigkeit von ihm gefunden hatte – so lebte er inzwischen in einem eigenen Zimmer und regelte seine Angelegenheiten nahezu allein –, war doch das Gefühl des menschlichen Rückhaltes so intensiv, daß sich Carsten wie verlassen fühlte, als dieser Mann nun nicht mehr sein Gesprächspartner sein konnte. Etwa zur gleichen Zeit verlor er den Kontakt zu seiner in der DDR lebenden Schwester, die in all den Jahren der Haft die Verbindung zu ihm aufrechterhielt, während er sich um deren Gesundheit große Sorgen machte. Sie litt an einer Knochenerkrankung und nach seiner Entlassung hatte er es erreichen können, daß die Kosten für eine Operation hier in Westdeutschland übernommen wurden. Sie war aber wieder in die DDR als ihrem angestammten Wohnsitz zurückgekehrt und hatte offenbar nun kein Interesse mehr am weiteren Schicksal ihres Bruders. So war er etwa ein halbes Jahr nach der Entlassung menschlich vereinsamt und als er nach recht leichtsinnigem Kontakt mit einer Prostituierten eine größere Geldmenge eingebüßt hatte, trug er sich eine Weile mit ernsthaften Suizidgedanken. Auch suchte er den für ihn zuständigen Gnadenbeauftragten auf, um sich über die Möglichkeit einer Rückkehr in die Strafanstalt zu erkundigen. Zu diesem Zeitpunkt schrieb er, daß er sich mit dem Gedanken trage, „in die Justizvollzugsanstalt freiwillig zurückzukehren oder wenn rechtlich dies nicht möglich sein sollte, einen strafbaren Tatbestand bewußt herbeizuführen . . ., weil die notwendige Zielsetzung, die eine erfolgreiche Reintegration erfordert, . . . nicht ohne Unterstützung möglich ist."

Erst als Carsten in seinem Wohnhaus, wo er neben einem entfernter liegenden Appartement nach seinen eigenen Worten noch ein „menschenunwürdiges" Zimmer als Schlafstelle bewohnt, eine alleinstehende Dame kennengelernt hatte, die offenbar Mitleid zu ihm empfand und ihm anbot, ein wenig für ihn zu sorgen, besserte sich seine psychische und soziale Situation erheblich. In dieser Bekannten hat er einen Menschen gefunden, der darauf achtet, daß er mit seiner Freizeit sinnvoll umgeht, sich nicht in Lokalen herumtreibt und unnötig Geld ausgibt. Diese Frau ist nicht nur körperlich wesentlich stabiler als Carsten, sondern sie vermag auch mit ihrer ruhigen, bestimmten und ausgleichenden Wesensart alle seinem Temperament entspringenden Entgleisungen auszugleichen, die Carsten oftmals das Leben schwer machen. Auch seine innere und äußere Rastlosigkeit werden durch sie zu Carstens Vorteil gebremst. Selbst Schwierigkeiten am derzeitigen Arbeitsplatz, die Carsten insbesondere durch seine Übereifrigkeit und Geschwindigkeit zuweilen mit seinen Kellnerkollegen bekommt, können von ihr geregelt werden. Sogar während des persönlichen Gesprächs hatte diese Frau Carsten unverkennbar am Zügel. Dabei schien er sich – auch im Verlauf des sich zwanglos ergebenden Abendessens – unter dieser Führung wohl zu fühlen. Abschließend faßte Carsten seine Eindrücke und Erlebnisse der Zeit seit seiner Entlassung als zeitweise wenig glücklich, aber schließlich doch befriedigend zusammen.

Zusammenfassende Stellungnahme zu den einzelnen Fragen:

1. Der besonders lebhafte, redegewandte, geistig und körperlich sehr wendige und an allem interessierte Mann, der durchaus in der Lage war, sozial integriert zu leben, faßte in einer zwischen ihm und seiner Frau entstandenen Konfliktsituation den Tötungsentschluß. Nachdem er seine Tat nach der Festnahme zunächst gestanden hatte, widerrief er kurz darauf sein Geständnis. Auf dem Hintergrund eines von ihm aufgebauten Unschuldsbewußtseins entwickelte sich eine intensive Auseinandersetzung mit rechtlichen Fragen, die einen wesentlichen Teil seiner Freizeit während der Haft ausfüllte. Die ständige geistige Anspannung und das Angehen tatsächlicher Rechtsfragen der Strafgefangenen machten es dem Probanden möglich, ohne Schwierigkeiten die lange Strafhaft durchzustehen. Nach der Begnadigung hat er auf Grund seines hochgespannten Selbstbewußtseins zunächst etwas realitätsfremde Vorstellungen entwickelt, die es ihm schwer machten, sich wieder in ein normales Leben und den unterhaltssichernden Existenzkampf einzufügen.
2. Der Strafvollzug war für Carsten über Jahre der bindende Rahmen, in dem sich seine Betriebsamkeit auf einem selbstgewählten Arbeitsgebiet ohne wesentliche Einschränkung entfalten konnte. Dadurch hat er sein vorgegebenes Selbstwertbewußtsein gepflegt und ausgebaut, ohne daß fortbestehende sozial ungünstige Auswirkungen erkennbar wurden.

3. a) Organisatorische Schwierigkeiten gab es für den Probanden keine, da ihm sein Bewährungshelfer stets hilfreich und mahnend zur Seite stand.
b) Persönliche Probleme hatte der Proband in der ersten Zeit nach der Entlassung keine. Er geriet aber nach dem Verlust einer von ihm besonders geschätzten Vertrauensperson in eine schwere seelische Krise, die ihn an den Rand des Selbstmordes trieb. Er erwog auch die Rückkehr in die von ihm zu diesem Zeitpunkt noch als schützend empfundene Strafanstalt. Nachdem der Proband jedoch einen Menschen gefunden hatte, der sich wiederum führend der ganz praktischen Probleme annahm, fand er in einen sozial integrierten Lebensrhythmus. Gefahren, die sich aus seiner überschießenden Betriebsamkeit ergeben, lassen die Zukunftsprognose noch etwas unsicher erscheinen.

Fall 55, Dora 1912

Sie wurde im Jahre 1946 mit ihrer Schwester und zwei Freunden wegen gemeinschaftlichen Mordes zum Tode verurteilt. An den drei Mitverurteilten wurde etwa vier Monate nach Urteilsverkündung das Todesurteil vollstreckt. Dora wurde wegen einer bestehenden Schwangerschaft zu einer lebenslangen Freiheitsstrafe begnadigt.

Dora stammt aus einfachen sozialen, aber geordneten Familienverhältnissen und lebte mit ihren sechs Geschwistern bis zu ihrer Heirat im Hause der Eltern. Ihr Vater war Signalwerkmeister. Sie besuchte acht Jahre die Volksschule und begann daran anschließend eine Lehre in einer Weberei, die sie jedoch nicht beendete. Eine kurze Zeit war sie als Spinnerin tätig, später arbeitete sie zehn Jahre als Fleierin an einer Vorspinnmaschine. Im Alter von 25 Jahren heiratete sie und versorgte nach der Geburt eines Mädchens ihren Haushalt. Schon nach wenigen Ehejahren litt Dora unter angeblich ungewöhnlichen Sexualpraktiken ihres Mannes. Während des Krieges lernte sie einen anderen Mann kennen, mit dem sie sich offenbar weit besser auch in sexueller Hinsicht verstand und von dem sie schwanger wurde. Gemeinsam mit der Schwester, die sich auch ihres Mannes entledigen wollte, plante sie den Tod der Ehemänner. Die beiden Freunde sollten jeweils die Tat ausführen. Doras Mann wurde mit Ziegelsteinen erschlagen, der Ehemann der Schwester entging einem ähnlichen Schicksal, da er später als erwartet aus der Kriegsgefangenschaft zurückkehrte. Schon fünf Wochen nach der Tat war das Urteil gesprochen. Wenige Wochen nach der Begnadigung zu einer lebenslangen Freiheitsstrafe gebar Dora in der Haft ein Mädchen, das wegen einer Hirnschädigung, die im weiteren Verlauf des Lebens zu Anfällen führte, bis heute in ärztlich betreuten Heimen leben muß.

Dora war zur Zeit der Tat unbestraft.

In die Bedingungen der Strafhaft fügte sie sich zwar zunächst nur mit innerer Auflehnung, begann aber doch bald ihre Schuld einzusehen und die Strafe als gerechte Sühne zu betrachten. Sie hat nie zu Klagen Anlaß gegeben und war als bescheiden und still bekannt. In ihrer Arbeit wurde sie als beständig, sehr fleißig und gewissenhaft beurteilt. Die Tatsache, daß durch ihre Schuld beide Kinder ohne richtige Mutter aufwachsen mußten, belastete sie stark. Mit Hilfe des Anstaltsgeistlichen und einer Fürsorgerin bemühte sie sich um den Kontakt zu den Kindern. Nach etwa 15 Haftjahren wurde Dora als hervorragende Arbeiterin, die schon lange eine Vertrauensstelle in der Wäscherei innehabe und trotzdem still und bescheiden geblieben sei, beschrieben. „Sie ist zwar eine recht einfache Frau, aber trotz der langen Haftzeit in keiner Weise abgestumpft oder verhärtet."

Unmittelbar nach der Verurteilung hatten sich Doras Verwandte von ihr abgewandt. Lediglich zwei Geschwister und später ihre Kinder hielten die Verbindung zu ihr aufrecht und setzten sich auch für ihre Begnadigung ein.

Im Jahre 1967 wurde Dora begnadigt und zugleich die Reststrafe zur Bewährung ausgesetzt. In Zusammenarbeit mit einer kirchlichen Vereinigung wurde für sie in einem Altersheim eine Stelle als Wäscherin besorgt. Sie konnte dort auch wohnen, als sie im Februar 1968 ohne eine Vorbereitung durch den offenen Vollzug endgültig entlassen wurde. Noch am Entlassungstag nahm sie ihre Arbeit auf und in einem ersten Bericht heißt es: „Mit allem, was sie bisher erlebt hat, ist sie sehr zufrieden und meistert die Situation besser als vorauszusehen war." Sie gewann an ihrer Arbeitsstelle sehr schnell das Vertrauen ihrer Mitarbeiterinnen und konnte schon nach wenigen Monaten die Wäscherei in eigener Verantwortung leiten. Außer der Heimleiterin wußte niemand, welches Schicksal hinter ihr lag. In einem persönlichen Gespräch mit dem Bewährungshelfer, der sich auch menschlich sehr für seine Probandin einsetzte, und sie quasi als Großmutter mit in die eigene Familie aufnahm, kam mehrfach von seiner Seite zum Ausdruck, daß Dora ihr Leben nach der Entlassung im Arbeitssektor sehr schnell erfolgreich meistern konnte, jedoch auf neue menschliche Begegnungen nicht vorbereitet gewesen sei. Seine Probandin habe „die Kasernierung" in der Haft wohl nur deshalb gut durchstanden, weil sie sich von Anfang an von ihren Mitgefangenen isoliert und sich ganz ihrer Arbeit gewidmet habe. Diese sah sie nie als notwendiges Übel, sondern als Aufgabe und Verpflichtung an. Durch diese innere Einstellung sei sie jedoch den Menschen entfremdet worden und habe in Freiheit auf diese Situation mit Angst und Unruhe reagiert. Erst als sie allmählich zu einer Mitarbeiterin vertrauteren Kontakt gewinnen konnte und auch ihren Interessenhorizont ausweitete, sei dieses Einsamkeits- und Unsicherheitsgefühl gewichen. Dora habe sich als ausgesprochen kulturell interessiert erwiesen, sei zunehmend häufig ins Theater und zu Konzerten gegangen und habe ein immer ereignisreicheres Leben geführt. Etwa drei Jahre nach der Entlassung erkrankte Dora sehr schwer und mußte stationär behandelt werden. Seit dieser Zeit weiß sie, daß sie ständig durch einen plötzlichen Tod bedroht ist. Ihre echte Religiosität und der Wille, dieses Leben so reich wie eben möglich zu gestalten, helfen ihr aber über dieses belastende Wissen hinweg.

Eine Schwierigkeit im familiären Bereich hat sie mit Hilfe des Bewährungshelfers schließlich auch lösen können. Dora war nach ihrer Entlassung bedrängt von der Vorstellung, ihren beiden Kindern so viel als möglich an mütterlicher Fürsorge jetzt noch angedeihen zu lassen. Diese Haltung wurde aber offenbar von der älteren Tochter ausgenutzt, die plötzlich Geldforderungen an ihre Mutter stellte, die diese in keiner Weise aufbringen konnte. Zudem wünschte sie, die Mutter als Mithilfe im eigenen Haushalt zu haben. Dagegen hat sich Dora aber konsequent gewehrt, da sie meinte, ein eigenes Leben führen zu sollen. Im Laufe der Jahre hat Dora einen guten Kontakt zu ihrer jüngeren, geistig behinderten Tochter hergestellt. Auch mit ihren Geschwistern nahm sie die Verbindung wieder auf, so daß sie nun wieder in den Familienverband aufgenommen ist.

In unserem Gespräch betonte der Bewährungshelfer, wie außerordentlich wichtig für diese erfolgreiche Resozialisierung seiner Probandin das Gefühl gewesen sei, von ihrer Umgebung anerkannt und menschlich geschätzt zu werden.

Zusammenfassende Stellungnahme zu den einzelnen Fragen:

1. Dora, die in sozial angepaßten Lebensbedingungen stand, war in einen Partnerkonflikt geraten, den sie unter dem Einfluß der ihr damals nahestehenden Menschen mit dem Tötungsplan zu lösen suchte. Sie hat nach kurzer Zeit der inneren Auflehnung gegen das Strafmaß, ihre volle Schuld eingesehen und deshalb die Möglichkeiten der Haft für sich zu nutzen gelernt. Die Zuwendung zu anspruchsvollen Lebensinteressen und ihre verantwortungsvolle Tätigkeit nach der Haft weisen auf eine innere Überwindung aller abstumpfenden Einflüsse der Haft hin.
2. Die schon immer als sehr bescheiden, still und zurückgezogen beschriebene Frau erschien nach der Entlassung ihrer Umwelt zunächst unsicher und ängstlich, so daß es nahe lag anzunehmen, daß sie durch die lange Haft des echten wechselseitigen menschlichen Kontaktes nicht mehr fähig sei. Dieser Eindruck wurde jedoch bald durch die Entfaltung einer eigenständigen Lebensgestaltung widerlegt. Nachdem sie die anfängliche und natürliche Scheu verloren hatte, vermochte sie verschiedene menschlich ausfüllende Verbindungen aufzubauen und dadurch auch ihr Selbstwertgefühl erheblich zu festigen.
3. a) Organisatorische Schwierigkeiten gab es bei der Wiedereingliederung keine.
   b) Persönliche Schwierigkeiten gab es im Umgang mit der inzwischen erwachsenen und verheirateten ältesten Tochter, die die Dankbarkeit der Mutter erfolglos auszunutzen bestrebt war.

Fall 56, Else 1905

Sie wurde im Jahre 1953 wegen Mordes zu einer lebenslangen Zuchthausstrafe verurteilt.

Else war Tochter eines Gastwirtehepaares. Sie hatte vier Geschwister. Nach erfolgreichem Abschluß der Volksschule besuchte sie noch zwei Jahre eine kaufmännische Handelsschule und arbeitete dann in der Rohproduktenhandlung, die sich die Eltern inzwischen aufgebaut hatten. Sie galt als gebildetes, anspruchsvolles Mädchen, das gegen die Einwände der Familie einen wesentlich jüngeren und sozial deutlich tiefer stehenden Mann heiratete. Zunächst führte das Paar eine als harmonisch beschriebene Ehe. Dann lernte der Ehemann jedoch eine jüngere Frau kennen, der er sich ganz zuwandte. Else versuchte diese Verbindung auseinanderzutreiben, mußte aber erkennen, daß ihr dies nicht gelingen konnte. Deshalb tötete sie ihren Mann im Schlaf durch einen Pistolenschuß. Im Urteil wurde sie als eine Frau beschrieben, die, auf einen Seitenweg gedrängt, eiskalt, berechnend, erbarmungslos konsequent, eitel und herrschsüchtig gehandelt habe.

Else war zur Zeit der Tat unbestraft.

Sie hat ihre Tat immer geleugnet. Dies hinderte aber nicht, daß sie sich in der Haft stets gut führte, fleißig in der Diätküche arbeitete und sich offen und freundlich zu ihren Mitgefangenen und den Beamtinnen verhielt. Zunehmend sei sie aber in den weiteren Haftjahren zu einer „schwierigen Gefangenen" geworden, die schließlich von ihren Leidensgenossinnen und den Beamtinnen geradezu gefürchtet wurde. Diese Entwicklung stand in Verbindung mit einer Reduzierung der körperlichen Kräfte und der geistigen Leistungsfähigkeit. Mehr als zehn Jahre verbrachte sie deshalb in Lazarettbehandlung. Immer wieder habe es Zeiten gegeben, in denen sie durch einen „intellektuellen Hunger" aufgefallen sei und dann die Gespräche mit einer Fürsorgerin, die später auch ihre Bewährungshelferin wurde, sehr geschätzt habe.

In einem kurze Zeit vor der Begnadigung erstellten psychologischen Gutachten wurden zwanghafte Verhaltensweisen, Ansätze von Verschrobenheit und eine im Gespräch auffallende Weitschweifigkeit sowie eine rasche Ermüdbarkeit beschrieben. Diese Erscheinungen wurden einer ausgeprägten organischen Wesensänderung zugeordnet.

Während der Haftjahre pflegte Elses Schwester regelmäßigen Brief- und Besuchskontakt. Wegen der körperlichen Erkrankung war aber eine Unterbringung bei dieser Schwester im Begnadigungsfalle nicht möglich.

Else wurde im Jahre 1971 begnadigt und noch im selben Jahr in die Betreuung eines kirchlich geleiteten Heimes entlassen. Dort zeigte sie sich zunächst unauffällig und fügte sich widerspruchslos in die Hausordnung ein. Im Laufe der Zeit kam es jedoch zu Schwierigkeiten, die es notwendig machten, die Probandin in die Betreuung eines Altersheimes zu geben. Auch dort gelang zunächst eine nur durch geringfügige Schwierigkeiten belastete Eingliederung. Im persönlichen Gespräch mit der Bewährungshelferin, das in deren Diensträumen stattfand und sehr offen geführt wurde, berichtete diese, daß der Kontakt zur Probandin lange Zeit sehr gut gewesen sei. Sie habe Else über die Tatsache, daß sie nun in einem Altersheim und von der Sozialhilfe abhängig leben müsse, oftmals hinwegtrösten können. Es sei auch gelungen, Else für dieses und jenes zu interessieren, aber dieses Interesse habe nie sehr lange angehalten. Etwa zwei Jahre nach der Entlassung erlitt Else einen „Schlaganfall", der einen Krankenhausaufenthalt notwendig machte. Nach ihrer Rückkehr ins Heim sei sie im ganzen umgänglicher gewesen, habe aber unter zunehmenden Gedächtnisstörungen gelitten und sich gar nicht mehr so recht an die Zeit vor der Erkrankung erinnern können. Wegen ihrer Unverträglichkeit zuvor, sei der Kontakt zur Schwester ganz abgebrochen worden. Somit sei die Bewährungshelferin der einzige Mensch gewesen, mit dem sie wirklich vertraut war. Im Verlaufe des letzten Jahres sei nun auch zwischen ihnen ein Bruch eingetreten. Else habe aus nicht erkennbaren Gründen der Bewährungshelferin völlig aus der Luft gegriffene Behauptungen vorgehalten. In Verbindung mit unbegründeten Befürchtungen sei schließlich der Verdacht aufgekommen, daß eine psychische Erkrankung vorliege. Abschließend meinte die Bewährungshelferin, daß bei Else von einer Wiedereingliedeung im Grunde nicht gesprochen werden könne. Sie habe eigentlich nur die Bedingungen der Unterbringung gewechselt, und die Veränderungen in Elses Wesen seien nicht infolge der Haft eingetreten, sondern dies seien die Auswirkungen der vorliegenden Erkrankung.

Zusammenfassende Stellungnahme zu den einzelnen Fragen:

1. Else hatte in einer Konfliktsituation das Leben eines Menschen recht erbarmungslos ausgelöscht und sich niemals zu ihrer Schuld bekannt. Die Entwicklung während der Haft, die schon frühzeitig durch verschiedene Erkrankungen und später wohl in erster Linie durch deutliche Hirndurchblutungsstörungen beeinflußt war, ist weitgehend durch die Verlaufsgesetzlichkeit der Krankheit bestimmt worden. Else war dann auch nach der Begnadigung nicht mehr in der Lage, für sich selbst zu sorgen und ihr Leben eigenständig zu gestalten.
2. Angesichts der vorliegenden Erkrankung kann über davon unabhängige Persönlichkeitsveränderungen nichts gesagt werden.
3. a) Organisatorische Schwierigkeiten gab es bei ihrer Unterbringung keine.
   b) Persönliche Schwierigkeiten gab es bei der Probandin vor allem wegen der seelischen Auswirkungen ihrer Krankheit, die eine Resozialisierung nicht mehr erlaubte.

Fall 57, Franzi 1912

Sie wurde im Jahre 1952 wegen Mordes an ihrem Ehemann zu einer lebenslangen Zuchthausstrafe verurteilt.

Franzi stammt aus einem bäuerlichen Elternhaus und hatte zwei Brüder. Sie besuchte acht Jahre eine Dorfschule, in der sie nicht sitzenblieb. Nach dem Schulabschluß arbeitete sie auf dem elterlichen Hof, den sie praktisch in eigener Verantwortung bewirtschaftete. Als einer ihrer Brüder aus dem Krieg zurückkehrte und Anspruch auf den Hof erhob, wurde mit ihm vereinbart, daß Franzi als Pächterin den Hof gemeinsam mit ihrem Ehemann weiter betrieb. In der Folgezeit kam es jedoch immer wieder zu Auseinandersetzungen, so daß sie befürchten mußte, den Hof zu verlieren. In dem Gedanken, sich mit ihrem Bruder allein besser einigen zu können, tötete sie ihren Ehemann, indem sie ihn vom Heuboden stieß.

Franzi war zur Zeit der Tat unbestraft.

Die als arbeitsam, bescheiden und wenig differenziert beschriebene Frau machte in der Haft nie Schwierigkeiten. Sie hatte ein munteres, offenes Wesen und ließ sich selten aus der Ruhe bringen. Dadurch wirkte sie oft ausgleichend auf ihre Mitgefangenen ein und konnte auch mit schwierigeren Gefangenen gemeinsam zur Arbeit eingesetzt werden. „Sie hat ein heiteres Wesen und besitzt die Fähigkeit, dem Leben im Gefängnis noch Freuden abzugewinnen. Sie ist warmherzig, schwingungsfähig und zeigt eine starke Bindung an ihre Familie." Diese positive Beschreibung wurde nach Ablauf von nahezu 20 Haftjahren abgegeben, nachdem Franzi ihr erstes Gnadengesuch gestellt hatte. Erst zu diesem späten Zeitpunkt meinte sie, vor sich selbst verantworten zu können, um Gnade zu bitten.

Im Jahre 1972 wurde Franzi begnadigt und eine Reststrafe zur Bewährung ausgesetzt. Im Mai des nächsten Jahres erfolgte ohne weitere Vorbereitung die Entlassung. Lediglich zweimal war sie zuvor mit einer Fürsorgerin in die der Anstalt benachbarte größere Stadt gefahren und hatte sich einkleiden können. Am Entlassungstag wurde sie von ihrem Bewährungshelfer abgeholt und in ihren neuen Wohnort gebracht, wo die Anstaltsfürsorgerin für sie eine Stelle in einem Krankenhaus gefunden hatte. Dort wurde sie noch am Entlassungstag in ihre Arbeit als Stationshilfe eingeführt. Zunächst bezog sie im Krankenhaus ein kleines Gastzimmer, ehe sie ein großes eigenes Zimmer im Haus der Krankenhausangestellten beziehen konnte. In den ersten Wochen nach der Entlassung habe sie einen ausgesprochenen Bewegungsdrang verspürt, wie sie uns in einem persönlichen Gespräch in ihrem Zimmer erzählte. Jeden Mittag sei sie spazieren gegangen und habe oft weite Wege zurückgelegt. Nach einiger Zeit legte sich der Drang ins Freie und sie habe nun auch wieder handarbeiten können. Zunehmend habe sie mehr Zeit gefunden zu lesen oder sich um andere Menschen zu kümmern. Nach einigen Wochen Tätigkeit als Stationshilfe habe sie dann in der Wäscherei des Krankenhauses eine Arbeit begonnen, die ihr nach all den Jahren gleicher Arbeit in der Strafanstalt gar nicht schwer geworden sei. Allerdings sei dabei die Gefahr, sich einmal „zu verplappern" gestiegen. Im Krankenhaus wisse außer der Oberin niemand von ihrem Schicksal. Sie habe inzwischen mit sehr vielen Mitarbeiterinnen engeren Kontakt und verstehe sich auch mit jüngeren Frauen. Sie könne von sich mit Freude sagen, daß sie sich in der Freiheit froh und glücklich fühle, insbesondere da sie es an der Arbeitsstelle und mit ihrer Wohnung so gut getroffen habe. Das einzige Problem nach der Entlassung sei die Wiederherstellung des Kontaktes zu ihrer Familie gewesen. Diese habe zwar in all den Haftjahren immer zu ihr gehalten, aber einen engeren Kontakt nach einer Entlassung abgelehnt. Regelrecht Angst hatte sie bei der Vorstellung, ihren Sohn wiederzusehen, der ganz als Kind bei der Schwägerin aufgewachsen sei. Während ihres ersten Urlaubs faßte Franzi den Plan, zu ihrer Familie zu fahren, ohne sich vorher anzukündigen, um die spontane Reaktion zu erleben und danach zu entscheiden, ob sie bleiben oder gleich wieder zurückkehren solle. Die erste Begegnung mit den Verwandten verlief nach ihrer Schilderung so erfreulich und ohne Komplikationen, daß ihr „mehrere Kilo Steine vom Herzen gefallen" seien. Auch zu ihrem Sohn habe sie eine herzliche Beziehung anknüpfen können. Seitdem sei sie schon mehrfach zu Hause gewesen und habe auch alte Bekannte und Nachbarn getroffen, die sie wie selbstverständlich wieder in ihren Kreis aufgenommen hätten. Inzwischen habe sie gemeinsam mit ihrem Sohn einige Male eine Beamtin der Strafanstalt und noch einsitzende Mitgefangene aufgesucht, da sie auf dem Standpunkt stehe, sie sei mit ihnen so lange Zeit zusammengewesen, daß sie nicht einfach die Verbindung aufgeben wolle. Zu ihrer eigenen Situation meinte Franzi zum Abschluß eines sehr langen und vertraulichen Gespräches: „Ich bin so richtig glücklich ganz wieder im Leben drin!"

Zusammenfassende Stellungnahme zu den einzelnen Fragen:

1. Franzi hat sich bis zu ihrer schweren Straftat als sozial eingestellt und lebenstüchtig gezeigt. Lediglich in der Konfliktsituation, die nach dem Krieg auf ihrem elterlichen Hof eingetreten war, hat sie aufgrund ihrer Undifferenziertheit „versagt". Ihr Leben und ihre Entwicklung während der Haft waren ganz durch ihre positive Lebenseinstellung und ihre heitere Grundstimmung geprägt. Eben diese Eigenschaften haben ihr auch den Weg in Freiheit entscheidend erleichtert.
2. Bei der sehr schnell gelungenen Wiedereingliederung hat sich gezeigt, daß eine haftbedingte Persönlichkeitsveränderung nicht eingetreten ist.
3. a) Organisatorische Schwierigkeiten gab es dank der guten Vorbereitung der Entlassung keine.
   b) Persönliche Probleme erwuchsen der auch nach der Haft noch heiter gestimmten Frau nicht. Die Angst vor der ersten Begegnung mit ihren Angehörigen verlor sie sogleich, als die Familie sie ohne Vorbehalte wieder aufnahm.

Fall 58, Gudrun 1915 (Mittäterin zu Fall 65)
Sie wurde im Jahre 1947 wegen gemeinschaftlichen Mordes zum Tode verurteilt und später zu einer lebenslangen Freiheitsstrafe begnadigt.

Gudrun stammt aus geordneten sozialen Verhältnissen und hat nach erfolgreichem Abschluß der Volksschule eine kaufmännische Tätigkeit als Kaufhausangestellte ausgeführt. Nachdem sie ihre spätere Mittäterin kennengelernt hatte, die eine angelernte Handschuhnäherin war, beschlossen beide Frauen zum Ende des Krieges ein Handschuhgeschäft zu eröffnen. Diesem Plan stand der überraschend aus dem Krieg zurückgekehrte Ehemann der Mittäterin im Wege, so daß beide beschlossen, ihn zu töten. Dieser Plan konnte erst nach mehreren Versuchen in die Tat umgesetzt werden, wobei Gudrun offenbar den aktiveren Tatanteil hatte. Die Frauen erschlugen den Mann mit einem Hammer, seine Ehefrau trieb ihm einen Nagel in den Kopf, um den Tod sicherzustellen und anschließend wickelten sie seine Leiche in einen Teppich und schafften diese auf ein Trümmergrundstück. Dort zündeten sie den Leichnam an und hofften, ihn dadurch unkenntlich zu machen. Erst lange Zeit später wurden beide Frauen als Täterinnen ermittelt.

Gudrun war zur Zeit der Tat unbestraft.

Sie konnte sich nur schwer in die Haftsituation fügen. Kurz nach ihrer Verurteilung zum Tode hat sie, wohl unter dem Eindruck dieses schweren Urteils stehend, einen Selbstmordversuch unternommen, der jedoch ohne ernstere Folgen blieb. Nach ihrer Begnadigung zu lebenslanger Zuchthausstrafe gelang es ihr zunächst nicht immer, ihre oftmals labile Stimmung zu kontrollieren. So kam es wiederholt zu Reibereien mit den Mitgefangenen, denen sie sich immer ein wenig überlegen fühlte. Obwohl sie sich anfänglich nur schwer einordnen konnte, kam es nicht zu ernsteren Schwierigkeiten. Nachdem sie sich in der Textilwerkstatt der Strafanstalt zur Vorarbeiterin hochgearbeitet hatte und somit ihr Selbstbewußtsein mehr und mehr gefestigt wurde, war auch an ihrer Führung nichts mehr auszusetzen.

Zu ihren Eltern, Mutter und Stiefvater, hatte sie während der gesamten Haftzeit ebenso wie zu ihrem unehelichen Sohn immer enge Verbindung. Der Sohn, zur Zeit der Verurteilung seiner Mutter noch Kleinkind, war bei ihren Eltern aufgewachsen und hat, nachdem er älter geworden war, eine positive Beziehung zu seiner Mutter gefunden. Er besuchte sie regelmäßig und auch als er später verheiratet war, scheute er sich nicht, seine Frau mit der Mutter bekannt zu machen und auch zwischen den beiden Frauen eine freundschaftliche Verbindung herzustellen.

In einem ein Jahr vor der Begnadigung erstellten psychiatrisch-psychologischen Gutachten heißt es über Gudruns Entwicklung: „Mit der von ihr begangenen Tat hat sie sich positiv auseinandergesetzt . . . In ihrer Einstellung ist erkennbar, daß sie eine Neuorientierung für den Wiedereintritt in das Leben gefunden hat . . . Aus ihrem Geltungsdrang heraus, der mit einem gesunden Ehrgeiz verbunden ist, wird es ihr gelingen, einen geeigneten beruflichen Rahmen zu finden."

Im Jahre 1972 wurde Gudrun begnadigt und die Reststrafe zur Bewährung ausgesetzt. Ohne eine weitere Vorbereitung durch einen offenen Vollzug wurde sie nach wenigen Ausführungen mit ihrer Bewährungshelferin im Dezember des gleichen Jahres endgültig aus der Haft entlassen.

Wie Gudrun in einem persönlichen Gespräch in Anwesenheit der Bewährungshelferin berichtete, wurde sie am Entlassungstag von ihr in der Anstalt abgeholt und an den neuen Wohnort gebracht. Ihre Wohnung und auch die Arbeitsstelle hatte die Bewährungshelferin in einem Heim für geistig behinderte Kinder gefunden, wo sie als Wirtschafterin tätig wurde. In der Zwischenzeit hat sie sich durch Kurse und Lektüre zur Diätköchin ausgebildet und es stand zu erwarten, daß sie in Kürze die neueingerichtete Diätküche des Heimes übernehmen werde. Sie berichtete, daß die Arbeit, die sie zu leisten habe, nicht immer ganz leicht sei, aber sie könne sie inzwischen körperlich gut bewältigen. Neben ihrer hauswirtschaftlichen Tätigkeit habe sie auch noch Zeit gefunden, sich mit einigen der im Heim untergebrachten Kinder zu beschäftigen. So habe sie sich mit einem jetzt 22jährigen Jungen intensiver befaßt und ihm beispielsweise beigebracht, seinen Namen zu schreiben. Solche kleinen Erfolge empfinde sie als sehr beglückend. Im Heim wisse außer der Verwaltung niemand über ihre Vergangenheit. Diese Tatsache beruhige sie sehr, denn sie habe anfänglich ganz erheblich unter der Furcht gelitten, man könne ihr die lange Gefangenschaft ansehen oder ihr Schicksal werde durch irgend einen Zufall bekannt. Dann könne sie niemanden mehr unter die Augen treten, der jetzt mit ihr bekannt sei und sie schätzen gelernt habe. Die Gefahr, erkannt zu werden, sei aber dadurch, daß sie inzwischen den Namen geändert habe, wesentlich verringert worden.

Die Verbindung zu ihrer Familie sei seit der Entlassung noch viel enger geworden. Sie besuchten sich gegenseitig und ihre Enkel entschädigten sie für alle entgangenen Mutterfreuden. Sie sei aber noch immer gezwungen, ihre Familie nur des abends im Schutze der Dunkelheit zu besuchen, da etwa zur Zeit ihrer Entlassung in der örtlichen Presse ein Artikel erschienen sei, der unter Nennung ihres vollen Namens die ganze unglückliche Geschichte wieder aufgerollt habe. Dadurch sei es zu einer erheblichen Unruhe unter der Bevölkerung gekommen. Sie hoffe aber, daß im Laufe der Zeit das Ereignis wieder in Vergessenheit gerate und sie sich dann nicht mehr solche Beschränkungen auferlegen müsse.

Zum Ende unseres offen und vorbehaltlos geführten Gespräches meinte Gudrun, daß sich rein äußerlich ihr Leben ganz den normalen Bahnen angeglichen habe. Sie fühle sich wohl und könne beruhigt in die Zukunft sehen, zumal sie einen Arbeitsplatz auf Lebenszeit habe, wo sie auch gut verdiene. Andererseits fühle sie sich innerlich jedoch zuweilen noch unfrei. Das führe dazu, daß sie sich ständig beobachten müsse, Angst habe, Fehler zu machen oder sich zu versprechen. Auch sei sie bei Gesprächen oftmals sehr unsicher, da sie sich bei manchen Themen mit ihrer Vergangenheit konfrontiert fühle, sie andererseits aber gerne mitreden möchte, es sich aber verbiete, da sie sonst unangenehme Fragen erwarten müsse. In solchen Situationen sei es für sie ganz besonders wichtig, in ihrer Bewährungshelferin eine Gesprächspartnerin zu haben, mit der sie alles besprechen könne. So empfand sie auch unser Gespräch in gewisser Weise als eine Erleichterung.

Zu einem Thema, nämlich dem der Partnerschaft mit einem Mann, nahm Gudrun erst während der gemeinsamen Heimfahrt Stellung. Sie beschrieb sich in dieser Beziehung als noch sehr jung und hatte Schwierigkeiten, sich mit dem Gedanken anzufreunden, mit einem gleichaltrigen oder etwas älteren Mann zusammenzusein. Lediglich mit dem Vater ihres Kindes könne sie sich eine eheliche Gemeinschaft vorstellen. Da sie diese Frage jedoch als nicht entscheidend für ihr Wohlbefinden ansehe, habe sie diesen Problemkreis zunächst einmal aus allen Überlegungen zur Lebensgestaltung ausgeklammert. Insgesamt betrachtete Gudrun die von ihr nun in Freiheit aufgebaute Lebenssituation als allen ihren Wünschen und Vorstellungen gerecht werdend.

Zusammenfassende Stellungnahme zu den einzelnen Fragen:

1. Gudrun ist sicherlich an ihrem Bestreben zu einer anspruchsvollen Lebensgestaltung gescheitert. Sie scheute sich nicht, ein Menschenleben zu opfern, um ihre Vorstellungen durchzusetzen. Während der sehr langen Haft fand sie Gelegenheit, ein sozial tragbares Verhältnis zwischen ihren Ansprüchen und denen ihrer Mitmenschen herzustellen.
2. Es lassen sich jetzt keine Persönlichkeitszüge auffinden, die die erfolgreiche Wiedereingliederung behinderten. Die von der Probandin beschriebenen Skrupel und Ängste sind zwar unmittelbare Haftfolgen, sie haben jedoch nicht zu einer Veränderung der Persönlichkeit oder zu einer Erschwerung ihrer Eingliederung geführt.
3. a) Organisatorische Schwierigkeiten gab es für die Probandin nicht.
   b) Persönliche Schwierigkeiten erwachsen ihr aus der Tatsache, daß sie sich im Grunde mit dem Makel ihrer Vergangenheit – der in ihrem Selbstbild keinen Raum hat – schwer abfinden kann.

Fall 59, Hilde 1930

Sie wurde im Jahre 1952 wegen gemeinschaftlichen Mordes in Tateinheit mit besonders schwerem Raub zu einer lebenslangen Zuchthausstrafe verurteilt.

Über ihre Vorgeschichte ist uns leider wenig bekannt. Von ihrer Bewährungshelferin, die die Probandin schon vor ihrer schweren Straftat kannte, wurde sie als ein völlig asoziales, labiles, leicht verführbares, vertrauensseliges und wenig kritisches Mädchen beschrieben, das schon früh in verschiedenen Heimen untergebracht war. Aus diesen entwich sie wiederholt und wurde immer wieder auf der Straße, wo sie sich als Dirne betätigte, aufgegriffen. Kurze Zeit vor der Tat war sie mit einem sozial ebensowenig integrierten Mann bekannt geworden, der sie schließlich bewegen konnte, ihm Zutritt zu einem Rentner zu beschaffen, bei dem sie gewohnt hatte. Diesen Mann schlug der Mittäter mit einem Beil nieder, ehe er ihn beraubte. Wenige Tage nach der Tat verstarb der alte Mann an den Folgen des tätlichen Angriffs.

In der Haft hat Hilde nie Schwierigkeiten bereitet. Sie war als eher stumpfe, minderdifferenzierte junge Gefangene bekannt, die die Haft mehr über sich ergehen ließ als sie aktiv auszufüllen. Durch die ununterbrochene menschliche Zuwendung ihrer Bewährungshelferin, die die Gefangene weiterhin als Fürsorgerin betreute, gelang es im Laufe der Jahre, die Indolenz der Inhaftierten etwas aufzulockern und gleichzeitig dazu beizutragen, daß sie bei sich selbst gewisse geistige Interessen entdecken lernte. Ihre Betreuerin war dabei bestrebt, ihr insbesondere eine gewisse Menschenkenntnis und Allgemeinbildung beizubringen. Während der Haft hatte Hilde außer diesem Kontakt noch Verbindung zu ihrer Mutter, die sich auch mit Gnadengesuchen für ihre Tochter einsetzte. Leider verstarb die Mutter wenige Jahre vor der Begnadigung ihrer Tochter.

In einem kurze Zeit vor der Begnadigung erstellten Gutachten heißt es, daß Hilde im Laufe der Jahre ihre Umtriebigkeit verloren habe. „Trotz ihrer intellektuellen Minderbegabung, die keinesfalls das Ausmaß eines Schwachsinns hat, hat sie realitätsgerechte Vorstellungen über ihre zukünftige Lebensplanung." Insgesamt wurde ihr eine günstige Zukunftsprognose gestellt.

Im Jahre 1973 wurde Hilde begnadigt und im Juni des gleichen Jahres unter Aussetzung des Strafrestes zur Bewährung endgültig aus der Haft entlassen. Durch die Vermittlung ihrer Bewährungshelferin und einer der jungen Frau vorbehaltlos zugetanen Nachbarin war es möglich, die Wohnung der Mutter nach deren Tod freizuhalten. Während zweier Urlaube von jeweils drei Tagen konnte Hilde schon vor der Entlassung die Renovierung betreiben, so daß die Unterbringungsfrage in diesem Falle optimal gelöst war. Einen Arbeitsplatz als Haus- und Stationshilfe in einem Altersheim hatte ihr die Bewährungshelferin in der Zwischenzeit besorgt. Vierzehn Tage nach der Entlassung nahm sie dort ihre Arbeit auf. In den Tagen zuvor hatte sie sich mit ihrer Heimatstadt wieder vertraut gemacht, sich neu eingekleidet und häufige Gespräche mit ihrer Bewährungshelferin geführt. Dieser war anfänglich eine gewisse Unbeholfenheit aufgefallen, die sich aber rasch verlor. Das Verhältnis zur Nachbarin, die Hilde fast wie ihre eigene Tochter betreute, wurde immer enger, so daß die Bewährungshelferin in unserem persönlichen Gespräch die Befürchtung äußerte, daß Hilde durch diese mütterliche Fürsorge zu unselbständig bleiben könnte. Hilde selbst betonte, daß sie diese Unterstützung in der ersten Zeit sehr begrüßt habe, sich aber inzwischen doch immer häufiger auch selbst entscheide. Allerdings habe die Nachbarin sich zur Aufgabe gemacht, über sie zu wachen und ihr das Leben so leicht wie möglich zu machen. Dagegen könne sie jedoch nichts einwenden.

Mit ihrer Tätigkeit war Hilde zum Zeitpunkt unseres Gespräches sehr zufrieden. Stolz wies sie wiederholt darauf hin, was sie sich alles schon von ihrem eigenen selbstverdienten Geld angeschafft habe und wie wohnlich ihre Behausung dadurch inzwischen geworden sei. In ihrer etwas unbekümmerten, fröhlichen Art konnte Hilde selbst in der ersten Zeit ihrer Freiheit keine Schwierigkeiten entdecken. Sie war glücklich darüber, wie schnell sie mit Hilfe der ihr wohlgesinnten Menschen in ein geregeltes Leben gefunden hatte.

Zusammenfassende Stellungnahme zu den einzelnen Fragen:

1. Die bei der Inhaftierung noch sehr junge Frau war aus einem völlig dissozialen, von Leichtsinn und Mangel an Verantwortung gekennzeichneten Leben schwer straffällig geworden, wobei sie zwar die Tatgelegenheit schaffte, aber nicht eigendynamisch aktiv wurde. Trotz ihrer Minderbegabung und völligen Interessenlosigkeit konnte die Probandin mit Hilfe einer sehr einsatzfreudigen Betreuerin während der langen Haft zu einem Menschen umgeformt werden, der seinen Mitmenschen nicht mehr kritiklos ausgeliefert ist, sondern durchaus aus eigener Urteilsbildung das Für und Wider von Entscheidungen abwägen kann. Dies ermöglicht ihr nun eine eigenständige Lebensgestaltung, in der sie zwar die Hilfe anderer schätzt und nutzt, davon aber nicht mehr abhängig ist.
2. In der langjährigen Haft ergab sich für Hilde die Gelegenheit, sozial angepaßte Lebensstrukturen zu entwickeln, die sie sich bis zur Inhaftierung nicht aneignen konnte. Abgesehen von einer offenbar gelungenen Überformung des vorgegebenen Persönlichkeitsbildes haben sich keinerlei Anhaltspunkte für haftbedingte seelische Veränderungen feststellen lassen.
3. a) Organisatorische Schwierigkeiten sind bei der Wiedereingliederung nicht eingetreten.
   b) Persönliche Schwierigkeiten wurden von ihr selbst nicht festgestellt. Die Bewährungshelferin meinte zunächst noch einen Mangel an Eigenständigkeit feststellen zu müssen. Dieser Verdacht konnte jedoch nicht bestätigt werden.

Fall 60, Ida 1920
Sie wurde im Jahre 1954 wegen Mordes zu einer lebenslangen Zuchthausstrafe verurteilt. Der Mittäter wurde mit 14 Jahre Zuchthaus bestraft.

Ida entstammt geordneten Familienverhältnissen. Ihr Vater war als Bergmann tätig und wurde später Polizeimeister. Als Ida fünf Jahre alt war, verlor sie ihre Mutter. Wenig später heiratete der Vater erneut und Ida lebte dann mit zwei Halbgeschwistern in gutem Einvernehmen mit ihrer Stiefmutter. Sie galt als schwieriges, oft bockiges Kind, dessen Erziehung nicht leicht gewesen sei. Die Volksschule durchlief sie ohne Schwierigkeiten. Nachdem sie ein weiteres Jahr eine Haushaltsschule besucht hatte, begann sie eine Lehre als Köchin, die sie auch erfolgreich abschloß. Bis zum Eintritt in den Arbeitsdienst im Jahre 1939 arbeitete sie in ihrem erlernten Beruf. Später war sie dann im Haushalt tätig. Im Jahre 1943 heiratete sie einen Mann, den sie schon seit langer Zeit kannte. Aus dieser Ehe entstammen zwei Kinder. Sie war in ihrem eigenen Haushalt sehr tüchtig, soll aber mit ihren Kindern sehr streng und hart umgegangen sein. Nachdem ihr Mann festgestellt hatte, daß sich zwischen seiner Frau und einem gemeinsamen Freund eine intime Beziehung angebahnt hatte, verlangte er die Trennung der beiden. Ida konnte den ihr sexuell hörigen Freund jedoch bestimmen, das Verhältnis zu ihr fortzusetzen und den ihr inzwischen verhaßten Mann zu töten. Gemeinsam überfielen sie den schlafenden Ehemann, der schließlich erwürgt wurde.

Ida war zu diesem Zeitpunkt unbestraft.

In der Strafhaft fiel sie zunächst dadurch auf, daß sie sich über Jahre gegen das ihrer Meinung nach ungerechte Urteil, das ihr die Hauptschuld und somit auch die schwerere Strafe zuerkannte, wehrte. Wegen dieser starren und unbeugsamen Haltung erschien sie zunächst als wenig zugänglich und in sich zurückgezogen. Erst in den letzten Jahren der Haft konnte sie sich zu ihrer Schuld bekennen und dann auch „Auftrieb und inneren Frieden" finden. Disziplinarisch hat sie nie Schwierigkeiten bereitet. Sie war auch bemüht, gute Arbeitsleistungen zu erbringen. Besonders die Bekanntschaft mit einer sich um straffällig gewordene Frauen kümmernden Dame, die ihr auch in Aussicht stellte, daß sie nach einer Begnadigung in ihrem Haushalt Aufnahme und Arbeit finden könne, hat Ida sehr ermutigt.

Ihre Verwandten hatten sich schon gleich nach der Tat von ihr distanziert und nie wieder den Kontakt aufgenommen. Lange Jahre litt sie erheblich unter der Tatsache, daß ihre beiden Söhne bei Freunden des getöteten Ehemannes aufwuchsen und auch deren Namen bekamen, so daß sie für sie verloren waren. Aber im Zuge des von ihr vollzogenen Einstellungswandels, konnte sie später auch in dieser Tatsache das Positive für ihre Kinder sehen und so den eigenen Kummer besser ertragen.

Im Jahre 1973 wurde Ida begnadigt und im Februar des folgenden Jahres endgültig in die Obhut ihrer ehrenamtlichen Bewährungshelferin entlassen. Diese holte sie am Entlassungstag in der Anstalt ab und brachte sie an ihren neuen Wohnort, wo sie in deren Haushalt lebt und als Wirtschafterin beschäftigt ist. Wie uns die Betreuerin telefonisch mitteilte, zeichnet sich Ida durch einen ganz besonderen Fleiß, Gründlichkeit und Ordnung aus.

Schon nach kurzer Zeit hatte sie sich ganz eingewöhnt und begann in der Familie eine beherrschende Rolle zu spielen. Sie nahm ihre Aufgabe so ernst, daß sie schließlich die Familie zu tyrannisieren drohte, was nur durch das korrigierende Eingreifen der Hausherrin auf ein erträgliches Maß reduziert werden konnte. Die Bewährungshelferin berichtete außerdem über eine bei Ida zu beobachtende Abkapselungsneigung. So ging sie fast nie aus dem Haus und erklärte, daß sie sich am wohlsten fühle, wenn sie sich in ihre vier Wände zurückziehen könne. Sie war auch über ihre eigentliche Aufgabe der Haushaltsführung hinaus für nichts außerhalb des Hauses zu interessieren. Ida befand sich im Zeitpunkt unseres Gespräches erst kurze Zeit in Freiheit, so daß ein abschließendes Urteil über die Wiedereingliederung, die zwar äußerlich gelungen zu sein scheint, noch nicht gebildet werden konnte.

Zusammenfassende Stellungnahme zu den einzelnen Fragen:
1. Ida war durch ihre außereheliche Liebesbeziehung in einen Konflikt geraten, bei dessen Lö-

sung ihr in ganz eigennütziger Weise das persönliche Wohlbefinden näher stand als das Leben ihres von ihr damals ungeliebten Mannes. Abgesehen von dieser Entgleisung stand Ida durchaus in einem sozial normal gestalteten Leben, dem sie sich auch nach der langen Haftzeit wieder eingliedern konnte.

2. Schwierigkeiten während der Haft und auch nach der Entlassung entstanden aus der ihr schon immer eigenen Wesensart, recht starr und unnachgiebig einem Ziel zu folgen und sich durchzusetzen. Neben diesen Persönlichkeitszügen ließen sich haftbedingte Veränderungen des Persönlichkeitsbildes nicht feststellen.
3. a) Organisatorische Schwierigkeiten gab es für Ida nicht, da sie ganz besonders gut vorbereitete Aufnahmebedingungen vorfand.
   b) Persönliche Schwierigkeiten zeigten sich für Ida in der zur Zeit unserer Untersuchung noch bestehenden Abkapselungsneigung, die es damals noch verhinderte, daß Ida die aktive Auseinandersetzung mit der Umwelt aufnahm. Ansätze zu einer Überwindung dieses Problems ließen sich aber nach Auskunft der Bewährungshelferin erkennen.

Fall 61, Jutta 1918

Sie wurde im Jahre 1949 wegen Mordes zum Tode verurteilt und etwa neun Monate später zu einer lebenslangen Freiheitsstrafe begnadigt. Ihre Mittäterin erhielt eine Zuchthausstrafe von sechs Jahren, von denen nach vier Jahren der Strafrest zur Bewährung ausgesetzt wurde.

Jutta stammt aus einem geordneten Elternhaus und entwickelte sich schon früh sehr ungünstig. Sie besuchte die Volksschule ohne Schwierigkeiten, zeigte aber nach der Schulentlassung wenig Neigung, einen Beruf zu erlernen. Wegen eines „leichtsinnigen Lebenswandels" kam sie im Alter von 15 Jahren in Fürsorgeerziehung. Dort wurde sie zur Näherin angelernt. Nach der Heimentlassung hatte sie verschiedene Haushaltsstellen inne, arbeitete wiederholt auch in Gaststätten und hatte häufig wechselnde Männerbekanntschaften. Die Ehe schloß sie wegen einer bestehenden Schwangerschaft mit einem als eher ruhig, zurückhaltend und sehr fleißig beschriebenen Mann. Aus der Ehe erwuchsen noch zwei weitere Kinder. Als ihr Mann während des Krieges abwesend war, setzte Jutta ihren unsteten Lebenswandel fort. Sie neigte auch mehr und mehr dem Alkohol zu. Eine gewisse Beruhigung trat wieder in ihr Leben, als der Ehemann bald nach Kriegsende zur Familie zurückkehrte und sogleich auch eine Arbeitsstelle am Schlachthof bekam. Dieser Arbeitsplatz brachte es mit sich, daß es der Familie in der damaligen schlechten Zeit relativ gut ging. Als Jutta jedoch bemerkte, daß ihr Mann keine Lust verspürte, ein etwas abwechslungsreicheres Leben zu führen, beschloß sie mit einer Freundin, ihren Mann umzubringen. Sie mischte wiederholt Rattengift unter die Speisen für den Ehemann, der an den Folgen der Vergiftung schließlich verstarb. Erst nach mehreren Monaten wurde Jutta als Täterin überführt. In der Zwischenzeit hatte sie ihren alten Lebenswandel wieder aufgenommen und war – wie auch vorher – noch mehrfach wegen Diebstahls, Hehlerei und Abtreibung straffällig geworden. Insgesamt war sie viermal vorbestraft.

In der Haft machte Jutta zwar keine großen Schwierigkeiten, galt aber anfänglich trotz ihrer Anpassungsfähigkeit als unaufrichtig und „von niedriger Gesinnung". Sie konnte sich angesichts der geringeren Strafe ihrer Mittäterin mit der Härte ihres Urteils nicht abfinden und unternahm jahrelang Versuche, ein Wiederaufnahmeverfahren in Gang zu setzen. In der Arbeit zeigte sie sich immer fleißig und bestrebt, dadurch Anerkennung zu erhalten. Zu ihren Mitgefangenen war sie in ganz eigennütziger Weise freundlich, wenn sie etwas erreichen wollte. Sie ließ sie jedoch fallen, wenn ihr ein Kontakt etwa zum Nachteil zu geraten drohte. Erst nach etwa 15 Haftjahren zeigte sich eine innere Umkehr, die sich nach außen durch eine größere Zurückhaltung und Bescheidenheit ausdrückte. „Mit der zunehmenden Dauer der Inhaftierung hat sich die innere Einstellung der Gefangenen zur Tat und auch ihr Verhalten in der Anstalt zum Positiven entwickelt . . . Darin ist ein Beweis zu sehen, daß die Gefangene . . . in ihrer Lebenskraft noch nicht gebrochen ist." In dieser Zeit hatte sich Jutta zur Vorarbeiterin in einem Textilbetrieb der Anstalt hochgearbeitet und konnte daraus sicher einen ihr Geltungsbedürfnis befriedigenden Gewinn ziehen.

Während der langen Haft hatten die Geschwister immer Kontakt zur Gefangenen gehalten und sie über Jahre in dem Glauben bestärkt, zu Unrecht den größeren Strafanteil tragen zu müssen. Zu ihren Kindern hatte Jutta allerdings keine Verbindung mehr, was sie aber nicht allzusehr bekümmerte.

In einem psychologisch-psychiatrischen Gutachten, das kurz vor der Begnadigung erstellt wurde, heißt es hinsichtlich der Entwicklung in der Haft: „Im Laufe des fast 24jährigen Freiheitsentzuges ist (Jutta) sicher ruhiger geworden. Ihr geltungsbedürftiges Verhalten, durch das es in früheren Jahren immer wieder Schwierigkeiten gab, hat sich gebessert, sie erweckt nicht mehr so viel Anstoß und hat eine sachlichere und gemeinschaftsfreundlichere Haltung an den Tag gelegt." Dies begründet die Annahme einer weiterhin positiven Entwicklung auch außerhalb des Strafvollzugs, obwohl „bei einer Persönlichkeit, die von vielfältigen Trieben bestimmt ist und noch viele Ansprüche an das Leben stellt, nicht unbedingt vorauszusagen" ist, daß sie sich ohne Schwierigkeiten einordnen wird.

Im Jahre 1972 wurde Jutta begnadigt und zu Beginn des darauffolgenden Jahres endgültig entlassen. Der noch verbliebene Strafrest wurde zur Bewährung ausgesetzt. Eine ehemalige Anstaltsfürsorgerin, die sie schon sehr lange und gut kannte, wurde ihre Bewährungshelferin. Da Jutta ein Arbeitsangebot des Betriebes, für den sie schon in der Anstalt gearbeitet hatte, annehmen wollte, gab es für sie keinerlei Schwierigkeiten bei der Arbeitsbeschaffung. Eine Drei-Zimmer-Wohnung hatten ihr die Geschwister im neuen Heimatort gemietet und mit Möbeln ausgestattet, so daß sie bei der Entlassung wirklich äußerst günstige Bedingungen vorfand. Erfreulicherweise konnte auch sehr schnell wieder Kontakt zu einem ihrer Kinder hergestellt werden, so daß Jutta auch im menschlichen Bereich sogleich Erfolge verbuchen konnte. Sehr zielstrebig zeigte sich Jutta in der ersten Zeit, nach der Entlassung besonders daran interessiert, sich ein gemütliches und ansprechendes Heim zu schaffen, sich endlich wieder attraktiv kleiden zu können. Sie arbeitete intensiv, machte zahlreiche Überstunden und verdiente sich durch zusätzliche Näharbeit noch Geld. Die erste Arbeitsstelle wechselte sie rasch, da sie eine gleichartige finden konnte, in der sie jedoch wesentlich mehr Geld verdiente. „Sie war sehr häuslich und an Abenteuern nicht interessiert." Bald stellte sich heraus, daß Jutta sich für einen Mann einsetzte, der noch für längere Zeit in Haft war und den sie in Freiheit heiraten wollte. Im persönlichen Gespräch mit uns, das wir in ihrer wirklich bemerkenswert gut und geschmackvoll eingerichteten Wohnung führten, betonte Jutta aber recht kritisch, daß sie nicht unumstößlich daran festhalte, diesen von ihr mehr bemitleideten als geliebten Mann zu heiraten, wenn sich herausstellen sollte, daß er nur eine billige Unterkunft suche und nicht bereit sei, sich auch einzusetzen. Über ihre inzwischen erzielten Erfolge war Jutta sehr stolz. In ihrer Nachbarschaft sei sie voll anerkannt und geschätzt. Schon mehrere Feste habe sie mitgefeiert und es sei ihr nicht unangenehm gewesen, in eine relativ kleine Dorfgemeinschaft zu kommen, obgleich hier die Gefahr, entdeckt und dann schief angesehen zu werden, mehr als groß sei. Im Betrieb habe es einmal eine Situation gegeben, die dadurch, daß die Bewährungshelferin ein klärendes Gespräch mit dem Betriebsleiter führte, gut überwunden werden konnte. Seitdem sei sie im Betrieb eine hochgeschätzte Mitarbeiterin, die verantwortlich eine Abteilung führe und von ihren Kolleginnen wegen ihres Eifers und ihrer Fröhlichkeit gerne gesehen sei.

Zu ihren Geschwistern, die ihr in der ersten Zeit nach der Entlassung durch Geld- und Sachzuwendungen sehr unter die Arme gegriffen hätten, habe sie ein ebenso herzliches Verhältnis und nun auch zu ihren Kindern, die sie regelmäßig besuche.

Zum Abschluß unseres Gespräches schilderte sich Jutta als einen energischen und zielstrebigen Menschen, der sich inzwischen als frei erlebe und der schnell die demütige Haltung, die oft im Vollzug gefordert werde, habe ablegen können. Sie sei froh und glücklich, eines gewissen Humors nicht zu entbehren und das Gefühl haben zu können, ein ausgefülltes Leben zu führen. Dabei sei die menschliche Anerkennung durch die Umgebung einer der tragenden Gründe. Die anfängliche Unsicherheit im Umgang mit anderen Menschen, unter der wohl jeder entlassene Häftling leide, der nach so langer Zeit des Eingesperrtseins wieder nach draußen komme, habe sich bei ihr sehr schnell gelegt. Sie sei auch von Anfang an davon überzeugt gewesen, daß sie etwas darstelle und etwas leiste, für das man ihr Achtung entgegenbringen müsse.

Lediglich ihre Erwartungen an einen Lebenspartner seien noch nicht in der Weise erfüllt, wie sie sich das wünsche. Sie sei eine durchaus lebensfrohe Frau, die auch in ihrem Alter und insbesondere nach den langen Entbehrungen während der Haft den Wunsch nach einer befriedigenden sexuellen Beziehung in sich trage und nach Möglichkeit auch verwirklichen wolle.

Zusammenfassende Stellungnahme zu den einzelnen Fragen:

1. Jutta war sehr früh durch einen sozial wenig angepaßten Lebenswandel aufgefallen. Auch die Ehe mit einem charakterlich ganz anders gearteten Mann konnte sie nicht bändigen. Sie empfand im Gegenteil die Ordnung und Ruhe seines Lebensstils zunehmend als Einschränkung und Belastung. Schließlich glaubte sie sich seiner entledigen zu müssen, um ihren Neigungen wieder ohne Hemmung nachgehen zu können. Während der langen Haftzeit hatte Jutta verschiedentlich Schwierigkeiten, sich der nun noch viel strengeren Ordnung der Haft anzugleichen, was ihr aber im Laufe der Zeit doch mehr und mehr gelang. Die nach Jahren immer verantwortungsvollere Tätigkeit im Vollzug und das zunehmende Lebensalter haben dazu beigetragen, daß Jutta Anpassungsformen erlernte, die sie nach der Entlassung in die Lage versetzten, sich sogleich sehr erfolgreich in die Gesellschaft einzugliedern.
2. Juttas Persönlichkeit hat während der langen Haft eine sozial positive Überformung erhalten. Insbesondere sind die aus ihrem Geltungsbedürfnis und ihren überhöhten Ansprüchen an das Leben erwachsenen Gefährdungsfaktoren dadurch behoben, daß sie in eine ihrer Lebenssituation entsprechende Einstellung eingebaut wurden.
3. a) Organisatorische Schwierigkeiten bei der Wiedereingliederung gab es zunächst keine. Als am Arbeitsplatz ein Aufdecken ihrer Vergangenheit drohte, konnte eine nachteilige Entwicklung mit Hilfe der Bewährungshelferin abgewendet werden.
   b) Persönliche Schwierigkeiten ergaben sich für Jutta nicht. Die von vielen Probanden geklagten Unsicherheiten im Umgang mit anderen, wurden von ihr schnell abgelegt und waren zur Zeit unseres Gespräches verarbeitet. Ihre derzeitige Partnerlosigkeit erlebt Jutta nicht als belastend, da sie in ihrer Umgebung ausreichend menschliche Zuwendung erfährt und sich anerkannt fühlt.

Fall 62, Karin 1921

Sie wurde im Jahre 1951 wegen Mordes zu einer lebenslangen Freiheitsstrafe verurteilt.

Karin stammt mit acht Geschwistern aus ärmlichen sozialen Verhältnissen. Ihr Vater war landwirtschaftlicher Arbeiter auf einem Gut und verdiente nur wenig, so daß ihre Kindheit durch Armut und Entbehrung gekennzeichnet war. Sie besuchte die Volksschule mit gutem Erfolg und absolvierte nach der Schulentlassung ein Landwirtschaftsjahr. Danach ging sie in verschiedene Haushalte als Hausgehilfin arbeiten. Während des Krieges wurde sie zunächst von der polnischen Besatzungsbehörde dienstverpflichtet, ehe sie illegal über die Grenze nach Westen fliehen konnte, wo sich ihre Eltern nach der Ausweisung angesiedelt hatten. Karin war gemeinsam mit ihrem unehelichen Kind geflohen, das nun mit im Haushalt der Eltern lebte. Sehr bald nach ihrer Ankunft im Westen hatte sich Karin eine Arbeitsstelle gesucht, obgleich sie bereits wieder schwanger war. Nach der Geburt des zweiten Kindes verdiente sie sich nur noch durch Gelegenheitsarbeiten etwas Geld, da sie die Kinder versorgen mußte. Anläßlich eines Festes in ihrem Heimatdorf lernte sie einen jungen Mann kennen, den sie auch zu heiraten beabsichtigte. Allerdings war dieser nicht bereit, beide Kinder mit in die eheliche Gemeinschaft aufzunehmen, so daß langsam in ihr der Plan reifte, ihr erstgeborenes Kind, einen fünfjährigen Sohn, umzubringen, weil sie befürchtete, ihren Verlobten sonst zu verlieren. Sie tötete schließlich das Kind durch die Gabe von Rattengift. Das Kind starb etwa zehn Tage nach der Giftbeibringung „unter unsagbaren Qualen".

Karin war zur Zeit der Tat unbestraft.

Anfänglich nahm Karin die Haft stumpf und gleichgültig hin. Alle Aktivität schien erstorben. Allmählich jedoch gelang es, sie aufzulockern. Ihre Arbeitsleistungen wurden nun besser und sie nahm auch mehr an ihrer Umgebung Anteil. Im weiteren Verlauf war sie auch von ihren Mitgefangenen wegen ihrer Verträglichkeit und Freundlichkeit gut gelitten. Gelegentlich zeigte sie Stimmungsschwankungen und neigte zur Resignation, da sie sich nicht recht damit abfinden konnte, eine so schwere Strafe verbüßen zu müssen. Aber immer wieder konnte sie aus solchen Verstimmungen aus eigener Kraft herausfinden. In einem Brief schrieb sie zu dieser Zeit: ,,Alle leiblichen Entbehrungen sind nicht das Schlimmste, man gewöhnt sich mit der Zeit daran, viel schlimmer ist das seelische Leid, die Selbstvorwürfe und Reue. Es ist mir überaus traurig zumute, wenn ich nachts schlaflos im Bett liege und über mein verflossenes Leben nachdenke, qualvolles Heimweh erfüllt mein Herz, wenn ich an meine Tochter denke. Wie dankbar bin ich doch für jedes liebe Wort." Nach etwa 20 Haftjahren wurde Karin noch immer als ein wenig instabil, aber doch realitätsangepaßt beschrieben. Ihre Arbeitsleistungen konnten schließlich als vorbildlich beurteilt werden.

Die Verbindung zu den Angehörigen blieb während der langen Haft immer bestehen. Ihre Tochter hatte allerdings nach der Eheschließung den Kontakt abgebrochen. Das konnte Karin jedoch billigen und verzweifelte darüber nicht.

Im Jahre 1971 wurde sie begnadigt und noch im gleichen Jahr in den offenen Vollzug übernommen. Dort fiel nach wenigen Wochen der Arbeit draußen auf, daß sie sehr Mühe hatte, sich dem Arbeitstempo der Fabrik anzupassen und sich an den recht barschen Umgangston unter den Arbeitskolleginnen zu gewöhnen. Schließlich gelang ihr eine Anpassung aber doch noch. Als sie im Januar des Jahres 1972 endgültig entlassen wurde, konnte sie im Arbeitsbereich schon auf einige Erfolge zurückblicken.

Obgleich der Anstaltspfarrer und auch die Gefängnisfürsorgerin ihr nahelegten, sich nicht gleich im heimatlichen Dorf anzusiedeln, bestand Karin darauf, zu ihren Verwandten entlassen zu werden. Dies war aus mehreren Gründen für sie geboten. Einmal hatten sich ihre Geschwister immer um sie bemüht und zu ihr gestanden, so daß sie deren Wunsch nach Rückkehr ins elterliche Zuhause nicht abschlagen mochte, zum anderen hatte ihre Schwester nach dem Tod der Mutter ihr deren Wohnung erhalten, so daß die Unterbringungsfrage auch in diesem Fall ganz unproblematisch war. So wurde Karin also auf Wunsch zu den Geschwistern entlassen und konnte gleich ihre eigene Wohnung beziehen. Leider verschlechterte sich kurz nach der Entlassung ihr Gesundheitszustand und sie mußte sich einer Operation unterziehen, so daß sie die ihr vom Bewährungshelfer beschaffte Arbeitsstelle in einer kleinen Fabrik nicht antreten konnte. Erst zwei Monate nach der Entlassung aus der Haft nahm sie die Arbeit auf, die ihr zunächst ziemliche körperliche Schwierigkeiten bereitete. Diese waren aber zum Zeitpunkt unseres gemeinsamen Gespräches überwunden.

Unsere Unterhaltung fand auf Karins ausdrücklichen Wunsch im Beisein des Bewährungshelfers statt, zu dem sie ein herzliches Verhältnis hat. Anfänglich war sie sehr aufgeregt und ängstlich. Ihre innere Spannung legte sich jedoch bald, so daß sie uns auch aus dem Leben im Vollzug berichtete, obgleich wir dieses Thema zunächst nicht behandelten. Insbesondere nahm sie mit deutlicher affektiver Erregung dazu Stellung, daß in den Zeitungen so viel ,,Blödsinn" über die ,,Langjährigen" geschrieben werde. Vor allem die Aussagen, daß alle, die eine lange Zeit gesessen hätten, ,,verrückt" würden, empfinde sie als ,,Unverschämtheit" den Insassen gegenüber. ,,Wer aus der Anstalt ‚verrückt' entlassen wird, der ist auch ‚verrückt' reingekommen." Jeder andere normale Mensch bleibe ein ganz normaler Mensch. Es sei zwar richtig, daß sich das Erleben vieler Dinge für sie verschiebe, und daß sie nach der Entlassung vieles bewußter registriere als andere, aber das sei doch ganz natürlich, wenn man lange Jahre auf recht kleinem Raum lebe und insgesamt weniger Abwechslung habe. Sie habe sich während des Vollzugs nie von der Welt abgeschnitten gefühlt und sei selbst daran interessiert gewesen, den Kontakt zu dem, was draußen geschehen sei, nicht zu verlieren. Wer sich allerdings aus Trägheit oder anderen Gründen nicht um sich selbst bemühe, für den bestehe die Gefahr, im Laufe der Zeit die Wirklichkeit aus den Augen zu verlieren. Über die erste Zeit nach der Entlassung meinte Karin in unserem Gespräch, daß sie keine gravierenden Schwierigkeiten gehabt habe. Da sie ein lebenslustiger, kontaktbereiter Mensch sei, habe sie sich in die Lebensgemeinschaft des Dorfes schnell eingliedern können. Niemand habe sie fühlen lassen, welches Schicksal hinter ihr liege. Da, wo sich Schwierigkeiten in dieser Hinsicht anzubahnen schienen, habe sie mit einem klärenden Wort die Situation gleich abbiegen können. Das alles wäre aber nicht möglich gewesen, wenn nicht ihre Familie und der Bewährungshelfer ihr jederzeit zur Seite gestanden hätten. In einem einzigen Punkt unterscheide sich ihre derzeitige Lebenssituation jedoch grundlegend von dem, was sie sich früher für ihr Leben erhofft und nach der Entlassung als leichter lösbar vorgestellt habe. Sie leide sehr darunter, nicht eine eigene Familie gründen zu können und bis jetzt noch keinen Lebenspartner gefunden zu haben. Zweimal habe sich eine Verbindung ergeben, die dann aber jeweils an ihrer Furcht vor der Offenbarung ihres Schicksals gescheitert sei. Sie habe einfach nicht genügend Vertrauen in die Zuneigung der betreffenden Männer gehabt. In einem Fall sei ihr auch durch den Mann mitgeteilt worden, daß er eine Frau mit einem solchen Makel der Vergangenheit nicht an seiner Seite dulden werde. Wie uns der Bewährungshelfer, der sich sehr für seine Probandin einsetzt und sich überrascht zeigte, wie „ungebrochen" entscheidungs- und entschlußfreudig sie war, mitteilte, hat Karin unter dem Partnermangel sehr zu leiden. Zeitweilig fühlte er sich von seiner Schutzbefohlenen in die Rolle eines „Ersatzehemannes" gedrängt. Er konnte jedoch in zahlreichen Gesprächen mit ihr diese Problematik erörtern und so eine zumindest teilweise Bewältigung der Situation erzielen. Insgesamt blickten beide Gesprächspartner zu Ende unserer Unterhaltung mit großer Befriedigung auf Karins geglückte soziale Integration.

Zusammenfassende Stellungnahme zu den einzelnen Fragen:

1. Karin war in einem Liebeskonflikt bereit, das Leben eines eigenen Kindes zu opfern. An der Schuld, die sie sich dadurch auflud, hat sie während der Haft sehr gelitten. In dem Bestreben, die zu ihr stehenden Verwandten nicht ein weiteres Mal zu enttäuschen, versuchte sie schon während der Haft sich vorbildlich zu führen. Auch nach ihrer Entlassung war es ihr vordringlichen Anliegen, ein Leben aufzubauen, das nicht nur ihren eigenen Wünschen, sondern auch den Erwartungen ihrer Mitmenschen gerecht wird.
2. Haftbedingte Persönlichkeitsstörungen ließen sich nicht erfassen. Selbst der Bewährungshelfer war über die Frische und Lebenszugewandtheit seiner Probandin überrascht.
3. a) Organisatorische Schwierigkeiten bei der sozialen Reintegration gab es nicht.
   b) Persönliche Probleme bestehen für Karin in der Partnerlosigkeit. Sie hat jedoch mit Hilfe ihres Bewährungshelfers noch nicht den Mut verloren, sich weiterhin um einen Kontakt zu bemühen.

Fall 63, Leni 1910

Sie wurde im Jahre 1949 wegen Mordes an ihrer Tochter zu einer lebenslangen Zuchthausstrafe verurteilt.

Leni lebte mit ihren sechs Geschwistern im Haushalt der Eltern. Ihr Vater war Bergmann und als sie im Alter von 14 Jahren ihre Mutter verlor, versorgte sie nach Abschluß der Volksschule, in der sie dreimal sitzenblieb, den elterlichen Haushalt. Mit 17 Jahren wurde sie gemeinsam mit den Geschwistern der Schutzaufsicht unterstellt, nachdem ihrem Vater das Sorgerecht für die Kinder entzogen worden war. Wenig später kam sie in Fürsorgeerziehung, aus der sie nach zwei Jahren wieder entlassen wurde. Inzwischen hatte ihr Vater Selbstmord begangen. Leni ging auf einen Bauernhof in Stellung, wo sie für etwa drei Jahre arbeitete, ehe sie im Jahre 1935 heiratete. Aus dieser Ehe erwuchsen zwei Kinder, wovon das erstgeborene Mädchen nach Meinung der Verurteilten einer vorehelichen Verbindung entstammte. Zweimal war Leni geschlechtskrank und als die damals sechsjährige Tochter an einem Ausfluß erkrankte, tötete Leni sie durch Erwürgung und versenkte ihre Leiche in einem Teich. Als Motiv gab sie an, daß sie befürchtete, die Tochter könne die Geschlechtskrankheit von ihr geerbt haben. Zudem hatte Leni während ihrer Ehe zahlreiche außereheliche Verhältnisse, denen zwei weitere Kinder entstammten. Unter dem Druck stehend, daß ihr Lebenswandel in Verbindung mit der Erkrankung der Tochter entdeckt werden könne, ist es schließlich zu der Tat gekommen.

Leni war zur Zeit der Tat nicht vorbestraft.

Sie bekannte sich von Anfang an zu ihrem folgenreichen Irrtum und der Schuld, die sie durch ihr Tun auf sich geladen hatte. Während der langen Haft bereitete sie keinerlei Schwierigkeiten und war wegen ihrer ausgeglichenen Wesensart bei den Mitgefangenen und den Beamtinnen geschätzt. Auch wurde sie immer als fleißige Arbeiterin beurteilt, deren Leistungen weit über das Soll hinausgingen. Jahrelang war sie in der Anstaltswäscherei eingesetzt, wo ihre Zuverlässigkeit am meisten gelobt wurde. Eine Schwester der Verurteilten hielt einen beständigen Kontakt zu ihr und war auch bereit, sie nach einer eventuellen Begnadigung zu sich zu nehmen. Leider verstarb sie vorzeitig.

In einem kurze Zeit vor der Begnadigung erstellten psychologisch-psychiatrischen Gutachten heißt es über Lenis Zustand: „Sie bietet das typische Bild einer minderbegabten Persönlichkeit, die im Rahmen ihrer Möglichkeiten durchaus gefühlsbetont, liebevoll und gemüthaft reagieren kann ... Durch den großen zeitlichen Abstand und das damit eingetretene Vergessen ist sie jetzt ausgeglichen, fast naiv-euphorisch und unbeschwert ... Körperlich ist (Leni) noch recht vital, geistig allenfalls leicht abgebaut. Sie zeigt wenig Eigeninitiative, aber doch die Rüstigkeit, die sie in die Lage versetzt, trotz ihres Alters nutzbringend zu arbeiten, wenn sie in gewohnter Umgebung lebt und in gewissem Umfang versorgt wird."

Im Jahre 1972 wurde Leni begnadigt und im Dezember des gleichen Jahres endgültig entlassen. Zuvor war sie mit ihrer Bewährungshelferin zweimal zum Einkaufen und um sich an den Straßenverkehr zu gewöhnen je einen Tag außerhalb der Anstalt. Dabei war eine gewisse Unbeholfenheit, wie sie auch bei anderen Langzeitgefangenen zu beobachten ist, aufgefallen. Da Leni keine Angehörigen mehr hatte, wo sie hätte untergebracht werden können, wurde sie in ein kirchlich betreutes Heim aufgenommen und war lange Zeit noch bestrebt, eine eigene kleine Wohnung zu beziehen. Es bereitete ihr erhebliche Schwierigkeiten, sich mit dem Gedanken abzufinden, in der wiedergewonnenen Freiheit an ein Heim gebunden zu sein. Aber allmählich gewöhnte sie sich dort ein. Sie litt anfänglich unter der Einsamkeit, freute sich sehr, wenn ehemalige Mitgefangene sie besuchten, obgleich sie in solchen Situationen oftmals ein wenig neidisch auf das so anders gestaltete Leben der Genossinnen in Freiheit reagierte. Wie uns ihre Bewährungshelferin in einem persönlichen Gespräch schilderte, bedurfte Leni in ihrer trägen Temperamentsart ständig der Führung und Ermunterung. Als sie aber feststellen konnte, daß die Mitbewohnerinnen im Heim sie gerne mochten und sich auch ab und zu mit der Bitte um eine kleine Gefälligkeit an sie wandten, empfand sie zunehmende Freude an ihrem Leben und zeigte auch wieder mehr Zuwendung. Insbesondere legte sie jetzt auch wieder Wert auf ein gepflegtes Äußeres. In allem gewann sie mehr Selbständigkeit, so daß nach etwa zwei Jahren von einer positiven Reintegration gesprochen werden konnte.

Zusammenfassende Stellungnahme zu den einzelnen Fragen:

1. Die wenig differenzierte, auf ihre sexuelle Freizügigkeit mit deutlich schlechtem Gewissen reagierende Frau verhielt sich in der Haft sehr schuldbewußt und bereit, sich einem normgerechten Leben anzupassen. Dabei verlor sie jedoch mit zunehmendem Alter und unter den Einwirkungen eines langsam einsetzenden intellektuellen Potentialverlustes den rechten Kontakt zur Realität eines Lebens in Freiheit und litt deshalb anfänglich sehr unter einer vermeintlichen Beschneidung ihrer Lebensgestaltungsmöglichkeiten.
2. Haftbedingte Persönlichkeitsveränderungen bei der inzwischen über 60jährigen Frau ließen sich nicht aufdecken.

3. a) Organisatorische Schwierigkeiten bei der Reintegration gab es nicht.
b) Persönliche Probleme hatte Leni insofern, als sie ihre Vorstellungen von einem Leben in Freiheit zunächst mit den tatsächlichen Gegebenheiten und ihren Möglichkeiten nur schlecht in Einklang bringen konnte.

Fall 64, Melanie 1912

Sie wurde im Jahre 1950 wegen Mordes zu einer lebenslangen Zuchthausstrafe verurteilt.

Melanie stammt aus schlechten sozialen Verhältnissen. Sie war das fünfte Kind eines trunksüchtigen Landarbeiters und verlor ihre Mutter, als sie fünf Jahre alt war. Der Haushalt der Familie wurde nach dem Tode der Mutter von einer Haushälterin geführt, die aber schon nach kurzer Zeit von Nachbarn bei der Polizei angezeigt wurde, weil sie angeblich die Kinder mißhandelte. Melanie kam in ein Kinderheim, in welchem sie auch nach Abschluß der Volksschule blieb und zur Hausgehilfin ausgebildet wurde. Im Alter von 20 Jahren kehrte sie in den väterlichen Haushalt zurück. Später arbeitete sie bei einem Schwager, dessen Frau verstorben war. Sie wechselte noch mehrfach die Stellung, ehe sie im Jahre 1940 einen Volksschullehrer heiratete. Aus dieser Ehe erwuchsen drei Kinder. Zwischen den Eheleuten soll kein gutes Verhältnis bestanden haben. Häufige Auseinandersetzungen und zahlreiche außereheliche Kontakte des Ehemannes führten schließlich zur Trennung der Ehe. Nachdem Melanie mit ihren Kindern im Jahre 1945 vor dem Einmarsch der Russen zu ihren Schwiegereltern geflohen war, mußte sie die Familie durch eigene Arbeit über Wasser halten. Sie fand eine Beschäftigung bei einem Bauern. Als sich ihr die Gelegenheit bot, ein ärmliches Anwesen, das von einem alten Geschwisterpaar allein nicht mehr bewirtschaftet werden konnte, zu übernehmen, griff Melanie zu, um sich mit den Kindern vielleicht etwas bessere Lebensbedingungen zu schaffen. Sie hatte neben der Landarbeit die bettlägerige, alte und verwirrte Frau zu pflegen, die ihr diese Aufgabe nach ihren Aussagen nicht immer leicht machte. Schließlich brachte Melanie die Frau unter Zuhilfenahme von Gift um. Sie verteidigte ihr Tun mit der Einlassung, daß sie die Frau lediglich von ihren Leiden habe erlösen wollen.

Melanie war zur Zeit der Tat einmal wegen Abtreibung vorbestraft.

Sie hat ihr Urteil immer als gerechtfertigt betrachtet. Trotzdem litt sie unter der harten Strafe sehr und es kam anfänglich während der Haft zu oft heftigen Gefühlsausbrüchen. Sie ließ sich ungern etwas sagen, reagierte empfindlich und selbstsüchtig. Erst nach Jahren fand sie zu einer inneren Ausgeglichenheit. Sie war von Anfang an sehr fleißig und ordentlich und bereitete im Arbeitssektor niemals Schwierigkeiten. In einem etwa zehn Jahre vor der Begnadigung erstellten psychiatrischen Gutachten wurde besonders die „schonungslose Selbstkritik" der Verurteilten hervorgehoben, die ihr zu einer „charakterlichen Reifung" verholfen habe.

Der Kontakt zu den Kindern wurde von Melanie sehr intensiv gepflegt. Sie fand in ihrem diesbezüglichen Bemühen durch eine Fürsorgerin Unterstützung, die die Kinder dazu anhielt, die Beziehung zur Mutter nicht einschlafen zu lassen. Als die Kinder erwachsen wurden, war ihnen die Mutter zu einer Beraterin in allen wichtigen Lebensfragen geworden.

Kurze Zeit vor der Begnadigung mußte sich Melanie einer schweren Brustoperation unterziehen, die sie jedoch gut überstand. Im Jahre 1971 wurde sie zu einer zeitigen Freiheitsstrafe begnadigt und die verbliebene Reststrafe zur Bewährung ausgesetzt. Die Fürsorgerin, die sie Jahre betreut hatte, wurde zur Bewährungshelferin berufen. Sie holte Melanie am Entlassungstag im April des Jahres 1972 in der Anstalt ab und brachte sie in einem von ihr geführten Heim vorübergehend unter. Bereits vier Monate nach der Entlassung konnte Melanie die Stelle einer Haushälterin in einem Arzthaushalt annehmen, wo sie bei sehr gutem Verdienst ganz mit in die Familie aufgenommen wurde und nun eine Lebensstellung hat. Der Kontakt zu den Kindern war schon unmittelbar nach der Entlassung durch regelmäßige Besuche und gemeinsamen Urlaub ausgebaut worden. Die Bewährungshelferin teilte uns in einem Schreiben mit: „Niemand würde glauben, daß sie erst zwei Jahre draußen ist. Sie kann zu allem kritisch Stellung nehmen und ist in ihrer Umgebung sehr beliebt."

Zusammenfassende Stellungnahme zu den einzelnen Fragen:

1. Für Melanie, die trotz der sehr schlechten häuslichen Bedingungen zu einem sozial integrierten Leben gefunden hatte, war die belastende Situation der Nachkriegszeit zu einer Bewährungsprobe geworden, die sie nicht bestand. Während der Haft gelang es ihr, ihre oft ungebremsten Reaktionsweisen unter Kontrolle zu bringen und eine Ausgeglichenheit des Wesens zu erzielen, die sie nun in die Lage versetzt, menschlich akzeptiert und mit sich zufrieden ein geregeltes Leben zu führen.
2. Haftbedingte Persönlichkeitsveränderungen, die einer Reintegration hinderlich wären, ließen sich nicht beobachten.
3. a) Organisatorische Schwierigkeiten bei der sozialen Wiedereingliederung gab es für sie nicht. Die vorbehaltlose Aufnahme in einem Familienkreis war dabei besonders vorteilhaft.
   b) Über persönliche Probleme auf dem Weg zurück in diese Gesellschaft ist uns nichts bekannt geworden.

Fall 65, Nora 1915 (Mittäterin zu Fall 58)
Sie wurde im Jahre 1947 wegen gemeinschaftlichen Mordes zum Tode verurteilt und später zu einer lebenslangen Freiheitsstrafe begnadigt.

Über ihre Vorgeschichte ist uns leider wenig bekannt. Nora hat nach erfolgreichem Schulabschluß als Angestellte in einem Lebensmittelgeschäft und in der Hotelbranche gearbeitet, ehe sie mit ihrem Ehemann ein Handschuhgeschäft aufbaute. Sie hatte sehr gute schneiderische Fähigkeiten, mit denen sie sich auch während des Krieges den Lebensunterhalt sicherte. Gemeinsam mit ihrer Mittäterin plante sie aus den in der Fallschilderung 58 angegebenen Gründen die Tötung ihres Ehemannes.

Nora war zur Zeit der Tat unbestraft.

Von der Schwere der Strafe war sie tief getroffen. Anfängliche Selbstmordabsichten setzte sie dennoch nicht in die Tat um. Nach der Begnadigung zur Freiheitsstrafe schien den Beamtinnen ihr „undurchsichtiges Wesen" sowie ihre Zurückgezogenheit ein Hemmnis für eine günstige Entwicklung zu sein. Schon nach wenigen Jahren aber hatte sie ihr inneres Gleichgewicht gefunden. Sie setzt sich in der Arbeit zunehmend ein, war, abgesehen von einer krankheitsbedingten Unterbrechung, immer in einem Textilbetrieb tätig, den sie schließlich nahezu eigenverantwortlich als Vorarbeiterin mitleitete. Die sehr selbstkritische Auseinandersetzung mit der Tat hatte Nora schließlich innerlich so weit frei werden lassen, daß sie sich schon während des Vollzuges auf eine realitätsorientierte Zukunftsplanung einstellen konnte.

In einem etwa ein Jahr vor der Begnadigung erstellten psychologisch-psychiatrischen Gutachten heißt es, daß sie „mit absolut besonnenen Gedanken und angemessener Skepsis dem Wiedereintritt in ein freiheitliches Leben entgegensieht". Insgesamt machte sie einen differenzierten und innerlich gefestigten Eindruck. „Es handelt sich um eine besonders ‚vernünftige' Frau, der man uneingeschränkt eine günstige Sozialprognose zusprechen kann."

Zu ihren Verwandten hatte Nora während der Haft leider nur noch sehr unregelmäßigen und später gar keinen Kontakt mehr.

Im Jahre 1972 wurde sie begnadigt und im Dezember des gleichen Jahres ohne weitere Vorbereitung durch einen offenen Vollzug endgültig entlassen. Zuvor war sie einmal zum Einkauf der notwendigsten Bekleidung ausgeführt worden. Dabei hatte sie sich, für sie selbst überraschend, ganz ungezwungen bewegen können und auch genau gewußt, was sie kaufen wollte. Eine ehemalige Fürsorgerin der Anstalt hatte für sie eine Unterkunft in einem Mädchenheim besorgen können. Am Tag der Entlassung holte die Bewährungshelferin sie ab und brachte sie an ihren neuen Aufenthaltsort. Dort lebte sie auf Kosten des Sozialamtes, da sie noch nicht über ein eigenes Einkommen verfügte und ihre Ersparnisse aus der Haft für die wichtigsten Anschaffungen schon aufgebraucht waren. Da sich ihr bei der Arbeitssuche die vielfältigsten Schwierigkeiten entgegenstellten, nahm sie nach etwa einem Vierteljahr das Anerbieten der Heimleiterin an, als

Wirtschafterin im Heim zu arbeiten. Lediglich dieser Frau war Noras Vorgeschichte bekannt. Zwischenzeitlich hatte Nora sich mit Hilfe ihrer Bewährungshelferin eine kleine Wohnung gesucht und eingerichtet, in der Nora dann wiederholt zu einem persönlichen Gespräch aufgesucht wurde. Bei unserem ersten Zusammentreffen war sie besonders stolz auf diese Wohnung, die sie mit relativ wenig Mitteln sehr geschmackvoll und ansprechend ausgestattet hatte. Vieles nähte sie sich selbst und meinte, daß sie sich in ihren eigenen vier Wänden schon sehr wohlfühlen könne. Anlaß zur Klage gab beim ersten Gespräch die von ihr als körperlich sehr anstrengend empfundene Arbeit. Deshalb bemühte sie sich um eine neue, nicht so anstrengende Tätigkeit, wobei sie jedoch recht häufig deprimierende Erlebnisse und Erfahrungen sammelte. So schien ihr jede Stelle verschlossen, bei der sie einen Lebenslauf oder ein Führungszeugnis vorlegen sollte. Eine damals extrem ausgeprägte Angst, sich – vielleicht auch mittels ihrer Bewährungshelferin – einem eventuellen Arbeitgeber zu offenbaren, ließ sie immer wieder vor weiteren Verhandlungen zurückschrecken. Auch in der Begegnung mit neuen Bekannten war sie deshalb sehr gehemmt und ständig mit dem ängstlichen Gedanken beschäftigt, man könne aus ihrem Benehmen, ihrem Sichgeben oder ihrer Rede auf ihre lange Haft schließen. Ein Erlebnis auf der ersten Arbeitsstelle, wo sie sich einmal versprochen hatte und statt „Spül*küche* Spül*zelle*" gesagt hatte, war ihr als Warnung vor der Gefahr ständig gegenwärtig. Zudem sei es ihr wiederholt geschehen, daß sie an ihrem neuen Wohnort ehemalige Mitgefangene getroffen habe, so daß sie sich insgesamt sehr verunsichert fühle. Diese Situation hatte eine deprimierte Grundhaltung zur Folge, die sie resignierend feststellen ließ: „Da ist nun die große Freiheit, nach der sich jeder so lange gesehnt hat? Nach dem großen Glückstaumel steht dann die nackte Realität und mancher Traum muß begraben werden ... Es war sehr schwer für mich und ich kam mir vor, wie ein Nichtschwimmer, der ins Wasser gestoßen wird und schwimmen soll. Ja, ich habe geschwommen, aber fragen Sie mich bitte nicht ‚wie!'."

Bei einem zweiten Besuch war Noras Stimmung deutlich besser. Sie wirkte nun auch selbstsicherer und der ihr innewohnende Stolz hatte seine Berechtigung. Sie war in einer neuen und anspruchsvolleren Arbeitsstelle, bei der sie nicht mehr nur körperliche Arbeit zu leisten hatte, sondern leichte Bürotätigkeit ausführte. Zugleich hatte sie inzwischen zu mehreren Bekannten engere Beziehungen knüpfen können und fühlte sich auch menschlich nicht mehr so einsam. Ihr Bedürfnis nach Selbstverwirklichung war zu einem Gutteil befriedigt. Aber nach wie vor standen ihre Skrupelhaftigkeit und innere Unsicherheit vielen Plänen, die sie geschmiedet hatte, entgegen.

Als sie bei einer dritten Zusammenkunft bereits die sie sehr befriedigende Arbeitsstelle durch einen unglücklichen Umstand verloren hatte (der Chef heiratete und seine Frau machte nun die Büroarbeit), war ihr seelisches Gleichgewicht wieder empfindlich gestört. Sie machte sich erneut die größten Sorgen, in der Stadt entdeckt und „unmöglich" gemacht zu werden. Auch glaubte sie dann nicht mehr in ihrer Wohnung bleiben zu können und so ihren Lebensraum zu verlieren. Sie trug sich deshalb mit dem Gedanken, ihren ersten Aufenthaltsort zu wechseln und in eine Großstadt zu ziehen und ganz neu anzufangen.

Im persönlichen Gespräch mit der Bewährungshelferin wurde deutlich, daß Nora vielleicht doch ein wenig unrealistische Vorstellungen von einem Leben in Freiheit hatte. Es gelang ihr nur schwer, einzusehen, daß sie als nun nahezu sechzigjährige Frau nicht mehr die Berufschancen haben könne, wie eine jüngere Frau. Auch sei ihr Anspruchsniveau – im Hinblick auf ihre früheren sozial gehobenen Lebensverhältnisse – ein wenig zu hoch und ihre Angst, ihr Makel könne entdeckt werden, ließ sie im Auftreten unnatürlich und gehemmt wirken.

Nora selbst betrachtete sich anläßlich unseres vorläufig letzten Gespräches als noch nicht wieder voll resozialisiert. Sie fühlte sich als Gebrandmarkte am Rande der Gesellschaft stehend und in wesentlichen Entfaltungsmöglichkeiten behindert.

Zusammenfassende Stellungnahme zu den einzelnen Fragen:

1. Nora ist eine sehr differenziert denkende und erlebende Frau. Durch ihre schwere Straftat war ihr Selbstwertgefühl im Höchstmaß beeinträchtigt und ihr hoher Einsatz während der Haft

war nicht zuletzt darin begründet, in ihrem Selbstwerterleben wieder zu einem Gleichgewicht zu gelangen. Dadurch, daß sie in den letzten Haftjahren zu einer gewissen beruflichen Stellung und auch innerhalb der Gruppe der Mitgefangenen zu großer Anerkennung gekommen war, schien ihr die Möglichkeit, sich auch in der Freiheit so erfolgreich einsetzen zu können, durchaus real. Sie unterschätzte dabei allerdings die Härte des Existenzkampfes draußen. Deshalb bedurfte es recht langer Zeit, bis sie zwischen ihren Ansprüchen an das Leben und den tatsächlichen Möglichkeiten eine Annäherung zustande bringen konnte.

2. Haftbedingte Persönlichkeitsveränderungen ließen sich bei Nora nicht feststellen. Die ihr schon immer eigene, etwas anspruchsvoll-stolze und zugleich skrupelhafte Erlebnisweise machen ihr bisher eine zufriedenstellende Wiedereingliederung schwer.
3. a) Organisatorische Schwierigkeiten ergaben sich vor allem bei der Arbeitsplatzbeschaffung, da Nora in sehr vielen Fällen ein Führungszeugnis oder einen Lebenslauf ausfertigen mußte. Diese Forderungen standen ihrem Bestreben, die Vergangenheit nicht aufzudecken, entgegen.
b) Persönliche Schwierigkeiten entstanden für sie gehäuft. Sie versuchte so viel als möglich ohne die Hilfe ihrer Bewährungshelferin zu erledigen. Dieser Drang nach Selbständigkeit erwie sich für sie als hinderlich, da sie sich manche unangenehme Situation hätte ersparen können und nicht ständig gezwungen gewesen wäre, eine Fassade aufzubauen, mit der sie sich selbst nicht identifizierte.

Fall 66, Ottilie 1923

Sie wurde im Jahre 1948 wegen Mordes zu einer lebenslangen Zuchthausstrafe verurteilt.

Ottilie stammt aus sehr ungünstigen sozialen Verhältnissen. Die Ehe ihrer Eltern wurde schon bald nach ihrer Geburt geschieden und sie wuchs bei der Großmutter auf. Kurzfristig war sie bei ihrer inzwischen wiederverheirateten leiblichen Mutter, ehe sie in den Haushalt des ebenfalls wiederverheirateten Vaters kam. Der Vater war als Trinker bekannt und soll seine Tochter mit Zustimmung ihrer Stiefmutter sexuell mißbraucht haben. Nach erfolgreichem Abschluß der Volksschule konnte sie sich in eine geregelte Arbeit nicht einfinden. Bereits im Alter von 15 Jahren wurde Ottilie erstmals schwanger. Nach der Geburt des Kindes kam sie für etwa eineinhalb Jahre in die Fürsorgeerziehung. Danach nahm ihre leibliche Mutter sie wieder zu sich. Im Alter von 19 Jahren heiratete sie und nahm das uneheliche Kind, zu dem weder sie noch ihr Mann eine besondere innere Beziehung hatten, mit in den gemeinsamen Haushalt auf. Nach der Geburt eine ehelichen Kindes wurden Ottilie im Zuge der Kriegswirren mit den Kindern evakuiert und lebte zusammen mit einer anderen Frau in einem Zimmer unter äußerst beengten Verhältnissen. Anläßlich eines Waldspazierganges mit den Kindern ertränkte Ottilie ihr uneheliches Kind in einem Teich. Zur Rechtfertigung ihres Tuns gab sie damals an, daß dieses Kind ihr durch den Heimaufenthalt so fremd geworden sei und auch ihr Mann nichts für es empfinden konnte, so daß es besser sei, wenn das Kind nicht mehr lebe. Zudem habe sie geglaubt, daß die Gesetze so kurz nach dem Krieg außer Kraft seien und sie deshalb keine Strafe bekommen werde.

Der medizinische Gutachter beurteilte sie als intellektuell „leicht debil", aber mit durchaus ausreichenden Schulkenntnissen. Insgesamt wirkte sie etwas verlangsamt, oberflächlich und eher gleichgültig.

Ottilie konnte die Tragweite ihres Tuns erst ganz allmählich erkennen. So war sie während der ersten Haftjahre auch kaum vom Schuldbewußtsein betroffen. Sie zeigte sich sehr stimmungsabhängig, war gelegentlich unbeherrscht und leicht reizbar, reagierte eifersüchtig gegenüber ihren Mitgefangenen und benahm sich „oft wie ein großes Kind". In einer der ersten Beurteilungen heißt es: „Die Gefangene hält sehr auf ihr Äußeres und wirkt sauber und gepflegt. Ihr Gesamtverhalten ist gut. Sie ordnet sich ein, arbeitet fleißig und verläßlich, ist stolz auf gute Leistungen und dankbar für Anerkennung ... Nicht ungewandt, doch wenig natürlich, geistig sehr einfach, gefühlsmäßig wenig differenziert." Die Unausgeglichenheit ihres Wesens machte es Ottilie auch im weiteren Haftverlauf nicht immer leicht. Eine Verbindung zu einem etwas älteren Mann, die durch ihre Stiefmutter hergestellt worden war, zerbrach an dieser Unbeherrschtheit. Zudem entwickelte sie mehr und mehr unrealistische Vorstellungen von einem eventuellen Leben in Freiheit, ohne zu erkennen, daß sie in der Anstalt unter ganz anderen und in gewisser Hinsicht wesentlich „schonenderen" Umständen lebte. „(Ottilie) macht sich über das Leben in Freiheit zu große Illusionen. Würde sie länger durch die Betreuung in der Anstalt vor dem Leben ‚draußen' geschützt werden, so wäre sie mit Sicherheit lebensuntüchtig. Jetzt könnte sie eine Umstellung noch verkraften." Als sie im Jahre 1969 unter der Voraussetzung, daß sie ein Jahr in einer Erwerbsbehinderten-Arbeitsstätte tätig werde, begnadigt wurde, legte sie heftigen Protest gegen diese Entscheidung ein. Sie selbst wünschte, bei ihrer Stiefmutter, die immer zu ihr gehalten hatte, unterzukommen und sich eine Arbeitsstelle zu suchen. Schließlich beugte sie sich aber der behördlichen Anordnung und wurde im Jahre 1970 in ein Heim entlassen. Schon nach kurzer Zeit beantragte sie ihre Übersiedlung zur Mutter. Sie begründete ihren Wunsch damit, daß sie sich sehr schnell an das Leben in Freiheit gewöhnt hätte und sich eine Arbeit wünsche, bei der sie sozialversichert sei und mehr als 18,– DM pro Woche verdienen könne. Dagegen hatte ihre Bewährungshelferin ernste Einwände, die insbesondere in der Tatsache begründet schienen, daß Ottilie an ihrem neuen Aufenthaltsort in ganz unkritischer Weise freundschaftliche Beziehungen zu teilweise wesentlich jüngeren, oft auch asozialen Männern aufgenommen hatte. Zudem waren ihre Arbeitsleistungen gänzlich unzureichend, so daß an eine eigenständige Berufstätigkeit nicht gedacht werden konnte. „In vielen Gesprächen ist versucht worden (Ottilie) über die Wege und Möglichkeiten ihrer Wiedereingliederung ein Bild zu verschaffen. Das scheiterte an ihrem Unvermögen, auch einfache Situationen zu übersehen." Trotz des Bemühens der Heimleitung und der Bewährungshelferin, sie vor übereilten Entschlüssen zu bewahren, geriet Ottilie immer wieder in Konflikte insbesondere mit Männern. Aber allmählich zeigte sich unter der beständigen Führung doch eine gewisse Konsolidierung. Sie begann, auf sich zu achten und sich sinnvolle Dinge anzuschaffen. Ihre Arbeit wurde als zunehmend zufriedenstellend beurteilt. „Erschütternd ist jedoch ihre geradezu kindliche Haltung in allen anderen Dingen des Lebens."

Der Wechsel an den Wohnort der Mutter brachte in Ottilies Leben eine deutliche Entspannung. Sie erhielt auch eine neue Bewährungshelferin, die berichtete, daß ihre Probandin in den Gesprächen freundlich und zugänglich sei. „Es scheint, daß sie sich nach ihrer Entlassung verhältnismäßig schnell in der für sie während der Haftzeit völlig veränderten Umwelt zurechtgefunden hat." Die Zeit im Übergangsheim sei für die Probandin wohl sehr hart gewesen. Nun entwickelte sie jedoch sehr viel Initiative und habe Pläne für die Zukunft, die durchaus vernünftig und realisierbar seien. An ihrer neuen Arbeitsstelle in einem Altersheim war man mit ihrer Leistung zufrieden. Sie verdiente ausreichend und hatte innerhalb kurzer Zeit etwa 2000,– DM gespart. Dadurch sei ihr Selbstbewußtsein, aber auch ihr Streben nach Unabhängigkeit gestärkt worden. „Sie beginnt ihr weiteres Leben zu planen und bewußter zu gestalten ... Zwar ist sie psychisch wenig belastbar und deshalb immer wieder Konflikten ausgesetzt, zeigt aber Ansätze dafür, daß sie besser in der Lage ist, die Schwierigkeiten zu ertragen, bzw. bewußt zu verarbeiten." Als sich ihr die Gelegenheit bot, eine eigene Wohnung zu erhalten, griff sie zu, investierte in die Wohnungseinrichtung recht viel Geld und wechselte nun die Arbeitsstelle, um mehr verdienen zu können und den Arbeitsweg zu verkürzen. Die Tätigkeit in einer Reinigungsfirma war ihr aber nach kurzer Zeit körperlich zu anstrengend, so daß sie die Stelle wieder kündigte. Da sie inzwischen mit einem Mann, den sie im Übergangsheim kennengelernt hatte, zusammenlebte, ging sie eine Weile gar nicht arbeiten. Dieser Mann, ein ehemaliger Alkoholiker und wesentlich jünger als Ottilie, hatte einen festen Arbeitsplatz und konnte eine Familie ernähren, so daß von seiten der Bewährungshelferin einer Heirat der beiden keine Bedenken entgegenstanden. Ottilie beschäftigte sich aushilfsweise mehrmals in der Woche in einer Wäscherei und verdiente sich so ein kleines Taschengeld. Später wechselte sie nochmals den Arbeitsplatz und begann, das von ihr verdiente Geld auf ein Sparbuch einzuzahlen.

Leider verlief die Ehe nicht in der von Ottilie erwarteten Weise. Es gab recht schnell Spannungen zwischen den Ehepartnern, da ihr Mann wieder mit dem Trinken angefangen hatte und sie wohl auch schlug. Er ging zwar noch regelmäßig seiner Arbeit nach, so daß das Ehepaar zur Zeit unserer Untersuchung keine wirtschaftliche Not zu leiden hatte. Ottilie wurde jedoch mit den schwierigen menschlichen Problem nicht fertig, zumal ihre Stiefmutter zunehmend auf ihre Lebensgestaltung Einfluß nahm und die Tochter darin bestärkte, ihre Halbtagsbeschäftigung weiter zu betreiben, obgleich der Ehemann das ablehnte. So stand Ottilie zwischen zwei an ihrem Schicksal interessierten Menschen und konnte eigenständig keine Entscheidung zu ihren eigenen Gunsten treffen.

Ein Gespräch mit ihr kam trotz mehrfacher Versuche nicht zustande. Ihre Bewährungshelferin war mit einem persönlichen Kontakt einverstanden. Sie beurteilte die Resozialisierungschancen ihrer Probandin als nicht sehr günstig. Allerdings meinte sie dafür die lange Haftzeit, in der Ottilie nicht habe zu einer selbständigen Persönlichkeit werden können, anschuldigen zu müssen.

Zusammenfassende Stellungnahme zu den einzelnen Fragen:

1. Die sehr einfache, leicht schwachsinnige, wenig differenzierte und ungefestigte Frau ging mit ihrer Entscheidung, ihr ungeliebtes Kind umzubringen, den Weg des geringsten Widerstandes und dies in einer Zeit, in der die Rechtsunsicherheit ihr Handeln zu entschuldigen schien. Eigennützigkeit und kurzschlüssiges Denken und Handeln waren aber auch Wesensmerkmale, die sich in ihrer gesamten Lebenseinstellung und Lebensweise während der Haft zeigten. Und in gleichem Sinne versuchte sie ihr Leben in Freiheit mehr von ihren Wünschen als von den sachlichen Gegebenheiten her zu gestalten. Dabei erlitt sie wiederholt Rückschläge. Es wurde auch deutlich, daß sie noch jetzt in schwierigen Lebenssituationen lieber das Nächstliegende als das Gebotene tut, wenn sie sich überhaupt zu einer Entscheidung durchringt.
2. Alle Schwierigkeiten, die Ottilie bei dem Versuch, in unserer Gesellschaft wieder Fuß zu fassen, erlebte, entspringen ihrer Eigenart, unter allen Umständen ihre Vorstellungen durchzusetzen und den Rat anderer nicht anzunehmen. Haftbedingte Persönlichkeitseigenarten ließen sich davon nicht abheben.
3. a) Organisatorische Schwierigkeiten gab es zahlreiche, da sich Ottilie mit der Heimunterbringung schon nach kurzer Zeit nicht mehr abfinden mochte. So unternahm sie vieles eher impulsiv, wodurch ihr Lebensweg in Freiheit recht wechselhaft verlief.
   b) Persönliche Schwierigkeiten empfand sie keine. Sie schätzt auch jetzt noch ihre Situation als nicht so beunruhigend ein, wie sie es wohl doch ist.

Fall 67, Paula 1912 (Mittäterin zu Fall 34)
Sie wurde im Jahre 1949 wegen Mordes zu einer lebenslangen Zuchthausstrafe verurteilt.

Paula stammt aus einer sehr einfachen, aber geordneten Familie und hat eine Schwester. Sie besuchte achte Jahre die Volksschule mit durchschnittlichem Erfolg und war danach als Hausgehilfin in verschiedenen Stellungen tätig. Im Jahre 1933 heiratete sie einen Schmied, bekam in rascher Folge zwei Kinder und versorgte ihren Haushalt. Ihre Ehe verlief nach ihren eigenen Angaben schon nach kurzer Dauer schlecht. Ihr Mann sei lieber in den Gasthäusern gewesen als zu Hause und er habe sich auch nicht um die Kinder gekümmert, von denen eine Tochter körperbehindert war. Während des Krieges lernte Paula ihren Nachbarn „Heribert" kennen, der sich in ganz anderer Weise um die Familie sorgte. Aus den in Fall 34 geschilderten Gründen kam es nach dem Kriege schließlich zu der auch von Paula gebilligten Tötung ihres Mannes.

Paula war zu dieser Zeit einmal wegen Diebstahls vorbestraft.

In der Haft fiel sie zunächst durch die Gereiztheit und Unverträglichkeit im Umgang mit anderen auf. Gegenüber den Beamtinnen war sie hingegen in ganz eigennütziger Weise höflich und zuvorkommend. Sie arbeitete von Anfang an sehr fleißig und sorgfältig, aber auch dabei ganz auf ihren Vorteil bedacht. Eine kritische Stellungnahme zu ihrer Schuld oder ihrem Mitverschulden war zu dieser Zeit von ihr nicht zu erhalten. Sie lehnte jede Beteiligung an dem ihr zur Last gelegten Delikt ab. In ihrer Freizeit zeigte sie sich interessenlos, beschäftigte sich kaum und es entstand der Eindruck, als spielten allein „der Einkauf und gutes Essen" eine Rolle in ihrem Leben. Nach etwa 15 Haftjahren zeigte sich aber ein Wandel in ihrem Verhalten. Sie war nun bereit, über ihre Lebensschuld zu sprechen und sie auch anzuerkennen, ohne dies jedoch weiter erkenntnismäßig verarbeiten zu können. Sie begann, sich um eine Zukunft Gedanken zu machen und wandte sich auch Beschäftigungen zu, mit denen sie den Anschluß an das, was „draußen" geschah, wieder herstellen konnte.

Ihre Angehörigen und deren Kinder waren im Verlauf der mehr als 20jährigen Haft unermüdlich um sie besorgt und immer bereit, sie nach einer eventuellen Begnadigung wieder bei sich aufzunehmen.

Im Jahre 1971 wurde sie begnadigt und noch im gleichen Jahr in den offenen Vollzug übernommen. Dort wurde ihr eine Arbeitsstelle in einer Fabrik vermittelt, wo sie jedoch nach wenigen Tagen wieder gekündigt wurde." ... (Paula) soll sich nach mehr als 20jähriger Haft in diesem Alter (etwa 60) an das Arbeitstempo ... gewöhnen, dies ist nicht leicht. (Paula) ist guten Willens und bemüht sich sehr." An einem zweiten Arbeitsplatz erging es ihr genauso, so daß sie schließlich von Amts wegen nicht mehr zu einer Arbeit vermittelt wurde.

Im Januar des Jahres 1972 konnte sie endgültig in die Obhut ihrer Verwandten zurückkehren. Sie lebte zunächst im Hause des Neffen, wo sie den beiden berufstätigen Eheleuten den Haushalt führte. Dies wurde ihr jedoch nach etwa einem halben Jahr eine körperlich zu anstrengende Tätigkeit, in der sie zugleich nicht einmal sozialversichert war, so daß sie sich freundschaftlich von den Verwandten trennte und sich eine eigene kleine Wohnung suchte. Mit Unterstützung durch das Sozialamt bewohnt sie nun eine Zwei-Zimmer-Wohnung ganz in der Nähe ihres früheren Wohnortes, in der wir sie zu einem persönlichen Gespräch gemeinsam mit der Bewährungshelferin besuchten. Paula teilt die Wohnung mit ihrer körperbehinderten Tochter, die ihr auch eine Arbeitsstelle als Reinemachfrau in einem Krankenhaus besorgte, an dem sie selbst als Sekretärin arbeitet. Leider wurde Paula nach kurzer Zeit mit Bandscheibenbeschwerden krank und konnte so ihre Tätigkeit nicht mehr fortsetzen. Nun führt sie den gemeinsamen kleinen Haushalt und betreut nebenbei eine alte kranke Frau in der näheren Umgebung, für die sie auch Mittagessen kochte und die sie oft abends besuchte. Wenige Tage vor unserem Gespräch habe sie diese Betreuung aufgegeben, da die Frau so oft Selbstmordabsichten geäußert habe, so daß sie ängstlich geworden sei und sich die schwere Verantwortung nicht mehr auflasten mochte. Nun sei es für sie schwierig, eine neue Beschäftigung zu finden. Andererseits müsse es irgendetwas zu tun geben, denn tatenlos könne sie nicht sein. Auch während der Haft habe sie immer etwas tun müssen und wenn sie nur für andere Gefangene etwas gebastelt habe.

Zu ihrer Umgebung habe sie sehr guten Kontakt gefunden. Ebenso zu den alten Bekannten und früheren Schulkameradinnen. Vor kurzer Zeit habe der Pfarrer ihrer Gemeinde sie zur Feier der 50jährigen Kommunion eingeladen und sie auch überreden können, hinzugehen. Sie sei ganz gerührt gewesen, mit wieviel Herzlichkeit und Verständnis sie aufgenommen worden sei.

Ein einziger Mensch habe ihr in der Zeit ihrer neuen Freiheit großen Kummer bereitet. Ihr Sohn habe nach ihrer Entlassung, sie finanziell auszunutzen versucht. Als er bemerkt habe, daß in dieser Hinsicht „bei ihr nichts zu holen" gewesen sei, habe er begonnen, sie zu beschimpfen, sie schlecht zu machen, so daß sie den Kontakt zu ihm erst jetzt habe abbrechen müssen. Diese Tatsache habe sie sehr geschmerzt, aber sie habe erkennen müssen, daß er wohl den Charakter seines Vaters geerbt habe.

Zum Abschluß unseres sehr lebhaften und angeregten Gespräches meinte Paula, daß sie sich voll wieder in die Gesellschaft zurückgekehrt fühle. Sie sei anerkannt, es fehle ihr an nichts und die manchmal etwas beunruhigende Vorstellung, in naher Zukunft bettlägerig krank zu werden und dann nicht versorgt zu sein, sei durch ihre Tochter und die Fürsorge ihrer Bewährungshelferin fast zunichte gemacht worden.

Zusammenfassende Stellungnahme zu den einzelnen Fragen:

1. Paula hatte in ihrem Geliebten den Menschen gefunden, der sie aus einer von ihr als unerträglich erlebten Ehesituation erlöst hatte. Als ihr Mann dieses Glück zu zerstören drohte, sah sie in seinem Tod den einzigen Ausweg aus diesem Konflikt. Durch die schwere Strafe in ihrem Wohlbefinden nun noch empfindlicher getroffen, reagierte sie zunächst mit Auflehnung. Sie konnte jedoch im Laufe der langen Haftzeit – insbesondere nach dem 15. Haftjahr – durchaus positive Verhaltensweisen entwickeln, die ihr eine weniger eigennützige Lebensweise und etwas mehr Bereitschaft zur Hilfe für andere ermöglichten.
2. Haftbedingte Persönlichkeitsveränderungen ließen sich nicht erkennen.
3. a) Organisatorische Schwierigkeiten bei der Wiedereingliederung gab es nicht.
   b) Persönliche Probleme erwuchsen ihr während des offenen Vollzuges, als sie erkennen mußte, daß sie nicht mehr auf dem freien Arbeitsmarkt einsatzfähig war. Diese Problematik konnte aber mit Hilfe ihrer Bewährungshelferin und dank ihrer noch guten geistigen Flexibilität aufgearbeitet werden. Auch die sie zuweilen bedrängende Zukunftsangst konnte sie überwinden. Die schmerzliche Erkenntnis, daß ihr eigener Sohn aus dem Schicksal der Mutter Kapital zu schlagen versuchte, wurde als Erfahrung aufgenommen und verarbeitet. Eine Behinderung auf dem Wege zurück in ein sozialadäquates Leben entstand daraus nicht.

Fall 68, Renate 1913

Sie wurde im Jahre 1955 wegen gemeinschaftlichen Mordes zu einer lebenslangen Zuchthausstrafe verurteilt. Ihr ausländischer Mittäter wurde in seinem Heimatland – nachdem der Mord zunächst neun Jahre nicht aufgedeckt worden war – nur zu einer fünfjährigen Freiheitsstrafe verurteilt und schon nach wenigen Monaten Strafverbüßung begnadigt.

Renate stammt aus einfachen sozialen Verhältnissen und soll eine unglückliche und freudlose Jugend erlebt haben. Sie besuchte die Volksschule mit guten Erfolg, war danach als Hausgehilfin tätig und heiratete recht früh. Ihr Mann galt als sehr leichtlebig, arbeitete unregelmäßig und versorgte seine Familie nur unzureichend. Aus der Ehe gingen zwei Kinder hervor, von denen das erste vorehelich geboren wurde. Während des Krieges lernte Renate einen Mann kennen, mit dem sie gemeinsam die Tötung ihres Mannes plante. Der Besatzungssoldat erschoß ihren Ehemann und verließ bald darauf das Gastland. Neun Jahre blieb die Tat unaufgeklärt. Dann jedoch belastete Renate ihren Mittäter und gab schließlich unter dem Druck der Beweise ihre Mittäterschaft zu.

Renate war nicht vorbestraft.

Sie wurde in der Haft als eine in ihrem Wesen eher harte, zurückgezogene Gefangene beschrieben, die Gemütsbewegungen nur zeigte, wenn sie auf das Schicksal ihrer Kinder angesprochen wurde. Sie fügte sich in die Unabdingbarkeit der Haft ohne zu klagen, arbeitete von Anfang an tadellos und fiel niemals unangenehm auf. Im Laufe der Haftjahre vermochte sie sich ein wenig ihren Mitgefangenen gegenüber aufzuschließen und der sehr intensive Kontakt zu ihren Kindern ließ ihr schlechtes Gewissen allmählich etwas zur Ruhe kommen. Dabei war jedoch weniger eine Verarbeitung ihrer Schuld, sondern eher ein Sich-zurückziehen auf ungewolltes Mitschuldigwerden der erlebnismäßige Hintergrund.

In zahlreichen und schon sehr frühzeitig eingereichten Gnadengesuchen wurde immer wieder betont, daß Renate durch die lange Haft „ruiniert" sei. Eine länger als zehn Jahre vollzogene Strafe „vernichte" den Menschen ganz, er „verholze". Bei einer wenige Monate vor der Begnadigung durchgeführten psychiatrischen Begutachtung konnte für das Vorliegen eines solchen „verholzten" Zustandes bei Renate kein Anhalt gefunden werden.

Im Jahre 1973 wurde sie begnadigt und im Mai des gleichen Jahres endgültig entlassen. Sie war nicht durch einen offenen Vollzug auf das Leben in Freiheit vorbereitet worden, sondern nach einer Ausführung zum Zwecke der Einkleidung am Entlassungstag von ihrer Bewährungshelferin abgeholt worden und in ihre vorläufige Unterkunft, ein Heim, wo schon mehrere entlassene

Frauen zunächst Aufnahme fanden, gebracht worden. Schon am nächsten Tag fuhr Renate in ihre Heimatstadt, um ihre Tochter zu besuchen. Erst nach zehn Tagen kehrte sie ins Heim zurück und erklärte, daß sie nun ganz in ihre alte Heimat übersiedeln wollte.

Im persönlichen Gespräch mit der Bewährungshelferin wurde deutlich, daß diese überrascht war, einem so dynamischen Menschen zu begegnen. „Im Hinblick auf ihre langjährige Freiheitsstrafe ist die Probandin erstaunlich gut orientiert, vielseitig interessiert, lebhaft und allen zeitgemäßen Problemen gegenüber aufgeschlossen." Die Bewährungshelferin hatte geglaubt, „nun eine völlig zerstörte Person vorzufinden, die sie quasi vier Wochen an die Hand nehmen müsse, um sie mit unserem Leben wieder vertraut zu machen." Sie habe feststellen müssen, daß Renate alles in eigener Regie anging und genau wußte, was sie wollte. Dabei schien sie ihre Möglichkeiten und Grenzen ebenfalls genau zu sehen und sich selbst nicht zu überschätzen.

Renate fand eine ansprechende Wohnung, die sie sich nach ihren Vorstellungen einrichtete. Zunächst betreute sie den Haushalt ihrer Tochter, die berufstätig ist. Renate lebte dabei allerdings unter einer besonderen inneren Spannung, da sie einerseits diese Aufgabe zwar gerne versah, andererseits jedoch ein wenig Freizeit für sich selbst vermißte. Zudem durfte sie niemals über ihre Vergangenheit sprechen und mußte stets an einer vorgegebenen Geschichte festhalten, da der Ehemann ihrer Tochter von ihrem Schicksal nichts wußte und auch nichts wissen darf. So war es in der Zwischenzeit wiederholt zu Auseinandersetzungen mit der Tochter gekommen, die jedoch immer wieder behoben werden konnten. In der wenigen Zeit, die Renate für sich selbst zur Verfügung hatte, hat sie wieder zu den alten Bekannten zurückgefunden, die sie vorbehaltlos aufgenommen haben. Insgesamt, so betonte die Bewährungshelferin, dürfe ohne Einschränkung gesagt werden, daß von einer völlig problemlosen sozialen Wiedereingliederung ihrer Probandin gesprochen werden könnte. Anlaß zur Sorge sei einzig Renates Gesundheitszustand. Da sie jedoch in ständiger ärztlicher Betreuung stehe, bleibe zu hoffen, daß sie noch lange die wiedergewonnene Freiheit genießen könne.

Zusammenfassende Stellungnahme zu den einzelnen Fragen:

1. Renate war in einer Konfliktsituation straffällig geworden. Sie hatte niemals zuvor dissoziale Lebenseinstellungen erkennen lassen. Auch während der Haft war sie immer bemüht, sich anzupassen und auf die Erfordernisse der Situation sich einzustellen.
2. Haftbedingte Persönlichkeitsveränderungen, die zwar während der Haft angenommen worden waren, sind durch den Verlauf der Wiedereingliederung besonders überzeugend widerlegt worden.
3. a) Organisatorische Schwierigkeiten ergaben sich bei der sehr schnell gelungenen Wiedereingliederung nicht.
   b) Nachhaltige persönliche Probleme tauchten für die Probandin ebenfalls nicht auf. Kurzfristige Unstimmigkeiten mit ihrer Tochter konnte sie ohne Belastung aufarbeiten. Der Tatsache, daß sie ihrem Schwiegersohn eine „Lebenslüge" beständig anbieten muß, stimmt sie ohne inneren Vorbehalt zu.

Fall 69, Sigrid 1914

Sie wurde im Jahre 1947 wegen gemeinschaftlichen Mordes zum Tode verurteilt und später, ebenso wie ihr Mittäter, zu einer lebenslangen Freiheitsstrafe begnadigt. Der Mittäter ist an den Folgen einer Gefäßerkrankung während der Haft verstorben.

Sigrid stammt aus geordneten sozialen Verhältnissen. Ihr Vater war Lehrer. Er starb, als sie fünf Jahre alt war. Sie hatte drei Schwestern, die gemeinsam mit ihr von der Mutter großgezogen wurden. Sie besuchte die Volksschule und anschließend das Lyzeum, an dem sie erfolgreich die Reifeprüfung bestand. Von ihrer Schulleiterin wurde sie als ruhig und verschlossen beschrieben. Sie war „nicht so lustig wie ihre Kameradinnen". Nach dem Schulabschluß war sie für kurze Zeit als Krankenpflegerin tätig. Dann erkrankte ihre Mutter schwer, so daß sie zu Hause deren Pflege übernahm. Im Jahre 1937 heiratete sie einen Mann, den sie auf Grund eines von ihr aufgegebenen Zeitungsinserates kennengelernt hatte. Er übernahm das zuvor von der Mutter betriebene Lebensmittelgeschäft. Die eheliche Gemeinschaft verlief zunächst ohne Spannungen. Die Eheleute sollen sich zwar verstanden haben, aber eine echte menschliche Bindung habe gefehlt. Als Sigrid während des Krieges ihren späteren Geliebten kennenlernte, war sie sexuell sehr unerfahren und in dieser Hinsicht nicht verwöhnt. Es entwickelte sich eine enge und an Hörigkeit grenzende Beziehung. Als der Geliebte sie ganz für sich beanspruchte, setzte sie seinen Plänen, den Ehemann zu töten, bald keinen ernsthaften Widerstand mehr entgegen. Sigrid vergiftete ihren Mann nach einem von ihrem Geliebten ausgedachten Plan.

Sigrid war zur Zeit der Tat unbestraft.

Schon nach kurzer Haftzeit wurde deutlich, daß Sigrid zwar erheblich gefehlt hatte, aber in keiner Weise eine kriminelle Persönlichkeit war. Sie wurde immer als ruhig, still und bescheiden beschrieben. Durch ihre Verschlossenheit erschien sie zwar im Umgang manchmal etwas schwierig, aber sie gab zu ernsthaften Klagen niemals Anlaß. Ihre Arbeitsleistungen waren beständig und sehr ordentlich. Schnell gewann sie Vertrauensstellungen, verwaltete lange die Gefangenenbücherei und zeigte sich dabei umsichtig und gewissenhaft. Nähere menschliche Bindungen ging sie während der Haft nicht ein. „Im Gespräch erschließt sie sich nicht, bleibt stets kühl und beherrscht." Erst nach etwa 18 Haftjahren scheint eine gewisse Auflockerung stattgefunden zu haben. „Immerhin ist es gelungen, sie zur Mitwirkung an Laienspielgruppen zu bewegen und dadurch ihr auf Distanz bedachtes Wesen ein wenig aufzulockern. Ihr Selbstbewußtsein ist allerdings stark ausgeprägt ... gelegentlich fühlt sie sich auch überlegen." Der Wechsel des Arbeitsplatzes – sie wurde von der Anstaltsleitung in die Waschküche versetzt – führte kurzzeitig zu einer erheblichen gefühlsmäßigen Beunruhigung. Sie sei „bis zum Jähzorn erbost" gewesen. Aber auch in diese Situation konnte sie sich schließlich einpassen und sie als eine besondere Bewährungsprobe hinnehmen.

Ihre Angehörigen hatten sich gleich nach ihrer Verurteilung von ihr zurückgezogen. Allein eine ihrer Schwestern, die einer geistlichen Vereinigung angehört, bemühte sich mit Gnadengesuchen um sie. Im Jahre 1968 wurde ihre Strafe in eine zeitige Freiheitsstrafe umgewandelt, aber ein Wirksamwerden der Begnadigung scheiterte zunächst an der Frage ihrer Unterbringung. Erst als für sie eine Unterkunft und eine Arbeitsstelle besorgt werden konnten, wurde sie im Oktober des Jahres 1969 endgültig entlassen.

Wie wir in einem persönlichen Gespräch mit Sigrids Bewährungshelfer erfahren konnten, habe er den Eindruck gewinnen müssen, daß die lange Haftzeit an seiner Probandin nicht spurlos vorübergegangen sei. Er habe sie erstmals noch in der Haftanstalt gesehen und kennengelernt, in einer Situation, als er selbst ganz unter dem Eindruck der Kälte und Kargheit der Anstalt stand. So habe er feststellen können, daß in der Sprache, im Verhalten und Sichgeben deutliche „Anstaltsartefakte" bei ihr vorlagen. Am Tag der Entlassung sei Sigrid zunächst zu Verwandten gefahren, die sie für einige Tage bei sich aufgenommen hätten. Dann habe er sie an ihren neuen Wohn- und Arbeitsort geholt, wo sie anfänglich mit leichterer Arbeit beschäftigt worden sei. Da sie sich jedoch sehr schnell eingelebt habe, keinerlei Schwierigkeiten zeigte, auch mit den Menschen ihrer neuen Umgebung einen guten Kontakt aufzubauen, sei sie dort schnell mit etwas verantwortungsvolleren Aufgaben betreut worden. Einen ersten Urlaub habe sie in einem kirchlichen Heim gemacht und sei wohlausgeruht und frohgelaunt zurückgekehrt. Finanziell sie sie gut gestellt. Sie gehe zudem mit Geld sehr sparsam um, habe wenig Ansprüche und sorge so für eine Zukunftssicherung. In ihrer neuen Umgebung wisse niemand, wo sie herkomme und sie selbst sei strengstens darauf bedacht, daß ihre Vergangenheit nicht bekannt werde. Eine Namensänderung habe hierbei wertvolle Dienste geleistet. Sie meide auch alle Orte oder Kontakte, die sie an ihr früheres Leben erinnern könnten. Eine Begegnung mit einer ehemaligen Klassenkameradin sei ihr sehr peinlich gewesen, obgleich diese Frau ihr gegenüber sehr verständnisvoll und ohne Vorurteile gewesen sei. Insgesamt konnte der Bewährungshelfer nach Abschluß der Bewährungszeit nur positiv über eine sehr schnelle und völlig komplikationslose Reintegration seiner Probandin berichten.

Zusammenfassende Stellungnahme zu den einzelnen Fragen:

1. Sigrid war in einer Situation, die sie ganz aus ihrer sonstigen Geordnetheit und Ruhe herausgerissen hatte, entgleist. Während der Haft fand sie schnell wieder in die positive Lebensweise, die ihr Leben bis dahin ausgezeichnet hatte und die sie nach der Rückkehr in die Freiheit auch bald wieder in die normalen Lebensbahnen zurückkehren ließ.
2. Haftbedingte Persönlichkeitsveränderungen ließen sich nicht fassen. Die Zurückgezogenheit, die nur geringe menschliche Wärme der Probandin, die der Bewährungshelfer als Auswirkungen der langen Strafhaft meinte qualifizieren zu müssen, sind eben jene Wesensmerkmale, mit denen sie schon in der Schule von ihren Kameradinnen abwich.
3. a) Organisatorische Schwierigkeiten gab es lediglich anfänglich, als sich für die annähernd sechzig Jahre alte Frau kein geeigneter Arbeitsplatz finden ließ. Als ihr dieser zur Verfügung stand, ergaben sich keine hinderlichen Einflüsse mehr.
   b) Persönliche Probleme hatte Sigrid auf dem Wege der Wiedereingliederung nicht.

Fall 70, Thea 1918

Sie wurde im Jahre 1947 zu einer 10jährigen Zuchthausstrafe verurteilt, während ihr Mann eine lebenslange Zuchthausstrafe wegen Mordes an seiner Tochter aus erster Ehe erhielt. Nach Revision dieses Urteils wurde Thea im Jahre 1948 wegen Anstiftung zum Mord ebenfalls zu einer lebenslangen Freiheitsstrafe verurteilt. Das Strafmaß des Ehemannes, der noch im gleichen Jahre in der Haft verstarb, blieb im neuen Urteil bestehen.

Thea stammt aus sehr einfachen sozialen Verhältnissen. Sie besuchte die Volksschule mit nur durchschnittlichem Erfolg und arbeitete nach dem Schulabschluß in verschiedenen Stellen als Hausgehilfin. Im Jahre 1944 heiratete sie ihren Mann, der eine Tochter aus erster Ehe mitbrachte und mit der sich Thea nicht gut verstand. Sie verhielt sich dem Kind gegenüber immer sehr ablehnend und verleitete schließlich ihren Mann, die Tochter zu töten. Mit ihrer Billigung erschlug der Vater seine Tochter.

Beide Ehepartner waren zur Zeit der Tat unbestraft.

In der Haft bereitete Thea niemals Schwierigkeiten. Schon nach wenigen Jahren wurde sie wegen einer Herzerkrankung in die Behandlung des Gefängniskrankenhauses überstellt, wo sie wegen ihrer oft gedrückten Stimmung auffiel. Sie habe die Tatschuld zwar eingesehen, aber während der immer länger andauernden Haft allen Lebensmut verloren. Sie selbst glaubte, ihre Krankheit sei Ausdruck ihres Schmerzes, den sie zu erleiden hatte. Ihr schlechter Gesundheitszustand ließ es nur gelegentlich zu, daß sie sich für eine Arbeit einsetzen konnte. Meist wurde sie auf ihrer Zelle beschäftigt. Im Laufe der Jahre hatte sie aber sehr an Schwung verloren.

Im Jahre 1968 wurde sie begnadigt und erst im Jahre 1970 die Strafe zur Bewährung ausgesetzt. Ihre Bewährungshelferin, die sich schon im Krankenhaus mit ihr bekannt gemacht hatte, konnte die Probandin in einem kirchlich geleiteten Haus unterbringen. Dort lebte sie auf Kosten des Sozialamtes, von dem sie ein sehr kleines Taschengeld (35,– DM pro Monat!) erhielt. Da sie wegen ihrer Krankheit in der Haft kaum Gelegenheit hatte, zu arbeiten und sich so wenigstens ein klein wenig Geld zu sparen, war Thea völlig mittellos. Da es auch keine Angehörige gab, die ihr hätten helfen können oder wollen, war sie ganz auf die Unterstützung durch die staatlichen Organe angewiesen. Ihre Bewährungshelferin stellte zunächst eine große Unsicherheit im Umgang mit anderen und beim Sich-Zurechtfinden in der neuen Umgebung fest. Alle behördlichen Gänge mußte sie mit der Probandin gemeinsam erledigen, da sie dazu nicht in der Lage war. Aber nach etwa einem Jahr des Lebens in Freiheit hatte sich Thea erstaunlich stabilisiert. „Sie hat sich soweit verselbständigt, daß sie allein kochen möchte, ihr Zimmer so einrichten will, wie es ihren Vorstellungen entspricht." Obgleich ihr Gesundheitszustand nicht gut war, war sie doch kontaktbereiter und besser gestimmt. Ein Umzug in die Nähe von Verwandten, zu denen der Kontakt zwischenzeitlich wiederhergestellt worden war, brachte Thea dann die volle Selbständigkeit. Sie erhielt überraschend eine Rentennachzahlung in beachtlicher Höhe, so daß sie auch finanziell besser gestellt war. Im Zuge eines Rentenstreites vor dem Sozialgericht wurde ein internistisches Gutachten erstellt, in dem es hieß, daß Thea vollschichtig noch leichte, überwiegend sitzende Tätigkeit ausüben könne. Gegen diesen Bescheid wehrte sie sich energisch.

Wenig später fiel sie ihrer Bewährungshelferin anläßlich eines Hausbesuches durch „Wahnvorstellungen" auf. Thea mußte dann mehrfach stationär psychiatrisch behandelt werden. Danach war sie deutlich entspannt und „fiel psychisch nur noch durch Selbstgespräche" auf. Sie konnte jedoch wieder ihre Kontakte nach außen aufnehmen, wurde in der Frauenhilfe einer kirchlichen Organisation aktiv und nahm an allen Veranstaltungen teil. Aber etwa ein Jahr später erkrankte sie erneut, so daß sich die Hausbewohner über sie beschwerten. Dem Hausarzt gegenüber soll sie dann berichtet haben, in welch unangenehmer Weise sie von unbekannten Kräften belästigt, bedroht und verängstigt werde. Diesmal brachte aber schon eine ambulante medikamentöse Behandlung eine deutliche Besserung ihres Befindens. Die Bewährungshelferin teilte schriftlich mit, daß es „trotz der psychischen Labilität und der damit verbundenen krankhaften Auffälligkeiten erstaunlich ist, daß sich (Thea) nach Verbüßung der 22jährigen Strafhaft inzwischen wieder soweit zurechtgefunden hat, daß sie in der Lage ist, sich allein zu versorgen".

Zusammenfassende Stellungnahme zu den einzelnen Fragen:

1. Thea war in einem Gefühlskonflikt der Versuchung erlegen, den scheinbar einfachsten Weg zu gehen und die ungeliebte Stieftochter beseitigen zu lassen. Die Schuld, die sie sich damit auflastete, hat sie zwar erkannt, jedoch nie recht verarbeiten können. Eine sehr frühzeitig einsetzende schwere Herzerkrankung machte ihr dann eine Lebensbewährung schon während der Haft unmöglich. So mußte sie die meiste Resozialisierungsarbeit tatsächlich nach ihrer Entlassung und mit Unterstützung durch ihre Bewährungshelferin leisten. Dies gelang ihr auch in gewissem Maße. Als sie jedoch psychisch erkrankte, waren ihre Bewährungsmöglichkeiten sicherlich eingeschränkt.
2. Die wohl mit Sicherheit von der Haft unabhängige und erst zwei Jahre nach der Entlassung aufgetretene psychische Erkrankung der Probandin macht jetzt eine differenzierende Beurteilung ihres Persönlichkeitsbildes nahezu unmöglich.
3. a) Organisatorische Schwierigkeiten ergaben sich aus der relativen Unbeholfenheit der Probandin. So mußte jeder Weg mit ihr geübt werden, ehe sie in den Stand versetzt war, selbst zu entscheiden und etwas zu unternehmen.
   b) Persönliche Schwierigkeiten setzten vor allem in dem Augenblick ein, als Thea unter dem Eindruck der psychischen Störungen das Vertrauen in ihre Umwelt verlor.

F. Literaturverzeichnis

Albrecht, P. A., Die soziale Reintegration „Lebenslänglicher" im Spannungsverhältnis von Recht und Gnade, Mschr. Krim. *56*, 1973, 198

Anger, H., Befragung und Erhebung, in: Hdb. Psychologie, Bd. 7/I, Sozialpsychologie, Verl. f. Psychologie Göttingen 1969, S. 567

Arzt, G., Die Delikte gegen das Leben, Zschr. Strafrechtsw. *83*, 1971, 1

Baumann, J., Der Alternativ-Entwurf zum Strafgesetzbuch und der Strafvollzug, Mschr. Krim. *51*, 1968, 311

Beck, R., Raubmörder nach zwanzigjähriger Strafverbüßung, in: Raubkriminalität Forschungsber. forens. Psychologie *3*, 1967, 130

Bemmann, G., Für und wider die Vereinheitlichung der Freiheitsstrafe, Goltd. Arch. *1967*, 929

Blau, G., Arbeit im Gefängnis, in: Rollmann, D. (Hrsg.) Strafvollzug in Deutschland, Fischer Frankfurt a. M. 1967

Bottenberg, E. H., und Gareis, B. Zur Kommunikation und Interaktion zwischen Aufsichtspersonal und jugendlichen Strafgefangenen, Mschr. Krim. *54*, 1971, 106

Bresser, P. H., Die Begutachtung zur Sozialprognose „Lebenslänglicher" und Sicherungsverwahrter, Jur. Rdsch. *1974*, 264

Burger, T., Theorie und Praxis des Gnadenrechts, in: Rollmann, D. (Hrsg.) Strafvollzug in Deutschland, Fischer Frankfurt a. M. 1967

Chilian, W., Die Bedeutung der individuellen kriminologischen Prognose für die Unterbringung werdender Hangtäter, Jur. Diss. Heidelberg 1972

Coser, L. A., Funktionen abweichenden Verhaltens und normativer Flexibilität, in: Sack, F. und König, R. (Hrsg.) Kriminalsoziologie Akad. Verlagsges. Frankfurt a. M. 1968, S. 21

Deetjen, E., Die lebenslängliche Zuchthausstrafe, Zschr. Strafrechtsw. *34*, 1913, 699

Dreher, E., Für und wider die Todesstrafe, Zschr. Strafrechtsw. *70*, 1958, 562

Drews, R., Das deutsche Gnadenrecht. Gesamtdarstellung. Heymanns Köln 1971

Einsele, H., Feige, J., Müller-Dietz, H., Die Reform der lebenslangen Freiheitsstrafe, Enke, Stuttgart 1972

Engel, S. W., Das prognostische Quartett, Mschr. Krim. *51*, 1968, 160

Feige, J., Vom Vollzug der lebenslangen Freiheitsstrafe, in: Einsele, H. u. a., Die Reform der lebenslangen Freiheitsstrafe, Enke Stuttgart 1972

Göppinger, H., Kriminologie, 2. A. Beck München 1973

Grossmann, H. P., Die psychologische Problematik der Haftform (eine experimentelle Untersuchung),
Mschr. Krim. *52,* 1969, 345

Grünberger, J., und Sluga, W., „Funktionelles Psychosyndrom" bei Freiheitsentzug,
Wien. med. Wschr. *118,* 1968, 962

Grünberger, J., und Sluga, W., Die Bestimmung des schwierigen Gefangenen.
Wien. Zschr. Nervenheilk. *27,* 1969, 77

Grünberger, J., und Sluga, W., Klinisch-psychologische Untersuchung an schwierigen Strafgefangenen
Wien. Zschr. Nervenheilk. *26,* 1968, 168

Hanack, F. W., Die lebenslange Freiheitsstrafe,
Krim. Gegenw.fragen *11,* 1974, 72

Hentig, H. von, Die Strafe, 2 Bd.
Springer Berlin 1954/5

Hentig, H. von, Zur Psychologie der lebenslänglich Verurteilten,
Arch. Kriminol. *52,* 1913, 72

Höbbel, D., Die Bewährung des statistischen Prognoseverfahrens im Jugendstrafrecht,
Schwartz Göttingen 1968

Hoff, H., Grünberger, J., Sluga, W., und Scheiber, V., Quantitative Persönlichkeitsanalyse von erstbestraften und mehrmals vorbestraften schwierigen Gefangenen,
Wien. Zschr. Nervenheilk. *28,* 1970, 64

Hohmeier, J., Die Strafanstalt und das Aufsichtspersonal: Dilemma einer Berufsrolle,
Mschr. Krim. *52,* 1969, 218

Hohmeier, J., Die soziale Situation der Strafgefangenen:
Deprivationen der Haft und ihre Folgen,
Mschr. Krim. *52,* 1969, 292

Hohmeier, J., Soziale Verhaltenstypen bei Insassen von Strafanstalten,
Mschr. Krim. *54,* 1971, 1

Hohmeier, J., Offener Vollzug und Resozialisierung,
Mschr. Krim. *54,* 1971, 159

Hohmeier, J., Haftdauer und Resozialisierung,
Mschr. Krim. *54,* 1971, 324

Horn, W., Warum berichten „Lebenslange" über ihre Taten?
Zschr. StrafVo. *9,* 1959/60, 367

Jescheck, H. H., Lehrbuch des Strafrechts, Allgemeiner Teil, 2.
A. Duncker und Humblot, Berlin 1972

Kaufmann, A., Lebenslänglich,
Radius (Stuttgart) *20,* 1975, 44

Keller, D., Die Todesstrafe in kritischer Sicht,
de Gruyter Berlin 1968

Klüsche, W., Persönlichkeitsmerkmale bei erwachsenen Strafgefangenen,
Phil. Diss. Mannheim 1971

Kraschutzki, H., Begnadigung,
Zschr. Rechtspol. *3,* 1970, 226

Kraschutzki, (E.), H., Mitarbeit von Gefangenen,
Mschr. Krim. *54,* 1971, 167

Kraschutzki, H., Das Begnadigungswesen,
Die neue Gesellschaft *1971,* 715

Kraschutzki, H., Strafvollzug an Lebenslänglichen,
in: Rollmann, D. (Hrsg.) Strafvollzug in Deutschland
Fischer Frankfurt a. M. 1967

Künkeler, H., Strafvollzug an Lebenslänglichen,
Zschr. StrafVo. *21,* 1972, 28

Last, G., Die Behandlung psychischer Probleme bei Strafgefangenen,
Therapie der Gegenwart *113,* 1974, 595

Leferenz, H., Zur Problematik der kriminologischen Prognose,
Zschr. Strafrechtsw. *68,* 1956, 233

Leferenz, H., Die Kriminalprognose,
in: H. Göppinger, H. Witter, Handbuch der forenischen Psychiatrie,
Springer Berlin 1972, S. 1347

Liepmann, M., Die Todesstrafe. Ein Gutachten.
Guttentag Berlin 1912

Lumpp, Das Schicksal von 50 zu lebenslänglicher Zuchthausstrafe Verurteilten aus dem Männerzuchthaus Bruchsal,
Bl. Gefängniskunde *47,* 1913, 107

Luz, W., Ursachen und Bekämpfung des Verbrechens im Urteil des Verbrechers,
Winters Universitätsbuchh. Heidelberg 1928

Merton, R. K., Sozialstruktur und Anomie,
in: Sack, F. und König, R. (Hrsg.) Kriminalsoziologie
Akad. Verlagsges. Frankfurt a. M. 1968, S. 283

Mey, H. G., Die Voraussage des Rückfalls im intuitiven und im statistischen Prognoseverfahren,
Mschr. Krim. *48,* 1965, 1

Meyer, E., Die Wirkung der Freiheitsstrafe auf die Frau,
Zschr. StrafVo. *9,* 1959/60, 275

Meyer, F., Prognose und Strafvollzug,
in: Rollmann, D. (Hrgb.) Strafvollzug in Deutschland,
Fischer Frankfurt a. M. 1967

Meyer, F., Der gegenwärtige Stand der Prognoseforschung in Deutschland,
Mschr. Krim. *48,* 1965, 225

Munkwitz, W., Die Prognose der Frühkriminalität,
Luchterhand Neuwied 1967

Neuberger, J., Die lebenslange Freiheitsstrafe in verfassungsrechtlicher und kriminalstatistischer Sicht,
Recht und Politik *1,* 1971, 16

Ohm, A., Haltungsstile Lebenslänglicher,
de Gruyter Berlin 1959

Ohm, A., Persönlichkeitswandlungen unter Freiheitsentzug,
de Gruyter Berlin 1964

Ostermeyer, H., Die bestrafte Gesellschaft,
Psychologie heute *8,* 1975, 67

Pakesch, E., Der Einfluß des Strafvollzuges auf die Psyche des Häftlings,
Mschr. Krim. *44,* 1961, 65

Plischke, F., Die Lebenslänglichen,
Zschr. Strafrechtsw., *50,* 1930, 146

Röhl, K. F., Über die lebenslange Freiheitsstrafe,
Duncker u. Humblot Berlin 1969

Rotthaus, K. P., Der alternde Gefangene, Mschr. Krim. *54,* 1971, 338

Rüdin, E., Über die klinischen Formen der Seelenstörungen bei zu lebenslänglicher Zuchthausstrafe Verurteilten, Habilitationsschrift München 1909

Rüping, H., Die Gnade im Rechtsstaat, in: Festschrift für E. Schaffstein Schwartz Göttingen 1975, S. 31

Sack, F., Neue Perspektiven in der Kriminologie, in: Sack, F. und König, R. (Hrsg.) Kriminalsoziologie Akad. Verlagsges. Frankfurt a. M. 1968, S. 431

Schätzler, J. G., Gnade vor Recht, Neue jur. Wschr. *28,* 1975, 1249

Schmidhäuser, E., Strafrecht, Allgemeiner Teil, Lehrbuch, Mohr Tübingen 1970

Schmidt, G., Lebenslüge bei lebenslang Inhaftierten, Tägl. Prax. *13,* 1972, 47 und 553

Schweitzer, H., u. Heisterborg, B., Selbstmorde im Strafvollzug des Landes Nordrhein-Westfalen in den Jahren 1947 bis 1967 in: Grundlagen der Kriminalstatistik *10,* 1973, 87

Seeler, H. J., Umfang und Grenzen des Gnadenrechts, Mschr. Krim. *48,* 1965, 13

Short, J. F., jr. und Nye, F. I., Erfragtes Verhalten als Indikator für abweichendes Verhalten, in: Sack, F. und König, R. (Hrsg.) Kriminalsoziologie Akad. Verlagsges. Frankfurt a. M. 1968, S. 60

Sieverts, R., Die Wirkung der Freiheitsstrafe und Untersuchungshaft auf die Psyche der Gefangenen, Hamburgische Schriften zur Gesamten Strafrechtslehre Heft *14,* 1929

Straßmann, F., Die Begnadigung Lebenslänglicher, Mschr. Krim. *9,* 1912/3, 626

Thomae, H., Bewußtsein, Persönlichkeit und Schuld, Mschr. Krim. *44,* 1961, 114

Többen, H., Ein Beitrag zur Psychologie der zu lebenslänglicher Zuchthausstrafe verurteilten oder begnadigten Rechtsbrecher, Mschr. Krim. *9,* 1912/3, 449

Többen, H., Neuere Beobachtungen über die Psychologie der zu lebenslänglichem Zuchthaus verurteilten und begnadigten Verbrecher, Deuticke Leipzig und Wien 1927

Többen, H., Beobachtungsergebnisse an Lebenslänglichen, in: Mitteilungen d. Kriminalbiolog. Ges. *IV,* Graz 1933, 23

Triffterer, O., Zur Behandlung „Lebenslänglicher" in der Bundesrepublik, Zschr. Rechtspol. *3,* 1970, 13 und 38

Triffterer, O., und Bietz, H., Strafaussetzung für „Lebenslängliche"? Zschr. Rechtspol. *7,* 1974, 141

Ullrich, W., Das Schicksal der Lebenslänglichen, Mschr. Krim. *48,* 1965, 257

Uppenkamp, Die Begnadigung und ihre Bedeutung bei der lebenslangen Freiheitsstrafe, Jur. Diss. Münster 1972

Viernstein, Th., Eigenschaften und Schicksale von 40 lebenslangen Gefangenen des bayer. Zuchthauses Kaisheim,

Zschr. Medizinalbeamte *27*, 1914, 41
Welzel, H., Niederschriften über die Sitzungen der großen Strafrechtskommission,
in: Niederschriften *XI*, 1959, 47
Wolf, B., Die vierte Kaste. Junge Menschen im Gefängnis,
Rütten u. Loenig Hamburg 1963
Wolf, B., Der Strafgefangene. Gefahren seiner Isolierung,
in: Rollmann, D. (Hrsg.) Strafvollzug in Deutschland
Fischer Frankfurt a. M. 1967
Wulffen, E., Kriminalpsychologie,
Berlin 1926

Kolibri 360 GmbH
Ferdinand-Jühlke-Straße 7
99095 Erfurt, Deutschland
produktsicherheit@kolibri360.de